여자가
섹스를 하는
237가지
이유

신디 메스턴, 데이비드 버스

정병선 옮김

섹스의 심리학

여자가 섹스를 하는 237가지 이유

사이언스 북스
SCIENCE BOOKS

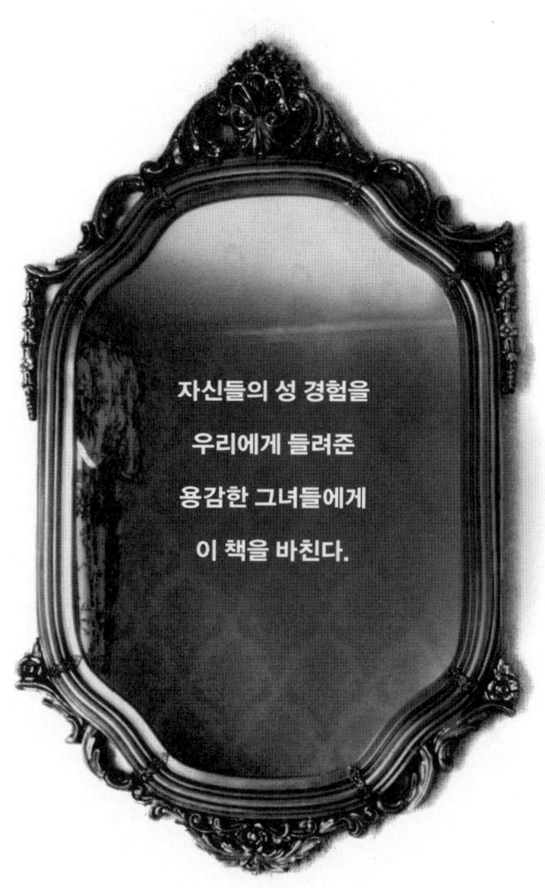

자신들의 성 경험을

우리에게 들려준

용감한 그녀들에게

이 책을 바친다.

머리말

여성의 성(性)스러운 마음을
들여다보는 작업

여자는 왜 섹스를 하는가? 매우 중요한 질문이지만, 놀랍게도 이 주제와 관련해서는 거의 연구가 안 되었다. 이런 간과와 태만의 한 가지 이유는 과학자들은 물론이고 모두가 그 답을 이미 안다고 생각하고 있기 때문이다. 그들의 대답은 한결같다. 즐거움을 누리기 위해, 사랑을 표출하기 위해, 그리고 (섹스를 하게 하는 생물학적 충동의 바로 그 심장부에는) 번식이 목적으로 자리하고 있다는 것이다. 우리가 광범위한 조사 연구 프로젝트를 진행해 온 지도 5년이 넘었다. 피험자가 3,000명이 넘는 이 대단위 연구 프로젝트의 목표는 여성이 보이는 성애의 신비를 밝히는 것이었다.

우리는 애초에 「인간은 왜 섹스를 하는가(Why Humans Have Sex)」라는 제목의 논문을 《성 행동 아카이브(Archives of Sexual Behavior)》(2007년 8월호)에 발표했었다. 논문이 발표되자 여기저기에서 관심이 쇄도했다. 그러나 언론이 소개한 내용은 빙산의 일각에 불과했다. 최초의 연구에서 우리는 놀랍도록 다양한 심리적 차이를 망라한 총 237가지의 서로 다른 성적 동기를 확인했다. 섹스를 하는 이유가 237가지라니! 237가지 동기들은 세속적인 것

("지루해서요.")에서 영적인 것("신과 더 가까워지고 싶었습니다.")에 이르렀으며, 이타적인 것("내 남자가 스스로에게 만족감을 느끼게 해 주고 싶었다.")에서 복수심에 불타는 것("나 몰래 바람을 피운 남편을 응징하고 싶었다.")까지 이르렀다. 어떤 여성들은 우월감과 힘을 느끼기 위해서 섹스를 했고, 자신의 품위를 떨어뜨리고 격하시키기 위해 섹스를 하는 여성들도 있었다. 어떤 여성들은 친구들에게 강한 인상을 심어 주기 위해서 섹스를 했고, 적에게 피해를 입힐 목적으로 섹스를 하는 여성들도 있었다("경쟁자의 남자친구와 섹스를 하면 그 관계를 찢어 놓을 수 있다고 봤어요."). 어떤 여성은 섹스로 낭만적인 사랑을 표현했는가("다른 사람과 하나가 되기를 원했어요.") 하면 불온한 증오심을 표출하는 여성도 있었다("누군가 다른 이에게 성병을 옮기고 싶었어요."). 그러나 이중 어떤 것도 개별 동기들 이면에 숨겨진 진짜 "이유"를 시사하지 못했다.

우리는 통계적 방법을 사용해 237가지 동기들을 서로 유사한 것끼리 자연군(natural grouping)으로 묶었다. 그러고 나서 이 책을 쓰기 위해 설계한 새로운 연구 방법에 준해 여자들의 성생활을 더 자세하게 탐구하는 작업에 착수했다. 우리는 조사 내용을 (우리들의 연구소뿐만 아니라 전 세계에 산재한 다른 과학자들이 이끄는 연구소들이 내놓은) 최신의 과학 연구 성과와 결부했다. 그 결과로 우리는 여성의 성애와 관련해, 여자가 섹스를 하는 이유와 관련해 현재까지 성취한 가장 풍부하고도 가장 깊이 있는 지식을 제시할 수 있게 되었다고 믿고 있다.

『여자가 섹스를 하는 237가지 이유(Why women have sex)』는 이런 통찰을 바탕으로 여성들이 실제 생활에서 겪는 성적 만남을 상세히 기술하고자 한다. 그리고 여성들로 하여금 섹스를 하도록 추동하는 동기들과 이 동기들 각각이 여성의 성 심리에 존재하는 이유를 설명해 주는 이론을 살펴볼 것이다. 인간의 성애는 우리가 여러 해 동안 수행해 온 과학 연구의 일차적 관심사였지만 이 프로젝트는 여성의 성애와 관련해 애초 우리가 기대한 것보다 훨씬 더 많은 것을 알려 주었다.

우리는 오스틴 소재 텍사스 대학교의 심리학과에서 이웃한 사무실을 쓰고 있다. 직업적인 관심사와 함께 우리는 인간의 성애를 주제로 많은 대화를 나누었는데 하루는 성 행동의 동기로 화제가 집중되었다. 우리는 아주 간단한 질문을 던져 놓고 토론을 하기 시작했다. 사람들은 왜 섹스를 하는 걸까?

우리의 전문 분야가 상호 보완적이라는 사실도 특이했다. 임상 심리학자인 신디 메스턴(Cindy Meston)은 여성의 성애와 관련된 심리 생리학 분야에서 세계 최고의 전문가였다. 진화 심리학자인 데이비드 버스(David Buss) 역시 인간의 짝짓기 전략을 연구하는 일급의 과학자였다. 상호 보완적인 두 학문 분야의 협력으로 여성의 성애를 더 깊이 있게 이해할 수 있었다.

임상적 관점과 진화적 관점 모두에서 살펴봤을 때 여성의 성애는 흥미진진한 질문거리로 가득하다. 왜 여자들은 배우자에게서 특정한 자질을 바라는가? 다른 여자들은 질색을 하는데도 말이다. 마음에 드는 섹스 파트너를 유혹하기 위해 여자들은 어떤 전술을 사용하는가? 왜 어떤 여자들은 사랑과 섹스를 심리적으로 융합하는가? 연애 소설에 남자보다는 여자들이 그토록 열광하는 이유는 무엇인가? 왜 어떤 여자들은 배우자를 지키기 위해 섹스를 할까? 또 왜 다른 여자들은 원하지 않는 배우자를 내치기 위해 섹스를 할까?

성에 관한 연구인 "성 과학(sexology)"은 심리학, 사회학, 인류학, 진화 생물학, 의학을 아우르는 복합 과학이다. 지난 수십 년 동안 성 과학은 다음의 세 가지 핵심 주제에 집중해 왔다. 어떤 성 행동과 성적 태도와 성관계가 정상적이고, 건전한지를 규명하고, 규정하기. 생물학적 요인, 생활사의 사건, 개인의 선호와 환경이 우리의 성 정체성과 욕망을 어떻게 형성하는지 알아내기. 인간의 성애가 사회관계에 어떤 영향을 미치며, 또 어떤 영향을 받는지 확인하기. 임상 심리학자들은 개인의 성적 선택과 반응이 조정되거나 개선되는 정도에 특히 관심이 많다. 진화 심리학자들은 인간의 성 심리를 구성하는 요소들의 적응적 기능과, 성적 동기가 현대의 생활환경에서 가끔씩 오작동을 하는 이유를 연구한다.

19세기 말 이래로 성 과학자들은 주로 다음의 세 가지 방법을 활용해 인간의 성 행동을 탐구해 왔다. 사례 연구, 설문지 조사 연구, 행동 관찰과 분석. 사례 연구를 하면 성적으로 문제가 있거나 이례적인 사람들을 꼼꼼하고 상세하게 기술할 수 있다. 예컨대, 초기의 성 과학자인 리하르트 폰 크라프트-에빙(Richard von Krafft-Ebing, 1840~1902년)은 내원 환자들이 유난히 자위를 많이 한다는 걸 확인했고, 자위가 온갖 성적 이형(異形) 탄생의 원인이라는 (엉터리) 결론을 이끌어 냈다. 심리학자 지그문트 프로이트(Sigmund Freud, 1856~1939년)가 유년기의 성 충동이 성인기의 성 행동을 형성한다는 이론을 내놓은 것도 사례 연구에 기초한 것이다.

설문지 조사 연구의 선구자는 해블록 엘리스(Havelock Ellis, 1859~1939년)였다. 그는 성 행동이 사람에 따라 매우 다양할 수 있음을 강조했다. 엘리스는 레즈비언 동일성을 천명한 여성과의 "자유 결혼(open marriage, 부부가 서로의 사회적·성적 독립을 승인하는 결혼 형태 — 옮긴이)" 생활을 자세히 기록한 회고록을 남기기도 했다. 1940년대와 1950년대에는 앨프리드 킨제이(Alfred Kinsey, 1894~1956년)와 그의 협력자들인 워델 포머로이(Wardell Pomeroy), 폴 겝하드(Paul Gebhard), 클라이드 마틴(Clyde Martin)이 출현해, 미국인들이 스스로의 성생활을 바라보는 방식을 재정립했다. 남녀의 성 활동을 묘사한 두 편의 보고서 출간이 여기에 지대한 역할을 했다. 킨제이가 이끈 연구진은 이후로 표준화된 면접 조사법을 창안해 냈다. 그들은 이 방법을 써서 미국 전역의 남녀 약 1만 8000명의 성 활동 이력을 자세히 수집했다. 그들의 노력은 인류의 성 활동을 채집한 사상 최대 규모의 조사 연구였다. 킨제이 자신이

7,985건의 이력을 직접 기록했다.

로버트 라투 디킨슨(Robert Latou Dickinson, 1861~1950년)은 뉴욕에서 개업의로 활동한 부인과 의사로, 그는 직접 개발한 유리 소재의 관으로 여성 성기의 내부 구조를 관찰하고 상세히 기술했다. 이로써 여성의 성애를 실험실 수준에서 관찰 연구할 수 있는 기틀이 마련되었다. 킨제이도 직접 관찰법을 활용해 성 반응을 연구하기는 했지만 현대적 의미의 실험실 섹스 연구는 윌리엄 매스터스(William Masters, 1915~2001년)와 버지니아 존슨(Virginia Johnson, 1925~)이 700여 명의 남녀를 그들의 실험실에 끌어들이면서부터 시작되었다(두 사람은 1971년에 결혼해 1992년까지 함께 살았다.). 선배들의 제한적인 관찰 연구와 비교해 두 사람은 성적 흥분과 오르가슴 시에 일어나는 생리적 변화를 자세히 기술했다. 그들은 성적으로 흥분할 때 질에서 발생하는 윤활 작용의 역할, 복합 오르가슴의 생리학, 여성이 느끼는 질 오르가슴과 음핵 오르가슴이 어떻게 비슷한지를 밝혀냈다.

1966년 매스터스와 존슨의 획기적인 책『인간의 성 반응(The Human Sexual Response)』이 출간된 이후로 별개의 실험실 연구 분야가 출현했다. 바로 성 심리 생리학이다. 성 심리 생리학은 인간 성 행동의 심리적 측면(느낌, 감정, 사고 과정)과 생리적 측면(호르몬, 뇌 화학 물질, 성기 울혈, 윤활 작용)이 복잡하게 상호 작용하는 메커니즘을 탐구한다.

심리 수준의 성적 흥분은 흔히 설문지를 활용해 판정한다. 어떤 맥락에서 어떻게 "흥분되었는지" 혹은 "흥미를 잃으면서 흥분이 가라앉았는지"를 묻는 방식이 동원된다. 그 또는 그녀의 기분이 긍정적이었는지, 부정적이었는지, 느긋하게 긴장을 풀고 있었는지, 불안했는지도 묻는다. 성 심리 생리학이 태동한 초기에 연구자들은 다른 종들에 사용되던 장비들을 가져다가 인간의 생리적 흥분을 측정하기도 했다. 예컨대, 음경의 발기를 감시하는 장치는 말 사육업자들이 19세기 말에 종마들의 자위를 예방하기 위해 사용하던 기계였다! 1970년대 초에는 의사 두 명이 양의 질 내에서 일어나는 열전도를 측정할 수 있는 탐침을 개발했다. 그들은 이 장비가 측정 과정에서 "깨어 있는 양에게 어떤 불편도 야기하지 않는다"고 주장했다. 그 측정 과정은 네 시간에 이르기도 했다. 이 장비를 여성에게 사용하면 무척이나 침습적이어서 귀찮고 성가심에도 불구하고 현대의 질 탐침 장비도 그 기본 설계는 별반 다르지 않다.

오늘날의 연구자들은 생리적 성 반응, 특히 성기의 혈액 흐름을 측정하는 데 다른 수많은 기술을 활용한다. 여성의 경우 질 혈류 측정법(vaginal photoplethysmography, 광센서 장비), 간헐 파동 도플러 초음파 검사(pulsed wave Doppler ultrasonography), 골반 자기 공명 영상(pelvic magnetic resonance imaging), 질이나 음순의 온도 변화를 측정하는 감지기, 허벅지와 성기 열 영상을 동원해 연구를 한다. 이게 다가 아니다. 성 심리 생리학자들은 흔히 심박동수, 호흡률, 체온, 혈압, 땀샘 활동 변화를 측정하고 기록한다. 이런 성기 이외의 측정값들이 성적으로 흥분했을 때의 생리적 상태를 알려 주기도 하지만 그렇다고 구체적인 성 반응을 나타낸다고 할 수는 없다. 왜냐하면 분노, 두려움, 불안, 심지어 웃음 같은 감정 반응을 할 때에도 이런 변화가 일어나기 때문이다. 연구자들은 최근 들어서 기능성 자기 공명 영상(functional magnetic resonance imaging; fMRI)을 활용해 뇌의 어느 부위가 성 반응과 행동에 개입하는지를 확인하고 있다.

메스턴 성 심리 생리학 랩(Meston Sexual Psychophysiology Lab)과 전 세계에 포진한 유사한 실험실들의 연구자들은 이런 온갖 최신 기술을 바탕으로 성 반응의 완벽한 스펙트럼을 구성하고 연구한다. 지난 11년 동안 메스턴 랩은 다음의 질문들을 탐구해 왔다. 성기 흥분의 수준과 심리적으로 느끼는 흥분 사이에는 어떤 관계가 있는가? 어린 시절의 대단히 충격적인 성 경험은 여성이 성인이 되어 육체적·정신적으로 흥분하는 능력에 어떤 영향을 끼치는가? 여성의 육체 이미지는 본인의 전반적 성 활동 기능과 만족에 어떤 영향을 미치는가? 흡연과 기타 약물은 남녀가 성적으로 흥분하는 능력에 어떤 영향을 미치는가? 여성이 흥분하고, 오르가슴을 느끼는 능력을 항울제가 어떻게 망가뜨리며, 우리는 이런 부작용을 어떻게 극복할 수 있는가? 성교 행위가 여성의 전반적 성욕에 영향을 미칠 만큼 성 호르몬 분비량에 변화를 가져오기도 하는가? 불안으로 인해 여성의 성 활동 기능이 증대하기도 하고, 감소하기도 하는 이유는 무엇인가?

심리적·생리적 방법들은 진화에 토대를 두고 여성의 성 심리를 헤아려 본 가설들을 검증하는 데에도 활용된다. 이런 문제들을 진화된 성적 욕망, 진화된 배우자 선호, 진화된 성 경쟁의 심리라는 틀로 살펴본다는 게 일부 독자들에게는 이상해 보일지도 모르겠다. 1950년대까지만 해도 생물학 분야에서 진화의 과정이 "행동"을 벼렸다는 식의 진술은 거들떠 볼 가치가 없는 것으로 치부되었다. 생물학 하면 해부학이나 생리학을 떠올리던 시대였던 것이다. 그때 이후로 진화 생물학이라는 과학이 엄청나게 발전했다. 요컨대 생식 기관은 성 행동을 위해 설계된 것이다! 해부학, 생리학, 심리학은 그것들이 산출(출력)하도록 설계된 행동과 결코 분리할 수 없다.

많은 사람이 진화 하면 "인정사정 봐주지 않는 자연"이나 "적자생존" 같은 말들을 떠올린다. 생존 경쟁이 진화 이론의 일부라는 것은 분명한 사실이다. 그러나 생존 경쟁이 가장 중요한 요소인 것은 아니다. 사실을 말하자면 찰스 다윈(Charles Darwin) 자신이 가장 골치를 썩였던 것 역시 소위 이 "생존 선택"으로 설명할 수 없는 현상들이었다. 예컨대, 수컷 공작의 화려한 깃털 같은 경이로운 결과물도 생존 선택에 의한 설명을 간단히 반박해 버린다. 수컷 공작의 깃털이 에너지 사용의 측면에서 비용이 많이 들 뿐만 아니라 포식자들에게 내놓고 하는 광고라는 점을 고려해 보자. 명백히 생존에 불리한, 이런 휘황찬란한 깃털이 도대체 어떻게 진화할 수 있었단 말인가? 다윈은 개인적으로 주고받은 편지에서 공작을 보고 있으면 악몽이 떠오른다고 썼다. 그가 개발한 자연선택 이론의 논리를 수컷 공작의 깃털이 무참히 짓밟아 버렸기 때문이다.

다윈이 여성의 성 심리를 파악하는 데서 필수적인 두 번째 진화 이론에 도달하면서 그의 악몽은 진정될 수 있었다. 성선택 이론이 바로 그것이다. 성선택은 생존상의 이점이 아니라 짝짓기상의 이점에서 기인하는 진화의 문제를 다룬다. 성선택은 두 가지 확연히 구분되는 과정을 통해서 작동한다. 같은 성별들끼리 벌이는 성별 내부의(intrasexual) 경쟁이 그 하나요, 성간(intersexual) 선택이라고도 하는 차별적 배우자 선택이 그 두 번째이다. 성별 내부 경쟁에서는 동일 성별의 구성원들이 서로 간에 경쟁을 벌인다. 이 경쟁의 승리자들은 자신이 고른 배우자에게 성적으로 접근할 수 있다. 수사슴 두 마리가 뿔을 맞대고 싸우는 장면은 전형적인 성 내 경쟁의 이미지이다. 다윈이 수컷들끼리의 경쟁을 강조했지만 인류 얘기를 할라치면 여성들끼리 벌이는 경쟁도 무시할 수 없다. 종을 불문하고 수컷들은 외모의 매력, 건강 상태, 자원 획득 능력, 유전적 자질 등의 특성이 다 다르기 때문에 다른 암컷들을 압도하고 이득이 되는 특성을 갖춘 수컷들에게 성적으로 접근할 수 있는 암컷들은 다른 암컷들에 비해 번식상의 이점을 누린다. 진화의 과정은 결국 차별적 생존 성공이 아닌 차별적 번식 성공의 문제이다.

성 내부 경쟁에서는 승리자들이 더 성공적으로 짝짓기를 해, 더 우수한 자손을 더 많이 낳기 때문에 더 바람직한 배우자들에게 접근할 수 있는 특질들이 후세에 더 많이 유전된다. 반대로 이 경쟁에서 흔히 패배를 낳는 특성들은 더 적은 수의 자손에게 유전되기 때문에 진화의 도정에서 사라진다. 수컷들의 경쟁은 대개 과시적인 탓에 그 과정을 보다 쉽게 관찰할 수 있다. 동일한 논리가 암컷들에게도 적용되지만 암컷들의 경쟁은 일반적으로 더 미묘하게 이루어진다. 예컨대, 인류를 보면 사회적 평판은 동일 성별 내 경쟁의 핵심 요소이다. 사회적 평판은 미묘한 언어 신호, 뒷말, 동맹 관계 형성, 그 외 가끔은 레이더로도 포착할 수 없는 전술을 통해 획득되거나 잃는 게 다반사이다. 이런 동일 성별 내 경쟁의 결과 (단지 시간에 따른 변화를 의미하는) 진화가 일어난다. 승리자들이 바람직한 섹스 파트너들에게 더 많이 접근할 수 있기 때문이다.

반면 차별적 배우자 선택은 배우자의 바람직한 특질과 관계를 맺는다. 배우자의 바람직한 특질은 결국 선택하는 쪽의 번식 성공도가 증가하는 것으로 이어진다. 예컨대, 건강한 남성과 섹스를 하는 여성은 질병에 시달리는 남성과 섹스를 하는 여성들보다 번식상의 이점을 누린다. 여성은 남자의 전염성 질병을 회피하기 때문에 더 건강한 상태를 유지하며 그녀들의 자식들도 더 건강하다. 건강과 연계되는 특질들이 부분적으로 유전이 된다면, 우리가 이제 그 사실을 알고 있는 바, 여성의 자식들은 양호한 건강 상태를 담보해 주는 유전자를 물려받는다. 여성의 짝짓기 욕망과, 그녀들이 성적으로 매력적이라고 생각하는 특질들은 섹스 파트너였든 장기적 배우자였든 조상 어머니들이 현명한 선택을 하도록 이끌었기 때문에 진화한 것이다.

진화된 심리 기제는 번식 문제를 훌쩍 뛰어넘어 여성의 성적 욕망, 성적 끌림의 양상, 배우자 선호, 사랑이라는 감정의 출현, 성적 질투, 기타 등등을 포괄한다. 여성의 성 심리를 구성하는 각각의 중요한 요소들은 적응적 문제를 해결하면서 여성들에게 구체적 이득을 안겨 준다. 아니 더 정확하게 말해, 조상 여성들에게 이득을 안겨 줬고, 현대를 살아가는 여성들이 그 혜택을 물려받았다. 진화 심리학자들이 "진화된 심리 기제"나 "적응된 마음" 같은 문구를 사용할 때 그들이 환경과 무관하게 행동으로 표출되는 기계적이고, 융통성 없는 본능을 얘기하는 것은 아니다. 인간의 적응된 마음은 아주 탄력적이고, 환경에 고도로 민감하며, 구체적인 사회적 맥락 속에서만 활성화된다. 예컨대, 여성은 성적 질투와 같은 진화된 감정 때문에 파트너의 마음을 다른 여자들에게서 떼어 놓기 위해 그와 섹스하기도 한다. 그러나 일반적으로 여성은 자신이 맺고 있는 관계가 성적으로 위협받을 때만 질투를 경험한다.

게다가 여성은 다른 여러 가지 방법, 이를 테면 경계 강화나 사랑 증대를 통해 성적 위협에 대처할 수도 있다. 성적 적응이 활성화될 때조차 여성이 반드시 그 성적 적응에 따라 행동해야만 하는 것은 아니다. 예컨대, 여성의 성욕이 키가 크고, 피부색이 어두우며, 잘생긴 낯선 사람과 우연히 조우해 활성화될 수도 있지만 그녀가 기존의 파트너에게 충실하겠다는 바람, 자신의 평판이 훼손될 것에 대한 염려, 윤리적·종교적 믿음 때문에 그 진화된 욕망에 따라 행동하지 않기로 마음을 정할 수도 있는 것이다. 적응된 마음은 불가피하게 행동으로 표출되는 경직된 본능이 아니다. 적응된 마음은 그 표출 양상이 맥락에 크게 좌우되는 유연한 메커니즘이다.

지난 20년 동안 버스 진화 심리학 랩(Buss Evolutionary Psychology Lab)은 다양한 연구 방법을 활용해 인간의 성 심리를 탐색해 왔다. 독신자 술집에서 여자들이 남자를 유혹하기 위해 사용하는 전술을 관찰 연구하기도 했고, 애인이 다른 누군가와 섹스하는 걸 상상하도록 하면서 피험자의 생리 변화를 기록하기도 했다. 배우자를 빼앗거나 빼앗긴 경험을 직접 증언하도록 했는가 하면 남자들 체격의 어떤 측면에 여자들이 성적으로 끌리는가를 실험적으로 연구했고, 배란이 여성의 성욕에 미치는 영향을 알아내기 위해 호르몬 분석도 했다. 대학생, 연애 중인 커플, 신혼 부부, 나이 든 부부가 연구에 참여했다. 문화적 배경이 다양한 전 세계 33개국 1만 명 이상이 표본으로 활용되었다. 버스 랩은 위험한 열정인 성적 질투, 여성이 불륜을 저지르는 이유, 딸들의 성애를 제한하는 부모의 전술, 사랑의 진화, 성적 기만, 배란이 여성의 성애에 미치는 영향, 남자와 여자가 "그저 친구로" 지낼 수 있는지 여부, 성적 만족을 예보해 주는 성격적 지표, 파트너의 불륜 사실을 알려 주는 단서들, 성적 경쟁자들을 헐뜯는 뒷말, "성 활동 지능"을 연구해 왔다.

여성의 성 심리를 구성하는 많은 요소가 진화적 기능을 담당한다고 해서 그 모든 특징이 다 적응적인 것은 아니다. 여성의 모든 성 행동이 이득을 가져온다고 생각하면 오산이다. 사태는 오히려 정반대이다. 이 책을 통해 내내 보겠지만 여자들을 성관계로 내모는 몇 가지 이유들은 자기 파괴적이다. 그런 이유들 때문에 개인적 문제들, 자부심 상실, 나아가 삶의 비극이 발생한다. 일부는 비참하기 이를 데 없는 성 활동 장애를 앓기도 한다. 우리는 성 활동 장애와 치료 방법에서부터 만족스러운 성생활에 도달하고, 또 그걸 유지하는 방법에 이르기까지 여성 성 심리의 모든 것을 다룬다.

여자는 왜 섹스를 하는가? 보고된 바가 없는 이 새로운 주제의 연구를 우리는 2006년 6월부터 2009년 4월에 걸쳐 온라인상으로 수행했다. 우리는 웹 링크와 온라인 광고를 통해 여성이 성 행동에 나서는 동기를 알아내고자 한다며 연구에 참여해 줄 것을 호소했다. 해커들의 정보 도둑질을 막고, 연구 참가자들의 익명성을 최대한 보장하기 위해 128비트 암호화 기술을 적용해 조사 작업을 진행했고, 데이터를 관리했다. 연구에 참가한 여성들은 먼저 자세한 안내를 받은 다음 동의서에 서명했다. 우리는 조사가 어떤 내용으로 진행될지를 사전에 충분히 고지했으며, 언제고 설문 참가를 중단할 수 있음도 알렸다. 조사 내용은 비밀을 보장하기 위해 신원이 드러날 수 있는 세부 사항은 전부 제거하면서도 참가 여성들의 진술이 최대한 생생하게 유지될 수 있도록 노력했다. 우리는 참가자들에게 연구와 관련해 걱정이 있거나, 설문에 응답하는 방식으로 자기 얘기를 들려준 후 심리적 고통이 밀려 올 경우 임상 심리학자의 도움을 받아서 고민을 상담할 수 있음도 알렸다.

설문의 첫 번째 질문은 우리가 애초의 연구에서 파악해 낸 237가지 이유 가운데 하나로 인해 섹스를 해 본 적이 있느냐는 것이었다. 참가한 여성의 대답이 "그렇다."이면 그 경험을 구체적으로 진술해 줄 것을 요청했다. 여성의 대답이 "아니오."이면 다른 이유로 섹스를 했느냐고 물었다. 그녀들의 대답은 인간은 왜 섹스를 하는가와 관련해 우리가 수행한 최초의 정량적 연구 내용을 확인하고, 강화하고, 풍부하게 해 주었다. 가장 중요한 사실은 여성들이 연구 참여를 통해 섹스를 하게 된 동기를 자신의 언어로 직접 설명할 기회를 갖게 됐다는 점이었다. 성 심리에 관한 그녀들의 깊이 있는 통찰은 통계 분석으로 알아낼 수 있는 것 이상을 알려 주었다.

다양한 배경을 지닌 1,006명의 여성이 우리에게 자신의 경험을 들려줬다. 그녀들은 50개 주 가운데 알래스카, 몬태나, 네브래스카, 델라웨어를 제외한 46개 주를 포괄했다. 캐나다에서도 10개 주 가운데 서스캐처원과 프린스에드워드아일랜드를 제외한 8개 주 여성과 노스웨스트 테러토리 준주 한 곳의 여성이 연구에 참여했다. 북아메리카 대륙 이외 지역의 면면도 소개한다. 유럽 세 나라(독일, 벨기에, 프랑스), 호주, 뉴질랜드, 이스라엘, 중국. 참가 여성의 나이는 18세(우리가 연구 참여를 허가한 최저 연령)에서 86세에 이르렀다. 민족적 배경은 다음과 같다. 아메리카 원주민, 아시아인, 흑인, 백인(비히스패닉계), 라틴계. 약 57퍼센트는 자신이 특정한 종교 전통의 일원이라고 생각했다. 기독교(성공회, 침례교, 가톨릭, 루터파, 감리교, 모르몬교, 펜테코스트파, 신교도, 제7일 안식일 재림파), 유대교, 무슬림, 불교, 힌두교, 도교, 유니테리언 유니버설리즘, 토속적 주술 숭배자까지. 26퍼센트는 자신이 불가지론자라고 말했고, 14퍼센트는 무신론자였다. 인터넷으로 설문 조사를 수행했지만 참가자들의 사회 경제적 상황은 천차만별이었다. 17퍼센트는 연간 가족 소득이 2만 5000달러 이하라고 응답했다. 31퍼센트는 2만 5001~5만 달러였다. 33퍼센트는 5만 1~10만 달러였다. 19퍼센트는 연간 가족 소득이 10만 달러 이상이었다.

우리는 설문에 참가한 여성들에게 맺고 있는 관계의 유무와 성 지향도 물었다. 약 80퍼센트가 관계를 맺고 있다고 응답했고, 10퍼센트는 데이트 중이지만 장기적으로 헌신하는 관계는 아니라고 답했다. 93퍼센트의 여성이 주로 또는 완전한 이성애자라고 응답했다. 2퍼센트는 양성애자였고, 5퍼센트는 주로 또는 완전한 동성애자였다. 사실 응답자의 11퍼센트가 앞의 분류 목록 가운데 하나를 선택하지 않고 자신을 "다른" 방식으로 규정했다. 게이, 레즈비언, 무성적(asexual), 바이큐어리어스(bicurious, 동성애에 호기심을 느끼는 이성애자 — 옮긴이), 헤테로-플렉서블(hetero-flexible), 옴니섹슈얼(omnisexual), 팬섹슈얼(pansexual), 퀴어, 스트레이트-플러스(straight-plus), 플루이드(fluid), 개방적(open), 다자 연애(polyamorous), 아직 모르겠음, "대체로 이성애자이나 게이 성향이 조금 있음" 같은 다양한 복합 표현들이 등장했다.

여자들이 섹스를 하는 이유와 목적이 동일한데도 그 결과가 성공과 실패로 갈린다는 사실을 확인하면서 우리는 많이 놀랐다. 섹스는 정말이지 즐거운 경우가 많았다. 여자들은 흥분했고, 사랑스러운 감정을 떠올렸으며, 정서적 유대를 확인했고, 자아를 탐색했다.

> 내 생각에는 …… 두 가지가 중요한 것 같아요. 첫째, 남자랑 성적으로 열정적일 수가 있어요. 동시에 그와는 다른 방식으로 실컷 웃으면서 남자랑 함께 하는 경험을 즐길 수 있다는 거죠. 웃음과 섹스는 인간의 가장 기본적인 두 가지 욕구를 동시에 만족시켜 준다는 점에서 거의 비슷합니다.
>
> —이성애자 여성, 42세

여자들은 자신의 섹시함과 성애를 즐긴다.

그러나 섹스를 통해 추구한 목표가 달성되지 않는 때가 있다. 여자들은 섹스를 해도 외로움을 느끼거나, 비통하거나, 후회하는 경우까지 있다. 우리 연구에 참가한 한 여성은 외로움을 달래고, 자신이 매력적이지 않다는 생각을 떨쳐 버리기 위해 섹스를 했지만 소기의 목적을 달성하지 못했다.

지난 번 관계에서는 외롭고, 제 자신이 밉다는 생각을 떨쳐 버리려고 섹스를 했어요. 어리석었죠. 마음 밭이 더 엉망이 되고 말았으니까요. …… 정말 후회스럽습니다. 우리는 서로를 잘 알지도 못했고, 어디로 가야할지 확신도 없었어요. 우리는 한 달 후에 깨졌습니다.

一 이성애자 여성, 39세

그러나 이런 실패 사례에도 불구하고 엄청난 성공을 거두며 강렬한 경험으로 다가온 성적 만남들도 있었다. 섹스가 자신감을 고양해 주는 수단이라고 얘기하는 한 여성의 증언을 들어 보자.

내가 사내 몇 명과 섹스를 한 건 그들이 불쌍하다고 생각해서였습니다. 그 남자들은 숫총각이었고, 나는 그들의 그런 처지가 안쓰러웠어요. 그래서 그들과 섹스를 한 것입니다. 다른 사람은 누구도 해 주지 않은 커다란 호의를 베풀고 있다고 생각하니 내게 막강한 힘이 있다는 느낌이 들었죠. 그들이 마치 나의 보호를 받는 병약자 같다고 생각했습니다. 그런 생각 때문에 자신감을 갖고 이것저것 가르치기까지 했어요. 내가 더 매력적이라고도 생각했고요.

一 이성애자 여성, 25세

섹스가 신을 경험하는 수단이라고 생각하는 여성도 있었다.

나는 그 경험을 필설로는 형용할 수가 없다. …… 요컨대, 나는 다른 사람과 완벽하게 결합해 순도 100퍼센트의 환희를 느끼면서 순환하는 생명에 더 가까이 다가서는 경험을 한다. 이 세상 만물의 근본적인 에너지를 뚜렷하게 감지할 수 있는데, …… 본질을 말하라면, 그것은 신이다.

—이성애자 여성, 21세

우리는 실제 여성들의 증언, 폭넓은 과학 및 임상 사례, 우리 자신의 연구 내용을 씨줄과 날줄로 엮어 여성의 성애를 풍요로운 태피스트리로 제시할 수 있었다. 여기서 성적 만남은 즐거움이고, 회한이고, 감정적인 유대이며, 초월적인 사랑이다.

우리는 성 활동과 관련된 의사 결정을 하는 데서 이 책이 눈 밝은 안내자가 되어 줄 것으로 믿는다. 관계 안에서, 또 관계 밖에서 언제, 어떻게, 그리고 당연히 왜 섹스를 하는지와 관련해서 말이다. 이 책을 우리가 "지침서"로 기획한 것은 아니다. 그렇지만 독자들이 자신의 삶에서 활용할 수 있고, 섹스 파트너와 공유할 수도 있는 정보들을 얻을 수 있으리라고 생각한다. 우리는 이 책이 독자들에게 여성의 성 심리가 보이는 다양한 면모와 미묘한 차이들을 바르게 이해할 수 있는 새로운 렌즈를 제공해 주기를 희망한다.

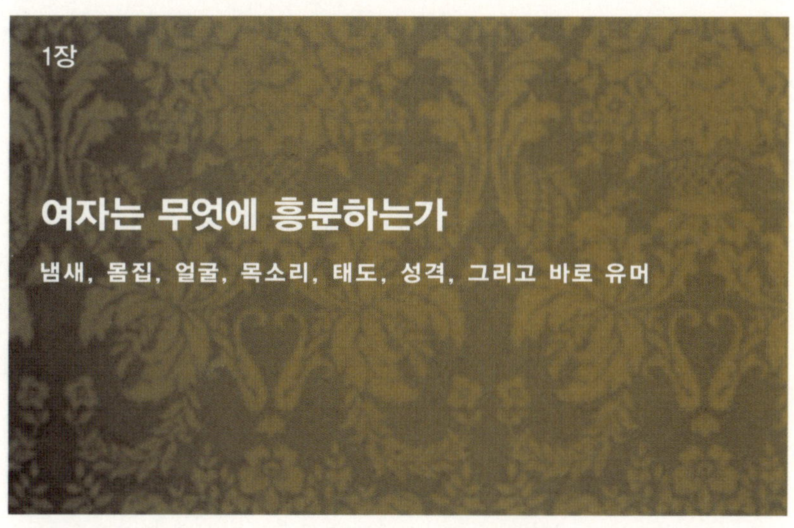

1장

여자는 무엇에 흥분하는가

냄새, 몸집, 얼굴, 목소리, 태도, 성격, 그리고 바로 유머

사람의 외모는 그 무엇과도 바꿀 수 없는 추천장이다.

— 아리스토텔레스(기원전 384~322년)

성적 끌림은 불로장생의 영약이다. 첫눈에 반해 사랑에 빠지는 것에서부터 두 사람의 관계를 몇 년씩 생동감 있게 유지해 주는 불꽃같은 연애에 이르기까지, 두말하면 잔소리다. 성적 끌림은 문학 작품과 영화 속 위대한 사랑 이야기에도 스며들어 있다. 셰익스피어의 『로미오와 줄리엣(*Romeo and Juliet*)』이나 제임스 카메론의 「타이타닉(Titanic)」에 나오는 불행한 연인들, 「카사블랑카(Casablanca)」에서 험프리 보가트와 잉그리드 버그만이 연기한 오랜 기간의 사무치는 그리움을 떠올려 보라. 널리 퍼져 있는 사회적 통념과는 달리 여자들은 자신들이 섹스를 하는 이유로 생화학적 끌림을 첫손에 꼽는다.

심리학에서는 성적 끌림을 상대적으로 소홀히 취급했지만 이 주제는 절대로 심심풀이로 다룰 대상이 아니다. 우리의 평소 대화를 상기해 보자. 유

25

명 연예인들의 꼴사나운 패션을 집중 조명하는 가십에서부터 화끈한 정도를 등수로 매기는 각종 누리집에 이르기까지 성적 끌림은 사방에 퍼져 있다. 광고업계 종사자들은 자동차에서 아이패드에 이르기까지 온갖 물건을 팔아먹는 데서 성적 끌림을 철두철미하게 활용한다. 성적으로 끌리지 않으면 연애는 대개 실패한다. 관계가 순조롭게 출발하기는커녕 시작조차 안 된다. 시간이 지나면 성적 끌림이 서서히 사그라진다. 그게 원인이 되어 배우자가 다른 사람의 품에 안기기도 한다. 섹스는 많은 사람에게 깊은 쾌감을 제공한다. 그들은 살아 있음을 느낀다. 우리는 무엇이 우리를 다른 사람에게 끌리도록 만드는지 설명하지 못하는 경우가 많다. 그래서 가끔은 타입이라는 말을 쓰기도 한다. 쉽게 알아볼 수 있는 특성에 혹하거나, 우리는 물론이고 다른 많은 사람들도 매력적이라고 생각하는 여러 특질들을 지닌 유명인을 지목하는 것이 그런 예다. 우리 연구에 등장하는 많은 여성이 성적으로 끌리는 육체적·성격적 특성을 구체적으로 언급해 주었다. 그러나 다른 많은 여성은 자기들이 성적으로 자극받은 정황을 단순하게만 언급했다. 나는 그 사람에게 끌렸어요, 하는 식이다. 여자들은 그 사람이 얼굴이 잘생겼고, 몸매가 섹시했고, 눈이 아름다웠으며, 좋은 냄새가 났다거나, 신체적 외모에 흥분을 했고, 춤을 잘 췄고, 더 생생하게는 몸이 너무 섹시해서 도저히 거부할 수 없었다고도 증언했다.

이 장에서는 여성들이 정확히 무엇을 성적으로 매력적이라고 생각하는지 살펴본다. 그리고 그 이유도 규명한다. 향수 냄새와 낭랑한 목소리가 여자들의 성욕을 자극하는 이유는 뭘까? 여자들이 남자들에 비해 시각 이미지에는 성적으로 자극을 덜 받는다고 하는데 예컨대, 안토니오 반데라스나 조지 클루니의 얼굴에는 왜 그렇게 많은 여자들이 흥분하는 걸까? 사람이 움직이는 방식에서 도대체 무엇이 여자들의 성적 충동에 영향을 미친다는 것일까? 눈부신 개성이 때때로 평범한 남자를 거부할 수 없는 매력의 짐승으로 바꿔 놓기도 한다는데 도대체 어떻게 그런 일이 가능할까? 육체적 매력이 다른 모든 것을 압도하는 때는 언제일까?

성적 끌림의 불꽃이 많은 경우 우리의 의식 아래에서 일기 때문에 이런 질문들에 대한 우리의 답변 일부도 진화적 관점을 따른다. 진화 심리학자들은 여자들이 매력적이라고 생각하는 특성 일부는 문화에 따라 변덕을 부리지 않는다는 전제에서 출발한다(남자들이 매력적이라고 생각하는 특성 일부에 대해서도 똑같이 말할 수 있다). 성적 매력을 무의식적으로 규정하는 특질들이 여성이 배우자감한테서 얻게 될지도 모르는 이득을 알려 주는 신호가 될 수 있을까? 생물학자들은 진화적 이득을 크게 두 가지로 나눈다. 자식에게 더 나은 생존 및 번식 능력을 부여하는 고품질의 유전자가 유전적 이득이다. 음식, 적대적인 자연의 영향력으로부터 피할 수 있는 쉼터, 공격적인 남자들을 막아 주는 신체 능력은 자원 이득이다. 여자와 자식들은 자원 이득을 통해 생존하고, 번성할 수 있다.

앞으로 보겠지만 여성들로 하여금 남자들과 섹스하고 싶게 만드는 요소들 가운데 일부는 그 기원을 인류의 진화적 과거에서 찾을 수 있다. 물론 우리가 오늘날 살아가고, 일하고, 옷을 입고, 사회화되는 방식으로 인해서 따로 그 기원을 찾아야 하는 요소들도 존재한다.

성적 끌림의 시작

사람들은 끊임없이 다른 사람들을 만난다. 대학 강의실에서 옆자리에 앉고, 커피숍에서 낯선 사람과 부딪치며, 교외의 골목에서 이웃집 사람과 마주치고, 직장의 칸막이 사무실에서 긴 시간을 보내기도 한다. 이런 근접 조우가 많은 경우 누군가에게 성적으로 끌리는 제1단계로 작용한다.

사람들이 배우자로 누구를 선택했는지를 보면 이 사실을 알 수 있다. 1930년대의 한 연구는 1931년 한 해 동안 성사된 5,000건의 결혼을 조사했고, 신랑과 신부가 결혼 전에 어디에 살았는지를 알아냈다. 3분의 1이 5구역 이내에 살았고, 절반 이상이 20구역 반경 이내에 살았다. 수십 년에 걸쳐 수행된 대여섯 건의 연구도 비슷한 양상이 반복된다는 걸 확인해 주었다. 예컨대, 좌석이 지정된 교실에서는 학생들이 서로에게서 멀리 앉는 정도에 따라 관계가 달라졌다. 한가운데 자리에 앉은 학생들이 줄의 뒷머리에 앉은 학생들보다 확률적으로 더 많은 친구를 사귀었다. 알파벳 순서로 좌석을 지정한 교실에서는 이름들이 인근 철자로 시작되는 학생들 사이에서 우정 관계가 맺어졌다.

누군가의 옆에 있다고 해서 성적 끌림의 불꽃이 자동으로 튀는 것은 아니다. 그러나 그 사람과 (어느 선까지) 접촉을 계속하면 확률도 높아진다. 한 연구에 따르면 일련의 짧은(35초 이하) 대면 접촉만으로도 긍정적인 반응이 증가했다. 심지어는 이야기를 전혀 나누지 않았는데도 말이다. 우리는 덜 자주 보는 사람들보다 더 자주 보는 사람들을 좋아하는 경향이 있는 셈이다. 다른 연구도 보자. 육체적 매력이 상당한 실험 보조원 여성 네 명이 대학 수업을 들었다. 실험 보조원 한 명은 학기 내내 열다섯 번 강의에 출석했고, 다른 보조원 한 명은 열 번, 또 한 명은 다섯 번 참석했다. 마지막 한 명은 한 번도 참석하지 않았다. 네 명 전부 강의를 등록한 다른 학생들과 전혀 대화를 나누지 않았다. 학기를 마감한 남녀 학생들이 연구 보조원 네 명의 호감 정도에 순위를 매겼다. 출석 횟수가 증가함에 따라 매력도도 커졌다. 연구 보조원 네 명 전부가 수강생들에게는 똑같이 낯선 사람들이었음에도 불구하고 말이다.

밝혀진 것처럼 어느 정도 익숙해지면 그것이 무엇이건 호감이 생겨난다. 사람이, 그림이, 모르는 외국어의 단어가, 노래가, 광고 중인 신상품이, 정치인이, 심지어는 무의미한 철자까지도 말이다. 특히 결정적인 만남의 초기 단계에서 접촉이 많을수록 반응 또한 더 긍정적으로 나타난다. 왜 그럴까? 우리는 종종 새롭고 낯선 사람이나 사물에 불안함까지는 아니더라도 어느 정도 불편하다는 반응을 보인다. 노출이 반복되면서 우리가 느끼는 불안과 걱정은 감소한다. 우리는 누군가에 더 익숙해질수록 그 또는 그녀의 행동을 더 잘 예측할 수 있고, 따라서 대상과 관련해 더 편안함을 느끼는 것이다.

사람들이 일단 가까이 있게 되면 눈을 마주치는 것이 중요해진다. 첫눈에 반하는 사랑을 믿고, "유일한" 사랑을 신봉하며, 사랑이야말로 관계의 핵심이라고 천명하는 사람들을 우리는 "낭만주의자"라고 부른다. 낭만주의자로 타고난 남녀에게는 시선 교환이 아주 강력한 효과를 발휘한다. 한 조사에서 연구소를 찾은 48명의 남녀가 대화를 하면서 서로의 눈을 응시하도록 요구받았다. 시선 교환이 위력적이라는 것이 입증되었다. 많은 사람들이 반대 성의 낯선 사람과 그윽하게 눈을 마주치자 사랑의 느낌이 강렬해졌다고 증언했다. 우리의 연구에서 한 여성은 이렇게 말한다.

> 어떤 사람이 대충 힐끗 보고는 별다른 얘기를 하지 않으면 비밀스럽고 신비하죠. 그런 사람이 자극적인 것 같아요. 한 번은 어떤 남자랑 섹스를 했는데, 그는 갈망하는 눈빛으로 나를 봤지만 말을 많이 하지는 않았거든요. 아주 열정적인 경험이었죠.
>
> —이성애자 여성, 33세

다른 연구는 낯선 사람들에게 먼저 30분 동안 서로에게 자기 삶의 사적인 세부 사항을 밝히도록 한 다음, 4분 동안 서로의 눈을 응시하도록 요구했다. 눈 마주치기를 피하지 말고, 대화도 전혀 하지 말라는 요구가 보태졌다. 참가자들이 연구에 참여한 상대방에게 강하게 끌렸다고 보고했음은 물론이다. 완전히 모르는 사람들이었는데도 심지어 두 사람은 결혼까지

해 버렸다!

그러나 너무 낯익고 친숙하면 역풍을 맞을 수도 있다. 처음에는 긍정적이라고 여겼던 특성들이 짜증과 분노의 원인이 될 수 있는 것이다. "웃기고 재미있다"고 소개되던 남자들이 "사람들 있는 데서 뻔뻔하고 난처하게 구는" 존재로 전락한다. 매력적이기만 했던 "즉흥성"이 전혀 마음에 안 드는 "무책임"으로, "출세와 몰입"이 "일 중독"으로, "굳센 의지"가 "고집불통"으로 돌변한다. 여자들에게는 확실히 어느 정도의 "신비감"이 성적 행동에 나서는 동기가 될 수 있다. 이건 남자들도 마찬가지이다. 신비감은 성적 끌림을 부추긴다. 그러나 너무 친근하면 신비감도 바람과 함께 사라진다. 한 여성이 자신의 성생활 회고록에서 말했듯이, "열의가 없는 것보다 가까워서 섹스가 더 빨리 끝나 버릴 수도 있다."

지나치게 접촉하면 성적 끌림의 들불이 꺼져 버릴 수 있지만 정반대 상황인 신선함은 그 불길을 더 부추길 수 있다. 심리학자 대릴 벰(Daryl Bem)은 이렇게 요약 정리했다. "이국적인 것은 성적이다." 대학 강의실에서 강사들이 성적으로 매력적이라고 생각하는 특질들을 여학생들에게 제시해 보라고 요청하면 예외 없이 "신비스러움"을 목록에서 확인할 수 있다.

인간은 다섯 개의 감각을 갖고 있는 것으로 알려져 있다. 시각, 청각, 후각, 촉각, 미각. 성적 끌림을 야기하는 감각 신호들은 실제로 몸의 근접도에 따라 더 큰 효과를 발휘한다. 성적 매력을 구성하는 가장 강력한 요소들 가운데 하나를 검토해 보면 앞의 진술이 얼마나 설득력 있는지를 더 잘 알 수 있다. 그런데, 과학자들은 오랫동안 이 사태를 소홀히 취급해 왔다. 여자들이 후각에 극도로 예민하다는 사실 말이다.

섹시한 향기

냄새가 심리 연상 작용을 불러일으키는 효과가 대단하다는 사실은 널리 알려져 있다. 연인이 즐겨 뿌리던 향수 냄새를 맡기라도 할라치면 그 사람이 떠오르는 것은 물론이고, 수많은 감정이 주마등처럼 스쳐 지나간다. 이것은 부분적으로 후신경이 특이하게 설계되었기 때문이다. 후신경은 뇌 전역으로 네트워크가 퍼져 있는 데 반해 다른 주요 감각 기관들의 정보 처리 신경은 후신경보다 덜 광범위하다. 뇌는 이런 설계 방식 덕택에 정서적 사건들에 관한 기억을 후각 정보와 결합할 수 있다. 냄새의 감정을 환기하는 특성은 매우 중요하다. 그런데 냄새가 기초적인 성적 끌림과 관련해 여성들에게 매우 중요하다는 사실 또한 밝혀졌다.

브라운 대학교 연구진은 "감각 자극과 성애 조사(Sensory Stimuli and Sexuality Survey)"라는 수단을 활용해 여자들이 연인을 고를 때 어떤 냄새가 나는지를 가장 중요한 기준으로 삼는다는 것을 알아냈다. 순위로는 시각 (아깝게 2위), 청각, 촉각이 그 뒤를 이었다. 우리 연구의 한 여성은 섹스 상대의 매력을 이렇게 평가했다.

> 그 남자가 풍기는 냄새와 눈빛, 그리고 태도에 끌렸습니다. 그의 프랑스 억양도요.
> —이성애자 여성, 23세

반면 여자가 어떤 냄새를 풍기느냐는 남자가 성적으로 끌리는 데서 비중을 덜 차지한다. 아마도 남자의 후각이 여자의 후각보다 덜 예민해서, 그리고 남자가 시각 신호에 훨씬 더 많이 자극받아서일 것이다. 여자들은 누군가에게 성적으로 끌리는지 여부에서 냄새가 중요하다고 생각한다. 냄새의 중요성은 여기서 그치지 않는다. 여자들이 느끼는 성적 흥분은 좋은 체취에 의해 강화되기도 하고, 나쁜 체취 때문에 완전히 사라져 버리기도 한다.

여성이 성적으로 끌리는 데 체취가 이토록 중요한 역할을 하는 이유는 최근에야 비로소 과학적으로 연구되기 시작했다. 첫 번째 단서는 후각 신호를 감지하는 여성의 예리함 정도가 배란기를 전후해서 절정에 이른다는 색다른 발견에서 얻을 수 있다. 배란기는 매월 반복되는 월경 주기에서 24시간에 불과한 좁은 창문과도 같은 시기로, 이때 여성은 임신이 가능하다. 과학자들은 이 사실을 바탕으로 여성의 후각이 번식에서 일정한 역할을 할지도 모른다고 추론했다. 그러나 연구자들이 인체의 질병 방어책을 탐구하기 시작하면서야 비로소 둘 사이의 관계가 밝혀졌다.

(질병을 일으키는 박테리아와 바이러스를 격퇴하는) 면역 기능을 담당하는 유전자는 주요 조직 적합 유전자 복합체(major histocompatibility complex; MHC)에 있다. 주요 조직 적합 유전자 복합체는 6번 염색체에서 볼 수 있는데 사람마다 이 MHC 유전자의 판본, 곧 대립 형질이 다르다. 유전학자들이 흔히 하는 얘기로, MHC 유전자는 "다형적"이다. 여자들은 MHC 유전자가 자기들과 다른 남자들과 짝짓기를 하면 두 가지 면에서 이득을 얻을 수 있다. 첫째, MHC 유전자가 다른 배우자는 일반적으로 더 다른 유전자를 가지고 있을 공산이 크다. MHC 유전자가 다른 사람을 매력적이라고 생각하면 근친 교배를 예방할 수도 있는 셈이다. 유전적으로 가까운 친척과 번식을 하면 선천적 결손증이나 낮은 지능, 기타 문제들을 유발해 자식들에게 재앙을 불러올 수 있다. MHC 유전자가 상호 보완적인 사람과 짝짓기를 하면 태어나는 자식의 면역 기능이 더 우수하다는 점이 두 번째 이득이다. 자식들은 질병을 야기하는 다수의 기생충을 더 효과적으로 물리칠 수 있게 된다.

여자들이 MHC 유전자가 상호 보완적인 배우자를 도대체 어떻게 선택해 그 혜택을 후손에게 물려주는 것인지는 수수께끼이다. 이 대목에서 브라질의 연구자들이 수행한 실험은 시사하는 바가 크다. 그들은 29명의 남성에게 닷새 동안 면제품 조각을 각자의 피부에 부착하고 생활하도록 했다. 면 조각에 땀이 스몄을 테고, 당연히 거기에는 실험 참가자들의 체취도 배었을 것이다. 이제 29명의 여성이 개별 면 조각을 킁킁거리며 냄새 맡아

보았고, 성적으로 끌림과 끌리지 않음의 차원에서 그 냄새를 평가했다. 과학자들은 피 검사를 통해 전체 남녀의 구체적 MHC 복합체를 이미 확인해 둔 상태였다. 여자들은 MHC 복합체가 자기와 상호 보완적인 남자들의 향기가 성적으로 가장 끌린다고 판정했다. MHC 복합체가 자기와 비슷한 남자들의 냄새에는 역겹다는 반응을 보였다. 실험 결과가 놀라워 보일지도 모른다. 그러나 여자들은 말 그대로 면역 기능에서 중추적 역할을 담당하는 것으로 알려진 유전자 복합체의 냄새를 맡을 수 있다.

이렇게 고도로 발달한 후각이 여자들의 성애에 심오한 영향력을 발휘한다. 뉴멕시코 대학교의 진화 심리학자 크리스틴 가버-앱가르(Christine Garver-Apgar)와 동료들은 낭만적 연애를 통해 맺어진 부부 48쌍의 MHC 유사성을 조사했다. 그들은 부부의 MHC 유사성 정도가 증가함에 따라 여성이 배우자에게 보이는 성적 반응의 정도가 감소함을 발견했다. 배우자와 MHC 유전자가 비슷한 여성들은 상대방과의 섹스 횟수를 줄이기를 희망했다. 그녀들은 MHC 유전자가 상호 보완적인 여성들과 비교할 때 배우자를 성적으로 만족시켜 주려는 동기도 더 적었다. 배우자와 MHC 유전자가 비슷한 여자들이, 특히 배란 주기에서 임신이 가장 잘되는 시기에 성적으로 다른 남자들을 꿈꾸는 횟수가 더 많다는 사실이 그녀들의 배우자들에게는 정말이지 불길하게 다가올 것이다. 다른 남자를 꿈꾸는 여자들의 성적 판타지가 머릿속에만 머물지도 않았다. 그녀들은 더 빈번하게 다른 남자의 품에 안겼다. 실제로 성적 부정(不貞)의 비율이 더 높았던 것이다. MHC 대립 형질의 50퍼센트를 공유한 부부들 가운데서 여자가 부정을 저지를 확률은 50퍼센트였다.

따라서 여자가 냄새가 좋아서 남자와 섹스했다고 말할 때 그녀가 성행위에 나선 동기 이면에는 진화적 적응이라는 근본적 이유가 도사리고 있는 셈이다. 무의식적인 수준에서 여자들은 유전적으로 화합할 수 있는 남자들에게 끌린다.

남자의 냄새가 매우 중요한 또 다른 이유는 대칭적인 신체가 성적 매력을 지닌다는 색다른 발견에서 유래한다. 사람의 몸은 대체로 좌우 대칭이다. 왼쪽 손목은 일반적으로 오른쪽 손목과 둘레가 같다. 왼쪽 귀는 오른쪽 귀와 길이가 같다. 눈에서 발가락에 이르기까지 사람 몸의 왼쪽 절반과 오른쪽 절반은 대체로 보아 서로 비슷하다. 그러나 개개인은 완벽한 대칭에서 약간의 편차를 보인다. 얼굴과 몸을 더 비대칭적으로 만드는 요소는 두 가지이다. 하나는 유전자로서 유전학자들이 돌연변이 하중(mutation load)이라고 부르는 돌연변이 개수이다. 사람은 누구나 돌연변이 유전자를 갖지만(평균 몇 백 개 정도로 추정된다.) 다른 사람들보다 돌연변이 하중이 더 큰 사람들이 있다. 그리고, 유전자에 돌연변이가 많이 일어난 사람들은 더 비대칭적이다. 두 번째 요소는 환경이다. 어떤 사람들은 발달 과정에서 다른 사람들보다 더 자주 아프고, 질병에 더 많이 걸리며, 기생충에 더 빈번하게 노출되고, 외상을 더 자주 입는다. 이렇게 환경이 위해를 가하면 몸과 얼굴에 비대칭이 발생한다. 간단히 말해서, 대칭은 건강 상태가 양호함을 알려 주는 표지인 셈이다. 대칭은 어떤 사람이 돌연변이 하중이 낮고, 환경의 위해를 별로 경험하지 않았음을, 아니 적어도 별다른 자국 없이 그 환경 위해를 견뎌 낼 수 있는 능력을 보유하고 있음을 알려 준다.

우리가 진화한 방식 때문에 인체의 대칭이 매력적이라면, 그리하여 여자들이 냄새의 특징을 탐지해 대칭 상태를 판별하고 선택할 수 있는 게 사실이라면, 어떤 비대칭들은 즉각 눈에 띄지 않기도 한다는 것을 상기했을 때, 이는 매우 유용한 기술이다.

그런데 여자들은 도대체 어떻게 인체의 대칭을 냄새 맡을 수 있는 것일까? 한 연구에서 남자들이 흰색 면 소재 티셔츠를 이틀간 착용했다. 벗은 티셔츠는 비닐봉지로 밀봉했다. 과학자들은 실험실에서 측정기를 사용해 남자들의 몸을 다양하게 쟀다. 예컨대, 손목, 발목, 귓불 등등. 그들의 대칭 정도를 평가하기 위해서였음은 두말할 나위가 없다. 이제 여자들이 각각의 티셔츠 냄새를 맡아 보고, 냄새의 끌림 정도를 평가할 차례였다. 여자들은 대칭적인 남자들이 입은 티셔츠 냄새를 가장 매력적이라고 판정했다. 그녀들은 비대칭적인 남자들의 냄새가 역겹다고 생각했다. 독립적으로 수행된 네 건의 연구가 이 사실을 거듭 확인해 주었다.

여자들은 배란 주기에서 임신이 가능한 시기, 정확히 얘기해서 임신할 가능성이 가장 높은 시기에 대칭의 냄새를 특히 더 매력적이라고 생각한다. 이는 고품질의 유전자를 포함해 건강 상태가 양호함을 정직하게 드러내는 남자들과 번식해 온 여성들의 진화적 적응을 또렷이 반영한다. 여자들이 혼외정사를 원할 때, 그들은 대칭적인 남자를 파트너로 삼고 싶어 한다. 하지만 이게 다가 아니다. 대칭이 성적 끌림에서 매우 중요하다는 걸 알려 주는 또 다른 지표가 있다.

남자의 냄새가 발휘하는 위력

남자의 냄새는 여자가 짝짓기 상대를 선택하는 행위뿐만 아니라 그녀가 언제, 그리고 얼마나 자주 섹스하기로 마음먹는지에까지 영향을 미친다. 당연한 얘기겠지만 그녀가 임신할 확률도 영향을 받을 것이다.

연구자들은 여자들이 남성 페로몬에 노출되면 임신 가능성이 커진다는 사실을 증명했다. 페로몬은 항문, 겨드랑이, 소변 배출구, 가슴, 입의 분비샘에서 나온다. 비인간 포유동물의 경우 특화된 후각 구조, 곧 서골코기관(vomeronasal organ; VNO)이 페로몬 신호를 받아들인다. 페로몬 신호가 대다수 동물과 곤충의 짝짓기 의식을 관장한다. 한 연구에 따르면, 남자와 자주 섹스하는(일주일에 최소 한 번) 여자들은 생리 주기가 일정해졌고, 임신이 가능한 기저 체온이 상승했으며, 황체기라고 하는 배란 이후의 생리 주기 단계에 에스트로겐이 더 많이 분비되었다. 다른 연구는 40일 동안 두 번 이상 한 남자와 잔 여자들이 그보다 덜 잔 여자들보다 배란 확률이 훨씬 더 높다는 것을 밝혀냈다.

여기서도 성적 끌림이 중요한 역할을 한다. 아테네 연구소(Athena Institute) 책임자인 위니프레드 커틀러(Winnifred Cutler) 박사가 여자들은 남성 페로몬에 노출되면 성적으로 끌린다는 사실을 밝혀냈다. 그녀의 연구를 보자. 26~42세 이성애자 남성 38명이 기준으로 삼을 만한 각자의 성 행동과 2주간의 데이트 경험을 기록해 보고했다. 다음 순서로 그들은 한 달 동안 애프터셰이브 로션을 규칙적으로 발랐다. 그러나 이 애프터셰이브 로션은 전에 쓰던 것과 달랐다. 남자들이 자연스럽게 분비하는 페로몬의 합성물이 첨가되어 있었던 것이다. 실험에 참가한 남자들은 자기들이 어떤 애프터셰이브 로션을 쓰는지 알지 못했다. 남자들은 한 달의 실험 기간 동안 자신들의 데이트 및 성 경험을 계속 적어서 보고했다. 결과는 놀라웠다. "페로몬이 들어간" 애프터셰이브 로션을 바른 남자들은 한 달 전 2주간의 성 활동과 비교해 애무와 성기 삽입을 더 많이 했고, 비공식 데이트 횟수가 더 많았으며, 파트너 옆에 드러누워 있는 시간이 더 길었다. 그들은 같은 기간에 자신들이 자위를 더 많이 하거나 적게 하지 않았다고도 증언했다. 그들의 성 활동이 증가한 게 별도의 페로몬에 노출되면서 성 충동이 높아져서 그런 것이 절대 아님을 확인할 수 있는 대목이다.

냄새에 민감하면 좋은 유전자나 공감을 불러일으키는 향수만 식별할 수 있는 게 아니다. 여자들은 냄새로 배우자의 면역 체계와 인체 대칭 상태도 알아낸다. 여성이 성적으로 끌리고, 흥분하는 양상은 페로몬에 의해서도 무의식적으로 규제된다.

건강 상태가 양호하다는 신호이기 때문에 인체의 대칭이 여자들에게 매력적임을 우리는 살펴보았다. 인체 대칭은 남자의 강건함과도 관계가 있다. 미국과 카리브 해의 섬나라 도미니카 공화국에서 수행된 연구들은 좌우가 대칭적인 남성들이 비대칭적인 남성들보다 섹스 파트너 수가 더 많음을 확인했다. 여자들은 성적 파트너에게 끌리는 구체적 특질들을 거론하면서 빈번하게 "몸매가 착하다"("성적으로 매력이 있고, 섹시하다"는 의미 — 옮긴이)고 언급했다. 우리 연구만 보더라도 왜 섹스를 했느냐는 질문에 "몸매가 착해서"라는 이유가 열여섯 번째로 자주 언급되었다. 그런데 여자들은 어떤 종류의 몸을 성적으로 매력이 있다고 보는 것일까?

아마도 가장 확실한 특징은 키(신장)일 것이다. 여자들이 키 큰 남자에게 끌린다는 사실이 여러 연구에서 거듭 확인되었다. 물론 어느 정도까지만이다. 평균보다 커야 하지만 너무 커서는 또 안 되는 것이다. 애인을 구하기 위해 신문 등에 내는 개인 광고를 분석해 보면, 여성의 80퍼센트가 키가 180센티미터 이상인 남자를 바람직하다고 언급했다. 개인 광고에서 키가 크다고 밝힌 남자들은 여성들에게서 훨씬 더 많은 응답을 받았다. 여자들은 결혼 상대자로 키가 큰 남자를 선호했고, 단기간의 섹스 파트너의 경우에는 키를 훨씬 더 중요하게 쳤다. 여자들은 정자 기증자를 고를 때조차 신장을 고려했다!

영국 남성을 조사한 한 연구는 평균보다 키가 큰 남자들이 키가 작은 동년배보다 같이 산 여자친구의 수가 더 많았다는 걸 확인했다. 두 건의 연구는 평균보다 키가 큰 남자들이 자식을 더 많이 두고, 따라서 번식 측면에서 더 성공했음을 알아냈다. 여자들은 키가 큰 남자를 연애와 번식 모두에서 더 쓸 만한 후보자로 간주하는 것 같다.

여자들이 키 큰 남자를 욕망한다는 사실의 이면에는 어떤 논리가 숨어 있는 것일까? 전통 사회들을 보면 키가 큰 남자들이 흔히 지위가 더 높다. 사냥-채집 사회들에서는 "중요한 남자들"(지위가 높고, 존경을 받는 남자들)이 말 그대로 큰 남자들이다. 육체적으로 말이다. 서양 사회를 보아도 키가 큰 남자들이 키가 작은 남자들보다 사회 경제적 지위가 더 높다. 다른 연구를 보면, 신입 사원 모집자의 경우 판매직 지원자 두 사람 가운데 72퍼센트의 비율로 키가 큰 사람을 뽑는다는 것도 알 수 있다. 키가 2.54센티미터 늘어날 때마다 남자의 연봉은 몇 천 달러씩 늘어났다. 한 연구에 따르면, 키가 180센티미터인 남자는 30년의 직업 경력을 통해 17.78센티미터 더 작은 남자들보다 평균 16만 6000달러를 더 벌었다. 키가 큰 경찰관은 단신의 경관보다 공격을 받는 일이 드물었다. 키가 큰 경관들이 범죄자들한테 존중을 더 받거나 공격 행위에 나서기 전에 한 번 더 생각해 보도록 하는 효과가 있음을 알 수 있는 대목이다. 큰 키는 다른 사람의 공격을 단념시키는 효과를 발휘한다. 진화 생물학자들끼리 하는 말이 있다. 키는 사람의 방어 능력을 알리는 "정직한 신호"이다. 여자들은 키가 큰 배우자와 함께 있으면 정말이지 더 편안하고 안전함을 느낀다고 얘기한다.

남성의 신장과 관련해 최근에 밝혀진 상관관계를 바탕으로 이렇게 대답할 수도 있다. 키가 큰 남성은 평균적으로 볼 때 키가 작은 남성보다 더 건강하다. 물론 정규 분포의 양 극단을 차지하는 남자들은 건강상으로 문제가 더 많지만. 결국 키가 큰 남자는 직업 전망이 더 밝고, 경제적 자원이 더 많으며, 사회적 지위가 더 높고, 효과적으로 몸을 방어할 수 있고, 더 건강하다는 등 여러 적응적 이득을 포상금처럼 누린다(2장과 7장에서는 다른 각도에서 크기가 얼마나 중요한지 살펴볼 것이다.).

섹스하기 딱 좋은

물론 여성을 성적으로 흥분시키는 남자 몸의 요소로 키만 있는 건 아니다.

배우자 선택을 조사한 연구들은 여자들이 불장난뿐만 아니라 장기간의 짝짓기 행위에서도 튼튼하고, 근육질에다가, 운동 능력이 탁월한 남자를 원한다는 걸 알려 준다. 대다수의 여성이 특정한 체형을 분명하게 선호했다. 이름 하여, V자형 몸통이다. V자형 몸통은 어깨 대 엉덩이 비율이 큰 몸통으로, 당연히 엉덩이와 비교해 어깨가 더 넓다. 여자들은 몸통 상부가 근육질이고(하지만 운동이 지나쳐 근육이 뻣뻣해서는 안 된다.), 군살이 없는 복부로 된 체형에 성적으로 끌렸다.

두 성별 모두 어깨 대 엉덩이 비율이 큰 남자를 육체적·사회적으로 더 유력한 존재로 파악했다. 이는 여자들이 마치 다른 남자들에게 쉽게 지배될 것만 같은 남자들에게는 일반적으로 끌리지 않는 데에도 단서를 제공한다. 어깨 대 엉덩이 비율이 큰 남자들은 이른 나이(16세 이하)에 성교를 시작했다. 그들은 어깨가 빈약한 동년배들보다 섹스 파트너 수가 더 많았다. 그들은 연애 중임에도 다른 파트너와 정사(情事)하는 일이 더 잦았다. 그들은 기혼 여성들의 혼외정사 상대로 더 많이 선택 받았다. 어깨 대 엉덩이 비율은 질투도 불러일으킨다. 어깨 대 엉덩이 비율이 큰 사람이 경쟁자로 부상하면 남자들은 질투한다.

튼튼하고, 운동 능력이 탁월하며, 몸통이 V자형인 남자들은 허약한 동년배들과의 경쟁에서 승리하기 마련이다. 여자들은 레슬링, 달리기, 던지기 같은 경연 대회를 통해 남자들의 육체 능력, 곧 속도, 지구력, 힘 등을 비교 평가한다. 이는 문화권을 초월하는 현상이다.

그러나, 과학적으로 조사해 봤더니 여자들이 실제로 매력적이라고 생각하는 강건함의 정도를 남자들이 과대평가하고 있음이 드러났다. 남자들은 매력을 발산하기 위해 근육을 더 우락부락하게 키우고, 운동도 더 많이 해야 한다고 생각했다. 한 연구는 독자의 89퍼센트가 여성인 《코스모폴리탄(Cosmopolitan)》과 독자의 85퍼센트가 남성인 《멘즈 헬스(Men's Health)》에서 남자 몸의 강건함을 비교했다. 연구자들은 두 잡지에 묘사된 남자 몸의 강건함에 등급을 매겼는데《코스모폴리탄》에서 묘사된 강건함 정도(4.26)는 여자들이 이상적인 성행위 상대자로 평가하는 강건함 수준(4.49)과 대체로 일치했다. 반면에《멘즈 헬스》에서 묘사된 남자들의 강건함 정도(5.77)는 여자들이 더 근육질의 섹스 파트너를 원한다고 남자들 스스로가 오판하는 수준(5.04)과 근사하게 나왔다.

우락부락한 근육을 자랑하는 남성의 이미지가 여자들이 어떤 대상에게 가장 성적으로 끌리는지에 대한 남자들의 오해를 조장해 왔음은 거의 틀림없는 사실이다. 극단적으로 마른 여성들의 사진이 유포되면서 남자들이 가장 매력적이라고 생각하는 마름 정도를 여자들이 과대평가해 왔다는 사실도 여기에 보태야 할 것이다. 남자들은 V자형 몸매를 되풀이해서 보고는 자신의 몸매에 불만을 갖게 됐다. 여자들도 상황은 마찬가지이다. 그녀들은 제로 사이즈 모델들 앞에서 무척이나 불행하다. 미국 남성의 무려 90퍼센트가 근육을 더 키우고 싶다고 말했다. 미디어의 십자포화에 덜 노출된 가나 남성의 경우 그 수치는 49퍼센트에 불과했다. 우크라이나 남성은 69퍼센트로, 그 사이에 존재한다. 한 연구자가 잘 지적했듯이, 평범한 남자들은 "(자기가) 클라크 켄트 같다고 생각하면서 슈퍼맨이 되기를 열망하는" 것이다.

끌리는 얼굴

모델이라고 말했어도 믿겠더라고요. 그 남자가 내게 관심을 보이는데, 믿을 수가 없었죠. 우리는 딱 한 번 섹스를 했어요. 그 후로도 그가 계속 전화를 했는데, 정말 이상하더군요. 여러 가지 이유로 관계를 지속하지 않기로 했죠. 우선은, 그 남자가 너무 잘생겼어요. 그가 나한테 정말 빠져 있었다는 생각은 들지만. 둘째로, 나한테는 나보다 더 예쁜 사람이랑은 절대로 데이트하지 말자는 원칙이 있어요. 자부심이나 정신 건강 면에서 좋지 않거든요.

—이성애자 여성, 26세

얼굴에서 볼 수 있는 남성적인 특징은 청소년기에 분비되는 테스토스테론의 영향을 크게 받는다. 이때 얼굴뼈가 성인의 모양새를 갖춘다. 진화의 관점에서 볼 때, 사춘기는 남녀가 짝짓기 경쟁의 무대에 진입하는 시기이다. 그들은 배우자 선택과 배우자 호리기에 시간과 정력을 바치면서 활동을 개시한다. 남자들의 경우, 우리가 본 것처럼, 근육양이 다른 남자들과의 경쟁 및 여자들을 성적으로 매혹하는 데서 승리하고, 성공할 수 있는 하나의 요소로 작용한다. 테스토스테론은 남자의 근육양과 얼굴에서 볼 수 있는 남성적인 특징들을 촉진하는 마법의 호르몬이다.

그런데 왜 모든 남자가 남성적인 얼굴과 근육질의 몸을 갖지는 못하는 것일까? 그게 테스토스테론의 부작용 때문이라는 것은 참으로 기이하다. 테스토스테론이 많이 분비되면 인체의 면역 기능이 훼손되고, 남자들은 질병과 기생충에 효과적으로 맞서 싸울 수 없게 된다. 바로 여기에 역설이 존재한다. 청소년기에 평균 이상으로 건강한 남자들만이 많은 양의 테스토스테론을 분비해, 얼굴을 남성답게 만들 "수 있다." 덜 건강한 청소년들은 이미 위태로운 상태의 면역 체계를 훼손할 수 없고, 그래서 얼굴뼈들이 성인의 모양새를 갖추는 바로 그 시기에 테스토스테론이 적게 분비된다. 남자다워 보이는 얼굴은 남자가 건강하고, 다른 남자들과 경쟁해서 승리할 수 있으며, 능히 지키고 보호할 수 있음을 알려 준다. 대다수의 여성이 약간만 더 남성적인 얼굴(가장 남성적인 얼굴이 아니라)을 가장 매력적이라고 생각하는 이유는 테스토스테론의 역설 속에서 가장 잘 설명된다.

하지만 여성이 번식 가능한 상태인지, 그리고 남자를 가벼운 섹스 파트너로 보는지, 아니면 남편감으로 고려하는지에 따라 역학 관계는 변한다. 일련의 과학 연구에서 여성들은 배란 주기 동안 다양한 남자의 얼굴을 두고 얼마나 매력적인지를 판정했다. (배란 전 5일간의) 임신이 가장 잘되는 시기와 임신 가능성이 가장 낮은 배란 후 황체기 동안이었다. 그렇게 피험자들은 섹시함과 가벼운 섹스 파트너로서의 매력도, 그리고 장기적 배우자로서의 매력 정도를 평가했는데 여자들은 평균 이상으로 남성적인 얼굴을 가장 섹시하고, 가벼운 성행위 상대자로서 가장 매력적이라고 생각했다. 반면에 장기적 관계를 맺는 상대자로는 약간 덜 남성적인 얼굴을 더 매력적이라고 판정했다. 남성적임을 나타내는 테스토스테론 충만한 얼굴에 대한 여성들의 성적 욕망은 가임기 동안 특히 강렬했다.

이들 결과를 가장 그럴듯하게 해석하면 다음과 같다. 여자들이 장기적 배우자를 고를 때에는 "좋은 아빠"가 될 가능성이 많은 남자들에게 끌리지만 임신 가능성이 가장 많을 때에는 양호한 건강 상태를 정직하게 알려 주는 남성다움에 끌린다고 말이다. 그러나 이렇게 해석해 놓고 보면 또 다른 골치 아픈 수수께끼에 직면하게 된다. 여자들이 위험한 불장난이든 평생에 걸친 사랑이든 모든 짝짓기 관계에서 가장 남성적인 남자들에게 끌리지 않는 이유는 도대체 무엇이란 말인가?

더 남성적인 남자들이 성적으로는 덜 충실하다는 사실에서 그 해답을 찾을 수 있다. 보다 남성적인 남자들은 전체 남성 인구 가운데서 위험을 무릅쓰며 계집질을 해 대는 "나쁜 남자"일 가능성이 더 많다. 결과적으로 대다수의 여성은 적당한 선에서 타협하는 수밖에 없다. 그녀들이 덜 남성적인 남자를 선택하면 더 나은 아빠와 성적으로도 더 충성스러운 배우자를 갖게 되는 반면 양호한 건강 상태를 담보해 주는 유전자 통화(通貨)는 잃고 말 것이다. 그녀들이 더 남성적인 남자를 선택하면 자식들에게 건강을 보증해 주는 좋은 유전자를 선사할 수 있는 반면 배우자가 자신의 정력(精力)

일부를 다른 여자들에게 쏟아붓는 데 따른 고통과 손실을 감수해야만 할 것이다. 그리하여 여자들은 배우자를 선택하는 과정에서 이중의 짝짓기 전략을 구사한다. 그것은 두 세계 모두의 최선을 확보하려는 노력이자 활동이다.

여자들은 약간 덜 남성적인 남자와 장기적인 관계를 맺기로 마음먹을 수 있다. 그는 성적으로 충실할 테고, 자식들에게도 시간과 자원을 성실하게 투자할 것이다. 그러는 동시에 그녀들은 임신 확률이 가장 높을 때마다 기회를 틈타 더 남성적인 남자들과 섹스를 할 수 있다. DNA 지문 연구들을 살펴보면 여성의 약 12퍼센트가 장기적 배우자가 아닌 다른 남성의 아이를 밴다는 사실이 확인된다. 다는 아니겠지만 일부 여성이 이중의 짝짓기 전략을 구사함을 짐작케 하는 대목이다.

그러나 여자들이 남성적 얼굴에 얼마나 끌리는지는 문화마다 다르게 나타난다. 심리학자 이언 펜튼-보우크(Ian Penton-Voak)와 동료들은 자메이카 여성들이 영국 여성들보다 남성적 외모의 남자들을 더 섹시하게 여긴다는 사실을 알아냈다. 그들은 문화에 따라서 이렇게 차이가 나는 것은 영국과 비교할 때 자메이카에서 전염병이 많이 발생하기 때문이라고 해석했다. 전염병이 문제시되는 문화권에 사는 여성들은 자신들의 성 선택 전략을 건강 상태가 양호함을 정직하게 알려 주는 남자들 쪽으로 옮기는 것 같다. 테스토스테론이 만들어 낸 남성적 얼굴의 남자들에게로 말이다.

흔히 말해, 잘생겼다는 것

사람들은 집단이 매력적이라고 여기는 사람들에게 끌린다. 우리 연구에 등장하는 수많은 여성도 장기적 관계를 맺을 생각이 전혀 없었음에도 매력적인 사람들과 섹스를 했다고 고백했다.

아주 잘생긴 남자랑 사귀었습니다. 하지만 그 사람이랑은 장기적 관계를 맺고 싶은 생각이 전혀 안 들었어요. 그가 나한테 동침하자고 요구했죠. 불안하기도 했지만 …… 거절할 수가 없더라고요. 누가 봐도 잘생겼다고 할 만한 남자였죠. 하지만 그는 아주 불안한 성격에, 절대로 순응주의자가 아니더라고요. 나를 많이 좋아했답니다.

— 주로 이성애를 하는 여성, 36세

"관습적으로" 잘생겼다는 것은 어떤 의미일까? 발달 심리학자 주디스 랭글로이스(Judith Langlois)는 사람의 얼굴이 "매력적이라는 것"의 의미를 탐구하고 있다. 그녀는 실험 참가자들에게 합성한 얼굴들을, 합성 사진을 만드는 데 사용한 개별 얼굴들과 비교 평가해 달라고 요구했다. 합성한 얼굴들은 16개 이상의 이미지를 변조해 섞은 것이었다. 실험 결과, 합성한 얼굴들이 더 매력적이라고 평가되었다. 랭글로이스의 말을 들어 보자. "32개의 얼굴을 (평균이 되게) 합성한 여성의 사진을 아주 매력적인 여자 모델의 얼굴과 겹쳐 보면 두 이미지가 거의 완벽하게 일치한다. 모델의 얼굴 형태가 합성 사진의 얼굴 형태와 아주 비슷하다는 걸 알 수 있는 대목이다." 남자의 얼굴을 합성한 사진의 경우에도 동일했다.

랭글로이스는 또한 겨우 한 살인 유아들이 이런 식으로 "평균을 내서" 만든 매력적인 성인 얼굴에 반응을 보인다는 사실을 알아냈다. 연구자들은 매력적인 가면과 매력적이지 않은 가면을 착용하는 방식으로 매력 정도에 변화를 주었다. 가면은 세심하게 얼굴을 본떠서 실제와 다름없게 만들었다. 이제 가면을 착용한 남녀가 한 살짜리들과 상호 작용을 하면서 함께 놀자고 말을 붙였다. 연구자들은 유아들이 매력적인 가면을 쓴 사람들과 상호 작용할 때 더 긍정적으로 느끼며, 놀이에도 더 열중함을 알아냈다. 인형을 자극물로 사용한 연구들조차 유아들이 매력적이지 않은 인형보다는 매력적인 인형과 더 많이 논다는 것을 확인했다.

사람들이 외모가 멋진 사람들에게 끌린다는 것을 보여 주는 연구도 많다. 우리는 외모가 멋진 사람들은 다른 바람직한 특성들도 아주 많이 가지고 있을 거라고 가정한다. 그들은 재미있고, 사교적이며, 독립적이고, 유력하고, 흥미진진하고, 섹시하고, 정서적으로 안정되었고, 사회적으로 노련하고, 성공했을 것으로도 평가되었다. 이런 고정 관념은 어느 정도 일리가 있다. (성적) 매력은 인기, 양호한 대인 관계, 직업적 성공과 상당히 연결되고, 신체 건강, 정신 건강, 성 경험과도 어느 정도 연결된다. 매력적인 사람들이 흔히 대접을 더 잘 받는다는 사실을 상기하면 이런 결과는 어느 정도 예상할 수 있다.

오금이 저리는 목소리

1950년대의 엘비스 프레슬리, 1960년대의 비틀스, 1970년대에 활약한 도어스(Doors)의 짐 모리슨 같은 가수들에서부터 카니예 웨스트, 제이-지, 피프티센츠 같은 당대의 래퍼들에게 여자들은 성적으로 끌린다. 사실 언제나 그래 왔고, 이는 널리 알려져 있다. 그들이 성적인 매력을 바탕으로 인기와 사회적 지위를 거머쥔다는 것은 의심할 여지가 없다. 그런데 여기에는 섹시한 목소리가 개입되어 있다. 여자들이 성적으로 부르르 떠는 남자들의 목소리에 대해 알아보자.

성구(聲區, vocal register, voice pitch)는 인간 발화의 가장 두드러지는 특징이다. 사춘기 전에는 남자와 여자의 목소리가 아주 비슷하다. 그러나 사춘기가 되면서 주목할 만한 변화가 일어난다. 소년들의 경우 성대의 길이가 급격히 증가해서 소녀들의 성대와 비교해 무려 60퍼센트나 더 길어진다. 성대와 성도가 더 길어지면 성구가 더 깊이 울린다. 테스토스테론이 사춘기 소년들의 변화를 촉진하므로 성인 남성의 목소리가 저음이면 테스토스테론이 많이 분비되었을 것이라고 추론해 볼 수 있다.

한 연구에서 여자들은 루치아노 파바로티처럼 깊이 울리는 목소리를 트루먼 카포티처럼 아주 높은 목소리보다 더 매력적이라고 평가했다. 여자들이 남성의 저음을 선호한다는 최초의 과학적 증거였다. 놀랍기는커녕 싱거울지도 모르겠다. 그러나 더 최근에 이루어진 세 건의 연구는 여자들이 짝짓기 상황에서 남자의 목소리를 매우 중요한 단서로 취급함을 보여 주었다. 진화 인류학자 데이비드 퍼츠(David Puts)는 여자에게 연애를 하자고 설득하는 남자 30명의 목소리를 녹음했다. 이성애자 여성 142명이 동원돼 녹음된 내용을 듣고, 두 가지 짝짓기 상황에 따라 남자의 매력 정도를 평가했다. 두 가지 짝짓기 상황이란 성행위가 동반된 짧은 만남과 장기간 헌신하는 관계를 가리킨다. 여성들은 두 가지 짝짓기 상황 모두에서 깊고 그윽한 목소리가 더 매력적이라고 답변했다. 그런데 순전히 섹스만 즐기는 단기적 관계를 염두에 둘 때 저음을 선호하는 경향이 극적으로 증가했다. 여성들은 배란 주기의 가임기에 목소리가 그윽한 남자들에게 성적으로 가장 강렬하게 끌렸다.

암컷 개구리를 연구한 보고서들에서 한 가지 단서를 찾을 수 있다. 암컷 개구리는 깊이 울리는 수컷 개구리의 개골거림에 끌린다. 개구리의 경우 깊이 울리는 개골거림이 교미 상대의 크기와 건강 상태를 알려 주는 믿을 만한 신호인 셈이다. 그 사이에 사람을 연구한 결과도 쌓였다. 여자들이 어떤 남자들의 목소리를 다른 남자들의 목소리보다 더 매력적이라고 생각하는 이유가 두 가지 밝혀졌는데, 이는 개구리의 사례와도 비슷하다.

첫 번째 이유는 인체의 좌우 대칭이다. 인체의 대칭은 발달 과정에서 각종 질병과 부상과 돌연변이를 더 효과적으로 이겨 낼 수 있는 양호한 건강 상태와 좋은 유전자를 나타내는 지표이다. 인체가 대칭이면 목소리가 그윽할 가능성이 더 많다. 따라서 여성이 임신이 가능한 배란기에 낭랑한 남자의 목소리를 더 섹시하게 생각할 때 그녀는 장차 태어날 수도 있는 후손의 대칭을 보장해 주는 목소리에 끌리는 것이다. 매력적인 목소리는 또한 남자 몸의 형태까지 알려 준다. 심리학자 수전 휴스(Susan Hughes)는 목소리가 섹시한 남자들이 귀에 거슬리는 목소리의 동년배들과 비교해 어깨 대 엉덩이 비율이 더 크다는 사실을 발견했다. 목소리가 섹시한 남자는 매력적인 V자형 몸매일 가능성이 많은 셈이다. 여자들은 목소리가 저음인 남자들이 더 건강하고, 더 남성적이며, 육체적으로 더 우세하고, 어느 정도 나이도 있으며, 사회적으로 더 유력하고, 또래들한테 존중도 더 많이 받는다고 판단한다.

여자들이 섹시한 목소리에 끌려서 목소리가 저음인 남성들이 성적으로 더 크게 성공했을까? 한 연구는 목소리가 저음인 미국 남자들이 목소리가 고음인 남자들보다 섹스 파트너 수가 더 많다는 사실을 확인했다. 탄자니아에 사는 사냥-채집인들인 하드자 부족을 조사한 두 번째 연구도 살펴보자. 목소리가 저음인 남자들은 자식이 더 많았다. 아마도 그들이 임신 가능한 여자들에게 더 많이 접근할 수 있었기 때문일 것이다.

노래 잘하는 건 별다른 영향을 미치지 못한다. 배우 제임스 얼 존스 같은 바리톤 목소리여야 여자들의 마음을 사로잡을 수 있다. 남자의 저음은 건강이 양호하고, 유전자가 좋으며, 방어 능력이 탁월하고, 사회적으로 출세했음을 알리는 신호이기 때문이다. 이렇게 성적으로 매혹적인 다수의 음악가들에게는 자랑스럽게도 또 다른 매력이 있다. 몸의 동작, 곧 태도가 그것이다.

남자가 움직이는 방식에는 뭔가가 있다

몸의 움직임은 뼈의 내구성, 근긴장(筋緊張, muscle tone), 운동 조절 능력(motor control)에 좌우된다. 특히 걷기나 춤은 동작을 반복해야 하기 때문에 운동 협응 능력을 통해 개인의 표현형에 대한 정보를 얻을 수 있다. 운동 협응 능력을 보면 나이를 알 수 있다. 젊은 사람이 추는 춤과 나이 든 사람이 추는 춤에는 차이가 있음을 떠올려 보라. 또한 운동 협응 능력을 보면 활력도나 건강 상태, 생물 역학적 효율성도 알 수 있다.

우리는 순전히 춤을 잘 춘다는 이유 하나만으로 남자들과 섹스하는 여성들이 일부 존재한다는 사실을 확인했다.

남자가 춤을 잘 추면 침대에서도 끝내준다는 얘기를 들은 적이 있어요. 그 말을 믿지는 않았지만 과연 사실일까, 알아보고는 싶었죠. 어떤 사람을 만났는데, 춤 솜씨가 거의 스트리퍼 수준이더라고요. 같이 몇 번이나 춤을 췄죠. 섹스도 했고요. 사실이었어요. 침대에서도 무도장에서만큼 훌륭했죠. …… 그 남자는 말 그대로 섹스를 하면서 춤을 췄답니다. 대단했어요.

—이성애자 여성, 29세

화끈한 남자였습니다. 춤을 정말 잘 췄고, 그에 비례해서 성적 매력도 철철 넘쳤다고나 할까요. 전 춤 자체를 좋아하는데, 그 사람이 리듬을 탈 줄 안다는 게 느껴지니까 어찌나 자극적이던지요.

—이성애자 여성, 26세

여러 연구에 따르면, 여자들은 특정한 몸동작들이 다른 몸동작들보다 더 매력적이라고 생각했다. 한 연구는 여성 참가자들에게 춤추는 남자들의 이미지를 모자이크 처리해서 얼굴을 가린 채 보여 줬다. 여자들은 동작이 더 크고, 거침 없이 시원시원한 남자들에게 더 끌렸다. 그녀들은 이런 남자들이 성욕을 더 자극한다고도 평가했다. 얼굴에 나타나는 남성성의 정도가 저마다 다른 것처럼 남자들은 걷는 방식에서도 드러내 보이는 남성성의 정도가 다르다. 남자와 여자의 걸음걸이는 아주 뚜렷하게 구분된다. 남자는 여자보다 상체를 옆으로 더 많이 흔든다. 여자들은 남자들과 비교해 다리의 상하 운동과 상반되는 위상(位相)으로 엉덩이가 회전한다. 전형적인 둔부 선회가 이루어지는 것이다.

심리학자 미건 프로보스트(Meghan Provost)와 동료들이 대단히 흥미로운 실험을 했다. 그들은 남자와 여자의 걸음걸이를 비디오로 촬영했다. 피험자들은 빛을 반사하는 표지물이 부착된 옷을 입었다. 그들의 피부 노출면에도 추가로 같은 표지물이 달렸다. 연구자들은 비디오로 촬영된 데이터를, 아주 여성적에서 아주 남성적에 이르는 연속체 위를 "걷는" 빛의 점들로 바꿔 주는 컴퓨터 프로그램을 만들었다. 경구 피임약을 먹지 않는 여성 55명이 컴퓨터 모니터로 이 걷는 불빛을 보고는 가장 매력적이라고 생각하는 보행 동작을 정확하게 가려냈다. 여자들은 걸음걸이가 평균 이상으로 남성적인 남성 보행자들을 선호했다. 배란 주기상 가임기였던 여성들은 비가임기였던 여성들보다 남성적으로 걷는 보행자들을 더 강렬하게 선호했다. 이 실험 결과는 남성성이 성적 매력을 발휘한다는 사실을 추가로 입증해 준다. 청소년기에 테스토스테론이 더 많이 분비되면서 형성되는 특징이 여자들에게 남자가 건강하다는 정직한 신호로 작용하는 셈이다.

여자들은 남자들이 선보이는 다른 동작들도 짝짓기 정보로 귀중하게 활용한다. 동성 간에 이루어지는 비상호적 접촉, 예컨대, 남자가 다른 남자의 등을 두드리는 행동 같은 접촉은 우월성 표시라는 게 충분히 입증되었다. 여자들은 "접촉 주체"의 지위가 더 높다는 걸 안다. 지위는 남자의 배우자 가치를 구성하는 핵심 요소이다. 또 다른 우월성 표시로 공간을 최대한 확보하려는 동작들이 있다. 남자가 팔을 쭉 뻗거나 다리를 쫙 벌리는 행동을 상기해 보라. 몸을 열린 자세로 두는 사람들, 예컨대 가슴 앞으로 팔짱을 끼지 않는 사람들은 더 강력하고, 설득력이 있는 것으로 간주된다.

진화 심리학자 칼 그래머(Karl Grammer)와 동료들은 펜실베이니아에서 독신자들을 상대로 영업을 하는 술집 세 곳을 무대로 연구를 했다. 그들은 남자들의 비언어 행동을 부호로 처리한 다음, 술집에서 어떤 행동을 해야 여자와 "성공적으로 맺어지는지"를 조사했다. 최소한 1분 동안 여자와 계속 대화할 수 있어야 "성공적으로 맺어진" 것으로, 개념도 규정했다. 그들은 남자들이 선보이는 다섯 종류의 태도가 만남을 성공시킨다는 걸 확인했다. 여자를 짧게, 직접 쳐다보는 행동을 더 빈번하게 함, 공간을 최대한 확보하려는 동작을 더 많이 함, 위치 변화를 더 많이 함, 비상호적 접촉을 더 많이 함, 몸을 닫는 움직임을 더 적게 함.

여자들은 눈 마주치기와 열린 자세로 관심이 있다는 신호를 보내고, 공간을 최대한 확보하려는 동작과 비상호적 동성 간 접촉과 남성적인 걸음걸이로 사회적 지위를 과시하는 남자들에게 끌렸다.

섹시한 성격

성적 끌림은 몸뚱이가 자석처럼 끌려서 사이좋게 지내는 문제가 절대로 아니다. 일부 여성들은 성욕을 자극하는 불꽃을 유지하는 데서 성격이 똑같이(더 많이는 아닐지라도) 중요하다고 생각한다.

순전히 몸이 끌려서 섹스를 할 수도 있고, 감정적 유대만을 느끼고도 섹스를 할 수 있다. 이건 틀림없는 사실이다. 그러나 둘이 결합되지 않으면 그 섹스는 뭔가 불완전한 것 같다. …… 한 번은 보자마자 몸이 끌린 파트너였는데 …… 정서적으로 불안정했고, 남의 기분에 매우 둔감한 사람이었다. 그의 몸은 너무나 매력적이었지만 하는 짓을 알면 알수록 …… 점점 더 섹스하고 싶은 마음이 사라졌다. 정반대의 경우도 있었다. 처음부터 외모가 아니라 성격이 너무 좋아서 끌렸고, 그렇게 관계를 맺은 남자도 있다.

우리의 연구는 여자들이 성행위를 하도록 나서게 만드는 중요한 성격 특성이 두 가지임을 발견했다. 바로 탁월한 유머 감각과 자신감이다. 두 명의 여성이 각자의 섹스 파트너에게 왜 끌렸는지 설명하는 아래의 내용을 살펴보자.

어떤 남자랑 섹스를 했는데, 유머 감각이 정말 대단했어요. 한시도 떨어지고 싶지 않았고, 정말 즐거운 시간을 보냈죠. 다른 어느 누구하고도 그렇게 재미있었던 적이 없어요. 계속해서 깔깔거리며 기분 좋게 웃었더니 그 사람의 다른 면도 다 좋아 보이는 거예요. 섹스는 그냥, 그런 기분의 연장이었죠.

—이성애자 여성, 27세

남자친구가 있었는데, 별로 매력적이진 않았어요. 하지만 엄청나게 낭만적이었고, 그냥 나를 바라보는 것만으로도 전 웃음이 나왔죠. 유머 감각이 어찌나 대단했던지 전 완전히 흥분하고는 했답니다. …… 그러다가 그가 바람을 피웠고, 저는 크게 상심했어요. 그도 마음이 아팠겠지요. 아무튼 전 관계를 끝냈습니다. …… 몇 년 후에 우리는 다시 데이트를 하게 됐어요. 하지만 더 이상은 아무런 매력을 느낄 수가 없었습니다. 그런데, 그럼에도 불구하고 저는 그와 섹스하고 싶었어요. 여전히 믿을 수 없을 정도로 재미있더라고요!

—이성애자 여성, 40세

또 다른 여성은 유머가 중요하다는 걸 아주 간단명료하게 말했다. "하나도 안 웃긴다고 생각해 보세요. 성관계도 좋을 수 없다고 저는 확신해요."

온라인 데이트 사이트에 아예 따로 약자가 있다는 것을 보아도 탁월한 유머 감각(good sense of humor)이 얼마나 중요한지를 알 수 있다. GSOH라니! 남편이 재치 있다고 생각하는 기혼 여성들이 그렇지 않다고 생각하는 기혼 여성들보다 결혼 생활에 더 만족한다는 것 역시 탁월한 유머 감각이 얼마나 중요한지를 알려 주는 또 다른 증거이다. 여자들은 단기간의 성관계와 장기간의 연애 관계 모두에서 탁월한 유머 감각을 바람직한 특성으로 평가했다. 버스 진화 심리학 랩의 연구 결과들도 남자들이 여자를 유혹하기 위해 사용할 수 있는 가장 효과적인 전술이 바로 탁월한 유머 감각 뽐내기라는 사실을 입증했다. 그러나 모든 남성이 이 생각을 받아들이는 것 같지는 않다. 희극인 지미 맥팔랜드가 한 다음 얘기를 들어 보자. "여자들이 남자한테서 가장 중요하다고 주장하는 것 중의 하나가 유머 감각이다. 나는 오랫동안 희극을 해 왔고, 깨달았다. 여자들이 유머가 중요하다고 말할 때, 그건 브래드 피트나 톰 크루즈나 러셀 크로 같은 사람들이 웃기는 걸 말하는 거다. 그런 사람들은 틀림없이 재미있을 것이다."

유머 감각이 성적 끌림에서 왜 그렇게 중요한지는 과학적으로 상당히 많이 토론되었다. 유머 구사(다른 사람들을 웃기기)와 유머 이해(다른 사람의 농담을 알아듣고 웃기)를 구분하는 것이 결정적으로 중요하다. 여기에는 성차가 존재한다. 남자들은 유머 감각이 탁월한 여자를 자신들의 농담에 웃을 줄 아는 사람으로 규정한다! 남자들은 성적인 관계에서 자신들의 유머를 잘 알아듣는 여성을 특히 좋아한다. 반면 여자들은 유머를 구사하는 남자들에게 매력을 느낀다. 하룻밤의 정사든 평생에 걸친 짝짓기든 관계의 종류는 상관이 없다.

남녀 모두 유머 감각이 있는 사람들에게 끌리는 이유는 웃으면 분위기가 좋아지기 때문이라는 게 가장 그럴듯한 설명으로 제시된다. 우리 연구에서 여러 명의 여성이 유머는 마음을 느긋하게 해 주고, 섹스의 질도 향상시킨다고 증언했다.

몸매가 멋지면 끌리죠. 하지만 나이를 먹을수록 성격이 점점 더 중요하다는 걸 알게 돼요. 사람이 웃기면 긴장을 풀고 더 편안해질 수 있는 거죠. 재치 있는 얘기는 그 자체로도 끌리고요.

—이성애자 여성, 38세

내가 끌렸고, 섹스를 한 사람들은 전부 유머 감각이 탁월했어요. 편안하게 침대에 함께 누워 웃을 수 있다면 더 재미있죠. 섹스를 하는 중에도 말이에요! 유머 감각이 탁월하면 섹스가 더 즐겁고, 솔직해집니다. 상대방이 내키지 않는다거나 아무 말도 안 하는 걸 두려워하지 않고 색다른 것들을 시도해 볼 수 있으니까요. 생소하고 예기치 못한 일이 벌어져도 웃을 수 있죠!

—이성애자 여성, 51세

첫 만남에서의 기분은 성적 끌림이 판가름 나는 데서 매우 중요하게 작용한다. 느낌이 좋으면 타인을 긍정적으로 평가하고, 느낌이 안 좋으면 부정적으로 평가하게 된다. 긍정적이거나 부정적인 기분이 환기될 때 그저 옆에 있는 것만으로도 대상은 호오(好惡)가 갈린다. 그래서 "배달원에게는 총을 쏘지 말라"는 말이 있는 것이다. 당신 기분이 좋을 때 다른 사람이 우연히 거기 있으면 당신은 그를 좋아하게 된다. 당신 기분이 나쁠 때 다른 사람이 우연히 거기 있으면 당신은 그를 싫어하게 된다.

다른 사람들을 웃기면서 분위기를 긍정적으로 이끄는 사람들에게 성적으로 끌리는 경향은 길들이기(conditioning) 차원에서 어느 정도 해명할 수 있다. 다각적인 상황에서 특정한 기분을 특정한 사람과 결부하면 결국 그 사람만으로도 그런 기분이 이끌려 나온다. 실제 연구들을 보더라도 낯선 사람들의 사진을 보는 과정에서 유쾌하지 못한 음악을 들을 때보다는 흥겨운 음악을 들을 때 여자들은 사진 속 대상들에 더 많이 끌렸다. 그렇다면 아마도 여자들은 세무사나 주차 요금 징수원보다 춤 선생이나 안마사에게 성적으로 끌릴 가능성이 더 많을 것이다.

어느 정도 감정 이입도 되고, 균형감이 있어야 다른 사람을 웃길 수 있다. 다른 사람들이 재미있다고 생각하는 것을 상상할 수 있으려면 그들의 마음속에 들어가야 한다는 얘기이다. 로빈 윌리엄스, 존 스튜어트, 엘런 드제너러스처럼 재치 있는 농담을 구사할 줄 알면 똑똑하다는 인상도 줄 수 있다. 유머 감각이 탁월하다는 것은 흔히 느긋하고, 재미를 추구하며, 적응도 잘하는 성격이라는 해석으로 연결된다. 유머에는 사회적 열정과 균형감각, 자신감이 담겨 있다. 농담을 했는데 실패하면 시쳇말로 쪽팔리게 된다. 그래서 소심한 사람들은 아예 시도도 안 하는 것이다. 여러 연구에 따르면 여자들은 재미있는 남자들을 사회적으로 능숙한 존재이자 자신감이 넘치는 사람으로 보았다.

이제 자신감이라는 성격 특성을 알아볼 차례이다. 여자들은 자신감을 성적으로 끌리게 되는 중요한 특성으로 본다. 사회학자 제럴드 클로이드(Jerald Cloyd)가 독신자들이 출입하는 술집에서 면담한 한 여성은 이렇게 말했다. "뭘 해야 하는지 아는 남자들이 있는 것 같아요. 어떻게 접근해야 기분이 안 나쁜 걸 넘어서 좋은지 아는 거죠. 물론 도대체가 뭘 모르는…… 얼간이들도 있죠. 그런 남자들은 무작정 덤비지만 아무런 소득도 기대할 수 없습니다. …… 뭐, 수작을 걸기는 하는데, 화장실에 가거나 다른 친구와 얘기를 하면서 떼어 버릴 수 있는 거죠."

자신감과 유머는 함께인 경우가 많다.

정말정말 추남인 사람과 관계를 맺은 적이 있습니다. 엄청 웃겼거든요. 그는 정말 자신감이 넘쳤죠. 재미있는 사람들이 흔히 그렇듯이요. 그 자신감 때문에 내가 그 남자에게 끌렸던 것 같아요.

—이성애자 여성, 29세

자신감은 그 자체만으로도 매력적이다. 자신감은 자원이 많다는 신호이다. 자신감이 큰 남자들은 자신감이 적은 남자들보다 돈을 훨씬 더 많이 번다. 자신감은 배우자로서의 가치를 스스로가 잘 알고 있다는 신호이기도 하다. 예컨대, 자신감이 높은 남자들만이 외모가 매력적인 여자들에게 데이트 신청을 했다. 자신의 매력 정도와 무관하게 말이다. 반면 자부심이 떨어지는 남자들은 거절당할 거라고 생각해서 매력적인 여자들에게 접근하지 않았다.

섹시한 아들을 낳고 싶은 유혹

저는 박사, 의사, 법률가, 최고 경영자 들과 데이트를 했습니다. 그런 사람들은 나와 다른 세계의 존재라고 항상 생각해 왔거든요. 학위만 보더라도 그들은 나보다 훨씬 더 똑똑하죠. 그들을 움직이는 게 뭔지, 뭐가 그렇게 나보다 더 잘 났는지 정말 궁금했습니다. 전부 자 봤어요. 그러고는 깨달았죠. 그들이 기계공이나 공장 노동자와 다를 게 하나도 없다는 걸요. 돈만 더 많을 뿐입니다.

—이성애자 여성, 42세

헨리 키신저는 유명한 말을 남겼다. "권력은 성욕을 불러일으킨다." 덜 알려졌지만 키신저는 이런 말도 했다. "나 때문에 파티가 지겨워져도 사람들은 그게 자기 잘못이라고 생각한다." 그의 말이 옳다는 것은 분명하다. 적어도 명성에 성적으로 끌린다는 진술은 두말하면 잔소리다. 우리 연구에서 한 여성은 이렇게 말하고 있다.

사람들은 각 분야의 B급 유명 인사였다. 록 스타가 가장 많았다. 글쎄, 내가 당신들에게 그 이유를 알려 줘야 할까? 아무나 유명인과 섹스할 수 있는 게 아니다. …… 나만의 노래를 갖고 싶다고 말하는 여자들에게 나는 공감한다. …… 악명이라도 말이다. 「매기 메이(Maggie May)」, 「줄리아(Julia)」, 「수지 Q(Suzy Q)」, 「에이미(Amy)」 등등.

—이성애자 여성, 28세

여자들이 명성이 섹시하다고 생각하는 한 가지 이유는 명성이 일반적으로 사회적 지위 및 자원과 한통속이기 때문이다. 이는 8장의 주제이기도 하다. 장기적인 관계에서는 당연히 자원을 공유한다. 심지어 관계가 오래 유지되지 않을 때도 가끔씩 자원이 넘쳐 나는 경우까지 있다. 그러나 여자들이 권력과 지위를 성적으로 매력적이라고 생각하는 이유를 넘치는 자원과 지위로 설명할 수는 없다. 그녀들도 성적인 만남이 일시적이라는 것을 알기 때문이다. 여자들이 불과 두세 시간, 길어야 하룻밤이라는 걸 알면서도 영화배우나 유명 운동선수와 동침하고자 하는 데에는 뭔가 다른 이유가 있다.

생물학자들이 "배우자 복제하기(mate copying)"라고 부르는 게 한 가지 설명 방법이다. 어류에서 포유동물에 이르는 여러 종에서 암컷은 다른 암컷들의 배우자 선택을 자기가 하는 배우자 선택의 기초로 활용한다. 암컷은 다른 암컷들한테 "사전에 인정받은" 수컷들을 선호한다. 특정한 수컷을 선택한 암컷들의 자질이 우수할수록 그 배우자를 복제하려는 욕망이 강렬해진다. 버스 진화 심리학 랩은 인간이라는 종에서도 비슷한 결과를 확인했다.

연구진은 조건을 세 가지로 달리 해서 촬영한 남자들 사진을 여자들에게 보여 주었다. 홀로 서 있는 사진, 다른 남자들에게 둘러싸여 있는 사진,

여자들에게 둘러싸여 있는 사진. 우리는 남자들에게도 혼자 서 있는 여자, 다른 여자들에게 둘러싸여 있는 여자, 남자들에게 둘러싸여 있는 여자 사진을 보여 주었다. 사진들을 살펴본 여성들은 동일한 사람인데도 혼자 있거나 다른 남자들과 있을 때보다 여자들에 에워싸여 있을 때 그 남자가 더 매력적이라고 생각했다. 사진 속 남자를 에워싼 여자들이 매력적일수록 여자들은 그 남자가 더 섹시하다고도 생각했다. 남자의 성적 매력을 평가할 때 이런 선호-상승 효과(desirability-enhancement effect)가 매우 현저하게 드러난다는 사실이 증명되었다. 재미있는 점은 남자들은 정반대로 반응한다는 것이다. 다시 말해, 선호-감소 효과(desirability-diminution effect)가 발생했다. 그들은 다른 남자들에 에워싸인 여자들이 덜 섹시하다고 생각했다.

수컷의 부모 투자가 거의 없는 어류와 다른 종들을 보자. 다른 암컷들이 선호하는 수컷들과의 짝짓기를 통해 암컷들이 얻는 주된 이득은 수컷의 유전자를 획득하는 것이다. 이들 종에서 수컷의 유전자는 두 가지 기본적 특징으로 그 자질을 드러낸다. 첫째, 건강 상태가 양호하고 견인불발(堅忍不拔)의 자세로 생존해 나가는 녀석들은 후손의 건강과 생존을 보증해 주는 유전자를 갖고 있는 셈이다. "섹시한 아들 유전자"라고 하는 것이 그 두 번째이다. 암컷들은 다른 암컷들이 떼로 덤벼드는 수컷들과 짝짓기함으로써 결과적으로 암컷들에게 매력적인 아들을 얻을 수 있다. "배우자를 복제하는" 암컷들은 섹시한 아들을 통해 번식 성공도를 증가시키는 것이다.

섹시한 아들 가설은 인류의 배우자 복제 행위도 그럴듯하게 설명해 준다. 다른 여자들이 보기에도 사방으로 성적 매력을 발산하는 남자들과 짝짓기하는 여자들은, 다음 세대의 여자들도 마찬가지로 섹시하다고 느끼는 아들을 낳을 가능성이 많다. 여자들이 이런 적응적 이득을 의식적으로 고려하지 않는다는 것은 분명해 보인다. 그녀들은 다른 여자들이 선호하는 남자들을 섹시하다고 생각할 뿐이다. 그러나 다른 종들과 달리 여자들은 이런 남자들과 섹스하면서 추가로 이득을 얻는다. 늘 어울리는 무리보다 지위가 높은 사회 집단에 접근할 수 있는 것이다.

정반대인 사람에게 끌리기도 할까?

우리는 가끔 자신과 다른 사람들에게 끌린다. 확실히 맞는 말이다. 그러나 실제로 장기적 배우자를 선택하는 상황에 처하면 예외보다는 규칙을 더 따른다. "비슷한 사람"한테 더 끌린다는 게 그 규칙의 내용이다. 여러 건의 연구가 남편과 아내의 태도가 상당히 유사함을 보여 주었다. 신체 건강, 가족 배경, 나이, 민족, 종교, 교육 수준만 비슷한 게 아니었다. 그들은 정절, 전쟁, 정치에서도 견해가 비슷했다. 데이트를 하는 남녀와 기혼 부부는 육체의 매력 정도가 비슷하다. 심지어 젊은 기혼자 쌍은 몸무게까지 일치하는 경향이 있을 정도다. 사회 심리학자들은 이를 "유유상종 가설(matching hypothesis)"이라고 부른다. 유유상종 가설이 어찌나 강력한지 매력도가 불일치하는 쌍이 나타나면 관찰자가 오히려 화를 낼 지경이다. 주목할 만한 예외가 하나 있기는 하다. 바로 아름다운 여자와 덜 매력적인 남자가 쌍을 이룬 경우이다. 이렇게 어울리지 않는 조합을 판정해야 하는 사람들은 남자가 부자거나 똑똑하거나 출세한 사람이라고 추론한다. 진화의 논리에서 한 치도 벗어나지 않는 시나리오를 제시하는 셈이다.

왜 유유상종할까? 육체의 매력도라는 견지에서 볼 때, 자신과 비슷한 짝을 추구하는 한 가지 동기는 거절당하는 게 두렵기 때문이다. 사람들은 "배우자 가치"가 전반적으로 자신과 비슷한 사람을 선호한다. 자신보다 훨씬 더 매력 있는 사람을 추구했다가는 차이기 십상이다. 이것은 남녀 모두에게 해당되는 얘기이다. 더 매력적인 배우자를 사로잡으려면 비용이 녹록치 않다는 결론이 나온다. 이를 테면, 그 또는 그녀는 주야장천 배우자를 가로채려는 이들을 감시 경계해야 한다.

사고방식과 신념이 비슷한 누군가를 찾아내는 과업이 멋진 까닭은 그일이 사실상 우리가 믿고 있는 바를 확인하고 승인해 주기 때문이다. 우리와 견해가 같은 배우자는 우리가 옳다는 것을 증명해 준다. 배우자들의 사고방식이 비슷하면 정서가 긍정적이다. 배우자들의 사고방식이 서로 다르면 당연히 정서도 부정적이다. 사회 심리학자들은 감정적으로 즐거운 상태를 "(정서) 안정(성)(balance)"이라고 부른다. 그런 화목한 기분은 둘이 서로 좋아하고, 어떤 논제든지 관련해서 의견이 일치할 때 든다. 사람들은 서로 좋아하는데 의견이 다르면 평정심을 잃는다. 이 불안정한 상태를 바로잡으려면 한 사람 또는 둘 모두가 노력해야 한다. 방법은 두 가지다. 그 또는 그녀가 본인의 태도를 바꾸거나 상대방의 태도를 바꿔 놓는 것이다. 대다수의 주제에서 처음부터 의견이 일치하면 즐겁게 정서 안정성을 유지하는 게 훨씬 더 쉬울 것이다.

서로가 비슷하다는 것은 관계를 장기간에 걸쳐 성공적으로 유지할 수 있다는 길조이다. 서로 비슷하면 정서적으로 긴밀한 유대가 생긴다. 협력이 증진되고, 의사소통이 원활하며, 짝짓기 활동이 행복하고, 결별할 위험성도 더 낮다. 그래서 정반대인 사람들이 가끔 끌리기도 하지만 짝짓기 문제에 이르면 "끼리끼리 뭉치기 마련이다."

내 타입이야

여자들이 일반적으로 특정한 몸매와 성격 유형에 끌리는 이유를 과학은 설명할 수 있다. 그러나 개개인이 성적으로 매력적이라고 생각하는 것들의 미세한 차이도 과연 과학이 설명할 수 있을까? 곱슬곱슬한 금발을 좋아하는 여성이 있는가 하면 다른 여성은 짧은 흑발을 선호하고, 심지어는 민머리를 좋아하는 여성까지 있다. 말끔하게 면도한 남자를 좋아하는 여성이 있는가 하면 다른 여성은 면도는 고사하고 막 잠에서 깬 듯한 봉두난

발이 멋있다고 생각한다. 여자들이 이렇게 말하는 것을 심심찮게 들을 수 있다. "그 남자는 내 타입이 아니야."

성 과학자 존 머니(John Money)는 우리 모두가 각자 매력적이라고 생각하는 내용을 저마다의 견본으로 갖고 있다고 생각했다. 그는 이것을 "사랑의 지도(love map)"라고 불렀다. 우리가 "사랑의 지도"의 안내를 받아 이상적인 배우자를 찾을 수 있다는 것이다. 일부는 그 "사랑의 지도"를 통해 "영혼의 반려"를 찾을 수 있다고 믿기도 하는 것 같다. 머니는 사랑의 지도가 유년기부터 만들어지며, 발달 과정의 초기에 알게 된 사람들과의 각종 경험에 토대를 둔다고 말했다. 식료품점에서 일하는 친절한 금발 점원은 늘 사탕 과자를 주곤 했다. 금발 란에 표시를 해 두고. 사랑하는 아버지는 항상 이런저런 얘기를 들려주셨다. 외향성 란에 표시를 하면 되겠군. 수염이 덥수룩한 성질 사나운 노의사는 웃는 모습을 한 번도 본 적이 없으며, 매번 주삿바늘로 당신을 찔러 댔다. 얼굴의 털은 잊어라. 어쩌면 의사라는 직업을 지워야 할지도. 어느 정도까지는 이런 유년기의 경험을 바탕으로 우리가 어떤 특징들은 매력적인 데 반해 다른 특징들은 매력이 없다고 생각할 것이다.

캐나다 몬트리올 소재 콘코디어 대학교의 생물 심리학자 짐 파우스(Jim Pfaus)는 암수 한 쌍의 관계를 맺으려고 하지 않는 쥐들의 성적 선호까지 길들일 수 있음을 증명했다. 그는 파트너의 어떤 특징을 만족스러운 성 경험과 결부하는 방식으로 성적 선호에 영향을 미칠 수 있었다. 암컷 쥐들이 복잡한 행동을 보이고, 이를 통해 수컷 쥐들과 맺는 성적 상호 작용의 거의 모든 측면을 통제할 수 있다는 사실을 부러워하는 인간 여성이 있을지도 모르겠다. 암컷 쥐들은 교미 속도 제어하기를 특히 좋아한다. 이 과정을 통해 아편과 유사한 화학 물질이 뇌에서 방출된다. 보상 메커니즘인 셈이다. 파우스가 이끄는 연구진은 완만하게 이루어지는 교미 행위를 아몬드 냄새와 결부해 암컷 쥐들이 아몬드 냄새가 나는 섹스 파트너들을 좋아하도록 길들일 수 있었다. 어느 정도 시간이 흘러 암컷 쥐들이 아무 수컷하고나 마음대로 교미를 하게 되었을 때조차 암컷들은 아몬드 냄새가 나는 짝을 찾았다.

일부 연구자들은 성장 과정에서 축적되는 모든 정보가 청소년기 즈음에 뇌의 신경 회로망에 각인된다고 믿는다. 모든 항목이 일치하는 완벽한 짝을 찾아내는 것은 불가능에 가깝다. 그럼에도 불구하고 상당히 많은 항목이 사랑의 지도와 "일치"하면 바로 그때 성적으로 끌리는 것이다. 여자들이 배우자들에게서 매력적이라고 생각하는 것들은 매우 다양하고, 미묘하다. 사랑의 지도는 이 점을 해명해 줄 뿐만 아니라 여자들이 왜 거듭해서 동일한 "유형"의 파트너를 사귀는지도 설명해 준다.

여성이 성적으로 끌리는 반응은 어느 정도 은밀하게 유도된다. 그녀들이 자각하지 못한다는 얘기다. 여자들은 섹시한 냄새와 소리에 끌린다. 그렇다고 그녀들이 어떤 남자들은 흥분되는데 다른 남자들은 관심이 없는 이유를 꼭 아는 건 아니다. 여자들은 마음에 드는 남자의 얼굴과 몸매에 관한 주관이 뚜렷하다. 그러나 자신들의 욕망 이면에 숨어 있는 적응 논리는 모르는 경우가 많다. 여자들은 배란기에 더 남성적인 남자들에게 끌리고, 비가임기에 덜 남성적인 남자들에게 끌린다. 이를 통해 짝짓기 행동에 은밀한 주기가 있음을 알 수 있다. 물론 대다수의 여성이 달마다 등락하는 이런 적응적 변동을 자각하지는 못하지만 말이다.

그 짓의 즐거움

성적 희열과 오르가슴

화살처럼 살을 가로지르는 전기.

눈꺼풀에 어른거리는 찬연한 무지개.

두 귀에 감기는 거품 같은 음악.

그것은 오르가슴이어라.

―아나이스 닌(1903~1977년)

남자들은 쾌락을 얻기 위해 섹스를 하고, 여자들은 사랑해서 섹스를 한다. 수세기는 아닐지라도 수십 년 동안 이런 얘기가 회자되었다. 이 진술은 사실일까, 신화일까? 비아그라 같은 약물이 남자들 사이에서는 인기도 많고 효과적인 데 반해 여자들한테는 전혀 그렇지 못한 이유는 무엇일까? 약물이 발기를 시킬 수는 있지만 사랑을 살 수는 없기 때문일까?

비아그라 같은 약물이 여성보다는 남성의 성욕을 더 쉽게 자극할 수 있다는 것은 분명한 사실이다. 그러나 그렇다고 해서 여자가 사랑을 하면 섹스를 안 해도 즐거울까? 우리 연구에 참여한 많은 여성은 섹스를 하면 기분이 좋아지고 순전히 그 이유 때문에 섹스를 한다고 실토했다.

> 옛날에는 그냥 친구일 뿐인데 순전히 섹스가 즐거워서 남자들과 성관계를 맺었다. 기분을 말하라면 …… 남자애들이 그 이상을 요구할까 봐 두려웠다는 걸 빼면 사실 아무 감정도 없었다.
>
> ― 이성애자 여성, 27세

즐거움이 가장 중요한 목표인 경우도 있다.

> 내 경험상 섹스의 가장 주된 동기는 즐거움이다. 즐거움이 기대되지도 않는데 정사를 나눈다는 건 상상이 안 된다. 나는 그런 관계를 도무지 이해할 수가 없다.
>
> ― 주로 이성애를 하는 여성, 36세

여자들이 섹스를 하는 온갖 이유들이 있다. 이 가운데 "몸의 즐거움을 경험하고 싶어서"와 "섹스를 하면 기분이 좋아진다"가 상위 세 가지 이유 가운데 두 개를 차지했다. 이것들은 남자들이 섹스를 한다고 시인한 상위 세 가지 이유 가운데 두 개이기도 하다.

상황이 이러할진대 남자들이 여자들보다 즐거움에 더 탐닉해서 섹스를 한다는 게 과연 사실일까? 이 장에서 언급하는 여성들의 증언에 따르면 그건 사실이 아니다. 모든 연령대의 여성이 성적으로 흥분하고 오르가슴을 느끼는 과정에서 일어나는 성기와 심리 상태의 변화에서, 또 감각을 자극하는 어루만짐에서 성적으로 즐거웠다고 증언했다. 우리는 이 장에서 섹스를 하는 여성들의 몸과 마음에 무슨 일이 일어나는지를 자세히 살펴보려고 한다. 여자들은 섹스를 하면 왜, 그리고 어떻게 기분이 좋아지는 것일까?

나는 13년 동안 섹스를 하지 않았습니다. 그 결혼 생활이 끝났고, 내가 여전히 뭔가를 느낄 수 있다는 걸 확인하려면 사람의 손길이 필요했죠. 나는 섹스와 몸의 즐거움을 통해 다시금 살아 있는 인간이라는 걸 느꼈어요.

—이성애자 여성, 42세

피부는 여성이 지닌 가장 큰 성기이다. 피부는 온도, 만지기, 감촉의 변화에 민감하게 반응하는 복잡한 신경 체계이다. 자극에 특히 민감한 피부 부위를 흔히 "성감대"라고 부르는 이유는 성감대가 성적 흥분 및 즐거움과 연결되기 때문이다. 가장 보편적으로 언급되는 성감대는 목, 귓불, 입, 입술, 가슴과 젖꼭지, 생식기, 엉덩이, 넓적다리 안쪽, 항문, 무릎 위쪽, 손가락, 발가락이다. 그러나 일부 여자들은 신체의 거의 모든 부분이 성감대다. 성적 즐거움은 몸의 부위와는 상관이 없다. 깃털로 뺨을 쓰다듬는 미세한 간지럼과 장난이든, 맨살과 맨살이 닿으면서 느껴지는 온기와 부드러움이든, 마사지를 해 주거나 받든 요점은 피부를 만지는 감각이 성적 즐거움을 강화한다는 것이다.

섹스를 하면 몸이 여러 모로 즐겁습니다. 사람의 몸이 다른 사람의 몸에 닿기만 해도 기분이 좋죠. 마사지를 받거나 안길 때와 비슷해요. 키스를 하면 몸이 따뜻해지고, 흥분됩니다. 성기가 닿고, 질에 삽입되면 오르가슴을 느껴요. 이 모든 게 함께 하기 때문에 나한테는 자위보다 섹스가 더 좋습니다.

—이성애자 여성, 28세

여성의 젖꼭지와 젖꽃판(젖꼭지를 에워싼 짙은 색깔 부위이다.)에는 신경 종말이 아주 많고, 그래서 만지면 매우 민감하게 반응한다. 여성의 가슴을 만지거나 마사지해 자극하면 가슴 조직과 미세 근섬유로 혈류가 유입되면서 젖꼭지가 빳빳하게 선다. 젖꼭지와 젖꽃판이 훨씬 더 민감해질 수 있는 것이다. 이때 여성은 대체로 성적 흥분을 경험한다.

> 우연히 그 남자를 다시 만났는데 시기가 딱이었어요. …… 혼자였거든요. 마침 그도 혼자더라고요. …… 그의 두 손이 내 몸을 어루만지고, 내 몸속으로 들어오는 느낌 …… 근육의 당김을 느끼면서 나른하게 기지개를 켜기, 그의 성기가 내게 들어왔을 때의 충만함 말고는 아무 생각도 안 났어요. …… 좀 들렀다 가겠느냐고 물었죠. …… 팬티가 촉촉하게 젖는 게 느껴지더라고요. …… 사타구니 깊은 곳이 앙다물어졌고, …… 젖꼭지가 어느새 딱딱해져서 옷에 쓸렸어요. …… 섹스는 즐거우려고 하는 거죠. 그 점에서 그는 확실한 사람이었어요. "너를 원해"만큼 단순하면서도 복잡한 말이 또 있을까요?
>
> —이성애자 여성, 41세

가슴이 민감한 정도는 여자들에 따라 천차만별이다. 메스턴 성 심리 생리학 랩이 수행한 한 연구에서는 조사 대상 여대생의 82퍼센트가 젖꼭지나 가슴을 자극하면 성적으로 흥분하거나 그 흥분이 강화되었다고 답변했다. 남자의 경우 50퍼센트를 약간 상회하는 비율만이 젖꼭지 자극이 성적으로 흥분된다고 답변한 것과 비교된다. 그러나 여자의 (그리고 남자의) 7퍼센트는 젖꼭지와 가슴을 자극하면 성적 즐거움이 감소하는 정반대 효과를 불러온다고 답했다. 어떤 여성들은 성적으로 흥분한 상태에서 너무나 민감해진 나머지 약간만 건드려도 젖꼭지가 아프거나 불쾌해진다. 가슴 크기가 원인의 하나로 지목된다. 작은 가슴은 큰 가슴보다 흔히 더 민감하다. 여자 가슴의 민감도는 세월이 흐르면서도 바뀐다. 이는 월경 주기, 임신, 폐경기를 거치면서 호르몬 분비가 바뀌기 때문이다. 여자는 나이를 먹을수록 가슴의 민감성이 떨어진다. 여자는 사춘기부터 가슴의 모든 부위가 남자보다 훨씬 더 민감하게 반응한다. 이런 이유로 여성이 남성보다 젖꼭지 자극을 성적 흥분 기제로 생각하는 경향이 더 많은 것 같다.

누가 젖꼭지를 자극하느냐가 중요할까? 아닌 것 같다. 자신들의 배우자가 가슴을 만져 줘야만 성적으로 즐겁다고 느끼는 여성들도 있다. 그러나 이 느낌을 즐기는 대다수의 여성은 직접 가슴을 자극하거나, 나아가 샤워기로 가슴과 젖꼭지에 물을 뿌리고 옷으로 문지르면서도 아주 즐거워한다.

생식기 자극

물론 피부가 가장 큰 성기이기는 하지만 일반적으로 중점적인 부분으로 여겨지지는 않는다. 성적으로 흥분되는 느낌과 함께 여성의 경우 성기에 변화가 생기면서 온갖 즐거움을 만끽한다.

여자가 성적으로 흥분하면 질, 음순, 음핵(클리토리스)의 골반 부위와 요도, 자궁, 심지어 나팔관과 난소 같은 기타 부위들에까지 피가 몰린다. 이렇게 피가 몰려 성기가 부풀어 오르는 현상을 "생식기 울혈(genital vasocongestion)"이라고 한다. 여성의 질은 성적으로 흥분하지 않은 상태에서 삶기는 했지만 소는 안 들어간 카넬로니 파스타(cannelloni, 고기나 치즈를 채운 원통형 파스타 — 옮긴이) 정도의 크기와 모양이다. 질은 길이가 10센티미터쯤 되고, 내벽이 이랑처럼 가로로 주름이 져 있다. 울혈이 생기면 질 내부 3분의 2의 길이와 너비가 상당히 확장된다. 그렇게 해서 페니스나 다른 자극성 물체를 받아들일 수 있게 되는 것이다. 질의 윗부분은 풍선처럼 커지고, 자궁은 올라가고, 질의 아랫부분은 부풀어 오른다. 이런 변화로 질구가 좁아진다. 결국 질은 들어오는 그 어떤 대상이든 더 단단히 협착해 붙들게 된다. 내음순은 피가 차면서 두께가 두 배 내지 세 배로 커진다. 그 결과로 외음순이 벌어지고, 질 안으로 들어가는 일이 더 쉬워진다. 성적으로 흥분하면 음핵의 길이와 지름이 커지고, 너무 심한 자극으로부터 스스로를 지키기 위해 일종의 두건 같은 껍질 아래로 숨어 버린다.

생식기에 피가 쏠리면 질은 미끌미끌해진다. 대다수의 사람들이 질 내부의 분비샘에서 윤활유가 나온다고 알고 있지만 그렇지 않다. 여성의 몸이 성적으로 흥분하면 질 조직에 피가 몰리면서 압력이 커져 질에 윤활유가 분비되는 것이다. 성적으로 흥분하지 않았을 때조차 질 내벽이 눌어붙는 것을 막기 위해 윤활유가 몇 방울씩 천천히 스며든다. 질의 충혈과 윤활 작용은 긴밀히 연결되어 있다. 이 두 가지는 여성의 생식기가 성적으로 흥분했다는 표지이다. 성기의 흥분을 측정한 연구자들이 있다. 그들은 성적으로 흥분하지 않은 여성들에게 탐폰을 집어넣도록 했고, 또 성적 흥분을 경험하도록 한 후 탐폰을 수거해 무게를 쟀다. 흥분한 다음에 탐폰 무게가 얼마나 더 나가는지로 탐폰이 흡수한 질액의 양을 알 수 있었다. 재치 있어 보이지만 질의 윤활유를 측정하는 방법으로는 그리 정확하지 않다. 여자들의 성기 흥분은 질 맥파계(vaginal photoplethysmograph)라는 장비를 갖춘 실험실에서 더 흔히 측정된다. 투명한 플라스틱 탐폰처럼 생긴 이 장비에는 감광성 전지가 하나 들어 있는데, 이것이 질 내벽에서 반사되는 빛의 양을 측정한다. 반사되는 빛의 양을 통해 울혈 정도를 알 수 있는 셈이다.

여자들은 생식기 울혈의 느낌을 흔히 이렇게 진술한다. 골반이 "꽉 찬" 것 같다. "얼얼하다." "고동치면서 욱신거린다." 어떤 여자들은 이런 감각 속에서 온기를 느끼고, 기분이 좋아진다. 이 사태를 "해결"하는 수단으로 섹스가 고파지는 여자들도 있다. 예컨대, 가려우니까 긁어 줘야 하는 것이다. 생식기의 이런 감각들에서 어떤 여자들은 추가로 혜택을 누리기도 한다. 기분이 좋을 뿐만 아니라 자신의 몸이 흥분되었다는 피드백까지 받는다. 그 사실을 인지하면서 성적 흥분을 경험하기도 하는 것이다. 그러나 흥분과 성적 만족이 성기 반응과 거의 관계가 없는 여자들도 일부 있다. 생리적으로 흥분했다고 해서 반드시 심리적으로도 흥분하는 것은 아닌 셈이다.

여성의 성기가 반응을 해도 자동으로 기분이 좋아지는 것은 아니다. 아마도 그렇기 때문에 비아그라와 유사 약물들이 남자들의 발기 문제에서만큼 여자들이 성적으로 흥분하는 데서 별 도움이 되지 못하는 것 같다. 남자와 여자의 생식기 조직은 아주 비슷하다. 남녀 모두 생식기 조직은 복잡한 근육들로 둘러싸인 미세 혈관들의 네트워크이다. 남자의 페니스가 발기하고, 여자의 음핵과 기타 성기가 부풀어 오르려면 이 조직들에 혈액이 유입되어야 하는데 그러기 위해서는 혈관을 에워싼 근육들이 이완되어야 한다. 비아그라, 레비트라, 시알리스 같은 약물은 성기 조직의 근육을 더 오랜 시간 동안 이완시키는 방식으로 약효를 발휘한다. 그러면 피가 혈관에 들어가 머무는 시간이 더 길어지는 것이다. 몇몇 연구는 사전에 비아그라를 복용한 여성들의 경우 성교 상황에서 성기 조직에 유입되는 혈액의 양이 많아졌음을 확인했다. 에페드린, 요힘빈에 L-아르기닌 글루타민산염을 첨가한 것, 은행잎 추출물 같은 특정 약물도 여성의 성기로 흘러 들어가는 혈류량을 똑같이 증가시킨다.

남자들이 성기 울혈을 통해 여자들보다 더 즐거운 성적 상상을 하고, 느낌을 받으며, 성욕이 생기는 이유는 무엇일까? 남자들이 자신의 성기와 더 많이 "접촉하기" 때문, 혹은 자신의 성기와 더 밀접한 관계를 맺기 때문이라는 게 한 가지 이유로 제시되었다. 몸의 구조라는 관점에서 보든 사회화의 관점에서 고려하든 이 설명은 말이 된다. 페니스는 클리토리스보다 훨씬 더 크다. 페니스는 질과 달리 겉으로 드러나 있고, 그래서 작정하면 보여줄 수도 있다. 발기했을 때를 상상해 보라. 남자들은 오줌 눌 때도 페니스를 사용한다. 남자들은 용변 훈련을 받을 때부터 페니스를 잡고 유지하는 법을 배운다. 여자들의 처지는 이와 다르다. 여자들은 "거기 아래를 만지지 말라"는 얘기를 듣는 경우가 많다. 자신들의 성기가 마치 생물학적 위험 구역이라도 되는 양 말이다. 거기 아래 구멍이 몇 개 있는지도 모른 채 살아가는 여자들이 많다. 일부 연구자들은 남자들이 여자들보다 더 이른 나이부터 자위를 하고, 여자들보다 훨씬 더 많은 남자들이 자위를 하며, 그 횟수도 많은 게 몸의 구조에서 확인할 수 있는 이런 성차 때문일 거라고 본다. 남녀의 이런 자위행위 격차는 50년이 흐른 지금도 크게 바뀌지 않고 있다. 예컨대, 1980년대 후반에 수행된 한 연구는 남자의 93퍼센트가, 여자는 48퍼센트만이 25살쯤에 자위를 한 것으로 확인했다. 이것은 앨프리드 킨제이와 동료들이 20년 전에 보고한 수치와 거의 같은 비율이다. 메스턴 성심리 생리학 랩이 대학생을 대상으로 조사를 해 본 결과 남학생은 백인의 85퍼센트, 아시아인의 74퍼센트가 자위를 했다. 여학생의 경우 백인의 59퍼센트, 아시아인의 39퍼센트만이 자위를 한다고 응답했다. 질과 음핵보다 페니스를 가리키는 명칭이 훨씬 더 많은 것도 이런 구조적인 성차에서 유래했을 것이다.

삽입, 그리고 숨겨진 G-스폿

온갖 것들이 여성의 성적 즐거움에 관계하는 것처럼 여자들이 각종 대상의 질 삽입을 허용하면서 얼마나 즐기느냐(여기에는 기꺼이 참는 것도 포함된다.)도 천차만별이다. 삽입 대상물은 페니스, 손가락, 혀, 검경(檢鏡), 진동형 자위 기구, 인공 남근, 기타 온갖 물체를 상상해 볼 수 있다. 살아 있는 것일 수도, 죽어 있는 것일 수도 있다. 질은 신경 종말이 전부 질구(膣口) 쪽에 있어서 여자들은 질의 이 바깥쪽 부위에 가해지는 가벼운 어루만짐과 자극에만 민감하게 반응한다. 더 깊숙한 안쪽에는 더 강한 압력에 반응하는 감각 수용기가 있다. 아주 민감한 신경 종말을 질 전체에 분포시켰다가는 삽입이 확장되면서 섹스가 고통스러웠을 것이기 때문에 아마 질이 이렇게 진화한 것 같다.

질이 이런 식으로 설계된 탓에 일부 여성들은 질구 자극을 삽입의 가장 즐거운 단계로 받아들인다. 신경 종말은 자극이 반복되면 덜 민감해진다. 실제로 처음 삽입될 때가 가장 좋다고 말하는 여성들이 있다. 성행위 중에 잠깐씩 쉬면서 다른 성감대를 애무하면 질의 신경 종말이 민감도를 회복할 수 있는 시간을 벌어 주게 된다. 여자들은 이런 휴식을 통해 최초 삽입의 쾌감을 다시 경험할 수 있다.

질 내부에는 압박이 가해질 때 많은 여성들에게 성적 쾌감을 선사하는 부위가 둘 있는데 자궁 경관이 그 하나이다. 자궁 경관은 질의 먼 쪽 끝에 있는 작고 둥글게 생긴 구조물로, 사실상 자궁의 입구이다. 자궁 경관은 신경 종말이 하나도 없지만 압박과 움직임에 아주 민감하다. 어떤 여자들은 삽입 대상물이 자궁 경관을 밀치락달치락하면서 반복적으로 압박을 가할 때 불쾌함을 느끼거나, 심지어 고통스러워 한다. 율동감 있게 반복해서 자궁 경관을 압박해 주는 걸 엄청나게 즐기는 여자들도 있다. 오르가슴을 느끼려면 이게 필수인 여성도 있을 정도다.

자궁 경관과 자궁을 떼어 내는 자궁 절제 수술을 받은 여성 가운데 일부는 성교를 해도 흥분과 오르가슴과 즐거움이 예전만 못 하다고 증언했다. 그러나 같은 시술을 받은 다른 여성들은 성 기능이 됐든, 즐거움이 됐든 아무런 변화를 모르겠다고 보고했다. 자궁 경부 자극과 자궁 수축이 여성의 전체 성교 경험에서 담당하는 역할 때문에 두 집단이 차이를 보이는 듯하다. "크기는 중요하지 않다"는 얘기를 흔히 듣게 되는 것도 비슷한 이유 때문이다. 그러나 이 말이 언제나 진실인 것은 아니다. 여성이 "자궁 경관 자극"으로 쾌감을 느끼는 부류라면 크기가 아주 중요해진다. 자궁 경관을 더 효과적으로 자극하려면 유감스럽게도 몸을 뒤틀어야 한다.

자극되었을 때 특정 여성들에게 쾌락을 주는 질 내 또 다른 부위는 그라

펜베르크 점(Grafenberg spot), 즉 G-스폿이다.

많은 남자들이 내 삶에 들어왔습니다. 아마 100명쯤 될 거예요. 그 사람들 중에 딱 한 남자만 내 G-스폿을 알았습니다. 나는 지금 기혼자이고, 남편을 사랑해요. 하지만 마법의 손가락을 지녔던 그 남자와 한 섹스가 계속 생각납니다! 확실히 말할 수 있어요. 그가 그 특별한 곳에 압박을 가하면 나는 거의 미칠 지경이었습니다. 전희고 뭐고, 다 필요 없었어요. 그저 계속 삽입해 주기를 바랐습니다.

—이성애자 여성, 50세

독일인 의사 에른스트 그라펜베르크(Ernst Grafenberg)가 이 부위를 처음으로 기술한 것으로 알려져 있는데 여자 몸의 일부에 자기 이름이 붙여졌으니 참으로 행운의 사나이라 할 만하다. G-스폿이 정확이 무엇이고, 여자들한테 정말 있기는 한 것인지와 관련해 많은 논쟁이 벌어졌다. 그런데 최근 이탈리아의 아퀼라 대학교 연구자들이 그 찾기 힘들다는 G-스폿을 마침내 확인했다고 주장하고 나섰다. 이 과학자들은 초음파 기술을 활용해 질의 앞 벽에 자리한 G-스폿 조직의 크기와 모양을 측정했다. 그들이 조사한 여성 20명 가운데서 9명은 질만 자극해도 오르가슴에 도달할 수 있었다. 그러나 나머지 11명은 그렇지 않았다. 초음파 검사 결과 질 오르가슴에 도달할 수 없었던 여성들보다 오르가슴을 느꼈던 여성들의 경우 질과 요도 사이에 있는 그 조직이 훨씬 더 두껍다는 사실을 확인했다. 질과 요도 사이에 있는 그 조직은 G-스폿이 위치한다고 추정되는 부위이다. 결국 일부 여성들에게는 질 속에 신경 섬유가 밀집된 부위가 존재하며 그 결과 더욱더 민감하게 반응하고, 질 삽입만으로도 더 쉽게 오르가슴에 도달한다는 얘기이다.

여자들이 이 부위가 정말로 자기 질 내부에 있는지 알 수 있는 가장 쉬운 방법은 직접 손가락을 집어넣어 탐색해 보는 것이다. 손가락 두세 개가 가장 좋다. 파트너가 도와줄 수도 있을 것이다. 질 안으로 손가락을 집어넣고, 반복적으로 세게 압박을 가해 본다. 오줌 구멍 바로 아래 공간에서 방향은 배꼽이 있는 위쪽으로 향한다. 일부 여성은 G-스폿을 건드렸을 때 처음 드는 기분이 오줌을 지릴 것 같은 느낌이라고 증언한다. 그러나 계속해서 압박을 가하면 이 느낌이 곧 엄청난 쾌감으로 대체된다. G-스폿을 계속 자극하면 음핵 자극만으로 경험하는 오르가슴보다 더한 쾌감을 주는 격렬한 오르가슴에 도달할 수 있다. 그러나 대다수 여성의 경우 음핵 자극 오르가슴보다 G-스폿 자극 오르가슴에 도달하기가 훨씬 더 어려운 것 같다. 음경이 질에 삽입될 때는 더더욱 그런데 G-스폿을 정확히 공략하기가 보다 어렵기 때문이다. 후배위나 여성 상위 체위로 성교를 하면 G-스폿을 가장 효과적으로 자극할 수 있다.

G-스폿을 자극받아 오르가슴에 도달하면 사정을 하게 된다고 주장하는 여자들이 소수 있다. 연구자들이 그렇게 사정된 액체를 분석했다. 그 액체가 요도에서 나오는 것이기는 해도 오르가슴을 느끼는 와중에 방출되는 오줌은 절대로 아니라는 게 밝혀졌다. 여성의 사정과 관련해서는 믿을 수 있는 과학적 연구가 별로 없다. 아무튼, 일부 성 연구자들은 그 액체가 G-스폿 근처에 있는 내분비샘인 스킨샘(Skene's gland)에서 나온다고 믿고 있다.

오르가슴이란?

남자들에게 그 대답은 단순 명쾌하다. 오르가슴과 사정은 서로 다른 생리 기제로 제어된다. 그러나 사정이 수반되지 않는 오르가슴은 극히 드물다. 한순간 남자의 음경이 곧추서고, 요도로 정액이 방출된다면 곧이어 페니스가 물렁해지면서 오르가슴을 느꼈을 가능성이 많은 것이다. 오르가습 표지가 이렇게 명시적이기 때문에 남자가 오르가슴을 가장하는 것은 거의 불가능하다. 여자들의 오르가슴 표지는 남자만큼 확실하지 않고, 그래서 정의하기가 더 어렵다. 오르가슴이 일어나는 때와 조건을 정확하게 알아내는 것도 당연히 더 어렵다. 실제로 성 장애 치료사들은 자기가 오르가슴을 경험했는지 안 했는지도 모르는 여자들을 빈번하게 접한다.

1950년대에 킨제이와 그의 연구진은 이렇게 제안했다. "흔히 극도의 긴장 속에서 격렬하게 이루어지던 바로 전까지의 성교 행동이 돌연 중단되면서 평화로운 상태가 이어지는 것"이야말로 여자들한테서 오르가슴이 발생했음을 알 수 있는 가장 확실한 표시이다. 1960년대에 윌리엄 매스터스와 버지니아 존슨은 여성의 오르가슴을 "떠 있거나 멈춰 버린 느낌"이라고 설명했다. 2001년쯤에는 최소 26개의 정의가 과학 문헌에서 여성의 오르가슴을 규정했다. 세계 보건 기구 여성 오르가슴 위원회(Women's Orgasm Committee)가 2003년 프랑스 파리에서 여성의 오르가슴을 연구한 광범위한 조사 자료를 검토하고, 일종의 결정판이라 할 정의를 내놓았다. 채택된 정의는 다음과 같다.

인간 여성의 오르가슴은 강렬한 쾌감으로 정의할 수 있는 바, 변화가 풍부하고 순간적으로 절정에 이르는 특징이 있으며, 이 과정에서 의식 상태가 바뀐다. 질 주변 사방으로 연결된 골반 근육 조직이 불수의적으로 리드미컬하게 수축하며, 동시에 자궁과 항문이 수축하면서 근긴장이 일어나는 경우도 잦다. 그 속에서 성행위로 유도된 울혈이 풀린다(부분적으로만 풀릴 때도 있다.). 대개 행복하다는 생각과 더불어 만족감이 든다.

학자들이 색다른 경험들을 가지고 복잡하기 짝이 없는 의학 진단명처럼 들리게끔 만들어 내는 기술을 보고 있자면 우리조차 놀랄 때가 종종 있다(솔직히 털어놔야겠다. 메스턴이 그 위원회를 주도했다.), 차라리 우리 연구에 참여한 한 여성이 오르가슴을 기술한 내용을 들여다보자.

그 순간에 사로잡히고 열중하게 됩니다. 아프고, 땀도 나요. 옆에 있는 파트너를 철두철미하게 느낄 수 있죠. 온기가 느껴지고, 상상의 나래를 펴게 돼요.
—이성애자 여성, 21세

육체가 경험하는 오르가슴

연구자와 여성 모두 대체로 동의하는 사실이 하나 있다. 오르가슴은 마음과 몸이 함께 반응하는 사건이라는 진술이 그것이다.

오르가슴이 시작되고 몇 초 후면 질, 자궁, 항문 괄약근이 불수의적으로 수축한다. 여자들이 느끼는 오르가슴의 전형적인 특징으로 질 수축이 가장 흔하게 언급된다. 질 수축은 약 1초 간격으로 일어나며, 개인에 따라 그 횟수와 강도가 천차만별이다. 오르가슴이 지속되는 시간과 골반 근육의 내구성도 질 수축을 좌우하는 요소이다. 매스터스와 존슨은 오르가슴이 강렬할수록 수축 횟수도 늘어나고, 오르가슴의 지속 시간도 길어진다고 주장했다. 그들은 질 수축이 평균 3~5회 일어나고, 각각이 2.4~4.0초 지속되는 경우를 "약한 오르가슴," 질 수축이 평균 4~8회 일어나고, 각각이 4.0~6.4초 지속되는 경우를 "정상 오르가슴," 질 수축이 8~12회 일어나고, 각각이 4.0~9.6초 지속되는 경우를 "강렬한 오르가슴"으로 분류했다. 강렬한 오르가슴의 경우 다 합해 2분이 넘는 환희를 즐길 수 있는 셈이다.

질 부위가 쑤시고, 넓적다리가 떨려요. 몸의 모든 근육이 꽉 조여지면서 엄청난 에너지가 발산되죠. 그게 마치 내 다리 사이에서 피어올라 등뼈를 타고 올라가서는 마침내 머리를 사정없이 제압해 버리는 기분이에요. 숨을 멈추는 일도 잦죠. 두 눈을 꼭 감아도 눈꺼풀 뒤에서 색깔이 보여요. 그렇게 빛에 아주 민감해지면서 정신을 못 차릴 정도로 행복하고, 얼얼하면서, 안도감이 들고, 활기가 넘치게 되죠.

그러나 다른 연구자들은 질 수축과 감지되는 오르가슴의 강도 및 지속 시간 사이의 연계를 찾지 못했다. 많은 여성이 질 수축을 경험하지 않고도 오르가슴을 느낀다고 말한다. 이런 여자들에게는 질 수축 현상이 감지할 수 없을 정도로 약하게 발생할지도 모른다.

질 수축이 어떤 기능을 하는지는 명확하지 않다. 질이 수축하면 오르가슴 중에 경험하는 쾌감이 엄청나게 증강된다고 말하는 여자들이 있다. 그러나, 이 근육들을 의식적으로 수축시켜 보라. 별로 즐겁지 않고 내키지도 않는다는 점이 흥미롭다. 책을 읽는 당신이 여자라면 직접 해 볼 수도 있을 것이다. 어떤 근육들이 관계하는지 알고 싶다면 다음번에 소변을 볼 때 오줌을 참았다가 다시 누기를 반복해 보라. 그 행위를 할 때 당신이 사용하는 근육이 오르가슴 때 수축하는 것과 같은 근육이다. 어떤 이론가들은 삽입 상태에서 남성 파트너를 흥분시켜 사정을 시키기 위해 질 수축이 진화했다고 추정한다. 그런 식으로 여성이 남성의 정자를 포획한다는 것이다. 그러나 이 설명 방식에는 문제가 있다. 남자들은 여자들이 오르가슴에 도달하기도 전에 사정하는 일이 부지기수다. 이 사태에 수많은 여성이 엄청나게 실망한다는 사실을 상기해 보라.

오르가슴 중에 G-스폿 자극을 통해 사정을 하는 소수의 여자들은 요도에서 그 액체가 방출될 때 질 수축이 도움이 되는 것 같다. 오르가슴 중에 질이 수축하면서 성적으로 흥분할 때 발생한 성기 울혈이 풀리는 데 일조할 가능성도 있다. 앞에서 설명했듯이 성적으로 흥분하면 질과 음순과 음핵에 피가 엄청나게 쏠린다. 오르가슴은 성기 조직에서 피가 신속하게 빠져나가도록 돕는다. 오르가슴이 발생하지 않으면 피가 성기 조직에서 빠져나가는 데 상당한 시간(거의 한 시간)이 걸린다. 울혈이 해소되지 않으면 불만을 느끼는 여자들도 있다. 이 불편한 감정은 남자들이 "파란 불알(blue balls, 성욕으로 몹시 흥분한 상태를 가리키는 비속어 ― 옮긴이)"이라고 말하는 상태와 비슷하다. 오르가슴이 발생하면 젖꼭지와 젖꽃판에서도 피가 신속하게 빠져나간다. 오르가슴 중에 젖꽃판에서 피가 빠져나가는 속도는 엄청나다. 젖꽃판은 순식간에 잔주름이 잡히면서 흥분하지 않았을 때의 납작한 상태로 돌아간다. 젖꼭지와 젖꽃판의 잔주름은 오르가슴이 발생했음을 알려주는 상당히 믿을 만한 신호이다.

오르가슴이 발생한 직후에는 프로락틴 수치가 두 배로 치솟고, 이후로도 약 한 시간 동안 정상보다 높게 유지된다. 프로락틴은 남자들이 보이는 불응기(refractory period)의 원인 물질로 여겨진다. 생리학 용어인 불응기는 남자가 사정 후 다시 발기시킬 수 없는 시간 간격을 가리킨다. 불응기는 모든 연령대의 남자들 사이에서 천차만별이지만 일반적으로 나이가 들수록 그 간격이 길어진다. 나이가 많을수록 다시 발기하려면 더 많은 회복 시간이 요구되는 셈이다. 그러나 여성에게서는 프로락틴이 그런 억제 효과를 발휘하지 않는 것 같다. 여자들이 오르가슴을 연달아서 여러 번 누릴 수 있는 이유도 이 때문이다. 여자들의 경우 나중에 느끼는 오르가슴들이 첫 번째 오르가슴만큼 좋을 수도 있고, 첫 번째 오르가슴보다 훨씬 더 좋을 때도 있다. 여자들은 남자들과 달리 몇 분 동안 지속되는 오르가슴에 도달할 수도 있다. 매스터스와 존슨은 그런 오르가슴을 "지속적 오르가슴(status orgasmus)"이라고 불렀다. 남자의 오르가슴과 여자의 오르가슴에는 또 다른 차이가 있다. 남자의 경우 성적으로 몹시 흥분하면 "결코 돌이킬 수 없는 지점"까지 거침없이 치고 올라간다. 자극하기를 중단해도 자동으로 오르가슴에 도달한다는 점에서 말이다. 그러나 여자들은 자극을 중단하면 그게 음핵에서 유발된 오르가슴이든, 질에서 유발된 오르가슴이든 그 즉시로 오르가슴이 멈춘다. 남성 파트너들은 제발 이 점에 유의해 주기 바란다.

오르가슴의 심리 상태

여자들은 오르가슴 중과 직후에 겪는 강렬한 정신적·감정적 경험을 다양하게 보고한다. 여자들은 오르가슴의 심리 상태를 설명하기 위해 여러 형용사를 동원했다. 믿기지 않는다. 막강하다. 가득 채워지는 느낌. 만족스럽다. 강렬하다. 신나고 흥미진진하다. 희열. 즐겁다. 고양감. 황홀하다. 사랑스럽다. 다정하다. 친밀하다. 격정적이다. 합일감. 느긋하고 편한 상태. 마음이 진정된다. 평화롭다. 무아경. 열광적이다. 우리 연구에 참여한 한 여성은 특히나 달변이었다.

나는 오르가슴 후에 느낄 수 있는 감정의 고양 상태는 물론이고 몸이 풀리면서 겪는 환희를 경험하고 싶어요. 나는 그 과정을 즐깁니다. 최종 결과가 제 목표는 아니에요. 그보다는 오히려 경험의 전 과정이 자극적이고, 즐겁고, 생산적이라고 할 수 있죠. 성적 쾌감을 느끼고 싶을 때가 있는데, 그러면 테크닉과 환상을 동원해요. 나 같은 경우 대개는 오랄 섹스를 많이 합니다. 기분에 따라 다른데 해 주기도 하고, 받기도 하고, 한꺼번에 두 가지를 다 하기도 해요! 내가 가장 좋아하는 절정 도달 방법은 남편에게 오랄 섹스를 시키는 거죠. 그러면서 나는 환상에 젖어듭니다(기분이나 때에 따라 다양한 판타지를 떠올려요. 동성애자도 되어 보고, 이성애자도 되어 보고, 그냥 행위 자체의 순간에 집중하기도 하는 거죠.). 나는 섹스의 느낌을 즐깁니다.

—이성애자 여성, 28세

오르가슴으로 겪는 심리적 경험이 남자와 여자에게서 같을까? 과학자들은 이 질문에 답하기 위해 남녀 모두에게 오르가슴의 정신 상태를 설명하는 글을 써 달라고 요청했다. 나중에 다른 사람들이 그 글을 읽고 해당 오르가슴 묘사를 남자가 썼는지, 여자가 썼는지 추측하는 절차가 수행되었다. 판정관으로 참여한 사람들은 대개의 경우 글쓴이가 남자인지 여자인지 정확히 가려낼 수 없었다. 이 결과는 남자와 여자가 오르가슴을 심리적 측면에서 아주 유사하게 경험한다는 걸 암시한다.

오르가슴이 발생하면 수많은 호르몬이 방출된다. 앞에서 언급한 프로락틴 말고도 옥시토신이 가장 두드러진다. 옥시토신 분비는 정서적 유대와 결부된다. 오르가슴 후에 파트너와 긴밀히 연결되었다고 강하게 느끼는 여자들이 일부 존재하는 이유가 어느 정도 해명되는 것도 같다. 여자들이 오르가슴을 경험하면서 애착이나 유대감을 느낄 수도 있지만 그렇다고 성적 즐거움과 오르가슴을 경험하기 위해 감정적으로 반드시 밀착될 필요는 없다는 것도 분명한 사실이다.

> 함께 섹스하는 남자와 감정적으로 밀착되지 않았던 경우도 많아요. 하지만 그냥 하죠. 섹스와 오르가슴이 선사하는 몸의 즐거움을 느끼고 싶거든요. …… 한 번은 몇 년째 그냥 친구로 지낸 남자와 했어요. 잠깐 동안 섹스 없이 살았는데, 몸을 좀 풀어 줘야겠더라고요. 내 집에서 함께 저녁을 먹었죠. 그러고는 침대에서 끝장을 봤어요. 친구여선지 편했습니다. 그 애와의 섹스는 아주 즐거웠어요.
>
> **—주로 이성애를 하는 여성, 28세**

오르가슴을 누리는 방법

즐거움이 섹스를 하는 그렇게 강력한 동기라면 여자의 오르가슴을 촉발하는 것은 정확히 무엇일까? 1960년대에 여자의 오르가슴은 일종의 척수 반사라는 제안이 나왔다. 골반 근육의 신경들이 성기 울혈에 반응하면서 점화돼 척수 반사가 일어난다는 것이었다. 1970년대에는 이런 감각 자극을 활성화하는 인기 있는 후보자가 음핵이었다. 이런 감각 자극이 도화선이 돼 소위 척수 반사가 일어나는 것으로 여전히 여겨졌다. 1980년대에 과학자들은 성적 흥분이 어느 수준까지 강렬해지면 뇌 속에 있는 가상의 "오르가슴 중추"가 활성화된다고 제안했다. 오늘날까지도 과학자들은 도대체 무엇이 여자들의 오르가슴을 촉발하는지 정확히 알지 못한다. 뇌에 오르가슴 기제를 담당하는 특수한 "오르가슴 기계(orgasmatron)"가 있는지 여부를 모르는 것이다(연구자들이 뇌 영상화 기술을 활용해 오르가슴을 느낄 때 뇌의 정확히 어느 부위가 관여하는지, 또 남녀가 어떻게 다른지를 파악하기 시작한 게 얼마 안 된다.).

그러나 여자들의 오르가슴을 여러 다양한 방식으로 유발할 수 있다는 것을 우리는 잘 알고 있다. 음핵과 질을 자극하는 게 가장 보편적인 방법이다. 일반적으로 여자들은 삽입 성교보다 음핵 자극을 통해 훨씬 더 쉽게 오르가슴에 도달한다. 대다수의 조사 연구는 삽입 성교만으로 오르가슴에 도달할 수 있는 여성이 오르가슴을 느끼는 여성의 약 60퍼센트에 지나지 않음을 알려 준다. 간단히 요약하면, 오르가슴에 도달하기 위해 삽입 성교 말고도 추가로 음핵 자극이 필요한 여자들이 많다. 삽입 성교만으로 오르가슴에 도달하지 못한다는 이유로 자신이 뭔가 중요한 것을 놓쳐 버렸다고 걱정하는 여자들이 일부 존재한다. 당신이 여기 해당된다면, 질에서 유발되는 오르가슴이 음핵에서 유발되는 오르가슴보다 결코 더 의미 있거나, 강렬하거나, 즐겁지 않다는 걸 저자들이 보증할 테니 안심하라(물론 두 방법 모두로 오르가슴을 누릴 수 있는 여자들은 나름대로 선호하는 게 있다.).

질에서 유발되는 오르가슴이 음핵에서 유발되는 오르가슴보다 왜 그런지 모르겠지만 더 낫다는 생각과 믿음은 지그문트 프로이트에서 기인한다. 그가 1920년대에 음핵 오르가슴은 "철부지 같은 행위"이고, 질이야말로 "성숙한" 여인이 보이는 성적 반응의 중심 기관이라고 주장했던 것이다. 프로이트는 페니스가 여자들의 성적 즐거움에 반드시 기여하는 것은 아니라는 사실을 깨닫고 몹시 괴로워했다. 프로이트 때문에 기능적으로 전혀 문제가 없는 수백만 명의 여성이 자신들의 성적 행위 능력을 의심해 왔다. 1960년대에 매스터스와 존슨은 여자들이 느끼는 온갖 오르가슴이 오르가슴을 촉발하는 자극의 종류와 무관하게 생리적으로는 똑같다고 보고했다. 이로써 프로이트의 이론은 관 속에 처박혔다. 지금도 질에서 유발된 오르가슴과 음핵에서 유발된 오르가슴 각각에서 자궁 및 골반 근육의 운동 양상이 서로 다르다는 것을 보여 주는 일부 제한적인 실험 연구가 있기는 하다. 그러나 자궁과 골반 근육이 비록 다르게 움직인다고 해도 그것은 오르가슴 전체를 포괄하는 경험에서 작은 요소에 지나지 않는다.

어떤 여자들은 음핵, G-스폿, 자궁 경부 자극으로 오르가슴에 이를 수 있다. 어떤 여자들은 불두덩에 가해지는 압박으로도 오르가슴에 도달한다. 불두덩(mons pubis)은 살이 토실토실한 둔덕으로, 음모가 덮여 있으며, 치골 바로 위에 있다. 그러나 여자들은 가슴이나 젖꼭지 자극, 마음속으로 그려 보기나 판타지, 심지어 최면 상태나 수면 중에도 오르가슴에 도달한다고 말한다. 결국 여자들은 생식기가 전혀 관계하지 않아도 오르가슴을 느낄 수 있는 셈이다. 여성이 잠을 자면서 오르가슴을 느낄 수 있다는 사실은 각성된 의식마저 필수적 요구 조건이 아닐 수 있음을 암시한다. 정신병 관련 문헌을 보면 간혹 "자연발생적 오르가슴"이란 구절을 접하게 된다. 분명한 성적 자극이 전혀 없는데도 여성은 오르가슴을 느끼는 것이다.

파트너와 함께, 아니면 없이도

대다수의 여성이 파트너와 함께보다는 자위로 훨씬 더 쉽게 오르가슴에 도달한다. 자위를 한다는 가정하에 말이다.

18살에서 59살에 이르는 미국 여성 1,600명 이상을 설문 조사한 한 연
구에 따르면 전체 여성의 29퍼센트만이 파트너와 관계하면서 오르가슴을
느낄 수 있다고 말했다. 두 배 이상인 61퍼센트는 자위하면서 오르가슴을
느낀다고 보고했다.

여자들이 파트너와 함께보다는 자위를 하면서 더 쉽게 오르가슴에 도
달하는 이유는 간단하다. 자위를 하는 여성 대다수가 자신의 성감대를 탐
색하고 어루만진다. 여자들은 그런 실험을 통해 가장 즐거운 성적 경험을
하려면 어디를, 얼마나 자극해 줘야 하는지 알게 된다. 여성이 오르가슴에
도달하려면 어디를, 언제, 얼마나 어루만져 줘야 하는지가 제각각이기 때
문에 성적으로 탁월한 능력을 갖춘 파트너라 할지라도 처음 몇 번은 길 안
내 지도가 필요하다. 리사를 환희 속에서 울부짖게 만들었던 기술에 린다
는 치를 떨면서 침실을 뛰쳐나갈 수도 있다. 우리 연구에 참여한 한 여성의
얘기를 들어 보자.

여성이 이성 상대방과 성적인 즐거움과 오르가슴에 도달하고자 한다면 대화가 중요하다. 말로 설명해야 한다. 손을 절묘하게 (또는 직접적으로) 활용해 알려 주기도 하고, 사지와 손가락의 위치를 새로 지정해 주면서 파트너에게 성감대와 아닌 곳을 가르쳐 주는 것도 필수다. 흔히 여자들은 이런 일을 하기가 쉽지 않다. 많은 여성이 파트너에게 무례한 것이 될까 봐 저어된다고 말한다. 자신을 능수능란한 섹스의 거장이라고 여기는 파트너들이 뭘 해 달라는 지시를 듣게 되면 품위 있게 반응하지 않을 수도 있다. 부모, 조부모, 교사, 종교 지도자 들의 참견도 빼놓을 수 없다. 많은 여성이 남녀는 명확히 구별되는 성 역할을 따르며 섹스를 해야 한다고 훈육되었다. 남자는 섹스를 주도해야 하고, "행실이 바른" 여자라면 파트너의 리드를 따라야 한다는 내용 말이다. 뭐가 좋은지를 파트너에 의지해 겨우 아는 여자들은 오랜 세월 성적으로 불만을 느끼며 살아가는 일이 비일비재하다.

섹스요? …… 젊을 때야 좋죠. …… 쉰다섯 살까지 살아 보라고 하세요. …… 기혼이든 미혼이든 섹스는 아무 의미가 없어요. …… 필요하고 중요한 것인데도 말이에요. 남자들은 섹스를 아주 중요하게 여기지만 전희(나) 그게 얼마나 중요한지를 전혀 몰라요.

—이성애자 여성, 54세

섹스를 화두로 대화하는 게 어렵고, 창피할 수도 있겠지만 자신의 성애를 잘 알고 통제할 수 있다면 섹스에서 누리는 즐거움이 장기적으로 크게 개선된다.

나의 성 경험을 전적으로 내가 통제하는 것인지, 내가 성 경험을 즐기는 데서 파트너가 중요한 비중을 차지하는지가 궁금해졌다. 파트너가 많았는데, 정말로 섹스를 기분 좋게 만족하면서 즐기기 시작한 건 최근 들어서다. 섹스가 함께 하는 파트너와 어느 정도는 관련이 있다는 생각을 오랫동안 해 왔다. 확실히 맞는 말이다. 그러나 이제는 생각이 달라졌다. 섹스는 대개의 경우 나의 문제다. 나 자신과 내 몸을 더 잘 알게 된 것 같다. 파트너를 더 잘 고를 수도 있게 되었다. 하지만 온전히 즐거움을 느끼는 것은 나에게 달려 있음을 잘 안다.

—주로 이성애를 하는 여성, 27세

파트너와의 "좋은" 섹스는 일반적으로 상당히 호혜적이다. 그러나 자신의 즐거움은 외면한 채 상대방의 즐거움만 챙기는 여자들이 있다.

혼자 살 때는 섹스의 목적이 나 자신의 즐거움이었다. 지금은 결혼해서 사는데, 남편 좋으라고 섹스를 한다. 나 개인의 즐거움은 그의 즐거움만큼 중요치 않아 보인다. 틀림없이 남편도 그렇게 생각하고 있을 것이다.

—이성애자 여성, 26세

여자들은 파트너와 함께 하는 섹스에서 자신의 감각적 즐거움에 집중하지 못하는 경우가 있다. 이를 테면, 매력적으로 비치기 위해 몸을 두고, 자세를 잡는 방법 따위에 몰두하는 식이다. 앞으로 보겠지만 여자들이 이런 생각을 하기 때문에 오르가슴이 발생할 만큼 충분한 수준으로 흥분하기가 어려운 것이다.

오르가슴의 몇 가지 문제

오르가슴을 전혀 누리지 못하거나 가물에 콩 나듯 경험하는 여자들은 종종 자기 몸이 뭔가 잘못된 게 아닐까 하고 의심한다. 당뇨성 신경 장애와 골반 부위의 외과 수술은 물론이고, 관상 동맥 심장 질환과 고혈압처럼 성기로 피가 흘러드는 것을 감소시키는 각종 질환들, 그리고 다양한 처방약들이 여성에게서 오르가슴과 관련한 문제를 야기시킬 수 있다. 다행인 것은, 신체 건강한 여성의 경우 오르가슴을 경험하지 못하는 부류와 경험하는 부류 사이에서 과학자들이 그 어떤 차이도 발견하지 못했다는 사실이다.

임상 심리학자들과 정신과 의사들 공히 여자들이 오르가슴 장애를 겪는 가장 흔한 두 가지 이유로 다음을 지적한다. 첫째, 여자들은 오르가슴이 일어날 정도로 충분히 즐거운 자극을 받지 못하고 있다. 둘째, 여자들이 모종의 이유로 그 즐거운 쾌감에 집중하지 못하고 있다. 파트너를 즐겁게 해 주려는 노력과 자신이 어떻게 비칠까 하는 걱정 외에도 여자들의 주의를 분산시키는 원인과 이유는 많다. 생각해 보라. 옆방의 아이들(이나 부모)가 듣고 있을지도 모른다는 걱정, 내일의 직장 일과 가사 생각, 파트너의 배우자 가치를 다시 평가하기, 그리고 아마도 제1위의 "오르가슴 말살자"일 죄책감. 종교적이거나 다른 이유로 섹스는 오직 출산 속에서만 의미를 지니고, 따라서 결혼의 구속을 받아야만 한다고 믿도록 양육된 여성은 그런 문화적 맥락 바깥에서 섹스를 할 때 오르가슴보다는 죄책감을 느낄 가능성이 압도적으로 많다.

문화적으로 기대되는 내용도 여자들이 오르가슴을 누리는 사안에 영향을 미친다. 지구상 이곳저곳에서 여성의 성애를 연구한 인류학자들은, 여자들이 남자들만큼 섹스를 즐기도록 기대받는 사회들에서는 여자들도 오르가슴을 누린다는 사실을 발견했다. 그런 사회가 무수히 확인되었다. 예컨대, 망가이아 여자들은 남성 파트너가 오르가슴을 느낄 때마다 한 번이 아니라 두 번 또는 세 번씩 오르가슴을 누리도록 배운다. 자신의 상대방에게 오르가슴을 여러 번 선사하지 못하는 망가이아 남자들은 존경받지 못한다(라로통가 항공사는 쿡 제도에서도 가장 남쪽에 위치한 망가이아 섬으로 현재 매주 네 차례 정기 항공편을 운항하고 있다.). 반면 여성의 오르가슴을 하찮거나 존재하지 않는 것으로 믿는 문화들에서는 여자들이 오르가슴을 누리는 데서 더 많은 곤란을 겪는다. 이 사실을 바탕으로 우리는 다음과 같은 최선의 해석을 내려 볼 수 있을 것이다. 여자들은 오르가슴을 즐기도록 기대될 경우 그 방법을 깨우치고 배울 의지를 발휘할 가능성이 더 높다는 것이다. 어쩔 수 없는 현실이다. 여자들은 남자들과 달리 오르가슴을 누리고 즐기는 방법을 배워야 한다.

여성이 성적 감각을 즐기지 못해 오르가슴을 누릴 수 없는 경우 이 곤란을 타계할 수 있는 최선의 방법은, 예컨대 전문 치료사의 도움 등을 받아 주의를 분산시키는 각종 요소가 정확히 무엇이고, 어떻게 하면 그것들을 해소할 수 있는지 모색하는 것이다. 죄책감에서 벗어나 성적 즐거움을 향유하게 된 한 여성의 증언을 들어 보자.

누군가랑 순전히 몸이 끌려서 섹스하고 싶다는 생각과 그 경험이 재미있고 흥미진진할 거라는 상상을 하면서 여러 해 동안 갈등을 했습니다. 이제는 죄책감을 털어 내고, 나의 그 욕망을 완전히 인정하게 됐어요. 유혹하면서 맛보는 스릴은 최고죠. 죄책감 따위는 잊고, 섹스를 마음껏 즐깁니다. 섹스는 너무 멋진 것 같아요. 어쩌면 섹스가 내가 제일 좋아하는 취미일지도 모르겠습니다. 나는 확실히 성 충동이 강한 것 같아요. 물론 그 욕망을 구속하고 제한해야 할 이유도 전혀 모르겠습니다. 나는 매력을 발산하는 느낌, 추파를 던지고 받으면서 드는 긴장감, 다른 사람의 관심사를 재어 보는 일을 즐깁니다. 다른 사람이 마음에 들면 거리낌 없이 성 경험을 해 보고 싶어요.

—주로 이성애를 하는 여성, 33세

여성이 충분히 즐거운 자극을 받지 못해서 오르가슴을 누리지 못하는 경우도 살펴보자. 이때 고려해 볼 수 있는 최선의 방책은 소위 "통제 자위

(directed masturbation)"이다. 여성이 혼자서 직접 행하는 일련의 자기 탐험을 통제 자위라고 할 수 있다. 통제 자위의 목표는 명확하다. 성적으로 흥분되는 느낌을 자아내는 민감한 신체 부위를 찾아내고, 그 부위를 손으로 자극해 "무슨 일이 일어날" 때까지 쾌감의 강도를 증대하는 법을 알아내는 것이다. 통제 자위를 연구한 다수의 보고서는 오르가슴을 한 번도 경험해 보지 못한 여자들을 치료하는 데서 이 방법이 경이적인 성공률을 기록했음을 밝히고 있다. 한 연구는 치료 두 달 만에 오르가슴이란 것을 아예 몰랐던 여성 100퍼센트가 자위로 오르가슴에 도달했고, 47퍼센트가 삽입 성교로 오르가슴에 도달할 수 있었다고 보고했다. 그녀들은 전문 치료사를 열 번 찾아갔고, 치료사는 집에서 통제 자위를 할 수 있는 방법을 가르쳐 주었다. 그러나 같은 연구는 전문 치료사 없이 통제 자위법을 자료로 그냥 읽기만 한 여성들도 성공률이 꽤 높다는 걸 보여 줬다. 전에 오르가슴을 한 번도 느껴 본 적이 없는 여성의 47퍼센트가 자위로 오르가슴에 도달했고, 13퍼센트가 삽입 성교로 오르가슴을 느꼈던 것이다. 줄리아 하이먼(Julia Heiman)과 조제프 로피콜로(Joseph LoPiccolo)의 저서 『오르가슴: 여자의 몸이 성적으로 성숙해지는 걸 돕는 책(*Becoming Orgasmic: A Sexual and Personal Growth Program for Women*)』은 통제 자위법을 몸소 실행해 볼 수 있는, 아주 탁월한 단계별 안내서이다.

오르가슴의 혜택

　도대체 오르가슴이 무엇인지 그 정체를 규명하려는 과학적인 논의가 상당한 수준으로 이루어졌다. 마찬가지로 여성의 오르가슴이 적응적 기능인지, 아니면 남성의 젖꼭지가 아무런 기능도 못 하는 진화적 발달의 부산물인 것처럼 여성의 오르가슴 역시 우연한 부산물에 불과한 것인지와 관련해 많은 논쟁이 벌어졌다. 여성은 오르가슴 중에 다양한 생리적 변화를 겪고, 그 과정에서 임신할 확률이 높아지기도 한다. 따라서 여성의 오르가슴이 번식 목적에 기여한다고 볼 수도 있다. 진화적 관점도 동원해 보자. 오르가슴은 더 나아가서 남자의 유전자 품질과, 좋은 아빠가 될 가능성을 알려줌으로써 장기 적합(충)도에 이바지할 수도 있다.

초기 이론가들은 여성이 삽입 성교로 유발된 오르가슴을 경험하면서 배란이 촉진되고, 수정이 이루어진다고 주장했다. 일부 종에서 삽입 성교로 배란이 유발되기는 한다. 그러나 여성은 삽입 성교나 오르가슴과 무관하게 생리 주기에 따라 배란을 한다. 따라서 이 가설은 폐기되었다. 후대의 이론가들은 여성이 오르가슴을 느끼면서 발생하는 수축으로 일종의 자궁 흡입이 일어나고, 사정된 정자가 자궁 경관과 자궁, 나팔관을 훨씬 더 수월하게 이동한다고 제안했다. 그러나 최근의 연구들에 따르면 여성이 성적으로 흥분하지 않은 상태에서 정자가 자궁으로 가장 빠르게 운반된다.

앞에서 설명했듯이 성적으로 흥분하면 질이 확장되고, 그 결과로 자궁과 자궁 경관도 밀려 올라간다. 이런 변화 자체가 일시적이나마 장벽으로 작용하여 사정된 정자들이 신속하게 자궁으로 들어갈 확률을 감소시킨다. 정자들은 이렇게 일종의 자연선택 과정을 겪으며 건강한 정자들은 나팔관을 무사 통과하고, 경쟁력이 없는 놈들은 뒤처지게 된다. 이때 오르가슴이 흥분을 해소하면서 활약하기 시작한다. 바로 그 순간 통로가 열리면서 더 우수한 정자들이 나팔관으로 여행을 계속할 수 있게 되는 것이다. 한 연구는 파트너의 몸이 비대칭적일 때보다 대칭적일 때 여자들이 오르가슴을 더 빈번하게 느낀다는 사실을 보고했다. 1장에서 보았듯이, 이 사실은 여성의 오르가슴이 미래의 자식들에게 전해질 보다 건강한 유전자를 확보하는 방편일 수도 있음을 암시한다.

여자들이 느끼는 오르가슴의 목적을 설명하는, 재미있으면서도 다소 논쟁적인 이론을 하나 소개할까 한다. 여성이 질 내부 사정을 유도하는 수단으로 오르가슴을 활용한다는 것이 그 내용이다. 남자가 질 안에 사정을 해도 자궁 경관까지 도달하는 정액은 아주 적은 양에 지나지 않으며 나머지 대부분은 다시 질 밖으로 새어 나온다. "역류(flowback)"라고 하는 것이다. 이 주장에 따르면 정자가 함유된 역류 정액의 양은 정자가 질 안에 사출되는 때와 관련해 여성이 오르가슴을 느끼는 시기에 따라 달라진다. 다시 말해, 여성이 정확히 언제 오르가슴을 느끼느냐에 의해서 얼마나 많은 정자가 질을 통과할지가 결정되는 셈이다. 사정하기 60초 이내 전에 여성의 오르가슴이 발생하면 정자 보유량이 적을 것으로 여겨진다. 정자가 방출된 직후 오르가슴이 발생하면 정자 보유량이 최대일 것으로 추정된다. 한 연구에 따르면 남자가 사정하기 60초 이상 전에 여성이 오르가슴을 느꼈을 때의 정자 보유량은 오르가슴이 발생하지 않았을 때와 똑같았다. 오르가슴은 차분한 이완의 느낌을 가져오고, 어떤 여자들은 섹스 후에 그대로 드러누워 느긋하게 쉰다. 수평 상태를 그대로 유지하면 역류되는 정액의 양이 줄어들고, 수정이 용이해질 수도 있다.

여성의 오르가슴은 번식 과정에서 또 다른 방식으로 일정한 역할을 수행할 수 있다. 사정이 느린 남자와 사는 여자들은 오르가슴 중에 발생하는 질 수축을 활용해 배우자의 사정을 용이하게 한다. 오르가슴 중에 방출되는 프로락틴 호르몬이 질, 자궁 경관, 자궁 액 속으로 들어가 정액의 칼슘 농도에 영향을 미치기도 한다. 결국 이 일련의 과정 속에서 정자들이 더 쉽게 여성의 생식관에 진입할 수 있게 된다.

추측컨대 오르가슴은 이런 다양한 생리 기제를 통해 임신 확률을 높였고, 여자들은 번식에 성공할 수 있었다. 그러나 여성의 번식 성공은 심리 기제에 힘입은 바도 크다. 오르가슴은 대단히 즐거운 경험이므로 여자들이 특정한 파트너와 삽입 성교를 하는 "유혹"이자 "보상"이었다. 이 관점에 따르면 과거의 진화 역사에서 오르가슴이라는 성적 보상을 경험한 여자들이 오르가슴을 누리지 못한 여자들보다 섹스에 더 몰두했을 것이다. 행위의 동기가 컸으므로 섹스를 더 많이 했을 것이고, 그 결과는 임신과 번식의 확률 증대였다.

진화의 견지에서 보면 번식 성공이라 함은 번식 그 자체만이 아니라 자원과 능력을 바탕으로 일정 기간 자식을 보살펴 혼자서도 살아갈 수 있게 만들어 내는 것이다. 이 때문에 특정한 남자와 섹스를 하며 오르가슴을 누리는 일이 배우자를 선택하는 수단으로 기능하게 됐다. 여자가 특정한 배우자와 오르가슴을 즐기면 남자는 그 사태를 여자가 성적으로 만족했으며, 다른 곳에서 성적 만족을 추구할 가능성이 낮다고 해석한다. 남자들은 자신이 아버지임을 확신하면 한 여자에게 계속 헌신하면서 자식들을 돌볼 가능성이 많아진다.

시간을 내서 파트너가 뭐에 흥분하고, 또 오르가슴을 느끼는지 알아볼 만큼 여자의 성적 즐거움에 관심을 가지는 행위 자체가 "성적 이타성"을 알려 주는 훌륭한 표지이기도 하다. 이렇게 성적으로 이타적인 태도는 다른 분야로까지 확산되기도 하기 때문에 그런 사내라면 성적으로 이기적인 놈보다 장기적 차원에서 더 좋은 반려이자 아버지가 될 가능성이 높을 것이다. 따라서 오르가슴을 느끼는 상대방 곁에 머물기로 함으로써 여성은 자신과 자녀들에게 아낌없이 투자하며 헌신할 배우자를 선택하는 셈이 된다. 이제 사랑의 정체를 알아볼 때다.

3장

사랑이라 부르는 것

감정적이고 정신적인 유대

두 사람이 함께 하는 처음에는 심장이 활활 타오르고, 열정은 식을 줄 모른다.
시간이 지나면서 불은 잦아들고, 그렇게 안정된다. 두 사람은 계속 서로를
사랑하지만 방법이 달라진다. 따뜻하게 서로 의지하는 것이다.

— 니사, 보츠와나의 쿵 족 여성

"사랑은 아름다워라(Love Is A Many-Splendored Thing)."(우리나라에는 「모정(慕
情)」이라는 제목으로 상영된 영화의 원제이자 동 영화의 주제곡이기도 하다. — 옮긴이) 이 문장
하나로 낭만적인 연애담이 차고 넘치는 이유를 짐작할 수 있을 것이다. 낭
만적인 사랑은 우리가 부모, 자식, 동기(同氣), 애완동물, 플라토닉한 관계의
친구 들에게서 느끼는 사랑과 다르다. 그리스 신화를 보면 고아들인 다프
니스와 클로에가 나온다. 두 사람이 장성해 연인 관계로 발전하면서 열정
이 들끓는 걸 확인할 수 있다. 오디세우스와 페넬로페는 오랫동안 헤어져
지내면서 계속 시련을 겪는다. 힌두의 여신 사티는 남편 시바를 너무나 사
랑했고, 잘된 행실을 깊이 뉘우치며 자살을 감행한다. 힌두 민족 여성이 마

지막 헌신 행위로 남편을 화장하는 장작더미에 뛰어들어 자살하는 의식의 명칭이 바로 사티이다. 마오리 족의 전설에서 히네모아는 연인 투타네카이와 재회하기 위해 거친 바다를 3.2킬로미터나 헤엄쳤다. 중국 한나라의 황제 애제(哀帝)는 동성 애인 동현(董賢)을 깨우지 않기 위해 옷의 소매를 잘라 냈다. 미국도 보자. 첫 번째 연인 앤 러틀리지가 젊은 나이에 사망하자 에이브러햄 링컨은 평생 동안 우울증과 싸워야 했다. 반면 존 애덤스와 애비게일 애덤스는 애정 어린 동반자 관계 속에서 미국 독립 혁명기의 시련을 견뎌 냈다. 그토록 엄혹했던 때에도 두 사람은 서로 편지를 교환했다. "낭만적 사랑"은 넷플릭스(Netflix, 회원제 우편 비디오 대여 사업을 하는 미국 업체 — 옮긴이)가 취급하는 영화 1,000편 이상의 주제이고, 아이튠스(iTunes)에서 판매되는 노래 2,000곡 이상의 제목에 "사랑"이라는 단어가 등장한다. 낭만적 사랑은 잘은 몰라도 너무나 강력한 실재이다. 문화권을 막론하고 전 시대에 걸쳐 정치인들과 종교 당국은 사회와 정치와 종교의 질서가 훼손될 걸 두려워해 낭만적 사랑을 통제하려고 불철주야 노력했다.

심리학자들은 다른 사람의 사랑을 받으며 그 대상과 정서적으로 연결되어 있다는 느낌이 개인의 전반적인 행복과 삶에 대한 만족을 알려 주는 중요한 예보자라는 사실을 보여 주었다. 셰익스피어의 작품에 나오는 여러 주인공이 이런 감정들을 거부당하면서 비극적 최후를 맞이했다. 유력한 용의자 로미오와 줄리엣 말고도 클레오파트라가 뱀으로 자살을 시도했고, 오필리아는 실성해서 물에 빠져 죽었다.

우리의 연구에서 많은 여성이 사랑과 정서적 애착을 좇아 침실로 향했다. 여자가 섹스를 하는 237가지 이유 가운데서 실제로 사랑과 친밀한 감정이 상위 12위 안에 들어가 있다. 두려움과 절망, 행복과 만족감을 불러일으키고, 나아가 행복하거나 슬프거나 비극적인 결말을 가져오는 행동에까지 나서게 되는 이 강렬한 감정의 정체는 도대체 무엇일까? 뇌를 연구하는 과학자들은 왜 사랑이 정신 장애 내지 약물 중독과 비슷하다고 결론 내린 것일까? 우리가 동물한테 하는 것과 똑같은 방법을 써서 뇌 화학 물질을 변경하면 사람한테도 누군가와 유대감을 형성할 수 있는 능력과 욕구를 조작할 수 있을까? 우리가 약간만 끌리는 누군가와 섹스를 해도 뇌가 애착을 느끼게 하는 화학 물질을 방출할까? 이 장에서 우리는 사랑과 유대감이라는 강렬한 감정과 그것들이 여성의 성애와 내재적으로 어떻게, 왜 연결되어 있는지를 살펴볼 것이다.

사랑이란?

유명한 심리학자 로버트 스턴버그(Robert Sternberg)의 "삼위일체 사랑 이론(triangular theory of love)"에 따르면 사랑은 친밀함, 열정, 헌신이라는 뚜렷하게 구분되는 세 요소로 이루어진다. 친밀함(intimacy)은 다른 사람을 따뜻하게 대하는 경험으로, 가깝게 연결되어 있다는 느낌에서 나온다. 친밀함은 감정적 지지를 주고받고자 하는 욕구이고, 가장 내밀한 생각과 경험을 공유하고자 하는 바람이다. 우리 연구에 참여한 한 여성이 이런 차원의 사랑을 어떻게 경험했는지 들려준다.

> 섹스가 사랑을 육체적으로 표현하는 여러 방법 가운데 하나일 수 있다고 생각해요. 하지만 섹스가 항상 사랑을 표현하는 것은 아니죠. 내가 남편과 하는 섹스는 남편하고만 공유하는 친밀감과 신뢰예요. 그렇게 나 자신을 드러내는 거죠. …… 그를 사랑하니까요. 섹스는 다른 어떤 방법으로도 채울 수 없는 남편의 욕구(육체적, 감정적, 심리적)를 만족해 주는 수단일 거예요. 남편은 섹스를 통해서 내가 그를 사랑하고, 자기도 나를 사랑한다는 걸 아는 거죠. 사랑하지 않는 사람들하고도 육체적으로 친밀했던(키스, 애무 따위) 적이 많지만 나는 사랑하는 사람하고만 섹스를 해요.

　두 번째 요소인 열정(passion)은 다른 사람에 대한 강렬한 연애 감정이자 성적 욕망이다. 하와이 대학교의 저명한 심리학자 일레인 하트필드(Elaine Hatfield)는 지난 수십 년 동안 열정적 사랑과 그것이 어떻게 표출되는지를 연구해 왔다. 하트필드는 열정적 사랑을 이렇게 정의한다. 다른 사람과 맺어지기를 강하게 열망하는 것을 특징으로 하는 "뜨겁고 강렬한 감정." 하트필드는 사랑에는 "상사병"적 요소가 있는데, 이게 모든 문화권에 존재한다고 믿고 있다. 사람들이 열정적으로 사랑하면서 보이는 "증상"들을 구체적으로 진단해 주는 문화들까지 있을 정도이다. 예컨대, 인도 남부의 타밀족 사회는 사랑의 포로가 된 사람들을 마야캄(*mayakkam*)을 앓는다고 한다. 마야캄은 현기증, 혼란, 도취, 망상을 가리킨다.

　열정은 화답을 받게 되면 흔히 성취감 및 환희와 결합된다.

　솔직해 말해 나한테 섹스는 고만고만하게 좋은 행위였던 적이 없다. 섹스는 언제나 더 대단한 무엇이다. …… 이 세상 최고의 남자와 함께 할 수 있어서 정말 행복하다. …… 오랫동안 멀리 떨어져 지내면서 우리가 서로에게 어떤 의미인지를 깨달을 수 있었던 건 행운이다. 진정한 사랑이 무엇인지 알 수 있었고, 그래서 그렇게 느꼈을 것이다. 섹스를 하면서 그의 눈을 들여다볼 때면 말로는 표현하기 힘든 뭔가를 새삼 느낀다. …… (그래도 굳이 얘기해 보자면) 우리가 가꾸고 있는 사랑의 꽃이 만개하는 것 같다.

—이성애자 여성, 38세

　우리 연구에 참여한 한 여성의 경우에는 연애 감정과 열정이 뜻밖의 선물을 제공했다. 그녀는 남자친구의 바람직하다고는 할 수 없는 살림 습관에 아랑곳하지 않았다.

> 스무 살 생일 날 남자친구한테 이끌려 멋진 해산물 식당에 갔어요. 거기서 정말 즐거운 시간을 보냈죠. 나를 공주처럼 대접해 주는 남자친구라니! 사랑받고 있다고 느꼈고, 정말 사랑스러웠죠. 레스토랑의 환상적인 분위기에 취해서였는지 지저분한 그의 아파트로 장소를 옮겼는데도 전혀 신경이 쓰이지 않더라고요. 우리는 침대에서 사랑을 나눴죠. 지금껏 우리가 나눈 최고의 섹스였던 것 같아요.
>
> —이성애자 여성, 20세

사랑의 세 번째 요소인 헌신(commitment)에는 판단과 결정이 요구된다. 누가 다른 사람을 실제로 사랑하는지 여부가 단기적 판단이다. 반면 장기적 결정에는 어떤 고난이 있어도 관계를 유지하겠다는 의지가 수반된다. 우리 연구에 참여한 많은 여성이 사랑의 본질적인 구성 요소로 헌신을 언급했다. 실제로 일부 여성은 사랑하는 남자의 헌신을 보장받는 수단으로 섹스를 한다고 말했다.

> 내가 남자랑 처음 섹스를 한 건 헌신하는 관계를 원해서였어요. 우리는 둘 다 열여섯 살 처녀 총각이었고, 석 달째 데이트 중이었죠. 내가 앞장서서 섹스를 해야 한다고 주장했어요. 그를 사랑하고 있다는 걸 입증해 보이고 싶었던 거죠. 남자친구에게 다른 누구도 줄 수 없는 걸 주고 싶었어요.
>
> —이성애자 여성, 25세

> 전 남편하고 왜 섹스를 했냐고요? 어렸죠, 열여섯 살이었으니까. 그가 나를 떠나지 못하게 하고 싶었어요. 섹스를 하면 헌신하는 관계를 보장받을 수 있을 줄 알았죠. 아니더군요. 그때만 해도 그 사실을 몰랐죠. 나는 섹스와 사랑은 같은

거라고 생각했어요. 섹스를 많이 할수록 그가 나를 더 많이 사랑하는 거라고 믿었죠. 내가 바보였어요.

—이성애자 여성, 41세

일부 연구자들은 개인이 경험하는 사랑의 "양"이 세 요소의 절대적 강도에 좌우되며, 배우자 쌍이 친밀함, 열정, 헌신을 비슷한 수준으로 갖추고 있을 때 최고의 궁합이라고 믿고 있다.

스턴버그는 관계 속에서 친밀함, 열정, 헌신이 맺는 조합들에 기초해 17개의 상이한 "사랑 방정식(love style)"을 구분해 냈다. 예컨대, 그는 헌신은 하지만 친밀함과 열정이 없는 사랑을 "공허한 사랑"이라고 불렀다. 식당에서 보게 되는, 함께 조용히 밥만 먹는 사람들이 그들이다. 이런 사람들은 의무감에서 하는 수 없이 서로를 사랑한다. 열정과 헌신은 있지만 친밀함이 전혀 없는 사랑은 "어리석은 사랑"이다. 폭풍우가 몰아치듯 정신없이 진행되다 잦아드는 연애 관계를 떠올려 보라. 처음에는 불을 뿜지만 짝 중의 한 명이나 둘 모두가 자기들에게는 (어쩌면 섹스 말고) 공통점이 하나도 없다는 걸 슬프게 깨달으면서 흐지부지되는 사랑 말이다. "좋아하는 사랑"은 열정과 헌신이 없는 친밀함이다. 명칭에서도 짐작되는 바 "좋아하는 사랑"은 친밀한 우정 관계를 특징으로 한다. "좋아하는 사랑"의 정반대는 헌신은 전혀 없고, 열정과 친밀함이 가득한 사랑이다. 스턴버그는 이런 사랑을 "낭만적 사랑"으로 간주했다. "미친 사랑"에는 열정만 가득하고, 친밀함과 헌신이 빠져 있다. "우애적 사랑"은 친밀함과 헌신을 수반하지만 열정이 부족하다. 우애적 사랑은 세월이 흐르면서 더욱더 스스럼없이 지내게 되고, 성욕도 잦아들면서 유지되는 장기적 결혼 생활에서 전형적이다.

스턴버그가 기술한 일곱 번째이자 마지막 사랑 방정식은 물론 궁극의 "완전한 사랑"이다. 친밀함, 열정, 헌신이 완벽하게 혼합된 것이 "완전한 사랑”이다. 오랫동안 함께 하면서 시종일관 “완전한 사랑”을 경험하는 배우자 쌍은 극히 소수다. 대다수의 관계는 친밀함과 열정과 헌신의 수위가 시간과 환경이라는 변수 속에서 부침을 거듭한다. 남녀는 관계를 지속해 나가는 과정에서 이런 사랑 방정식 가운데 몇 가지를 경험하는 일이 비일비재하다.

사랑의 묘약

과학자들은 “미친 사랑”에서 “완전한 사랑”에 이르는 온갖 사랑 방식을 인간 생물학으로 해명할 수 있을지 모색하고 있다. 사랑을 규정하는 숭고한 과제는 시인이나 작가의 임무이고, 사랑을 하는 직접 당사자인 연인들의 몫이라면 더욱 좋다고 믿는 사람들에게는 이런 사태가 적잖이 실망스러울 것이다. 신경 과학자 닐스 비르바우머(Niels Birbaumer)와 동료들은 그 가능성을 앞장서서 탐색한 우리 시대 최초의 과학자들이었다. 비르바우머 연구진은 남녀의 두개골 표면에 전극을 설치하고, 뇌파 전위 기록 장치(EEG)를 사용해 뇌의 전기 활동을 측정했다. 실험 참가자들은 사랑하는 사람과 함께 하는 즐거운 광경, 질투하는 상황, 그리고 대조군으로 활용할 텅 빈 거실을 마음속에 그려 보도록 요구받았다. 남녀의 절반이 그 시점에서 열정적인 사랑을 하고 있었고, 나머지 절반은 그 누구하고도 감정적으로 친밀한 관계를 맺고 있지 않았다. 연구자들은 열정적으로 사랑하는 사람들과 그렇지 않은 사람들의 뇌파를 비교했고, 사랑하는 사람과 함께 하는 즐거운 광경을 상상하는 과정에서 뇌 활동이 커다란 차이를 보인다는 걸 발견했다. 열정적으로 사랑하는 사람들은 뇌파 양상이 훨씬 더 복잡했고, 뇌가 훨씬 더 광범위하게 활동했다. 그들은 이렇게 보고했다. “사랑을 하고 있던 피험자들은 달팽이가 집을 지고 다니듯이 생리학자의 실험실까지 각자가 겪고 있던 감정적 ‘부하’를 지고 왔다.” 연구진은 이 사실을 바탕으로 다음과 같은 결론을 내렸다. 열정적 사랑은 "정신이 혼란한 상태"이다.

비르바우머의 발표가 있고 10년이 흐른 2003년 런던에서 활동하는 두 명의 신경 과학자 안드레아스 바텔스(Andreas Bartels)와 세미르 제키(Semir Zeki)가 젊은 연인들의 뇌를 정밀 촬영했다. "사랑을 한다"는 게 무슨 의미인지 알아내는 게 목표였다. 두 사람은 "진실로, 깊이, 미친 듯이 사랑하고 있다"는 기준에 부합하는 남녀 17명을 선발했고, 기능성 자기 공명 영상 장치, 곧 fMRI를 사용해 그들의 뇌를 관찰했다. fMRI는 뇌의 여러 영역으로 흘러드는 혈류의 변화를 기록하는 기계이다. 뇌 속의 신경 세포들은 왕성하게 활동하면 그만큼 산소를 더 소모한다. 산소를 뇌로 운반하는 것은 근처 모세 혈관의 적혈구 속에 들어 있는 헤모글로빈이다. 뇌로 유입되는 혈액의 양과 뇌의 활동량은 이렇게 밀접한 관계를 맺고 있다.

연구진은 피험자들에게 사랑하는 사람 아니면 그냥 친구의 사진을 보여 주면서 그들의 뇌를 스캔했다. 실험에 참가한 사람들은 사랑하는 사람의 사진을 바라볼 때만 희열 및 보상과 관련된 뇌 영역이 왕성하게 활동했다. 슬픔, 공포, 불안과 관련된 뇌 영역은 활동이 감소했다. 실험 참가자들이 각자의 연인을 바라볼 때 발생하는 뇌의 활동 양상은 사실 코카인처럼 도취감을 유발하는 약물을 흡입했을 때 볼 수 있는 뇌의 활동 양상과 다르지 않다. 사랑으로 흥분한 뇌는 비판적 사고와 관련된 영역의 활동 또한 감소했다. 강렬하게 사랑하는 사람들이 많은 경우 "멍해" 보이는 이유가 어느 정도 설명되는 대목이다. 두 과학자가 암시하듯이 자신이 사랑에 빠졌다는 생각이 들 때 연인의 성격을 가늠해 보는 비판적 사고는 어쩌면 더 이상 필요치 않은 것 같다.

뉴욕 주립 정신 병원의 정신과 의사 마이클 리보위츠(Michael Liebowitz)도 "사랑과 마약"의 관련성을 언급했다. 그는 열정적 사랑을 암페타민을 복용한 고양 상태에 비유한다. 둘 모두 기분을 아찔하고, 들뜬 상태로 강화한다. 어느 것이든 잦아들거나 약효가 떨어지면 불안과 두려움이 생기고, 공황 상태에 빠지기도 한다. 처음 사랑에 빠지면 인체에서는 정말로 많은 화학 물질이 방출된다. 도파민, 노르에피네프린, 페닐에틸아민, 곧 PEA가 그런 것들이다. 특히 PEA는 암페타민과 아주 유사하다. 이런 뇌 화학 물질들이 유발하는 "자연 발생적 고양감"은 불행하게도 영원히 지속되지 않는다. 리보위츠는 "사랑이 주는 고양감"을 좇아 끊임없이 연애에 몰두하는 사람들이 일부 존재하는 게 바로 이런 이유 때문이라고 믿고 있다. 그는 그런 사람들을 "연애 중독자"라고 부른다.

사랑, 정신 장애

열정적인 사랑을 하면 온갖 멋진 감정들이 생겨난다. 희열, 흥분, 만족감. 이게 다가 아니다. 열정적 사랑을 하면 감정이 격랑에 휩싸인다. 사랑에 빠진 사람들은 사랑하는 사람과 함께 하지 못할 때 불안, 우울, 절망을 느낀다고 흔히 토로한다. 비교적 짧은 시간 동안 헤어져 지내는데도 그렇다는 것이다. 연인들은 사랑하는 사람을 한시도 빼놓지 않고 강박적으로 떠올린다. 강박 신경증(obsessive-compulsive disorder; OCD)을 진단받은 사람이 강박 관념에 사로잡히는 현상과 거의 똑같다.

1990년대 후반에 이탈리아 피사 대학교의 정신 의학자 도나텔라 마라치티(Donatella Marazziti) 연구진은 열정적으로 사랑하는 사람들과 강박 신경증을 앓는 사람들 사이에 어떤 공통점이 있을지도 모른다고 발표했다. 두 집단 모두에서 뇌 화학 물질 세로토닌이 감소했다는 것이다. 세로토닌이 감소하면 강박 신경증 같은 불안 장애 및 우울증이 발생한다고 오랫동안 여겨져 왔다. 실제로 프로작(Prozac) 같은 항우울제는 주되게 인체의 세로토닌 분비량을 늘리는 방식으로 작용한다.

연구진은 자신들의 가설을 검증하기 위해 남녀 세 집단을 선발했다. 한 집단은 지난 6개월 이내에 사랑에 빠졌지만 아직 섹스는 하지 않은 사람들로 구성했다. 그들은 각자의 새로운 연인을 하루에 최소 네 시간 이상씩 떠올리며 끙끙 앓았다. 두 번째 집단은 강박 신경증을 진단받았지만 약물 치료를 받고 있지 않은 사람들로 구성했다. 마지막 세 번째인 "정상" 집단은 강박 신경증을 앓지도 않고, 열정적으로 사랑하고 있지도 않은 사람들이었다. 연구자들은 실험 참가자 전부한테서 혈액 시료를 채취해, 세로토닌 수치를 검사했다. 사랑의 포로가 되지도 않았고, 강박 신경증 진단을 받지도 않은 사람들은 세로토닌 수치가 정상이었다. 당연했다. 강박 신경증 진단을 받은 사람들은 이 대조군보다 세로토닌 수치가 현저하게 낮았다. 그러나 훨씬 더 충격적인 사실이 연구자들을 기다리고 있었다. 사랑의 포로가 된 사람들의 집단도 강박 신경증을 앓는 집단과 비슷했지만, 대조군에 비해 세로토닌 수치가 무려 40퍼센트가량 더 낮았던 것이다.

연구진은 1년 후에 사랑의 열병을 앓던 실험 참가자 일부를 다시 조사했다. 열정적 사랑이 강렬하게 불을 뿜었던 최초 국면이 한풀 꺾인 상태였고, 아니나 다를까 그들의 세로토닌 수치는 정상으로 돌아와 있었다. 다행스럽게도 이런 세로토닌 고갈 상태가 영원히 지속되지는 않았던 것이다.

러트거스 대학교의 헬런 피셔(Helen Fisher)는 기능성 자기 공명 영상 장치를 사용해, 사랑에 빠진 많은 사람들의 뇌를 정밀 촬영했다. 그녀 또한 열정적 사랑이 강박 신경증과 유사하다고 믿고 있다. 피셔는 열정적 사랑을 애욕 또는 욕정이라고 부른다. 그녀는 "애욕에 눈먼" 사람이 조기(그런 감정이 비롯하는 초기 단계)에 프로작 같은 항우울제를 복용하면 그런 상태를 "치료" 내지 억제할 수도 있을 거라고 믿고 있다. 강박 신경증에 전형적인 낮은 세로토닌 수치를 벌충할 수 있을 테니 말이다. 그러나 피셔는 이런 말도 보탠다. 애욕이나 욕정이 낭만적 사랑으로 전환되고 나면 아무 소용이 없다는 것이다. 낭만적 사랑은 너무나도 강력한 욕구여서 소량의 프로작 칵테일로는 도저히 제압할 수가 없다.

영원한 사랑

사랑이 친밀감과 연결되어 있다는 느낌이든, 열정이든, 또는 뇌 화학 물질이 복잡하게 뒤죽박죽된 상태이든 한 가지는 분명하다. 사랑은 보편적이고, 불변하는 실체라는 것이다. 남자가 한 명 이상의 아내를 취하는 걸 허용함으로써 영원한 사랑을 무력화하려고 한 사회들에서도 사랑이 불변하는 실체라는 증거를 찾을 수 있다. 예컨대, 오네이다 공동체가 그렇다. 오네이다 사회는 19세기에 뉴욕 주에 설립된 유토피아 공동체였다. 그들은 낭만적 사랑이란 성적 욕망이 가면을 뒤집어 쓴 것에 불과하다고 생각했다. 오네이다 공동체는 "복합 결혼"을 지향했다. 공동체 성원들은 성적이고 낭만적인 관계를 둘이서만 배타적으로 유지하는 걸 금지당했고, 끊임없이 복수의 파트너를 상대해야 했다. 소위 "특별한 사랑"이 형성되는 것을 막기 위한 조치였다. 초기 모르몬교도들도 낭만적인 사랑이 정상적인 상태에 지장을 주는 것이라고 보았고 역시 낭만적인 사랑을 금지했다. 그러나 두 집단 모두에서 구성원들은 끊임없이 낭만적인 사랑을 시도했다. 집단 원로들의 눈을 피해 지하로 숨어드는 경우도 종종 발생했다.

마찬가지로 전통적으로 중매결혼이 성행하는 몇몇 일부다처 사회들에서도 열정적 사랑은 전혀 금제(禁制)가 아니다. 확실히 열정적 사랑이 분리되어 별도로 존재한다. 아랍 문화권도 살펴보자. 장성해서 장가를 들어야 하는 남자가 있다. 부모와 친척 어른들이 그에게 첫 번째 아내를 지정해 준다. 두 번째 아내는 남자 본인이 직접 선택한다. 케냐의 타이타 족 여성들은 첫 번째 아내보다는 두 번째나 세 번째 아내가 되는 것을 선호한다. 여자들은 첫 번째 혼례를 치른 남자의 경우 이제는 사랑을 찾아서 결혼할 가능성이 더 많고, 그 결과 나중에 얻는 아내들, 즉 두 번째 이하 아내들을 더 총애

하고 그녀들과 정서적으로 더 가깝고, 친밀할 것으로 믿는다. 첫 번째 결혼은 의무감에서 하지만 후속 결혼들은 사랑의 결합일 수 있는 것이다.

남녀에게 "지금 사랑하고 있습니까?" 하고 그저 간단하게 설문한 조사 연구들을 통해 사랑이 보편적으로 존재한다는 증거를 얻을 수 있다. 수전 스프레처(Susan Sprecher)와 동료들이 러시아, 일본, 미국의 남녀 1,667명을 면담했다. 그들이 사랑하고 있는지를 알아내는 것이 목표였다. 설문에 응한 사람 대다수가 거의 모든 경우에 자신들이 사랑하고 있다고 답변했다. 러시아 여성 73퍼센트, 러시아 남성 61퍼센트, 일본 여성 63퍼센트, 일본 남성 41퍼센트, 미국 여성 63퍼센트, 미국 남성 53퍼센트였다. 왜 남녀의 반응에 차이가 나는지 하는 흥미로운 질문은 제쳐 놓도록 하자. 다른 문화권들에서 사랑을 조사한 연구들에 의해서도 압도 다수의 언어가 사랑의 경험을 사색하는 데 사용되고 있음이 밝혀졌다. 사랑의 맹세, 연가, 사랑하는 사람과 헤어졌거나 사랑이 외면당할 때 느끼는 고통을 표현한 것들이 다 여기에 들어간다.

배우자 선호와 관련해 지금까지 수행된 가장 광범위한 연구(6개 대륙과 5개 섬의 문화 37개를 대상으로 1만 47명의 참가자를 포괄했다.)에서는 모든 개별 문화에서 "서로 끌리기와 사랑"이 수위를 차지하거나 수위에 근접했으며 장기적 배우자를 선택하는 데서 필수불가결한 요소로 인식되었다. 심리학자 로버트 러바인(Robert Levine)과 동료들은 11개 나라 대학생들에게 사랑하지는 않지만 배우자한테서 원하는 다른 특장점을 전부 갖춘 사람하고 결혼하겠느냐고 물었다. 미국, 브라질, 호주, 일본, 영국 등에서는 다수의 남녀가 사랑하지 않는 사람하고는 결혼하지 않겠다고 답변했다. 덜 부유한 국가들인 필리핀, 태국, 파키스탄, 인도 등에서는 학생들이 더 많은 비율로 사랑하지 않는 사람하고도 결혼하겠다고 응답했다. 혼인 문제를 부모나 종교가 통제하는 규범이 존재하고, 빈곤이 만연한 국가들에서는 몇몇 상황에서 누구와 결혼할지를 결정하는 사안이 열정에 근거하기보다는 실용적일 수 있다. 이는 명백한 사실이다. 사랑의 개념을 연구하는 심리학자들은 남녀가 사랑을 규정하는 방식이 문화권에 따라 엄청난 차이를 보이지 않음을 확인했다. 중국과 인도네시아, 미크로네시아, 팔라우, 터키, 러시아, 일본, 미국이 대동소이했다. 이렇듯 남자와 여자는 비슷한 방식으로 사랑을 규정한다. 그러나 그들이 사랑에 빠지거나 벗어날 때도 비슷한 경험을 할까? 거의 (또는 한 번도) 본 적이 없는 소년과 사랑에 빠지는 10대 소녀들의 이미지는 상투적이다. 여자들이 낭만적일 거라는 고정 관념도 존재한다. 그러나 여러 연구에 따르면 실제로 "첫눈에 반해서 사랑에 빠질" 가능성이 더 많은 성별은 여자가 아니라 남자이다. 아마도 이는 진화적 적응의 결과일 것이다. 파트너를 고를 때 일반적으로 남자는 여자보다 육체적 외모에 더 신속하게 좌우된다. 여자는 체취와 인성 등 더 다양한 신호를 기폭제 삼아 성적으로 끌리는 첫 단계를 경험한다. 아르헨티나에서 짐바브웨에 이르는 수많은 문화권의 남자들이 엉덩이와 대비해 허리가 작은 여성을 선호한다. 여성의 허리 대 엉덩이 비율은 건강 상태와 번식 능력을 무심결일지라도 정직하게 드러내는 신호이다. 여자들이 선호하는 특질들은, 특히 장기적 배우자일 경우, 감정해 내는 데 더 오랜 시간이 걸린다. "첫눈에 반한 사랑"은 남자들한테 더 들어맞는 얘기인 셈이다.

최초의 흥분 상태가 잦아들었다고 치자. 남자들 역시 이후로도 오랫동안 계속해서 사랑을 하는 것 같다. 여자들은 사랑을 하지만 남자들은 떠나버린다는 고정 관념이 있다. 1972년부터 1974년까지 데이트를 하는 231쌍의 대학생을 추적 조사한 한 연구는 이런 고정 관념을 기각한다. 그 연구에 따르면 남자들보다는 여자들이 관계를 끊을 가능성이 더 많았다. 관계가 파탄 나리라는 것을 미리 알 가능성이 많은 것도 남자보다는 여자였다. 결국 여자들은 헤어진 후에 관계의 종결이 점진적인 과정이었다고 볼 가능성이 더 많은 반면 남자들은 마치 "마른하늘에 날벼락"처럼 돌연한 사태로 받아들인다. 여자들은 이전의 관계를 돌이켜 보면서 남자들보다 문제점을 더 많이 지적하기도 했다.

파경이 여자들보다는 남자들에게 더 큰 정신적 충격을 안긴다는 걸 암시하는 증거도 있다. 분명 관계와 결별 둘 다의 사정에 좌우되지만 일반적으로 남자들이 파경 후에 외로움과 우울증을 더 많이 호소했다. 해당 연구자들은 사회 경제 권력이 성별에 따라 차이가 나기 때문이라고 해석했다. 물론 문제의 파경 연구는 1970년대에 이루어졌다. 그러나 오늘날도 여전히 남자들이 여자들의 부와 지위에 의존하는 것보다는 그 반대의 경우가 더 가망성이 높다. 따라서 다른 대안들과 비교해 파트너로 누굴 고를까를 면밀히 검토하는 작업이 여자에게는 더 중요하다. 여자들은 즉흥적인 사랑의 열병에 "제동"을 걸어야만 하는 것이다. 남자들은 돈을 버는 지위와 재산의 관점에서 흔히 처지가 더 낫기 때문에 즉흥적인 사랑으로 겪을지도 모를 손실들에 걱정을 덜 한다. "첫눈에 반해서 사랑"을 하고, 그냥 연애만 하는 호사를 "누릴 수 있는" 것은 여자보다는 남자이다. 로스앤젤레스 소재 캘리포니아 대학교의 심리학자 셸리 테일러(Shelley Taylor)가 "보살핌 본능(tending instinct)"이라고 거론한 것도 떠올려 볼 수 있다. 여자들은 생물학적 소질 때문이든 더 광범위한 문화적 승인 때문이든 다른 사람들을 돌보고, 또 기대면서 지지를 구하는 방식으로 스트레스에 대응한다. 결별했을 때 힘이 되어 주는 네트워크가 남자들보다는 여자들에게서 더 잘 가동되는 것이다.

사랑과 섹스의 관계

이렇듯 사랑은 오래가고, 좋든 나쁘든 강렬한 감정을 불러일으킨다. 사랑을 하면 적어도 일시적이나마 뇌 화학 물질도 바뀐다. 하지만 티나 터너의 노래를 바꾸어 표현해서 "섹스가 그것과 무슨 상관이람(What's sex got to do it)?"(티나 터너의 노래 제목은 "사랑이 그것과 무슨 관계가 있어(What's love got to do it)?"이다.—옮긴이) 우리 연구에 따르면, 관계가 아주 많다. 여자들이 섹스를 하는 이유 가운데 "내가 그 사람을 사랑한다는 걸 알리고 싶어서"와 "사랑한다는 걸 깨달아서"가 상위 10위 안에 들어가 있다. 여자들은 사랑을 얻기 위해 자신들이 섹스를 어떻게 활용하는지를 참으로 다양하게 설명했다. 능히 기대할 수 있는 바 섹스는 종종 사랑과 헌신으로 이어졌다.

> 아마도 사랑받고 싶어서 처녀이기를 그만두었을 거예요. 작은 도시에서 살았는데, 엄마한테 거의 방치된 거나 다름없었죠. 당신 자신의 문제로 몹시 괴로워하셨거든요. 중학생 시절 내내 마음에 드는 남자애가 정말 한 명도 없었어요. …… 고등학교 1학년 때 마음에 드는 애를 만났고 바로 그 애와 섹스를 했죠. 전에 남자애랑 키스도 한 번 해 본 적이 없었는데, 불과 한 달 만에 키스부터 삽입 성교까지 다 해 버린 거예요. 그와 섹스하면서 내가 가치 있고, 특별하다는 생각을 하게 됐죠. 나를 사랑한다고 말해 줬으니까요. …… 다행스럽게도 선택이 좋았어요. 우리는 4년 동안 함께 했습니다.
>
> —주로 이성애를 하는 여성, 25세

섹스를 통해 갈망하는 사랑을 얻기는커녕 사랑받고 있다고 잠시 착각하는 선에서 그치는 경우도 있었다.

> 그때는 참 순진했어요. 남자친구에게 대책 없이 빠져 있었죠. 내가 그를 좋아하는 만큼 그가 날 돌보지 않는다는 걸 속마음은 알고 있었어요. 하지만 나 자신한테 우겼죠. 왜? 그렇게 믿고 싶었으니까요. 그 애랑 섹스를 했는데 마냥 행복했어요. 득의양양했죠. 바보처럼 섹스가 사랑이라고 생각했던 거예요. 그가 나

랑 섹스를 했으니, 이것이야말로 나를 사랑한다는 "증거"다. …… 솔직히 그때
는 그런 식으로 나 자신을 합리화했어요.

—이성애자 여성, 25세

첫 번째 전일제 직장에서 엄청나게 섹시한 남자와 함께 일하게 됐어요. 난 그때
이미 엄마였고, …… 누군가 날 사랑해 줄 남자가 있으리라는 기대는 이미 접은
상태였죠. (그런데 그 동료와) 사랑에 빠져 버린 거예요. …… 그는 나보다 경험이
훨씬 더 많았고, 나에게 섹스에 관해 참으로 많은 걸 가르쳐 줬어요. 우리는 그
교습 내용을 실행에 옮겼고, 그가 요구한 것들에 내가 응하면 그가 나를 사랑
해 줄 거라고 믿었죠. 그는 오랄 섹스와 스트립 댄스, 지저분하고 음탕한 내용
으로 통화하기 따위를 요구했어요. 그때는 경험이랄 것도 없었고, 그런 걸 해 주
면 그도 결국에 가서는 나를 사랑할 거라고 오판했죠. 그런 일은 일어나지 않았
지만 난 오늘날까지도 그에 대한 미련을 버리지 못하고 있답니다.

—이성애자 여성, 46세

그러나 섹스가 사랑은 물론이고 사랑을 착각하는 일과 관계없는 경우
도 있었다.

어떤 남자와 사랑에 빠졌죠. 그가 원하는 걸 주면 그도 나를 사랑할 거라고 생
각했어요. 그 남자가 나랑 데이트하는 것에 더 이상 흥미가 없고, 그냥 친구로
지냈으면 한다는 의사를 분명히 밝혔는데도 그와 섹스를 했죠. 적어도 다섯 번
은 더 잤을 거예요. 마침내 그가 나랑은 더 이상 섹스하지 않겠다고 했죠. 친구
들끼리는 그러지 않는다면서요. …… 그 경험 전부가 아주 고통스러웠습니다.

—이성애자 여성, 28세

우리 연구에 참여한 많은 여성은 사랑을 얻기 위해서가 아니라 다른 사람을 사랑한다는 걸 표현하려고 섹스를 했다.

사랑을 표현하는 섹스는 생각을 실행에 옮기는 문제예요. 사랑이 다르면 그 사랑을 행동으로 표현하는 방법도 다르겠죠. 내가 육체적이고(거나) 정신적으로 누군가를 바라고 원할 때 그 욕망을 성적 행동으로 보여 줄 수도 있는 겁니다.

—이성애자 여성, 25세

섹스와 사랑이 복잡하게 얽혀 있는 사람도 많았다.

음 …… 섹스를 하는 다른 이유가 도대체 뭐가 있을까요? 정말로요. 내 경우를 말하자면, 사랑이랑 섹스는 거의 같다고 봐요.

—이성애자 여성, 35세

사랑과 섹스가 연결되어 있다는 건 새로운 사실이 아니다. 둘의 관계는 인류가 문자를 발명해 글을 쓰기 시작했을 때부터 이미 언급되었다. 1880년대 후반에 현재의 이라크 지역에서 작은 평판이 하나 출토되었다. 역사학자들이 지금까지 발견된 것 가운데 가장 오래된 연애시일 거라고 믿고 있는 내용이 4,000년 된 평판에 새겨져 있었다. 한 여성 사제가 왕을 사랑할 뿐만 아니라 욕정까지 느낀다고 공언하는 시를 읽어 보자.

사랑하는 나의 낭군님,
그대는 어찌나 잘생겼는지요.
나는 그대에게 마음을 빼앗겼습니다, 그대 앞에서 전율하는 나라니.
낭군님, 나를 그대의 침실로 데려가 주세요.

여사제의 스스럼없는 태도에 왕이 겁을 집어먹고 달아나지는 않았음이 분명하다. 그녀가 나중에 이렇게 쓰고 있기 때문이다.

낭군님, 그대는 나한테서 즐거움을 얻었습니다.
어머니가 그대에게 산해진미를 대접할 것이고,
아버지는 그대에게 선물을 줄 것입니다.

그러나 사랑과 섹스가 많은 여성에게 밀접하게 관련되어 있는 사안임에도 불구하고 모든 이에게 들어맞는 진술이 아니라는 것도 분명한 사실이다.

처음 섹스를 하기 시작했을 즈음에는 섹스가 사랑 및 헌신과 같은 거라고 생각했어요. 당연히 파트너한테 그렇게 느끼고, 대했죠. 생각이 바뀐 건 최근이에요.
— 이성애자 여성, 28세

우리는 연구를 통해 여자들이 사랑이나 감정을 개입시키지 않고도 섹스를 한다는 것까지 알게 됐다. 사랑이 없는 섹스에 가장 개방적인 이들은 성격이 외향적인 여성들이었다. 그들은 새로운 것과 이국적인 음식을 시도해 보거나 다른 문화권 여행을 즐기는 등속의 온갖 새로운 경험에도 더 개방적이다.

많은 여자들이 섹스를 하기 전에 사랑을 요구하지는 않지만 섹스에 사랑이 동반되어야 한다고 믿는 것은 남자보다는 여자 쪽이다. 메스턴 성 심리 생리학 랩이 700명 이상의 대학생에게 다음의 진술에 동의하는지, 의견을 달리하는지 물었다. "사랑 없는 섹스라도 괜찮다." 응답자의 절반 정도가 유럽계였고, 나머지 절반은 동남아시아 출신이었다. 두 집단 모두에서 사랑 없는 섹스를 용인할 수 있다는 진술에 훨씬 더 많이 동의한 것은 여자보다는 남자였다. 심리학자 데이비드 슈미트(David Schmitt)와 동료들도 56개 국가를 포괄한 대규모 연구에서 비슷한 결과를 얻었다고 보고했다.

버스 진화 심리학 랩이 수행한 연구 결과들도 성별에 따라 사랑과 섹스의 관계를 이해하는 방식에 차이가 있음을 알려 준다. 연구진은 남녀 각 100명에게 아는 사람 가운데 사랑을 해 본 적이 있거나 현재 연애 중인 사람을 떠올려 달라고 요구했다. 200명의 남녀는 그런 지인들을 염두에 두면서 열애 중인 커플이 보여 준 행위나 사건 가운데 사랑을 담고 있거나 예증해 주는 것 다섯 가지를 써 달라고 재차 요구받았다. 그 결과 매우 흥미로운 성차가 드러났다. 여성 가운데서 사랑하는 행위로 "섹스"를 꼽은 비율은 8퍼센트에 불과한 반면 남성은 32퍼센트가 섹스를 사랑하는 행위로 꼽았다. 이 결과를 통해 적어도 한 가지 사실을 알 수 있다. 섹스와 사랑이 밀접한 관계를 맺고 있는 것은 여자보다는 남자 쪽이다. 남자들이 더 섹스가 사랑을 규정하는 중요한 특징이라고 생각하는 것 같다. 따라서 비록 여성이 좀 더 사랑을 섹스의 전제 조건이라고 생각하는 경향이 있지만, 섹스를 사랑의 결정적 특징으로 더 많이 보는 쪽은 여자가 아니라 남자이다.

유대감과 섹스의 관계

우리 연구에 참여한 많은 여성이 사랑을 주거나 받기 위해 섹스한다고 대답한 것과 마찬가지로 많은 여성이 감정적으로 연결되어 있다는 느낌을 주거나 받기 위해 섹스를 한다고 보고했다. 그녀들은 이렇게 말했다. "감정적으로 가깝다는 것, 곧 친밀함을 바랐다." 그리고 "더 깊이 소통하고," "그 사람과 연결되어 있다는 느낌을 받고," "섹스를 통해 정서적 유대를 강화하고," "다른 사람과 함께 하는 존재가 되고" 싶어 했다. 이러한 반응들은 공통된 주제를 반영한다. 즉 섹스를 통해 상대방과 정서적 유대를 맺고, 또 향상시키려는 욕구 말이다. 우리는 다시 한 번 고정 관념에 반하는 사실을 확인했는데 남녀 대학생의 증언에 따르면 정서적 유대를 강화하기 위해 섹스를 하는 빈도에서 그들은 별 차이가 없었다.

일부 여성은 정서적 유대를 통해 관계를 지키거나 회복하려고 섹스를 했다.

물리적으로 멀리 떨어져 지내야 했어요. 떨어져 지낸다고 해서 관계가 끝장난다는 것은 도저히 받아들일 수 없었습니다. 번거롭다고 생각하지도 않았어요. 아주 가끔씩밖에 만날 수 없었지만 그럴 때마다 꼭 섹스를 했죠. 사실 그게 우리가 할 수 있는 거의 전부였습니다. 나는 섹스를 통해서 우리가 더 긴밀하게 결합되고, 상황을 타계해 나갈 수 있다고 고무적으로 생각할 수 있게 되기를 바랐어요. 잘 안 됐죠.

—게이/레즈비언 여성, 18세

우리 연구에 참여한 다른 여성들도 거의 같은 경험을 들려주었다. 그녀들은 관계가 나빠지는 중에 감정적으로 연결되어 있다는 느낌을 얻기 위해 섹스를 했지만 대개는 결과가 좋지 않았다고 보고했다. 오히려 많은 경우 정반대 효과만을 경험했다. 정서적으로 (심지어 육체적으로도) 두 사람이 얼마나 소원해졌는지를 한 사람 내지 둘 모두 뼈저리게 느꼈던 것이다.

그러나 배우자 쌍이 정말로 연결되어 있음을 느낀다면 섹스가 확실히 두 사람의 유대를 강화할 수 있다.

섹스를 하면 그 사람과 특별한 유대감이 생겨요. 다른 어떤 방법으로도 도달이 불가능한 관계죠. 나는 관계를 발전시키고, 또 내가 얼마나 상처받기 쉬운 존재인지를 드러내기 위해 섹스를 했습니다.

—이성애자 여성, 25세

이 여자와 사랑에 빠졌구나 하는 생각이 들었어요. 살아온 이런저런 얘기, 함께 한 경험 등을 그녀와 나누기 위해 나는 사랑을 했습니다. 우리는 정신과 감정이 아주 긴밀하게 결합되어 있었고, …… 나는 성적으로도 그녀와 확고하게 결합되기를 원했어요.

—게이/레즈비언 여성, 20세

사랑과 정서적 유대를 원해서 섹스를 한다고 설명한 많은 여성이 이 둘을 구별하지 않았다.

육체와 감정 모두에서 사람과 연결되어 있다는 느낌을 받고 싶어서 섹스를 하는 게 거의 대부분이죠. 유대감을 느껴야 섹스를 하고, 최대한 결합되고 싶어요. 섹스와 사랑은 약간 다르죠. 누군가를 사랑하면 여러 가지 방법으로 친해져요. 섹스도 그 가운데 하나죠.

—이성애자 여성, 24세

사랑하지 않으면 섹스도 안 합니다. 나한테는 강렬한 감정이 느껴지는 사람과 하나가 되고 싶다는 욕망이 사랑이에요. 육체적으로뿐만 아니라 정신적, 감정적으로도 둘이 하나가 되어야 하는 거죠. 섹스는 이 모든 측면을 한꺼번에 채워주는 수단이에요.

—이성애자 여성, 23세

게다가 연결되어 있다는 느낌은 평온함과 관계에 대한 안심을 낳는다. 이는 사랑의 정서적 경험과 별반 다르지 않다. 사랑하는 감정과 유대감은 둘 다 외롭다는 생각과 우울증을 막아 주며 이를 통해 사람들은 자신이 완벽한 전체를 구성하는 두 절반 중의 하나라고 생각한다.

완전한 사랑은 정신적, 육체적으로 하나가 되는 거예요. 서로의 내면이 하나가 되어 속속들이 환하게 아는 것이죠.

우리 연구에 참여한 여성들이 증언한 "하나됨," "연결되어 있음," "완전하다"는 느낌은 플라톤의 『향연(*Symposium*)』에서 아리스토파네스가 사랑을 정의할 때 나오는 내용과 매우 흡사하다. 그 대화의 내용에 따르면 태초에 인간의 모습은 오늘날과 달랐다. 팔이 네 개, 다리가 네 개, 원통형 목 위에 얼굴이 두 개. 인간은 이를 바탕으로 빠르게 뛸 수 있었고, 힘과 위세 또한 대단했다. 어찌나 막강했던지 제우스와 다른 신들을 제거하려는 음모를 꾸미기까지 했는데 이 사실을 알고 보복에 나선 제우스가 모든 인간을 베어서 반씩 나눠 버렸다. 아폴론은 사람들의 머리를 돌려 방향을 바꾸어 놓았고, 베어 낸 부분은 피부를 한가운데로 잡아당기고 묶었다. 그렇게 해서 배꼽이 생겨났다. 그 이래로 인간은 영원히 재결합을 갈망하게 되었다.

본질이 둘로 나뉜 각각의 반쪽은 서로를 갈망하며 다른 반쪽에게 달려들었다. 그들은 두 팔로 서로를 껴안고, 뒤얽혔다. 그들은 함께 뭉쳐서 하나가 되기를 원했다. 둘은 서로한테서 떨어지는 것은 물론이고 아무것도 하려고 하지 않았기 때문에 배가 고팠다. 그들은 활동을 거부했고, 그렇게 죽어 갔다. …… 그들 각각은 넙치처럼 조각난 인간의 징표일 뿐이다. 하나에서 둘로. 이후로 모두가 자신과 어울리는 짝을 계속해서 찾고 있다.

사람들은 수천 년 동안 더 나은 반쪽까지는 아니라 하더라도 다른 반쪽을 찾고 있는 것 같다.

여자들은 다른 방식으로도 정서적 유대와 섹스를 결부한다. 예컨대, 우리 연구에 참여한 일부 여성은 정서적 유대의 차원에서 화해의 몸짓으로 섹스를 했다고 증언했다. 여자들은 싸우고 나서 가끔씩 섹스를 하고 싶어 했다. 파트너와 맺은 유대를 재건하는 데 섹스가 도움이 되기 때문이었다.

> 남자친구와 나는 아주 힘든 시기를 겪고 있었습니다. 그는 내가 더는 그를 사랑하지 않는다고 확신했어요. 함께 몇 시간이고 대화를 했지만 예전처럼 가깝다는 생각이 들지 않았죠. 우리가 과거에 나누었던 친밀함을 조금이나마 되찾으려면 그와 섹스를 해야겠다고 느꼈습니다.
>
> —이성애자 여성, 19세

다른 여성은 섹스하면서 유대감을 느끼면 욕정과 즐거움도 강렬해진다고 말했다.

> 지금 애인과 섹스한 게 처음이에요. 감정적으로 연결되어 있다는 느낌이 정말이지 엄청났죠. 섹스를 하면서 느끼는 유대감은 대단한 경험이에요. 섹스를 하는데 파트너와 감정적으로 연결되어 있다는 느낌이 들면 섹스가 더 격렬해지고, 우리는 훨씬 더 완벽하게 결합할 수 있죠. 우리는 첫날밤에 진짜로 사랑하고 있다는 걸 깨달았고, 둘 다 그 느낌을 완전한 것으로 만들기 위해 섹스를 하고 싶었어요. 말하자면, 우리 자신을 완성하는 행위가 섹스였던 거죠.
>
> —주로 이성애를 하는 여성, 22세

우리는 메스턴 랩이 수행한 한 연구를 통해 여자들이 성적 욕망을 느끼게 되는 사건과 신호를 크게 네 가지로 나누어 볼 수 있었다. 이 가운데 세 가지는 성적 매력 및 자극과 결부되었다. 예컨대, 성적인 얘기를 읽거나 보기, 파트너와 "음담패설을 주고받기," 성기가 촉촉해졌음을 알아채는 등으로 자기 몸의 흥분을 감지하기처럼 명백하게 관능적인 신호들이 여자들의 성욕을 부추겼다. 둘째로, 여자들은 유력자나 유명 인사를 만나 대화하는 것처럼 사회적 지위가 높다는 신호에 성욕을 느꼈다. 셋째, 여자들은 바싹 붙어서 춤추기, 육욕적인 애정을 드러내며 식사하기, 함께 웃기 같은 "낭만적인" 신호에도 성욕을 느꼈다. 그러나 여자들의 성욕을 증강하는 다른 범주의 사건들은 정서적 유대와 관련된 것이었다. 연결되어 있다는 느낌은 여성들이 섹스를 욕망하게끔 부추길 수 있다.

여자들이 몸소 섹스를 찾아 나서지 않음에도 불구하고, 또 그녀들의 몸이 파트너의 접근과 기타 신호들에 성적으로 반응하지 않을 때조차 일부 여성은 성행위 이후에 벌어질 수도 있는 사태 때문에 섹스를 하면서 즐거움을 누린다. 성행위 이후에 벌어질 수도 있는 사태라니? 애정 표시로 껴안기, 다정한 태도, 하나됨을 느끼기가 그런 것들이다. 우리 연구에 참여한 한 여성의 얘기를 들어 보자.

나는 섹스에 관심이 없어요. 몸이 반응해서 섹스를 하고 싶다는 충동을 보통은 안 느끼죠. 하지만 파트너와 섹스를 하면 즐겁고, 기분이 좋습니다.
— 섹스에 관심이 없는 여성, 20세

브리티시콜롬비아 대학교의 저명한 여성 성애 전문가 로즈메리 배슨(Rosemary Basson)은 이런 행태를 가리켜 "파생 효과"를 염두에 두고 하는 섹스라고 말한다.

키스가 그냥 키스가 아닐 때

여자들이 섹스를 하는 이유로 제시한 한 가지는 놀랍게도 아주 단순했다. 그 사람은 키스를 잘했어요. 그러나 여자가 키스 때문에 섹스까지 하게 되는 이유는 상당히 복잡하다. 영장류학의 관점에서 볼 때 키스는 요상하기 짝이 없는 행동이다. 보노보를 제외하면 인간이 키스를 하는 유일한 영장류인 것 같다. 90퍼센트 이상의 문화에서 연애 상대방들과 섹스 파트너들은 키스를 한다. 사람들은 키스를 엄청나게 즐기고, 그 방식 또한 무척 다양하다. 부드러운 키스, 수줍은 키스, 다정한 키스, 열광적인 키스, 음탕한 키스, 갈구하는 키스 등등. 인간의 입술에는 감각 신경 세포가 가득 들어차 있는데 인체의 대다수 부위보다 더 많다. 여기에 혀와 코와 뺨이 가세한다. 일반적으로 키스를 하면 대부분의 감각 사이에서 정보가 이동한다. 눈에 보이는 광경(감미로운 입술)과 귀에 들리는 소리(영어에는 이를 지칭하는 단어가 없다.)를 무시할 수 없겠지만 촉각과 후각과 미각이 가장 중요하다.

한 연구는 키스가 스트레스 호르몬인 코르티솔 수치를 떨어뜨린다는 것을 발견했다. 이는 불안이 감소됨을 의미한다. 또한 키스는 상대방의 건강 상태에 관한 정보를 제공한다. 입 냄새로 질병이나 건강이 나쁘다는 걸 알 수 있는 것이다. 여자들은 키스를 감정의 리트머스 시험지로도 활용하는 것 같다. 키스를 해 보고 다음 단계로 진행해 성관계를 할지 여부를 판단하는 것이다. 이런 기능 때문에 키스는 남자보다 여자에게 더 중요한 것 같다. 한 연구를 보면 남성의 53퍼센트가 키스 없이 섹스를 한다고 응답한 반면 키스도 해 보지 않고 누군가와 섹스하겠다고 답변한 여성은 15퍼센트에 불과했다. 키스를 하면 파트너의 활력 정보를 얻을 수 있다. 이게 다가 아니다. 키스를 하면 성적 흥분, 행복감, 감정적으로 가까워졌다는 느낌도 커진다.

"형편없는" 키스는 대다수의 여성에게서 성적 흥분을 날려 버린다. 한 연구에 따르면 여성의 66퍼센트가 형편없는 키스를 하고 나서 성적으로 끌리던 사태가 바람처럼 사라져 버린 경험이 있다고 증언했다(남자는 58퍼센트였다.). 인기를 끈 2005년도 영화 「히치(Hitch)」에서 배우 윌 스미스가 연기한 알렉스 "히치" 히친스가 고객에게 한 말을 들어 보자. "춤 한 번, 만남 한 번, 키스 한 번. 그게 다예요. …… 시도 한 번으로 '죽을 때까지 행복하게 사'느냐 아니면 '아? 옛날에 좀 알고 지냈던 사람일 뿐이에요.' 하는 반응이 갈리는 거죠." 정리해 보자. 여자는 키스를 하고, 그 정보를 판단해 성행위의 다음 단계로 계속 나아갈지를 결정한다. 여자는 키스를 통해 파트너가 좋은 애인이 될지 아닐지를 알아낸다. 여자가 키스로 건강 상태와 유전자 적합성을 알아내는 것인지도 모른다. 키스는 배우자 관계의 품질을 알려 주는 지표이다.

애무의 위력

이 장의 앞부분에서 우리는 사랑을 하면 실제로 뇌 활동이 바뀌고, 특정 뇌 화학 물질이 방출된다는 걸 알아보았다. 뇌 화학이 감정적 애착과 유대감도 설명해 줄 수 있을까? 밝혀졌다시피 섹스 중에 뇌에서 방출되는 두 가지 호르몬인 바소프레신과 옥시토신은 동물들이 느끼는 유대감과 관련이 있다. 따라서 두 호르몬이 인간이 느끼는 애착에서도 일정한 역할을 할지 모른다.

여성은 오르가슴 후에 바소프레신과 옥시토신이 최대치를 기록한다. 남성은 오르가슴 후에 바소프레신이 가장 많이 분비되고, 여성은 옥시토신이 최대치를 기록한다. 옥시토신이 인간의 감정에 미치는 영향은 조사가 별로 이루어지지 않았다. 그러나 분무된 옥시토신을 코로 흡입하면 신뢰감과 너그러움이 커진다는 사실이 일부에서 보고되었다. 이들 호르몬이 방출되면 편안함, 안정성, 애착이 생긴다는 다른 보고들도 있다. 안마나 애무를 받을 때도 방출돼서 "포옹 호르몬(cuddle hormone)"이라고 불리는 옥시토신은 불안과 우울증을 차단하는 효과도 지닌 것으로 여겨진다. 대다수의 연구자가 방출되는 메커니즘과는 별도로 어쨌든 옥시토신이 분비되면 "기분 좋은" 경험을 하게 된다고 믿고 있다.

뉴욕에서 관계 맺기를 지도하는 강사 두 명도 문자 그대로 이 사실에 기댄 프로그램을 운영 중이다. 포옹 파티(Cuddle Party)의 공동 주창자인 리드 미핼코(Reid Mihalko)는 2004년에 싱글인 사람들이 30달러를 내고 참석해 한 시간가량 다른 사람들을 껴안을 수 있는 파티를 열었다. 듣자 하니 지난 몇 년 사이에 1만 명 정도가 낯선 사람들을 껴안았다고 한다. 남녀 구별 없이 이루어지는 어루만지기를 재발견하고, 다른 조건을 전혀 개입시키지 않고 옥시토신을 얻겠다는 것이 그들의 목표였다(포옹 파티에는 "포옹 안전 요원"이란 것도 있다.).

학계에서는 옥시토신이 모성 행동에서 담당하는 역할로 가장 유명하다. 예컨대, 옥시토신은 분만을 용이하게 해 주는 자궁 수축을 활성화한다. 사실 옥시토신이라는 이름 자체가 그리스어로 "순산(swift birth, 順産)"을 뜻한다. 산부인과에 입원하는 미국 여성 약 75퍼센트가 분만을 유도하고, 촉진하기 위해 피토신(Pitocin) 같은 합성 옥시토신 제제를 투여받고 있다는 사실을 통해 옥시토신의 효과가 얼마나 대단한지를 알 수 있다. 미국보다 출산 관련 사망률이 매우 낮은 중국에서는 해산 과정을 격려해야 할 때 찬물로 샤워를 시킨다. 찬물로 씻으면 젖꼭지가 흥분되고, 계속해서 뇌가 자체적으로 더 많은 양의 옥시토신을 분비한다. 젖꼭지에 얼음을 대면 옥시토신이 방출된다는 건 산파들이 오래전부터 공유해 온 지식이다. 분만 과정이 오래 계속되면 얼음을 사용하는 지혜도 도움이 된다.

임산부는 옥시토신 덕에 젖도 분비할 수 있다. 옥시토신은 모성 유대에서 중요한 역할을 담당할 뿐만 아니라 동물 종 다수의 새끼 돌보기에도 관여한다. 연구자들은 동물에게 어떤 약물을 주입해 자연스럽게 분비되는 옥시토신을 차단하면 어미들이 통상의 돌봄 행동을 그만두고, 나아가 자식을 완전히 외면해 버리기까지 한다는 걸 보여 주었다. 그 반대 상황도 일어날 수 있다. 교미는 물론이고 새끼를 낳아 본 적이 한 번도 없는 젊은 쥐들에게 옥시토신을 주입했더니 녀석들이 다른 암컷들의 새끼를 제 자식인 양 코를 비비고, 보호했던 것이다.

뇌에서도 확인되는 유대감

많은 연구가 옥시토신을 쥐에서 양까지 참으로 다양한 동물들의 모성 유대와 결부해 왔다. 그러나 다수의 연구자는 옥시토신이 인간 이외의 동물들에서뿐만 아니라 인간들의 성적 유대감과도 관련되어 있다고 믿는다.

빙햄튼 대학교에서 연구하는 다이앤 위트(Diane Witt)는 보게 되는 사람에 따라서 옥시토신을 분비하도록 길들일 수 있다고 제안했다. 노벨상을 받은 러시아 과학자 이반 페트로비치 파블로프(Ivan Petrovich Pavlov)와 개들을 떠올려 보자. 개들은 먹이에 노출되면 침을 흘린다. 침은 소화 과정에서 중요한 역할을 한다. 파블로프는 개에게 밥을 줄 때마다 종을 울렸다. 얼마 후에는 종소리만으로도 개들은 침을 흘렸다. 개들은 종소리에 반응해 침을 흘리도록 길들여진 것이다. 위트는 비슷한 방식으로 특정한 파트너들에 노출되면 뇌가 옥시토신을 분비하도록 길들여진다고 믿는다.

이런 식이다. 어떤 여자가 어떤 남자를 만난다. 첫 만남에서 그녀는 그가 자신의 이상형인 클린트 이스트우드에 한참 못 미친다고 생각한다. 실망이다. 하지만 몇 번 더 데이트해 볼 만큼은 참아 줄 만하다. 어떻게 하다 보니 그녀는 그와 섹스를 하게 된다. 옥시토신이 분비되고, 그녀는 "와, 좋은데." 하는 기분을 경험한다. 섹스가 거듭되면서 그녀는 파트너와 옥시토신 분비를 조건 반사적으로 결합한다. 이제는 그 남자를 보기만 해도 뇌가 알아서 옥시토신을 분비한다. 섹스도 안 했는데 말이다! "그런대로 괜찮던 남자"가 별안간 "죽고 못 사는 남자"로 등극한다. 일부 연구자들은 특정인과 애착 관계를 장기간 유지하면 실제로 옥시토신과 근친 호르몬인 바소프레신 수치가 계속해서 높게 유지된다고 믿고 있다. 남녀가 장기적 유대 관계를 유지하는 데 두 호르몬이 보탬이 될 수도 있는 것이다.

과학자들이 어떤 동물들은 선천적으로 일부일처제인 데 반해 다른 동물들은 그렇지 않은 이유를 옥시토신과 연결하기 시작한 지는 얼마 되지 않았다. 인간 이외의 포유동물 가운데 일부일처의 유대를 형성하는 종은 약 3퍼센트에 불과하며 다수의 종이 복수의 파트너와 짝짓기를 한다. 초원들쥐(prairie vole) 같은 일부 종은 오래 지속되는 암수 한 쌍의 관계를 형성한다(평생 가는 놈들도 있다.). 녀석들은 보금자리를 공유하고, 배우자가 될 수도 있는 다른 놈들을 멀리하며, 함께 자식을 키운다. 하지만 일부일처제인 초원들쥐의 근연종인 산쥐(montane vole)는 짝짓기 방식이 완전히 다르다. 녀석들은 암수 한 쌍의 관계를 맺지 않으며 수컷들은 자식을 돌보는 일에 무관심하고, 나서지도 않는다. 암컷 산쥐도 헌신적인 부모와는 전혀 관계가 없어서 새끼는 출산 직후 유기된다.

유전자의 99퍼센트를 공유하고 있는, 즉 유전적으로 매우 유사한 두 종의 행동 양상이 그토록 다른 이유는 무엇일까? 녀석들은 옥시토신과 바소프레신을 분비하고 처리하는 방식이 무척 다른 것으로 밝혀졌다. 애착 지향의 충실한 초원들쥐는 이 유대 강화 호르몬이 훨씬 더 많았고, 뇌 속에도 두 호르몬을 감지하고 활용할 수 있는 감각 수용기가 더 빽빽하게 들어차 있었다.

최근에는 초원들쥐의 경우 옥시토신과 바소프레신 수용기가 탑재된 뇌 영역에 도파민 수용기도 많다는 사실이 밝혀졌다(그러나, 짐작할 수 있듯이, 불충실한 산쥐에서는 그렇지 않았다.). 도파민은 뇌에서 분비되는 화학 물질로, 오래전부터 보상과 결부되어 왔다. (인간을 포함해) 동물들은 먹기, 마시기, 섹스 같은 행동(생존과 번식에 필수적이다.)을 할 때 뇌에서 도파민이 분출된다. 이렇게 도파민이 급증하면 동물들은 기분이 좋아진다. 근본적으로 얘기해서 행동에 대한 보상을 받는 셈이다. 결국 동물들은 다시금 먹고, 마시고, 섹스하고 싶어 할 가능성이 커진다. 충실한 초원들쥐 뇌에서 "유대 강화" 수용기가 있는 곳과 같은 부위에 "보상" 수용기까지 있다는 사실로 친숙한 배우자와 짝짓기를 하는 것이 새로운 배우자와 짝짓기하는 것보다 보상이 더 크리라고 짐작할 수 있다. 산쥐는 유대 강화 수용기와 보상 수용기가 뇌에서 자리한 위치가 서로 달라서 친숙함과 기분 좋음을 연결하지 못하는 듯하다.

애틀랜타 소재 에모리 대학교에서 이 두 종의 쥐를 연구한 미란다 림(Miranda Lim)과 동료들은 놀라운 발견을 했다. 단지 뇌에서 유대감을 강화해 주는 감각 수용기를 차단했을 뿐인데 충실하기 이를 데 없는 수컷 초원들쥐가 바람둥이 돈 후안으로 변한 것이다. 그들은 정반대 실험도 성공했다. 무해한 바이러스를 활용해 유대 강화 수용기 유전자를 초원들쥐에게서 산쥐로 옮기자 뇌의 보상 관계 영역에서 유대 강화 수용기가 늘어났다. 그러고는 어떻게 되었을까? 무시로 난잡하게 굴던 산쥐가 새로 만나는 암컷보다 현재의 배우자를 더 강렬하게 선호하며 기꺼이 정착해 자식을 키웠다.

인간이든 쥐든 섹스를 하면 옥시토신과 바소프레신이 분비되는 건 똑같다. 그렇다면 인간이라는 종에서도 일부 개체는 천성적으로 일부일처를 하는 데 반해 다른 개체들은 그렇지 않은 이유를 호르몬 차이로 설명할 수 있을까? 메스턴 랩이 이 물음에 답하기 위해 불철주야 노력 중이다. 연구원 리사 돈 해밀턴(Lisa Dawn Hamilton)이 일부일처를 하는 사람들의 뇌와 일부일처를 하지 않는 사람들의 뇌에 차이가 있는지를 조사했다. 일부일처를 하는 사람들은 현행의 배우자와 섹스하겠다고 응답했고, 또 선호했다. 그들은 다른 사람들에게 환상을 갖거나 "은밀한" 욕정을 품지도 않았다. 반면 일부일처를 하지 않는 사람들은 동시에 복수의 파트너와 데이트를 했고, 주되게 맺는 관계 밖에서 거듭 성관계를 가졌다.

메스턴 랩의 연구진은 두 집단에게 다양한 광경이 담긴 일련의 사진을 보여 주면서 뇌를 촬영했다. 관능적인 사진(섹스를 하는 남녀), 낭만적이고/유대감이 느껴지는 사진(손을 잡고 함께 웃는 남녀), 중립적인 사진(농촌 풍경)이 차례로 제시되었다. 우리는 보상 수용기가 많다고 알려진 뇌 영역이 활성화되는 정도에 차이가 날 것으로 기대했다. 말하자면, 일부일처를 하는 사람의 경우 낭만적이고 정서적인 유대를 드러내는 광경이 담긴 사진을 볼 때 일부일처를 하지 않는 사람보다 뇌의 보상 관계 영역이 더 활성화될 것으로 예측했다. 우리는 관능적인 사진은 두 집단 모두에게 보상적일 테고, 중립적인 사진보다 더 보상적일 거라고도 예상했다. 이 책을 쓰는 현재 시점에서 우리는 남자를 대상으로 한 실험만을 완료한 상태이다. 아무튼 메스턴 랩의 예측은 입증되었다. 일부일처를 하는 남자들 뇌의 보상 관계 영역이 크리스마스트리처럼 반짝였다. 그들은, 그리고 그들 뇌의 보상 관계 영역은 관능적인 사진과 정서적 유대감을 드러내는 사진 모두에 반응했다. 일부일처를 하지 않는 남자들의 뇌는 관능성을 자극하는 사진에만 반응했다. 그들은 정서적 유대감을 드러내는 사진들에 뇌의 보상 관계 영역이 거의 활성화되지 않았다. 이는 뚜렷하게 대비되는 차이이다. "초원들쥐형" 남자와 "산쥐형" 남자가 실제로 존재한다고 결론 내리기 위해서는 보다 많은 남성들을 대상으로 검증 절차를 거쳐야만 할 것이다. 그러나 일부 남성의 경우 기본적인 생물학적 차원에서 정서적 유대가 더 보상적이라는 것은 분명해 보인다.

초월 경험

쥐와 남자의 성행위 동기에 공통점이 많은 반면에 인간의 성애는 문화에 의해서도 규정된다. 여기서 문화란 사람들이 정서적으로 연결되어 있음을 사유하는 관념에 비추어 섹스를 생각하는 방식이다. 종교를 떠올려 보면 이 점은 더욱 분명해진다.

교파마다 성애의 역할은 천양지차로 달라서 어떤 전통은 다른 전통에 비해 성애가 사람들을 훨씬 더 구속한다. 「레위기(Book of Leviticus)」는 유대교 율법의 일부이고, 기독교 『구약』의 제3부이기도 하다. 미국인들이 마음속으로 종교와 섹스를 관련짓는 방식을 근본적인 수준에서 규정해 온 책이 바로 「레위기」이다. 「레위기」에 따르면 하나님께서 성 행동 금지 목록과 함께 위반 시에 응당 받아야 할 처벌 내용까지 모세에게 주셨다고 한다. 형벌 내용을 보면 돌로 쳐 죽이거나 불에 태워 죽이는 것도 많았다. 금지된 행동들을 보자. 간통, 근친상간, 월경 중에 하는 섹스, 남자들끼리 하는 섹스, 동물과의 섹스. 「레위기」는 부부의 섹스를 금하지 않았다. 실제로 『구약』의 수많은 구절이 혼인 합의와 그 속에서 이루어지는 섹스를 도덕적으로 긍정한다. 「레위기」는 미혼의 남녀가 하는 섹스도 금하지 않았다. 그러나 성경의 다른 구절들을 읽어 보면, 처녀가 아닌 몸으로 결혼한 여자들을 처형할 수 있다는 내용이 분명히 나온다(「신명기」 22장 13~29절). 총각이 아닌 몸으로 결혼한 남자들에게는 똑같은 응징이 가해지지 않았다.

엄격한 종교적 계율을 위반하는 것이 성적 죄책감으로 이어질 수 있으며 따라서 여성들로 하여금 섹스를 즐길 수 없도록 만든다고 심리학 자료들은 보고한다. 따라서 우리 연구에 참가한 여성들이 섹스와 종교의 관계가 아주 긍정적인 경험일 수 있다고 증언한 것은 매우 신선했다. 일부 여성은 섹스 중에 파트너와 연결되어 있다고 느끼면서 동시에 신과 연결되어 있다고 생각했다.

유대교 율법에서는 안식일에 배우자와 섹스하는 것이 계율 엄수이자, 선행이다. 유대교 신비주의에는 하나님 및 남성과의 결합과 천지 창조를 흉내 내는 성적 무아경의 의식도 존재한다. 나는 그 경험을 필설로는 형용할 수가 없다. ……

요컨대, 나는 다른 사람과 완벽하게 결합해 순도 100퍼센트의 환희를 느끼면서 순환하는 생명에 더 가까이 다가서는 경험을 한다. 이 세상 만물의 근본적인 에너지를 뚜렷하게 감지할 수 있는데, …… 본질을 말하라면, 그것은 신이다.

—주로 이성애를 하는 여성, 21세

그렇게 대단한 남자와 함께 할 수 있었다니, 꿈이 실현된 거죠. 나는 망아(忘我) 상태에서 신을 만났어요. 꿈의 세계와 현실 세계가 맞닿은 곳에서 말입니다.

—이성애자 여성, 23세

신이 편재(遍在)하는 존재라면 그리스도가 나는 물론이고 모두의 내면에 있을 거라고 생각했다. 그리스도가 내 안에 있다면 내 파트너의 내면에도 존재할 것이다. 그 순간 불현듯 깨달았다. 우리가 몸을 섞으면 그것이야말로 그리스도를 갈구하는 그리스도일 거라고. 얼마나 아름다운가.

—주로 이성애를 하는 여성, 20세

섹스가 자신의 영적 기대에 부응하지 못한 여성들도 있었다.

나는 신에 대해서 내놓고 말할 수 없는 환경에서 자랐어요. 섹스는 말할 것도 없었죠. 그래서인지 두 가지는 내 소관이 아닌 특별한 것이 되어 버렸어요. 남자 친구랑 데이트를 시작했는데, 그는 한참을 기다려야 했죠. 마침내 일을 치렀고, 나는 그 경험이 거의 종교적일 거라고 기대했어요. 기대는 어긋났습니다.

—이성애자 여성, 21세

섹스를 통해 신과 합일하는 느낌을 얻을 수 있다는 일부의 생각을 심오한 종교 체험을 할 때 뇌에서 벌어지는 현상으로 확인할 수 있을지도 모른다. 방사선학 교수 앤드류 뉴버그(Andrew Newberg)와 정신 의학자 유진 다킬리(Eugene D'Aquili)의 저서 『신은 왜 우리 곁을 떠나지 않는가(*Why God Won't Go Away*)』를 살펴보자. 그들은 프란체스코회 수녀나 불교 수도승처럼 기도나 명상으로 심오한 영적 합일감을 추구하는 사람들의 경우 두정엽(parietal lobe)이라고 하는 뇌 부위가 잠잠해지는 걸 관찰했다. 두정엽은 감각 정보를 수집해 분석하는 일을 맡고 있다. 이를 테면, 우리는 두정엽의 도움을 받아 시각 정보를 공간 환경에 맞춰 정리한다. 두정엽의 활성 상태가 미진하면 몸이 물리적 공간에서 자기 위치를 파악하는 능력이 떨어진다. 아울러, 뉴버그와 다킬리에 따르면 자기와 자기 아닌 대상을 구분하는 능력도 감소한다. 아마도 몇몇 사람들은 섹스 중에 시각 및 공간 정보의 맹폭 속에서 다소 비슷한 경험을 하게 되는 것 같다.

다른 한편으로 우리는 종교 체험을 예술로 승화한 작품들을 통해 종교적 황홀감과 오르가슴이 오랜 세월 결부되어 왔음도 알 수 있다. 지안로렌조 베르니니의 바로크 조각상 「성녀 테레사의 환희(The Ecstasy of St. Theresa)」를 떠올려 보라. 물론 신심이 충만해 계율을 열심히 지켰던 당대의 여성들에게는 섹스를 그 자체로 즐기는 게 이 관계항의 일부가 아니었겠지만 말이다.

우리는 앞선 연구에서 정서적 유대를 이유로 섹스를 하는 빈도에서 남녀 사이에 별 차이가 없음을 확인했다. 그러나 버스 랩이 수행한 연구에 따르면 성행위 상대자와 정서적으로 연결되어 있음에 중요성을 부여하는 데서는 남녀가 커다란 차이를 보였다. 이 연구에서 각국의 이성애자 남녀는 도발적인 질문을 받았다.

진지하고 헌신적인 연애 관계를 떠올려 주세요. 과거에 했던 연애도 좋고, 지금 하고 있는 연애라면 금상첨화겠고, 앞으로 해 보고 싶은 연애라도 상관없습니다. 당신이 진지하게 열중하는 대상이 다른 사람에게 빠져 버린 걸 알게 되었다고 칩시다. 다음의 두 가지 상황 중 어느 게 더 화나고 괴로울까요? a) 당신의 짝이 그 사람과 정서적으로 깊이 애착할 때, b) 당신의 짝이 그 다른 사람과 열정적으로 섹스할 때.

여자들은 자신의 짝이 다른 누군가와 섹스하는 걸 떠올릴 때보다 정서적으로 애착하는 상황을 상상하면서 더 괴로워했다. 이런 반응은 진화적으로도 완벽하게 설명된다. 여성의 관점에서 볼 때 다른 여자와 섹스하는 남자는 상대방과 정서적으로 애착 관계에 있을 수도 있고, 아닐 수도 있다고 해석된다. 육체의 만족은 당연한 것이다. 그러나 남자가 다른 여자와 정서적으로 애착 관계에 있다면 그는 그녀와 섹스도 하고 있거나 조만간 하게 될 가능성이 많다. 남자가 다른 여자와 정서적으로 애착 관계에 있으면서 동시에 섹스를 하고 있다면 현재의 짝을 외면하고 그녀에게 헌신과 자원을 재분배할 확률이 높다. 진화적 관점에서 볼 때 이것은 명백한 위협이다.

앞에서 초원들쥐를 예로 들었지만 지구상에 서식하는 압도 대다수 종에서 섹스는 그 어떤 헌신도 수반하지 않는다는 걸 상기할 필요가 있다. 인류는 영장류 가운데서도 드문 예외에 속한다. 인간은 암수가 장기간에 걸쳐 한 쌍의 관계를 맺는 몇 안 되는 종 가운데 하나인 것이다. 그 기간은 수년, 수십 년, 때로 평생 지속되기도 한다. 인간과 유전적으로 가장 가까운 영장류인 침팬지는 주로 암컷의 발정기에 섹스를 한다. 암컷 침팬지는 이배란기 동안 성기가 붉은색으로 밝게 부풀어 오르고, 냄새를 풍기며 수컷들은 미쳐 날뛴다. 그러나 발정기가 아닌 때에는 수컷 침팬지들은 암컷들에게 대체로 무관심하다. 따라서 침팬지들의 성적인 관계는 생명력이 짧다.

인간들을 보자. 배란은 적어도 대개는 은폐되거나 아리송하다. 여자들의 몸에 미세한 변화(피부가 약간 더 발그레해지면서 빛나고 성욕이 증가한다.)가 있을지는 모르지만 남자들이 배란 시기를 감지해 낸다는 과학적 증거는 거의 없는 실정이다. 진화의 관점에서 볼 때 남성 조상이 번식에 성공하려면 여자 곁에 쭉 머무르면서 월경 주기 내내 섹스를 해야만 했을 것이다. 배란을 알려 주는 단서가 없는 상황에서 단 한 번 하는 섹스로 수정이 될 확률은 3~4퍼센트에 불과하다. 오후 한때 잠시 들러서 섹스를 하는 것만으로는 번식 성공이라는 배당금을 거의 기대할 수 없었다. 일부 과학자들은 어쩌면 배란 은폐가 인간들이 맺는 성적인 관계에서 암수 한 쌍의 결합과 헌신을 증대하기 위해 진화했을지도 모른다고 믿고 있다. 이와 함께 단 한 명의 배우자와 그녀의 자식들에게 자원이 배분될 가능성도 커졌을 것이다.

그러나 이런 설명 방식으로는 인류에게서 사랑이라는 강렬한 감정이 진화한 이유를 알 수 없다. 진화 심리학자들은 사랑이 "장기적 헌신을 담보해 주는" 일종의 "보험 증서"일 거라고 생각한다. 파트너가 걷잡을 수 없는 감정에 분별력을 잃고 맹목적으로 군다고 해 보자. 그 누구도 할 수 없고, 오직 당신만이 끌어낼 수 있는 감정이다. 이 감정은 섹스로 유발되는 호르몬들과 결합하면서 더욱더 강렬해진다. 상황이 이러하다면 당신이 건강할 때는 물론이고 아플 때도, 당신이 부자가 아니라 가난하다고 해도 헌신하는 태도가 흔들릴 가능성이 줄어든다. 반면에 파트너가 대체로 "합리적인" 기준, 이를 테면, 당신의 자원 획득 능력이나 당신에게 자원을 탕진하는 자식이 있는가 여부에 따라 당신을 선택한다면 그 또는 그녀는 동일한 근거로 약간이라도 더 탐나는 자질을 지닌 경쟁자를 찾아서 당신을 떠나 버릴지도 모른다.

4장

정복하면서 느끼는 전율

배우자 유혹하기와 배우자 빼앗기

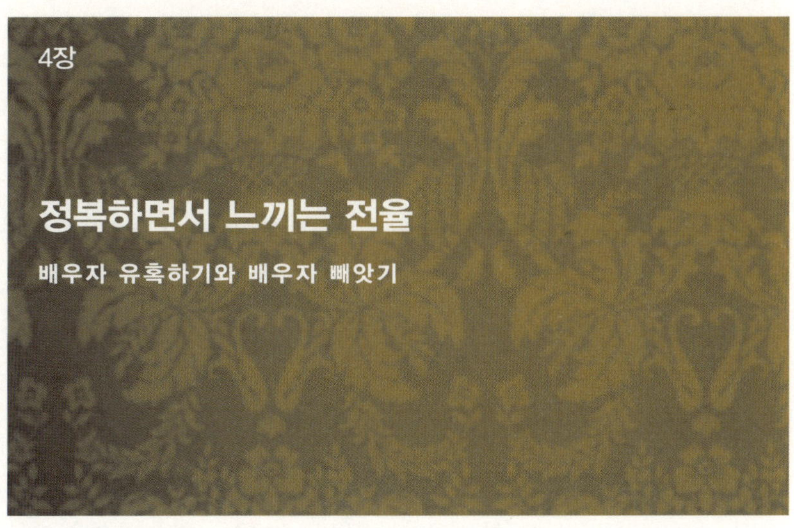

성공하는 것만으로는 충분하지 않다. 반드시 다른 사람들이 망해야 한다.

— 고어 비달(1925년~)

과장되었고, 거짓도 섞여 있지만 상당한 인기를 얻고 있는 텔레비전 쇼 「배철러(The Bachelor)」를 보면 여성들이 벌이는 성적 경쟁의 실상을 잘 알 수 있다. 미국인 수백만 명이 매주 채널을 고정하고, 실제의 미혼남이 25명의 여성 가운데서 배필을 선택하는 과정을 시청한다. 후보생 여자들은 배우자를 낚아서 결혼에 골인하겠다는 목표하에 몸치장을 하고, 환심을 사려 애쓰고, 데이트를 하고, 관능미를 뽐내고, 뒷조사를 하고, 가끔은 섹스도 한다. 쇼에 출현시키기 위해 선발된 실제의 미혼남들이 많은 여성이 원하는 자질을 두루 갖추고 있다는 사실은 놀라운 일이 아니다. 그들은 미남자에다 자신감이 넘치며, 성격이 멋지고, 몸이 탄탄하고, 탁월한 운동 능력을 과시하며, 직업적으로도 성공했다. 최초 13개 시즌에 출연한 미혼남들의 면면을 살펴보자. 성공한 경영 컨설턴트, 가족 소유 은행 체인의 부회장,

자수성가한 담보 대출 회사 소유주, 직업 미식축구 선수, 텔레비전 드라마 「ER」에서 의사 역을 했던 배우, 화장품 회사 사장, 의사이자 트라이애슬론 선수인 해군 장교, 잘 나가는 술집 여러 개를 소유한 사장, 세계를 무대로 활약하는 금융업자, 대기업 영업 담당 임원.

쇼 안에서 출연자 미혼남은 여자들과 차례로 데이트를 한다. 1대 1로 하는가 하면 쌍이나 무리를 지어서 하기도 한다. 매회 말미에 여자들은 흠을 잡히며 탈락한다. 최종회에 이르면 미혼남이 우승자를 결정한다. 결혼 신청을 하는 (경우도 있다.) 이 과정에서 성적 경쟁이 아주 악랄해지고는 한다. 여자들은 차지하고 싶은 미혼남에게 함께 출연한 경쟁자들을 등 뒤에서 폄하하는가 하면, 외모와 행동이 점점 더 관능적으로 바뀐다(물론 쇼에서는 섹스가 전혀 묘사되지 않는다.). 한 시청자는 이렇게 말했다. "자신을 하층 계급 출신의 여고생으로 포장하는 여자들이 항상 우승한다." 「배철러」는 형편 없을 정도로 어리석고, 말이 안 되며, 여성을 모욕하고, 착취적이고, 얄팍하고, 순전히 사기에, 개탄스럽고, 비애마저 느끼게 만든다고 매도되기도 한다. 그러나 이 쇼는 대충 잡아도 1100만 명이 시청한다. 시청률 조사 기관 닐슨의 집계에 따르면 그 대부분이 여성이다. 무려 1100만 명이 성적 경쟁이 난무하는 드라마 시청에 폭 빠져 있는 셈이다(파생 상품 쇼「배철러레트(The Bachelorette)」도 있다. 이 쇼의 시즌 1에서는 「배철러」에서 "차인" 여성이 나와, 25명의 신랑감 경쟁자들 가운데 한 명을 고른다.).

배우자를 얻기 위해 벌이는 경쟁을 생각해 보라면, 우리 가운데 많은 사람이 치고받고 싸우는 남자들이나 자연 다큐멘터리에서 본, 수사슴 두 마리가 가지진 뿔을 맞물린 채 우위를 점하려고 싸우는 광경을 떠올릴 것이다. 인간 문화에 걸쳐 난폭한 몸싸움을 벌이며 경쟁하는 것은 여성보다는 남성이다. 남자들은 경기장에서 높은 지위를 얻기 위해 실랑이를 벌인다. 고대 아스텍의 울라마(ulama) 경기장에서부터 현대의 미국 NBA 농구장에 이르기까지 어디서나 이를 목격할 수 있다. 울라마는 공을 가지고 하는 시합으로, 이 경기의 승패는 풍요 및 빈곤과 연결되었다. 역사를 돌이켜 보면, 남자들은 열량이 많은 고기를 얻기 위해 행한 사냥 활동에서도 경쟁자들을 이기기 위해 서로 경쟁했다. 현대 사회라고 예외일까? 대다수의 남성이 자신의 사회적 지위와 자원을 보다 상징적인 방법을 동원해 과시한다. 예컨대, 선망의 대상이 되는 소유물 같은 것들로 말이다. 정보를 공유하면서 서로를 돕자는 취지의 상조회형 그룹 '데이팅 뱅커 어노니머스(Dating a Banker Anonymous)'의 공동 창립자 가운데 한 명은 이렇게 표현했다. "그는 으뜸 수컷(alpha male)이다. 그는 공격적이고, 달려들어 쟁취하며 항상 자신감이 넘치고, 안 된다는 대답은 받아들이지 않는다. 사람들은 그를 존경한다. 이 모든 것이 그의 존재 전체를 신비로운 아우라에 휩싸이게 만든다."

실제로 남자들끼리의 경쟁이 너무나도 공공연하고 과시적인 탓에 오늘날의 우리는 알고 있는 강력한 진화적·심리적 동인을 찰스 다윈과 후대의 많은 과학자들은 못 보고 지나쳐 버리고 말았다. 그것은 바로 여자들끼리의 성적 경쟁이다. 우리 연구에 참가한 여성들은 경쟁자를 무찌르기 위해 섹스를 해야겠다는 생각이 들었다고 실토했다.

> 내 남자친구는 관심 속에서 보살핌 받는 걸 아주 좋아해요. 공교롭게도 우리가 사귀기 시작할 무렵에 (그가) 진지한 건 아니었지만 나 모르게 다른 여자와도 알고 지내기 시작했죠. 그 사실을 처음 알았을 때는 정말 충격이 엄청났어요. 고민 끝에 결심했죠. 그가 원하는 사람은 나뿐이라는 걸 깨닫게 해 주기로요. 그와 섹스하면서 아주 즐거웠는데 불현듯 깨달았죠. 이 짓을 하는 게 그 여자보다 내가 낫다는 걸 알려야겠다는 희망도 작용한 것이라는 사실을요.
>
> ―이성애자 여성, 18세

비록 여러 세대의 과학자들이 이 사실을 비껴갔지만 여자들의 성적 경쟁이 남자 못지않다는 데에는 거의 모두가 동의할 것이다.

진화적 관점에서 볼 때 그 이유는 명약관화하다. 배우자로서의 바람직함이라는 면에서 남자들은 서로 간에 극적인 차이를 나타낸다. 진부한 표현을 동원하자면, 착한 남자는 눈을 씻고 찾아봐도 없는 것이다. 그러니 오늘날을 살고 있는 각각의 모든 여성이 진화의 성공담이라는 선언은 절대 호들갑이 아니다. 이제 우리는 그 이유를 살펴보고자 한다. 분명 그럴 만한 가치가 있다.

우리가 진화해 온 과거에 가장 매력적인 남자들과 성적으로 교합해 다른 여자들을 제압한 여성들은 번식과 관련해 다양한 이득을 누렸다. 더 좋은 유전자와 양질의 자원을 차지했으며 사회적 지위가 상승하고 품질 좋은 자식들을 낳을 가능성도 커졌다. 이 모든 이득이 조상들이 살았던 환경에서는 번식 성공도 증가로 이어졌을 것이다. 직접적으로는 더 많은 자식이 살아남고, 간접적으로는 수많은 손자들이 생기는 게 번식 성공도 증가의 내용을 이룬다. 자손들이 더 건강했고, 성적으로도 더 매력적이었기 때문에 당연한 결과였다. 오늘을 살아가는 모든 여성은 성적 경쟁에서 승리한 여자 조상들의 말 그대로 중단되지 않은 거룩한 계보의 후손들이다.

심리학자들은 진화의 이런 대원칙이 현대를 살아가는 여성들의 동기와 행동을 얼마나 규정하는지를 놓고 상당히 많은 논쟁을 벌였다. 사람들이 자기 행동을 스스로 의식하면서 설명하는 것이 부지불식간에 이루어지는 행동 및 그 행동의 심리 기제(과학의 도움으로 상세히 보고되었고, 설명할 수 있다.)와 비교해 어느 정도나 우위를 점하는지도 첨예한 주제였다. 가끔은 이 둘이 행복하게 일치하는 경우도 존재한다. 우리는 연구를 수행하면서 여자들이 벌이는 성적 경쟁의 양상을 추정하는 진화론의 가설과 여자들이 직접 밝힌 섹스의 이유가 거의 일치한다는 걸 확인했다.

여러 가지 면에서 볼 때 여자들이 벌이는 성적 경쟁은 최근 수십 년 사이에 더 격렬해진 듯하다. 데비 레이놀즈 대 엘리자베스 테일러에서 제니퍼 애니스톤 대 안젤리나 졸리에 이르기까지 성적 경쟁자들로 여겨지는 유명인들을 조명하는 언론 보도가 엄청나게 많아진 탓도 있을 것이다. 유명인들에 대한 관심이 폭증한 데다 성적 요소가 가미된 대중적 오락이 문화적으로 폭넓게 용인되면서 사람들은 이제 사회적 지위가 아주 높은 유명인들을 성적 경쟁자로 간주하는 것 같다. 자신의 파트너가 동침은 고사하고 그런 영화배우들을 실제로 만날 기회조차 전혀 없는데도 말이다. 여자들(과 남자들)은 이웃에 사는 경쟁자를 쳐부수는 과제는 외면한 채 배우자가 유명인과의 섹스를 꿈꾸고 있을까 봐 걱정한다. 그러고는 다양한 전술을 동원해 성적 헌신을 받아내겠다고 다짐하는 것이다.

이 장에서 살펴볼 내용은 다음과 같다. 여성들은 매력 있는 단기적 섹스 파트너를 차지하기 위해 어떻게 경쟁하는가? 또 장기적으로 헌신하는 배우자를 얻기 위해서는 어떻게 경쟁하는가? 여성들은 맞수들을 누르고 성적 우위를 확보하기 위해 어떻게 경쟁하는가? 우리는 배우자 빼앗기(mate poaching, 배우자 밀렵)라고 하는 특별한 경우도 알아볼 것이다. 이미 다른 짝과 관계를 맺고 있는 성적 동반자를 가로채는 행위를 배우자 빼앗기라고 한다. 여자들이 매력적인 섹스 파트너를 차지하기 위해 경쟁하면서 동원하는 주요 전략 두 가지부터 살펴보도록 하자. 자신의 성적 매력을 높이는 것과 경쟁자들의 성과 관련된 평판에 영향을 미치는 게 그 두 전략이다.

매력의 문제

남자들이 섹스 파트너의 외모를 높이 산다는 것은 공공연한 사실이다. 건성으로 잠시 만나든 장기적으로 헌신하는 대상이든 이런 태도는 한결같다. 사회 과학자들이 수십 년간 해 온 이야기와는 다르게 이는 미국과 서구 사회, 혹은 현대의 시각 미디어로 포화된 문화권에 국한된 사실이 아니다. 좋아도 어쩔 수 없고, 싫어도 어쩔 수 없다. 남자들이 외모를 중시하는 것은 인간의 보편적 특징이다.

성 선택의 논리에 따르면 각각의 성에서 나타나는 배우자 선호가 상대 성별의 경쟁 영역을 대부분 규정한다. 남자들이 여자들이 성적으로 원하는 바를 구현하기 위해 노력하며 경쟁을 하는 것과 마찬가지로 여자들은 남자들이 원하는 것을 경쟁적으로 구현한다. 남자들이 난투극을 벌이면서 높은 지위를 차지하고, 자원을 확보하고, 유머와 지능과 운동 능력을 뽐내는 이유는 여자들이 이런 자질을 성적으로 매력적이라고 생각하기 때문이다. 마찬가지로 여자들은 남자들이 성적으로 매력적이라고 생각하는 자질들을 개발하고 뽐내면서 서로 간에 경쟁을 벌인다. 이런 자질 가운데서도 으뜸인 것이 바로 몸의 아름다움이다.

하버드 대학교의 심리학자 낸시 에트코프(Nancy Etcoff)는 미국인들이 교육이나 여러 사회 서비스를 구매하는 활동보다 아름다워지기 위해 노력하는 활동에 돈을 더 많이 쓰고 있다고 밝혔다. 미국에서는 매일 립스틱이 약 213만 6960개, 피부 관리 제품이 약 295만 9200병 구매된다. 어림잡아 미국 여성 30만 명이 매년 가슴 확대 수술을 받는다. 버스 진화 심리학 랩이 배우자를 유혹하기 위해 여성들이 가장 흔하게 써먹고 효과 만점인 전술들을 인터뷰로 조사했는데 다수가 외모와 관련된 것들이었다.

- 겉치레하는 법 배우기
- 얼굴 화장
- 다이어트로 몸매 개선
- 최신 유행 스타일의 옷 입기
- 몸치장을 잘하기

- 새롭고, 재미나는 머리 모양 시도하기
- 자신의 외모 자체가 즐거움을 줄 수 있도록 한 시간 이상씩 투자하기
- 머리를 세심하게 다듬기
- 선탠하기
- 귀고리, 목걸이, 기타 보석류를 착용해 외모를 돋보이게 하기

여자들이 자신의 외모를 아름답게 가꾸기 위해 남자들보다 더 빈번하게 화장을 한다고 증언한 사실은 전혀 놀라운 일이 아니다(요즘은 일부 남성도 화장을 한다.). 여자들이 하루에 한 시간 이상씩 자신의 외모에 투자할 확률은 남자의 두 배이고, 나중에 상하더라도 지금 당장 건강하게 윤기가 나는 피부를 얻기 위해 인공이든 자연이든 선탠을 할 가능성은 남자보다 50퍼센트 더 많다. 요즘은 남자들도 자신의 성적 매력을 드높이기 위해 돈과 시간을 많이 투자한다. 그러나 아무리 그렇다고 해도 남녀가 보이는 엄청난 비대칭은 여전하다. 여자들은 외모를 가꾸는 제품과 활동에 남자들보다 거의 열 배나 더 많은 돈을 쓴다.

의식적이건 무의식적이건 여자들은 먼 옛날부터 남자들에게 자신의 매력을 발산하기 위해 패션과 미용 제품을 써 왔다. 여자들은 키가 크고, 더 날씬해 보이기 위해 하이힐을 신고(남자들도 수세기 동안 그랬다.) 작은(그래서 성적으로 끌리는) 허리 대 엉덩이 비율을 두드러지게 하거나 그런 효과를 자아내는 옷을 입는다. 건강하게 빛나는 머릿결을 가꾸기 위해서 두발 관련 제품을 사용하며 번식 능력이 뛰어남을 암시하는 곡선미를 살려서 자신들이 입을 옷을 디자인한다. 이 모든 강화 조치들의 목표는 한마디로 말해 성적으로 매력적으로 보이게 만드는 것이다. 여자들은 이런 개선 조치들을 통해 더 젊어 보이고, 흉터나 흠결 같은 고르지 못한 상태를 가리고, 양호한 건강 상태를 과시할 수 있다.

독신자 술집에 출입하는 여성들을 조사한 연구자들은 이렇게 전한다. "많은 여성이 술집으로 직행하지 않고 먼저 집으로 간다고 얘기했다. '완전히 변신'하려면 어쩔 수 없다는 것이었다. 그녀들은 흔히 목욕을 했고, 머리를 감았으며, 새로 화장을 했고, 집을 나서기 전에 세 번 정도 옷을 갈아입었다. '맵시 있게 치장하는 것이 사내들보다는 우리한테 더 중요하죠. 그들은 우리만큼 외모에 신경 쓰지 않잖아요.'" 외모를 가꾸고 개선하면 싹 수 있는 남자들한테 더 많은 제안을 받게 된다. 골라잡을 수 있는 배우자가 더 많아진다는 얘기다.

여성이 단기적 섹스 파트너를 찾는지, 아니면 장기적 배우자를 물색하는지가 아주 중요하다. 외모를 가꾸고 개선하는 전술은 여성이 장기적 배우자를 유인할 때보다 임시로 가벼운 섹스 파트너를 유혹할 때 더 효과적이었다. 결국 남자들도 다른 특성들, 곧 지능, 인성, 성실, 정절 등을 고려하기 때문에 이는 의심할 바 없는 진실이다. 잠깐 가볍게 만나는 섹스 파트너를 원하는 여성은 자신의 외모를 관능적으로 제시할 가능성이 훨씬 더 많다. 예컨대, 꼭 끼는 옷을 입는 식이다. 목둘레가 깊이 파인 블라우스를 입으면 가슴골이 드러난다. 어깨와 등을 맨살로 드러내는 셔츠도 제격이다. 길이가 짧은 치마를 입으면 늘씬한 다리를 과시할 수도 있다. 섹스 파트너를 찾는 여자들에게는 외모를 관능적으로 꾸미는 것이 많은 경우 아주 효과적인 전술이다. 여자들이 행동으로 관능적인 신호를 보내는 것 역시 남자들의 성 심리에 불을 댕긴다. 허리를 활처럼 구부려 가슴을 도드라져 보이게 하기, 몸을 기울여 가슴골을 조금 더 보여 주기, 평균보다 더 긴 시간 동안 눈 마주침을 유지하기, 걸을 때 나타나는 엉덩이 선회 현상을 과장해서 드러내기, 유혹적 자세로 입술을 핥기. 이 모든 전술은 더 많은 남자들로 하여금 열정을 불사르게 만들며 여자들은 이렇게 후보자군을 늘린 다음 입맛에 따라 고를 수 있다.

　여자들이 자신의 외모를 관능적으로 꾸미는 정도가 배란 주기에 좌우 된다는 사실은 흥미롭다. 적어도 경구 피임약을 복용하지 않는 여성에 한해서는 확실히 그렇다. 진화 심리학자 크리스티나 듀런트(Kristina Durante) 와 동료들은 경구 피임약을 복용하지 않는 여성들에게 생리 주기상 임신이 가능한 때와 임신이 불가능한 때 연구소를 방문해 주도록 요청했다. 듀런트 박사는 매번 여자들의 전신사진을 촬영했고, 그날 저녁 사교 모임에 입고 나갈 만한 옷을 그려 달라고 부탁했다. 배란 중인 여자들은 배란을 하고 있지 않을 때와 비교해 더 섹시하고, 노출이 심한 옷을 입고 연구소를 찾았으며, 마음속에 떠올린 사교 모임에 입고 갈 옷도 노출이 훨씬 더 심했다. 성 관념이 자유로운 여자들(자신들이 성적으로 더 자유롭게 행동하며, 더 많은 파트너와 섹스하고 싶다고 말한 여자들)은 이 배란 효과가 다른 여자들보다 더 현저하게 눈에 띄었다. 듀런트와 동료들은 섹시한 옷을 선망하는 태도의 변화를 통해 가장 매력적인 섹스 파트너를 차지하기 위한 여자들의 경쟁이 배란기에 더 격화됨을 알 수 있다고 주장한다.

　독일에서 수행된 연구들도 비슷한 결과를 얻었다. 독일 연구진은 디지털 사진술을 활용해 여성들이 독신자 술집에 어떤 옷을 입고 가는지 촬영한 다음 면담을 실시했다. 그들은 컴퓨터 프로그램을 사용해 여자들이 선택한 옷으로 인해 드러난 살갗의 비율을 계산했고, 그녀들이 배란 주기상 수정이 가장 잘되는 시기에 노출이 더 심한 옷을 착용하고, 임신이 불가능한 시기에 놓인 여자들보다 피부를 더 많이 드러낸다는 걸 발견했다. 배란 중인 여자들은 번식 성공을 목표로 옷을 차려 입는다. 로스앤젤레스 소재 캘리포니아 대학교의 진화 심리학자 마티 헤이즐턴(Martie Haselton)이 이끄는 연구진도 가임기의 여성은 더 멋지고 세련된 옷을 입으며, 생리 주기상 임신 확률이 낮은 시기의 동일 여성과 비교해 몸의 피부를 위아래로 더 많이 드러냄을 확인했다.

여자들의 소비 행동 양상도 배란 주기에 영향을 받는다. 연구자들은 온라인 쇼핑을 모의로 해 볼 수 있는 프로그램을 만들었다. 이 프로그램은 여자들이 옷, 구두, 속옷, 장신구, 기타 패션 잡화를 구매하는 행태를 추적할 수 있도록 설계되었다. 여자들은 동성의 맞수들과 경쟁하면서 자신의 외모를 돋보이게 하는 데 이런 품목을 활용한다. 배란 중인 여자들은 노출이 심하고, 섹시한 품목들을 구매하는 소비 양상을 보였다. 매력적인 동성의 경쟁자들이 있다고 믿게끔 유도했을 때 이러한 현상은 가장 극적으로 드러났다!

배란 중인 여성이 배우자를 차지하려는 경쟁에서 승리하기 위해 자신의 외모를 관능적으로 꾸민다는 이론을 지지해 주는 연구가 몇 개 더 있다. 여자들은 임신할 확률이 높은 날들에 남자들을 쉽게 만날 수 있는 파티와 클럽에 더 가고 싶다고 증언했다. 여자들은 배란 시기와 그 전후로 주된 짝이 아닌 다른 남자들에게 추파를 던질 가능성이 더 많았다. 심지어 배란 중인 다른 여자들을 덜 매력적이라고 평가하기까지 했다. 진화 심리학자 메리앤 피셔(Maryanne Fisher)는 이 사실을 다음과 같이 해석한다. 여자들은 배란 중인 다른 여자들에게 성적으로 더 경쟁적인 태도를 보이며, 자신의 잠재적인 경쟁자들을 "깎아내리고" 싶은 충동을 느낀다고 말이다. 진화 심리학자 칼 그래머는 디스코텍에 온 여성들을 상대로 인터뷰를 진행했는데 자기 복장이 "섹시하고 대담하다"고 평가한 여자들은 마찬가지로 구체적인 성적 동기를 지명했다. 남자들과 놀고, 섹스 파트너를 찾겠다는 욕구가 바로 그것이다.

진화의 관점에서 보면 여성은 배란 중에 최고의 짝짓기 기회를 얻기 위해 가장 경쟁적으로 행동한다. 짝짓기 결행이 가장 중요해지는 때가 바로 이 시기다. 짝짓기를 잘못하면 가장 혹독한 대가를 치르게 되는 시기, 여성이 배우자로서 갖는 번식 가치가 최고조를 이루는 시기, 가장 매력적인 배우자를 차지하기 위해 경쟁자들을 무찔렀을 때 적응적으로 가장 큰 이득을 누릴 수 있는 시기가 바로 배란기인 것이다.

음란한 것

그러나 자신의 외모를 관능적으로 꾸미는 여자들은 위험을 무릅써야 한다. 성 활동과 관련해 평판이 나빠질 수 있기 때문이다. 우리 연구에 참여한 한 여성은 성 활동 경쟁에서 승리하는 것과 세평을 맞바꿔야만 했다고 실토했다.

어떤 남자한테 몇 달 동안 주도권을 뺏긴 채 이리저리 끌려 다니다가 헤어졌어요. 그래도 꽤 오래 사귀고 난 직후라 …… 자유롭다는 생각이 강하게 들었죠. 그런데 깜짝 놀랄 만큼 잘생긴 남자가 친구를 찾아온 거예요. 아, 이 남자랑 놀고 싶구나, 하는 걸 알았죠. 다른 계집애들도 다 나랑 똑같은 생각을 하면서 시시덕거리지 뭐예요. 그를 가장 많이 원한 건 "기숙사의 암캐"였어요. 결국에 가서는 그 년이 그를 차지할 거라는 게 눈에 빤히 보였죠. …… 그녀가 아무 남자나 후려서 방에 들어가 즐기는 기분을 웬일인지 나도 느껴 보고 싶었습니다. 나는 그 년과 맞장을 떴고, …… 이겼어요. …… (하지만) 그 대가는 컸습니다.

—이성애자 여성, 20세

물론 이런 단기적인 성 활동 경쟁에서 거두는 승리는 문화권에 따라 그 여파가 천차만별이다. 영어 하나만 보더라도 단기적인 성 활동 전략을 추구하는 여성을 경멸적으로 지칭하는 단어가 10여 개에 이른다. 여자들은 그 가운데 하나로 호명되는 불명예를 각오해야 한다. 암캐(slut), 창녀(whore), 매춘부(skank), 바람녀(tart), 행실이 나쁜 년(tramp)은 현대적인 용어들이다. 고풍스러운 단어들도 몇 개 소개해 본다. harlot, hussy, strumpet, wench, bawd, mattressback, window girl, fastfanny, canvasback, hipflipper, breechdropper, trollop, spreadeagle, stump thumper, scarlet woman(한국어 번역은 생략한다. ― 옮긴이) 이런 호명이 다가 아니다. 자신의 성 활동 경쟁자들을 겨냥해 험담을 하고 다니는 여자들이 또 있다. 버스 랩의 한 연구에 따르면 경쟁자를 문란하다고 부르는 것, 경쟁자가 드러눕기를 좋아한다고 다른 사람들에게 알리는 것, 경쟁자에게 옛날 남자친구가 너무 많다고 말하는 것, 경쟁자가 여기저기서 많이 자고 다닌다고 까발리는 것, 경쟁자가 틀림없이 아무하고나 잘 거라고 예상하는 것, 경쟁자가 "단정치 못하다"고 평가하는 것도 성 활동 경쟁의 일부이다.

경쟁자의 성 활동과 관련해 평판을 훼손하는 짓은 아주 구체적인 기능을 담당한다. 다른 여성들에게는 친구로서, 장기적 배우자들에게는 성적 동반자로서 경쟁자가 바람직하지 못하다고 몰아붙일 수 있는 것이다. 번식 활동 경쟁에서 경쟁자가 패배하면 여러 이득을 얻을 수 있다. 경쟁자의 성적 평판을 비난함으로써 그녀의 짝짓기 기회를 제한하면 본인의 짝짓기 기회가 늘어난다. 아 물론, 비난과 공격이 기예의 차원에서 수행되어야만 한다. 버스 랩이 확인한 바에 따르면 경쟁자들의 평판을 훼손하는 전술은 많은 경우 자신은 그 공격과 무관하다는 말법으로 수행되었다. 예컨대, "그 여자가 미식축구 선수단 전부랑 잤다는 얘기를 들었어요."나 "그 여자가 헤르페스를 앓았다는 소문이 있어요." 따위.

성 해방과 평등이 운위되는 이 시대에 이중 잣대가 존재해서는 안 된다고 생각할지도 모르겠다. 여러 여자랑 자는 남자가 평판을 훼손당하는 일은 거의 없다. 마찬가지로 여자가 여러 남자랑 잔다고 해서 그녀의 평판이 먹칠되어서는 안 될 것이다. 그러나, 실상은 그렇지 않다. 이중 잣대는 근절되지 않았을 뿐만 아니라 오히려 남자들보다 여자들에 의해 더 강력하게 집행되는 것 같다. 성 활동과 관련해 여자들이 주고받는 평판을 여러 차례 연구한 진화 심리학자 앤 캠벨(Anne Campbell)은 이렇게 말한다. "목청을 가장 드높이면서 이 규범을 강제하는 것은 여자들 자신이었다." 여자들은 자신의 성적 평판을 보호하기 위해 "걸레"나 "음탕한 년"으로 알려진 사람들과 친구가 되기를 피하며, 노골적으로 외면하기도 한다. 엮여서 "도매금으로 넘어가기"를 원치 않는 것이다. 한 과학자는 이렇게 말한다. "가장 위험한 비밀은 성 행동 및 그에 관한 생각들이다. 가장 친하다는 친구들에게조차 성적 욕망이나 실제의 성 활동을 털어놓는 여성이 극소수인 한 가지 이유는 친구들이 자신을 배반하고, 험담을 하고 다닐 것이 두려워서다. 갈보라는 소문을 퍼뜨리고 다니는 상황은 꿈에도 떠올리기 싫은 것이다. 남자들이 여자들처럼 사회적 지위가 완전히 망가지는 배신을 당할 위험은 상대적으로 더 적다." 경멸적으로 호명당하고, 낙인찍힌 여성은 심각한 곤경에 처한다. 직접 나서서 그 주장들을 반박할 수도 없는 데다가 향후의 짝짓기 기회마저 위협을 받기 때문이다.

승자의 환희

여자들에게는 성 활동과 관련된 평판이 아주 중요하기 때문에 경쟁심에서 섹스를 한다는 생각은 정말이지 직관에 반(反)하는 것이다. 그러나 정복하면서 경험하는 느낌 때문에 기꺼이 섹스를 하는 여성이 일부 존재한다.

고등학교 때는 (성행위 파트너의) 수가 많다는 게 정말 자랑스러웠습니다. …… 섹스하기 직전에 "또 한 놈 낚았다!"고 쾌재를 부르면서 전율을 느끼곤 했죠. 정복의 묘미라고나 할까요.

— 이성애자 여성, 26세

나는 섹스를 재미나는 경험으로 이해하고, 누군가를 만나거나 유혹하면서 느끼는 전율을 즐겨요. 정복의 쾌감은 자극적이고, 흥분되죠.

무언가를 목표로 설정하고, 그걸 달성하고 싶은 때가 있잖아요. 아마 다 그럴걸요. 나 역시 사내를 집으로 끌어들이겠다는 결심을 하고, 그 목표를 성취하면 정복했다는 만족감을 느낍니다.

자랑하고 싶은 것도 동기가 된다. 우리 연구에 참가한 한 여성은 자신의 정복적 성 활동이 특정 경쟁자의 기를 꺾는 방편이 아니라 성적으로 막강하다는 걸 과시하는 수단이라고 말했다.

정말 바보였어요. …… 그렇게 내놓고 게이 행세를 하는 녀석들은 짜증이 솟구치죠. 뻔뻔스럽게 여자들한테 농탕질을 해 대는 꼴이라니. 하는 말도 꼭 그래요. 자기는 여체의 아름다움을 숭배한다나요, 뭐……. 자기네들이 도대체가 뭘하려는지도 모르면서요. 하루 저녁은 술을 좀 마셨는데 그런 녀석 가운데 한 명을 시험해 보았죠. 결국은 같이 잤어요. 그런데 그게 자랑거리가 되겠더라고요. 게이 녀석을 개종시킨 거였으니…….

우리는 자신의 경쟁 활동을 솔직하게 시인하는 여자들이 많음도 확인했다. 그녀들은 섹스 기회를 거머쥘 뿐만 아니라 그 과정에서 다른 여자들을 무찌르고 있었다.

이기고 싶었어요. 고등학교 때 가장 친한 친구는 관심을 보이는 남자들이 끊이지 않았죠. 솔직히 남자들한테는 전혀 흥미를 느끼지 못했지만 그게 성가실 정도로 마음에 걸리더라고요. 해서 시작했죠. 친구보다 더 나은 것은 아닐지라도 친구만큼은 된다는 걸 증명하고 싶었어요. 친구가 마음에 두는 남자를 나도 공략했죠. 그녀가 어떤 남자가 좋다고 얘기했고, 나도 그에게 달려들었어요. 냉큼 섹스를 제안했고, 그를 빼앗았죠. 수업 시간에 책상 아래서 진한 애무를 했고, 벽장과 학교의 후미진 곳에서 삽입 섹스도 했어요.

— 게이/레즈비언 여성, 23세

싸게 먹히고, 위험도 적은 성적 만남을 원하는 남자들의 욕망을 악용할 때 즉석 섹스에 대한 제안은 성공적으로 먹힌다. 이런 습성은 진화적 관점과 임상적 관점 모두에서 상당히 신비롭고 매혹적이다.

게다가 헌신적인 배우자 관계를 목표로 할 때보다 가벼운 섹스를 원할 때 배우자 가치가 높은 성적 파트너를 더 쉽게 유혹할 수 있다. 다음에 제시하는 사례들에서 여자들의 성 활동 경쟁은 당사자가 친구들 사이에서 높은 지위를 차지하도록 해 주는 것 같다.

내 쪽 분야에서 꽤나 유명하고, 인기도 많은 남자랑 섹스를 했습니다. 그 사람과 연애를 하고 싶어서 섹스를 한 건 아니에요. 함께 일하는 여자들 가운데 그 남자에게 관심이 많은 동료들이 꽤 됐죠. …… 다른 여자들이 그와 데이트하고 싶어 한다는 걸 알았어요. 하지만 내가 제일 먼저 그를 차지하고 싶었죠. 다른 여자들한테서 그 남자를 훔쳐 오고 싶었던 거예요. 그와 데이트를 시작하는 순간 섹스를 하게 되리라는 걸 알았어요. …… 다음 날까지 기다릴 필요도 없었죠. 내일이면 다른 여자들이 내가 데이트했다는 걸 다 알 테니까요. 생각이 거기까지 미치자 기분이 날아갈 듯했습니다. 나야말로 그를 가진 유일한 여자였으니까요. 친구들은 나를 몹시 부러워했습니다.

—이성애자 여성, 23세

지금보다 더 어렸을 때는 친구들과 함께 술집에 드나들곤 했죠. 누가 사내를 취하는지를 놓고 벌이는 경쟁 같다는 생각을 항상 했습니다. 술을 마시면서 수다를 떨다가 가끔씩 남자를 꾀어서 집으로, …… 그러니까 동숙인과 함께 사는 아파트로 데려갔어요. 그렇게 집에서 섹스를 하면 친구들이 그날 밤 내가 남자를 취했다는 걸 다 알게 되는 거죠.

—이성애자 여성, 26세

물론 승리의 전율이 단 하룻밤을 목표로 한 경쟁에만 국한되는 것은 아니다. 2008년 가수이자 배우인 제시카 심슨이 댈러스 카우보이스(Dallas Cowboys, 미식축구 팀이다. — 옮긴이)에서 쿼터백으로 활약 중인 남자친구 토니 로모와 공개 석상에 나타났다. "진짜 여자는 고기를 먹는다(Real Girls Eat Meat)"는 문구가 찍힌 셔츠를 입은 채였다. 팬들은 경쟁심을 느낀 심슨이 이런 과시 행동을 통해 로모의 이전 배우자를 빈정댄 것이라고 해석했다. 그녀가 채식주의자였던 것이다.

헌신적인 배우자를 얻으려는 경쟁

여자들은 단기적인 짝짓기뿐만 아니라 장기적으로 헌신하는 관계를 목표로 하는 성 활동에서도 경쟁을 벌인다. 「배철러」와 「배철러레트」의 전제는 당연히 장기적 배우자를 차지하려는 경쟁이다. 그러나 지금까지는 쇼에서 맺어진 커플 가운데 오직 한 쌍만이 결혼했다. 미혼남이 아니라 미혼 여성이 낙점해서 맺어진 쌍이었다.

장기적 배우자를 유혹할 때도 성 활동 경쟁이 노골적으로 전개되는 경우가 많다.

어떤 여자를 만나고 있었어요. 그 여자는 나이도 많고, 부유해서 꽤나 위압적이었죠. 그녀는 나 말고 다른 사람들하고도 데이트를 했는데, 전부 남자였습니다. 그녀가 처음 나를 유혹했을 때는 허락하지 않았어요. 확신이 안 서더라고요. 두 번째는 그녀를 받아들였습니다. 그래야만 그녀를 쟁취할 수 있겠다고 생각했던 거죠.

─게이/레즈비언 여성, 20세

그러나 장기적인 헌신을 확보하기 위한 전략으로 섹스를 하는 것이 성공에 이르기도 하지만 우리 연구에 참여한 몇몇 여성은 그 전략이 먹히지 않았다고 증언했다.

고등학생 때 어떤 남자한테 푹 빠져 버렸죠. 마침내 그도 나를 눈여겨보기 시작했어요. 나는 그의 여자친구가 되고 싶었고, 섹스를 했습니다. 섹스를 하면 그가 (내게) 관심을 보일 거라고 생각했거든요. …… 아니었어요. …… 그는 섹스 때문에 나를 원했던 거였습니다.

─이성애자 여성, 35세

10대 때는 남자애들을 곁에 붙잡아 두려면 섹스를 해야 한다고 생각했어요. 섹스를 해 주지 않으면 나한테 더 이상 흥미를 느끼지 않을 거라고 믿었던 거죠. 몇 번이나 그랬던 것 같아요. 그 순간에는 별 문제를 못 느꼈지만 끝나고 나면 대체로 우울함이 엄습했죠. 의도했던 결과를 달성하지 못하는 경우가 태반이었으니까요.

─이성애자 여성, 33세

성 활동 경쟁에서는 승자가 있으면 반드시 적어도 한 명 이상의 패자가 존재한다. 또, 섹스로 장기적 관계를 맺는 데 성공하지 못하면 많은 여성이 소모품처럼 이용당했다는 생각에 우울해 한다. 3장에서 보았듯이 섹스 중에 옥시토신이 방출되면 기분이 좋고, 정서적 유대감을 느끼게 된다. 기분의 변화도 이런 생리 기제로 설명할 수 있을 것이다. 스웨덴의 생리학자 케르스틴 우브나스 모베리(Kerstin Uvnäs Moberg)의 말을 들어 보자. 옥시토신은 "평정과 유대감 체계"의 일부를 구성한다. "평정과 유대감 체계는 두려움이 아니라 믿음 및 호기심과 연결된다. 또, 분노가 아니라 정다움과 결부된다. 소화 작용이 활성화되면 심장 및 순환계가 느려진다. 평온함과 차분함이 우세해지면 우리는 방어 기제를 이완시킨다. 우리는 주변의 다른 대상에 민감하게 반응하고, 개방적인 태도를 보이며, 흥미를 느낀다." 암수 한 쌍의 관계를 성공적으로 맺을 때는 이런 변화가 아주 쓸모가 있다. 그러나 경쟁적 상황에서 시도한 성 활동이 실패하면 이로 인해 감정적으로 더 고통스러워진다. 일부 과학자는 관계가 끝나 버리면 "옥시토신이 방출되지 않을" 수도 있다고 믿는다. 여자들이 파경 후에 우울증을 느끼는 것도 어느 정도는 호르몬이 이런 식으로 급감하기 때문일 것이다.

눈에는 눈, 이에는 이

단지 여성들이 정복하면서 전율을 느끼거나, 동배(同輩) 사이에서 지위를 향상시키려고 하기 때문에만 성 활동 경쟁이 일어나는 것은 아니다. 가끔은 맞수에게 보복을 가하려 하기 때문에 성 활동 경쟁이 일어난다.

여자 친구들이랑 함께 놀러 갔어요. 그런데 같은 휴양지에 한 무리의 남자애들이 머무르고 있더라고요. 그중 한 명이 마음에 들었습니다. 그런데 함께 온 다른 애도 그 남자를 마음에 들어 하는 거예요. 그 문제로 행동에 나설 필요까지는 없었죠. 그런데 친구들과 대판 싸움이 벌어졌어요. 왜 싸웠는지는 아직도 모르겠습니다. 나는 밖으로 나가서 그 남자에게 추파를 던졌어요. 그때는 아주 어렸고(열여덟 살), 성 경험도 거의 없었죠. 하지만 그 남자랑 자야겠다고 마음먹었어요. 친구에게 복수하고 싶었고, 내가 우리 가운데서 제일 매력적이고 낫다는 걸 증명해 보이고 싶었던 듯해요. 나는 결심한 일을 실행에 옮겼습니다. 친구에게 화가 나 있었고, 내가 이겼다는 생각에 우쭐하기도 했죠.

—이성애자 여성, 26세

어떤 여성은 다른 여자의 이전 파트너와 섹스하면서 복수심을 충족하고, 승리감을 만끽했다.

고등학교 때였는데, 어떤 년이 나를 정말 미워했어요. 그때 내가 그 애 남자친구와 친했거든요. 나를 쫓아다니면서 싸움을 거는데 아주 미쳐 버리겠더라고요. 2~3년 후였을까, 그 애의 이전 남자친구와 잤어요. 뭐, 같은 남자는 아니었고요. 왠지 그 년한테 보복이 될 것 같았어요. 열 받지 않았을까요? 그리고 나서야 사태가 마무리되었다는 느낌이 들더라고요. 결국에는 내가 이겼다는 생각도 함께요.

—이성애자 여성, 22세

지위가 높은 배우자들한테서 단기적 관심을 얻어 내려는 성 활동에서도 경쟁이 벌어진다. 특히 운동선수나 음악을 하는 유명인을 대상으로 치열한 쟁투가 벌어지는데 여기에서는 소위 "베이스 연주자 효과(bass-player effect)"가 발휘돼 그루피(groupie, 록 그룹이나 스포츠 선수단의 뒤를 쫓아다니는 광적인 여성 팬 — 옮긴이)들 사이에서 경쟁적 위계 구도가 형성된다. 베이스 연주자는 일반적으로 무대 뒤쪽에서 연주를 하기 때문에 지위가 더 낮고, 따라서

리드 보컬이나 리드 기타 연주자보다 흔히 성적 매력이 덜한 것으로 여겨
진다. 그러나 록 스타들을 가장 성공적으로 수행해 온 이 짝패들이 "그루
피"라는 용어를 경멸적으로만 사용하는 것은 아니다. 캐머런 크로 감독의
2000년도 영화 「올모스트 페이머스(Almost Famous)」에는 케이트 허드슨이
연기한 페니 레인이라는 여성이 나온다. 페니 레인은 크로 감독이 잘 아는
실제의 "초대박 그루피" 두 명을 모델 삼아 형상화한 인물로 한 명은 실제
로도 이름이 페니 레인이고, 다른 한 명은 베베 뷰엘이다. 실제의 페니 레인
은 자신이 그루피라는 걸 인정하지 않는다. "밴드의 조력자"라는 것이다.
뷰엘 역시 "뮤즈(muse, 그리스 신화에서 학예, 시가, 음악, 무용을 관장하는 아홉 여신의 하나
— 옮긴이)"라는 용어를 선호한다. 자신이 음악가 엘비스 코스텔로 및 에어
로스미스의 스티븐 타일러와 성적으로 꽤 오랫동안 관계를 맺었음을 강조
하고 싶은 것이다. 뷰엘은 유명한 록 스타들과 성적으로 어울리면서 유명
세를 탔을 뿐만 아니라 딸까지 낳았다. 스티븐 타일러와의 사이에서 태어
난 영화배우 리브 타일러가 그 주인공이다. 여자들이 아주 매력적인 남자
들과 섹스를 함으로써 얻는 유전적 이득을 구현한 살아 있는 화신이 어쩌
면 리브 타일러인지도 모른다.

　음악계에는 그루피들이 지천으로 널려 있다. 수십 개의 밴드가 그녀들
을 노래했을 정도다. 비틀스의 「쉬 케임 인 스루 더 배스룸 윈도(She Came In
Through the Bathroom Window)」는 폴 매카트니의 집을 침입한 그루피 얘기다
(어쩌면 노래로 불리며 불멸의 지위를 얻는 것이야말로 자신이 그루피임을 궁극적으로 인증받는, 일
종의 작위 수여일 것이다.). 성 활동 무대에서 자신이 거둔 정복의 전과를 널리 알
리는 폭로물을 써서 더 한층의 지위 향상을 노리는 여자들도 있는 것 같다.
록 스타를 쫓아다닌 또 다른 초대박 그루피 파멜라 데 바레스는 네 권의
책을 썼고, 1960년대 로스앤젤레스 음악계에 드리운 난잡한 밤의 세계를
전하는 비공식 대변인으로 자리매김했다. 그중의 한 권 『함께 이 밤을(Let's

Spend the Night Together)』은 제목도 딱인 것 같다. 그녀는 록 음악의 전설들인 도어스의 짐 모리슨, 레드 제플린의 지미 페이지, 롤링 스톤스의 믹 재거와 동침했다고 주장한다. 카르멘 브라이언의 회고록『비밀은 없어: 나스에서 제이-지까지 유혹과 스캔들 — 힙합계 트로이의 헬렌이 들려주는 온갖 이야기(*It's No Secret: From Nas to Jay-Z, from Seduction to Scandal — a Hip-Hop Helen of Troy Tells All*)』에는 그녀가 래퍼 나스 및 나스의 맞수 제이-지는 물론이고 NBA의 포인트 가드 앨런 아이버슨과 연애했다는 얘기가 나온다. 카르멘은 나스와의 사이에서 딸을 낳았고, 앨런 아이버슨은 책에서 이렇게 묘사했다. 그는 "군살이 없는, 근육질의 …… 전사"였다.

그루피든 같은 사회 집단에 속한 무리든 성 활동 경쟁에서 승리하는 여성은 다양한 이득을 누리게 되고, 경쟁 관계는 더욱더 긴박해진다. 여자들이 보기에 바람직한 남자는 눈을 씻고 찾아도 거의 없기 때문이다.

남자들이 한 명 이상의 아내를 둘 수 있는 일부다처제 사회에서는 가장 매력적인 남자들은 흔히 아내를 여럿 거느린다. 많은 여성이 지위가 낮은 남자의 유일한 아내가 되기보다는 지위가 높은 남자의 두 번째 내지 세 번째 아내가 되고자 한다. "일부다처제의 문턱 가설(polygyny threshold hypothesis)"로 이를 설명할 수 있다. 아내가 한 명도 없는 가난한 남자의 자원을 몽땅 취할 때보다 이미 아내를 여럿 거느린 부유한 남자의 자원을 3분의 1이나 절반 정도만 확보해도 결과적으로 여성이 자원을 더 많이 획득하게 된다는 게 "일부다처제의 문턱 가설" 내용이다.

일부일처제 문화에서 여자들은 완전히 다른 문제에 직면한다. 가장 매력적인 남자들은 이미 다른 여자들과 배우자 관계를 형성하고 있을 것이다. 문화적 관습과 대다수 종교의 규범들도 이런 "바람직한" 남자들에게 접근하는 것을 차단한다. 사회 일반이 바람직하지 못한 행위라고 지탄하지만 이 난관을 타개하는 방법을 쓰는 여자들이 일부 존재한다. 배우자 빼앗기 전략을 해결책으로 사용하는 것이다. 이미 임자가 있는 배우자를 유혹해 기존의 짝한테서 떼어 내는 것이 바로 배우자 빼앗기이다. 물론 남자들도 배우자를 빼앗는다.

배우자를 빼앗는 관습이 장기적 암수 한 쌍의 관계가 출현한 시기로 거슬러 올라간다는 것은 틀림없는 사실이다. 문자로 기록된 최초의 배우자 빼앗기는 성서에 나온다. 다윗 왕과 밧세바 이야기가 바로 그 내용을 전하고 있다. 다윗 왕이 어느 날 이웃집의 지붕 위에서 목욕 중이던 매혹적인 밧세바를 목격하게 된다. 그녀가 우리아라는 남자와 이미 결혼했다는 사실은 다윗 왕에게 불행하기 이를 데 없는 소식이었다. 그러나 다윗은 단념하지 않았다. 그가 왕이라는 사실도 확실히 보탬이 되었다. 그는 밧세바를 유혹해 임신시킨다. 다윗의 다음 조처는 그의 성적 맞수 우리아를 영원히 제거하는 것이었다. 다윗은 우리아에게 출진을 명하고는 부대의 퇴각을 명령한다. 우리아는 그 때문에 치명적인 위험에 노출된다. 다윗 왕은 우리아를 확실히 저 세상으로 보내 버린 다음 밧세바와 결혼해 자식을 넷 낳는다.

배우자 빼앗기 관행이 아주 오래되었음에도 불구하고 이 말이 인간의 짝짓기를 다루는 과학 문헌에 등장한 것은 1994년에 이르러서였다. 인간의 배우자 빼앗기를 연구한 최초의 과학 문헌이 발표된 것도 무려 2001년이었다. 버스 랩이 수행한 이 연구에 따르면 미국 남성의 60퍼센트, 미국 여성의 53퍼센트가 다른 누군가의 배우자에게 헌신적인 관계를 맺자고 유혹해 본 적이 있다고 실토했다. 그 시도의 절반이 실패했음에도 불구하고 절반은 성공했다.

배우자를 빼앗겠다는 사람들 중에는 섹스만 원하는 이들도 있다. 성적으로 짧게 만나는 게 목표인 경우는 성별에 따른 차이가 더 컸으며, 남자들을 긍정적으로 비추지 못했다. 남성의 꼬박 60퍼센트가 이미 짝이 있는 여성에게 성적으로 만나자고 유혹했다고 응답했다. 반면 여성은 38퍼센트가 비슷한 행동을 했다고 답변했다. 그러나 이것도 상당한 수치이다. 우리 연구에 참여한 한 여성은 자신이 수행한 바 있는 배우자 빼앗기를 이렇게 소개한다.

> 어렸을 때죠. 친구의 남자친구를 좋아했어요. 그런데 또 다른 친구가 나를 부추겼습니다. "(그 애) 남자친구랑 섹스해 버려." 나는 대꾸했죠. "그런 소리 마. 네가 자꾸 그러면 나도 어떻게 될지 몰라." 어느 날 밤 두 사람이 사는 집에 갔는데, 친구가 없더라고요(사실 그때쯤에 그녀가 집에 없다는 걸 알고 있었습니다.). 1분쯤 그와 얘기를 나누었을까요 …… 그가 상황을 주도하기 시작했죠. 나에게 키스를 하고, 만지고요. 우리는 거실에서 섹스를 했습니다. 기분이 좋았어요. 친구의 남자를 취했다고 생각하니 우월감이 느껴졌죠.
>
> —이성애자 여성, 27세

배우자를 빼앗는 사람들에게 가끔씩 사회적 오명이 따라붙기 때문에 위에서 인용한 수치는 아마도 사태의 실상을 적게 추산하고 있을 것이다. 다른 사람이 자기에게 기존의 관계를 팽개치라고 유혹했다는 증언이 두 성별 모두에서 훨씬 더 많은 비율을 차지하는 것만 봐도 이를 잘 알 수 있다. 남성의 93퍼센트, 여성의 82퍼센트가 기존의 관계를 청산하고 장기적으로 헌신하는 관계를 맺자는 유혹을 받아 봤다고 답변했다. 잠깐 동안 정사를 나누자는 유혹의 경우는 그 수치가 남자는 87퍼센트, 여자는 94퍼센트였다.

진화 심리학자 데이비드 슈미트도 가장 포괄적인 배우자 빼앗기 연구를 통해 비슷한 양상을 확인했다. 그의 연구는 53개 나라 1만 6964명을 대상으로 했다. 물론 배우자 빼앗기 비율은 문화권에 따라 약간씩 다르게 보고되었다. 이스라엘, 터키, 레바논 같은 중동 국가들이 더 높았고, 일본, 한국, 중국 같은 동아시아 국가들은 더 낮았다. 그러나 조사된 문화권 전체에서 상당히 많은 수가 배우자를 빼앗으려고 시도했음을 고백했다. 많은 국가에서 여성의 성애가 아랍의 풍습과 이슬람의 율법으로 제약을 받고 있는 중동이라면 배우자 빼앗기에 나서는 여성이 소수일 거라고 예상해 볼 수 있을 것이다. 그러나 남성의 약 64퍼센트, 그리고 여성의 54퍼센트가 다른 사람의 유혹에 넘어갔다고 실토했다. 전 세계적으로는 남성의 12퍼센트, 여성의 8퍼센트가 각자의 현행 파트너가 처음 만났을 때 다른 사람과 연애 중이었다고 응답했다.

배우자를 빼앗으려는 사람들이 목표 대상 커플의 삶에 침투해 신뢰할 수 있는 친구로 행세하는 경우도 있다. 그들은 정서적으로 친밀하게 지내다가 때가 되면 마각을 드러내면서 배우자를 빼앗는다. "친구"가 짝짓기 경쟁자가 되는 경우가 허다하다. "비슷한 배우자들"끼리 끌리는 동류 결혼 원리를 상기하면 그 이유를 깨달을 수 있다. 우리가 선택하는 친구들은 대개가 우리와 관심사 및 가치를 공유한다. 그런 친구들은 바람직한 자질들도 우리와 똑같이 보유하는 경우가 많다. 사람들은 선택적 동류 우정을 나누기 때문에 친구들의 배우자에게 성적으로 끌릴 확률이 평균 이상이다.

배우자를 빼앗는 사람들은 배우자 쌍의 관계에 균열을 내고 쐐기를 박는 일에 능숙한 경우가 많다. 배우자를 빼앗는 흔한 방법 가운데 하나로 현행의 배우자가 바람을 피우고 있다거나 나쁜 길에 빠진 것 같다고 암시하는 기술이 있다. 파트너나 둘의 관계에 결함이 있다고 지적하는 것도 한 방법이다. 예컨대, 배우자를 빼앗고 싶어 하는 여성이 다른 여자와 관계를 맺고 있는 남자에게 파트너의 태도가 별로라고 흘리는 식이다. 공격 목표의 자부심과 바람직한 상황에 대한 인식을 북돋는 사람들도 있다. 그들은 이런 말들을 한다. "당신은 그녀한테는 과분합니다." "당신은 더 나은 사람을 만나야 해요." 배우자를 빼앗는 사람의 목표는 배우자 가치를 놓고 기존의 커플이 갖고 있는 서로의 인식에 차이를 만들어 내는 것이다. 그렇게 하면 공격 목표가 기존의 관계에 헌신하는 것을 저하시킬 수 있다. 배우자를 빼앗는 사람 가운데 일부는 가만히 기다리고 있다가 기존의 배우자 쌍이 싸우면 치고 들어간다.

특히나 간교한 배우자 빼앗기 형태로 소위 "미끼 유인(bait and switch)" 전술이라는 게 있다. 배우자를 빼앗겠다는 여성이 공격 목표인 남자에게 "공짜 섹스"를 허락한다. 아무런 조건도 달지 않고 놀아나는 것이다. 두 가지 결과를 예상할 수 있는데, 배우자를 빼앗겠다고 작심한 여성에게는 둘 다 이롭다. 남자의 기존 파트너가 배우자의 부정을 알아 버리는 게 그 하나다. 버스 랩은 배우자를 빼앗겠다고 나선 여성이 남편을 꾀어서 섹스한 후 소파에 일부러 귀고리를 흘려놓고 간 경우도 만났다. 아내가 자신의 집에서 다른 여자의 귀고리를 발견하면서 부정이 들통 났고, 결혼은 종지부를 찍었다. 그렇게 해서 무주공산의 남자를 차지할 수 있게 된 것이다. 다른 결과는 단기 밀통(密通)이 장기 연애 관계로 대체되는 것이다. 이 관계는 은밀할 수도 있고, 의도적이 아닐 수도 있다. 배우자를 빼앗는 사람은 의식적으로 기회를 포착해 목표한 대상과 감정적이고 육체적인 관계를 맺기도 하지만 자기도 모르게 그렇게 하는 경우도 있다. 어느 순간 표적인 배우자도 끌림이 사랑으로 변해 버렸음을 깨닫는 것이다.

여자들이 흔히 자신들의 성 활동 경쟁을 경쟁자들로부터 숨기려 한다는 점이 여성의 성 활동 전술로서 배우자 빼앗기를 대단히 흥미롭게 만든다. 그렇게 하지 않는 여성은 보복을 당할 위험에 처하거나(이를 테면, 성적 평판이 훼손당하는 식으로) 목표한 배우자를 차지하지 못할 수도 있다. 이런 면에서 배우자 빼앗기는 노출이 많은 옷을 입거나 식별 가능한 성적 신호를 보내는 등 공공연한 과시 행동을 수반하는 다른 형태의 성 활동 경쟁과 다르다. 여자들이 배우자 빼앗기와 결부된 위험을 최소화하려고 각고의 노력을 다함에도 불구하고 그것은 여전히 언제라도 위험에 처할 수 있는 짝짓기 전술이다.

뜻하지 않은 곳에서 이 사실을 분명하게 확인할 수 있었다. 버스 랩은 평범한 사람들이 겪는 살인 환상을 연구했는데 엄청나게 많은 사람이 살아가면서 적어도 한 번 이상 생생한 살인 환상을 경험한다는 걸 발견하고 깜짝 놀랐다. 조사 대상 인원이 5,000명이 넘었는데 남자의 91퍼센트, 여자의 84퍼센트가 적어도 한 번 이상 살인 환상을 경험했다고 응답했다. 다양한 형태로 수행되는 성 활동 경쟁이 두 성별 모두가 살인을 상상한 주된 이유였다.

구체적인 사례를 하나 들겠다.

남자친구는 케이트 모스가 예뻐 죽겠다는 얘기를 입에 달고 삽니다. 사실인즉 슨, 그 여자는 피골이 상접한 말라깽이에다가 마약에 중독된 개잡년이죠. 어떤 방법으로 그 년을 죽이려고 생각했는지 아세요? 철사로 만든 옷걸이로 눈을 관통해 뇌를 찔러 죽이는 거예요. 그 다음에는 그 년의 말라비틀어진 몸뚱이를 내 옷장에 걸어 놓고, 남자친구 놈을 불러서 별로 멋지지 않다는 걸 보여 주는 거죠.
—이성애자 여성, 20세

케이트 모스가 실제로 이 여성의 성 활동 경쟁자일 리는 없다. 그러나 현대를 살아가는 남녀는 미디어가 쏟아 내는 유명인들의 이미지를 십자포화로 얻어맞으며 때때로 해로운 결말을 맞기도 한다. 매력적인 여자들의 사진에 반복적으로 노출된 남자들은 보통 수준의 파트너들을 덜 사랑하고, 덜 헌신했다. 포르노를 즐겨 보는 남자들은 섹스 파트너들의 겉모습과 성행위 능력에 만족하지 못하는 경우가 많았다. 매력적인 여자들의 사진에 반복적으로 노출된 여자들은 자존감에 상처를 입었다. 메리 슈미크는 《시카고 트리뷴(*Chicago Tribune*)》에 실린 「자외선 차단제를 바르자(Wear Sunscreen)」라는 제하의 칼럼에서 이렇게 말했다. "여성지를 보지 마세요. 당신이 못생겼다는 생각만 들게 하는 괴물이니까요." 대다수의 여성은 잡지 표지 모델들과 문자 그대로 경쟁 관계에 있는 것은 아니지만 실상을 들여다보면 멋진 모델과 영화배우 들이 평범한 여자들의 자존감을 깎아내리고, 배우자들의 사랑과 헌신을 갉아먹음으로써 그녀들의 경쟁자가 되고 있다. 우리의 심리 세계에서 인간은 성 활동과 관련해 실제의 경쟁자들은 물론이고 상상의 경쟁자들에게도 둘러싸여 있다.

배우자 빼앗기의 목표가 복수인 경우

물론 섹스를 동원해 남자를 유혹해서 기존의 관계를 파탄 내는 시도는 실패하기도 한다. 다른 여자들은 배우자 밀렵꾼으로 알려진 여자들과 사귀는 걸 조심스러워 한다. 배우자를 빼앗는 데 실패한 여성은 "정부(情婦)" 내지 남자의 "바람 상대"로 알려질 수도 있다. 여성이 원하는 배우자를 유혹해 기존의 반려자한테서 떼어 내는 데 성공한다고 해도 빼앗아 쟁취한 짝이 자기에게 얼마나 충실할지는 또 다른 불안 요소이다. 요컨대 당신이 누군가를 섹스로 유혹해 헌신적인 관계를 망가뜨리는 데 성공했다면 이 사실이야말로 그 남자가 외부의 성적 접근에 쉬이 굴복하는 존재라는 직접 증거인 셈이다!

여자들은 보복 전술로 섹스를 하기도 한다. 배우자를 빼앗긴 앙갚음으로 배우자 밀렵꾼의 파트너와 섹스를 감행하는 것이다. 우리의 연구에 참가한 여성들은 배우자를 빼앗아 간 여자뿐만 아니라 몰래 바람피우는 배우자에게 복수하기 위해 섹스를 했다고 증언했다. 두 경우 모두에서 그 대상은 여자의 가장 친한 친구였다.

> 남편이 나의 가장 친한 친구랑 바람을 피웠어요. 나도 그 애 남편이랑 3개월간 놀아났죠. 죄책감은 전혀 없어요.
>
> —이성애자 여성, 44세

> 끝난 남자친구랑 섹스를 했어요. 나는 달랐지만 그가 나를 여전히 좋아한다는 걸 알고 있었죠. 이전 남자친구가 가장 친한 친구랑 데이트를 시작했는데, 그 놈이랑 그 년 모두에게 앙갚음을 하고 싶었어요.
>
> —이성애자 여성, 22세

여자들은 배우자를 빼앗겠다고 달려드는 여성의 유혹에 넘어가는 성적 동반자들에게도 섹스로 응징한다. 이 절차에서는 강탈자가 아니라 온전히 배우자에게 비난을 집중하는 것이다.

> 파트너가 나 몰래 한 번 바람을 피웠어요. 나도 그 사람 몰래 바람을 피우면 우열이 없어지겠다고 생각했죠. 어느 날 밤 친구 몇몇과 놀러 나갔는데, 우연히 고등학교 때 친구를 만난 거예요. 우리는 섹스를 했죠. 그 이는 모르지만 나는 복수한 기분이 들었습니다.
>
> —이성애자 여성, 34세

섹스로 복수를 하면서 유달리 즐거워하는 여성도 일부 있었다.

> 전 남자친구는 정말이지 짜증이 제대로였어요. 관계를 끝내고는 그의 친구랑 섹스를 해 버렸죠. 재미있었어요. 그가 화낼 걸 생각하니 즐겁더라고요.

몇 년 전에 남편이 몰래 바람을 피웠어요. 딸을 낳고 나서 몸이 굉장히 비대해
졌는데, 정말이지 기분이 비참했습니다. 나는 6개월 만에 살을 뺐고, 그의 가장
친한 친구랑 바람을 피웠어요. 그가 나를 속였을 때와 똑같은 만족감을 나 역시
느꼈습니다.

복수를 위해 섹스하는 많은 사례에서 이전 파트너의 가장 친한 친구와
자는 행위가 포함된다는 사실은 복수(이 경우 배우자 밀렵꾼이 성공하도록 내버려 둔
것에 대한 보복인 셈이다.)가 즐겁고 기쁘게 이루어짐을 시사한다. 이러한 복수는
매력적인 섹스 파트너를 차지하기 위해 다른 여자들과 경쟁하는 것이나 바
람직하고 헌신적인 배우자를 유혹하는 다툼, 시각 미디어 때문에 등장한
가공의 경쟁자들에게 느끼는 적개심, 성적 침입자들의 방심할 수 없는 위
협과 마찬가지로 다양한 성 활동 경쟁의 한 양상이다. 인류사를 통해 성 활
동 경쟁의 여러 문제들이 거듭해서 나타난 탓에 진화는 여성이 그 문제에
맞서 싸울 수 있도록 강력한 방어 기제를 만들어 냈다. 그런 방어 기제 가
운데 하나가 매우 유해한 감정인 성적 질투이다. 다음 장에서 이 주제를 살
펴보도록 하자.

자네는 내가 평생 질투나 하며 살 거라고 생각하나?

달이 차고 이울 때마다

매번 새롭게 의심할 거라고 보나? 천만에.

일단 의심이 들면 그 자리에서 해결하는 게 나라고.

—「오셀로(Othello)」, 윌리엄 셰익스피어

성적 겨루기는 경쟁자(rival)들 사이에서 벌어진다. 라이벌의 라틴어 어원을 따져보면 다른 사람과 같은 강물을 사용한다(또는 사용하려고 애쓴다)는 의미이다. 실제로 로마 제국에서는 강이 커다란 희생을 치르고라도 지켜야만 하는 필수적인 자원이었다. 운송, 정보 교환, 무역 활동을 가장 효과적으로 수행할 수 있게 해 주는 수단이 바로 강이었다. 강은 관개와 위생과 총체적 생명 활동의 원천이었다. 마찬가지로 여자들도 다양한 심리적·육체적·진화적 목표를 달성하기 위해 섹스를 활용하며 그 와중에 때때로 매력적인 파트너 한 명을 사이에 두고 성적으로 경쟁하기도 한다.

이 장에서 우리는 경쟁적 적대 관계가 방어 태세로 전환되면 무슨 일이 일어나는지 알아볼 것이다. 질투(그리고 배우자에게서 질투를 유발하는 것도)는 여자들이 성 행동에 나서는 원인 가운데 하나이다. 우리 연구에 참여한 한 여성의 말을 들어 보자.

한 남자랑 여섯 달이 넘게 (데이트는 하지 않고) 잠만 잤어요. 하루는 파트너와 파트너의 제일 친한 친구, 나 이렇게 셋이서 술을 마셨죠. 남자친구가 곯아 떨어졌고, 그의 제일 친한 친구가 나를 "유혹했어요." 나는 그와 섹스하기로 결심했죠. 다른 사람들이 나를 원한다는 걸 남자친구도 알아야 했어요.

—이성애자 여성, 19세

질투의 수수께끼

사회 과학자들은 성적 질투의 존재 이유를 놓고 수십 년 동안 골치를 앓아 왔다. 질투는 유치한 감정이고, 성격 결함이며, 자부심이 낮음을 표지한다는 것이 오랫동안 유지되어 온 전통적 견해이다. 1930년대 초반에 유명한 인류학자 마거릿 미드(Margaret Mead)는 질투가 상처받은 자존심에 지나지 않는다고 단정했다. "질투는 얼마나 사랑하는지를 알려 주는 지표가 아니다. 그것은 연인이 얼마나 불안정한지를 알려 줄 뿐이다. …… 질투는 부정적이고, 비참한 감정 상태이며, 불안감 및 열등감의 기원이다." 다른 연구자들도 질투는 손상된 자부심 및 "재산" 손실이나 침해를 두려워하는 데서 주로 기인한다고 주장하면서 미드와 견해를 같이했다. 이런 견해를 옹호하는 사람들은 질투가 문화의 산물이기 때문에 문화권에 따라 큰 차이를 보인다고 흔히 믿는다.

스펙트럼의 다른 쪽 끝에서는 진화 심리학자들이 성적 질투가 고도로 기능적인 적응이라는 의견을 내놓았다. 이 견해에 따르면 질투는 소중한 관계가 위협을 받을 때 촉발되는, 진화된 감정이다. 낭만적 연애 관계에서 위협은 관계 바깥에서 침입해 들어올 수 있다. 예컨대, 배우자 밀렵꾼이 당신의 짝을 성적으로 도발하거나 당신의 짝을 유혹해 관계를 파탄 내려고 시도하는 것처럼 말이다. 배우자가 성적 부정의 단서를 신호하거나 결별하자는 의사를 표현하는 것도 위협의 또 다른 내용이다. 연애 관계 자체의 역동성에서도 위협이 발생할 수 있다. 예컨대, 다툼 끝에 불화가 생기고 신뢰가 깨지는 경우, 한쪽 배우자의 삶의 조건이 바뀌면서 두 사람의 매력 정도가 어긋나게 되는 경우 등등. 바로 이럴 때 질투가 기능하기 시작한다. 사람들은 위협을 감지하고, 위협의 원인에 주목하고, 위협을 배제하는 행동에 나선다.

일반적으로 불안정한 사람일수록 배우자에게 더 의존한다. 두 사람의 관계가 더 크게 위협받을수록 질투 감정도 더 강렬해진다. 우리 연구에 참여한 여성 여럿이 질투를 느껴서 섹스를 했다고 진술한 내용도 이런 설명과 부합한다. 그녀들은 자부심이 낮았던 게 그렇게 행동한 원인이었다고 언급했다.

어떤 사람이랑 계속 만나고 있었어요. 사실을 말하자면 나랑 막 헤어진 사이였죠. 내 기분은 엉망이었고, 거부당했다는 생각에 자부심에 상처를 입었어요. 일주일 후쯤 나는 소개팅을 했고, 섹스까지 했습니다. 그러고는 계속 만나던 그 여자에게 소개팅 얘기를 했어요(우린 여전히 친구 사이였거든요.). 그녀가 질투하도록 만들고 싶었던 거죠. 나는 그녀의 질투심을 조장하기 위해 섹스한 여자가 매력적이라고 생각하지 않았어요. 내게 증명할 게 있다는 생각이 안 들었다면 그녀와 섹스하지도 않았을 겁니다.

—게이/레즈비언 여성, 21세

기분 좋게 얘기할 만한 내용은 아니죠. 맞아요. 자랑할 만한 얘기는 아닙니다. 하지만 막 헤어지고 나서 자부심이 바닥이었을 그 시절에는 섹스를 하면서 연애했던 사람을 생각했어요. 이런 식이었죠. "그가 나를 보면 무슨 생각을 할까, 질투하지는 않을까, 우리가 계속 만나기를 소망하지는 않을까?" 꽤나 애처로운 생각이죠. 내가 타인을 극복하지 못했다는 분명한 증거에요.

—이성애자 여성, 19세

질투를 촉발하는 것과 사람들이 질투에 반응하는 양상은 문화권에 따라서 비슷하기도 하고 다르기도 하다. 과학자들은 한 연구에서 7개 나라 대학생 2,000명 이상을 면담했다. 미국, 에이레, 멕시코, 헝가리, 네덜란드, 구소련, 구유고슬라비아의 대학생들은 각자의 성적 동반자가 다른 사람과 다양한 행동을 하는 것을 목격할 때 어떤 기분이 들 것인지에 관해 응답했다. 그들은 관계를 침해하는 다양한 사례들, 곧 추파(한눈팔기), 키스, 춤추기, 포옹, 섹스, 성적 공상을 떠올려 보도록 요청받았다. 어떤 행위들, 곧 추파, 키스, 섹스는 모든 문화에서 강렬한 질투를 불러일으켰다. 다른 행위들, 곧 춤추기, 포옹, 성적 공상은 모든 문화에서 일반적으로 더 약한 정서 반응을 불러일으켰다.

그러나 질투를 불러일으키는 것들이 문화에 따라서 흥미로운 차이를 드러내기도 했다. 예컨대, 미국인들은 배우자가 다른 사람을 껴안는 것에 별로 구애받지 않았다. 반면 헝가리인들은 포옹을 상상하는 것만으로도 엄청나게 화를 냈다. 슬로바키아 사람들은 추파를 강렬하게 질투했지만 배우자의 성적 공상과 타인에게 키스하는 행위에는 가장 덜 화를 냈다. 네덜란드인들은 키스, 포옹, 춤추기를 당연한 일로 받아들였다. 그러나 다른 사람을 성적으로 공상하는 배우자는 경계경보를 발하는 존재다. 함께 조사된 다른 국가들과 비교할 때 소련 사람들은 타인과 춤추는 행위에 가장 화를 냈다.

여러 문화에 걸쳐 질투를 조사한 연구들은 성적 부정이 다음의 조건들에서 위협적으로 비칠 가능성이 가장 많다는 사실을 보여 주었다. 1) 우정, 지위, 생존을 위해 결혼이 필요한 경우, 2) 혼인 관계 밖에서 섹스를 하기가 어려운 경우, 3) 재산이 사적으로 소유되는 경우, 4) 아이를 갖는 게 대단히 소중하고 높이 평가되는 경우. 심리학자 일레인 하트필드가 기술한 두 부족의 상황을 통해 이런 조건들이 도대체 어떻게 구현되는지를 생생하게 알 수 있다. 암마살릭 에스키모는 생존에 필요한 모든 것, 곧 음식, 의복, 주거지, 각종 도구를 전부 만들어 내야만 했다. 그들은 완전히 자급자족적이었고, 생존하려면 서로에게, 특히 유능한 배우자에게 의존해야 했다. 암마살릭 에스키모는 질투가 극단적인 것으로도 유명하다. 성적 경쟁자가 생존에 위협이 되기도 한다는 사실을 고려하면 그리 놀라운 일도 아니다. 인도의 토다 족은 암마살릭 부족과 확연하게 대비된다. 사유 재산이 없는 씨족 경제가 토다 부족의 토대인데 씨족 성원들은 할 일을 나눠 맡아서 수행하고, 섹스는 내키는 대로 할 수 있다. 토다 족은 결혼을 필수적 의무가 아니라 호사라고 생각했다. 그들에게 가장 보편적인 결혼 행태는 "우애적 일처다부(fraternal polyandry)"라고 하는 것이었다. 결혼하는 여자가 남편의 형제 전부한테 아내가 된다는 의미이다.

미국에 거주하는 다양한 민족 집단의 성원 2만 5000명을 조사한 연구는 대다수의 질투 반응이 비슷하다는 걸 발견했다. 그들은 사랑하는 사람이 다른 사람과 함께 하고 있다는 강박에 사로잡혀 괴로워했다. 그들은 두려운 나머지 증거 수집에 나섰다. 사랑하는 사람의 전화 통화를 엿들었고, 미행했고, 경쟁자로 추정되는 사람의 이름이나 전화번호를 알아내려고 개인 소지품을 뒤졌다.

질투 행동은 그 일부가 비합리적임에도 불구하고, 증거로 볼 때, 근본적인 수준에서 적응적 타당성을 갖고 있는 듯하다. 다음의 경우를 보도록 하자.

명백히 남편의 질투에는 합리적이지 못한 부분이 있다. 크리스마스트리 장식등은 동조해 깜박이지 않았다. 그러나 남편이 혐의를 두고 있던 내용은 사실로 드러났다! 그의 아내가 실제로 열렬하게 연애를 하고 있었던 것이다. 그것도 남편이 의심한 이웃과 말이다. 일부 심리학자는 질투가 감정의 지혜라고 제안한다. 진짜든 잠재적이든 연애 관계가 위협을 당하면 질투 기제가 활성화된다. 직접적인 위협뿐만 아니라 위협이 스멀거릴 때에도 질투의 불꽃이 타오른다. 예컨대, 배우자가 더 이상은 섹스하려고 하지 않는다는 것을 깨닫는 경우 등이 후자에 해당한다.

부정과 배신은 많은 경우 철두철미하게 은폐되기 때문에 그것을 감지하는 것도 흔히 개연적으로 관계가 있는 단서들에 기초할 수밖에 없다. 불이 안 났지만 연기만으로도 화재 경보가 발령되는 것처럼 질투하는 사람들은 심리학자 폴 에크먼(Paul Ekman)이 명명한 "오셀로의 오류(Othello's error)"를 범한다. 에크먼은 자신의 저서 『감정의 실체를 밝힌다(*Emotions Revealed*)』에서 셰익스피어의 희곡에 나오는 오셀로와 데스데모나 이야기를 꺼낸다. 오셀로가 데스데모나에게 간통과 배신을 자백하라고 요구하자 그녀는 그의 경쟁자로 간주되는 존재인 카시오를 데려와 대질시켜 줄 것을 청한다. 이에 오셀로는 자기가 카시오를 이미 죽였다고 말한다. 데스데모나가 그 소식에 비통함을 숨기지 않자 오셀로는 그녀가 죽은 애인을 애도하는 것이라고 추정한다. 에크먼은 이렇게 말한다. "오셀로의 착오는 데스데모나의 기분을 알아채지 못한 게 아니었다. 그는 그녀가 괴롭고, 두려워한다는 것을 알았다. 오셀로의 오류는 감정들의 출처가 하나뿐이라고 믿었다는 데 있다. 그는 데스데모나의 비통함이 애인으로 추정되는 자가 죽었다는 말을 들었기 때문이라고, 그녀의 두려움이 배신을 저지른 불충한 아내의 공포라고 판단했다. 오셀로는 데스데모나의 괴로움과 두려움이 다른 원인에서 비롯한 것일 수도 있음을 고려하지 않고, 그녀를 살해한다. 그녀의 괴로움과 두려움은 질투가 심한 남편이 자신을 죽이려 한다는 걸 눈치 챈 무고한 아내의 반응은 아니었을까? 그녀가 자신의 무고함을 입증할 방법이 전혀 없다는 걸 순간적으로 간파했기 때문은 아니었을까?"

가장 극단적인 질투 반응은 배우자를 처절하게 응징하거나 살해하는 것이다. 이전 장에서 살펴본, 경쟁자들을 겨냥한 복수라는 동전의 다른 면인 셈이다. 남자가 질투심에서 여자를 학대하거나 죽이는 게 그 반대 경우보다 훨씬 더 보편적이다. 여자들이 찾아가는 피난처에서 제시하는 통계를 보면 그곳에 오는 여성의 약 3분의 2가 배우자의 지나친 질투가 폭행으로 이어졌고, 그로 인해 도망쳐 나와야 했음을 알 수 있다. 전 세계적으로도 아내 구타와 살인의 주된 원인은 남편의 질투이다.

사람들은 질투 감정을 다루는 방식이 제각각 다르다. 보고도 못 본 체하는 사람이 있는가 하면, 자신의 무엇이 배우자를 나쁜 길로 이끌었는지 파악해 그걸 고치려고 노력하는 사람도 있다. 어떤 사람은 덜 폭력적인 방식으로 경쟁자를 배제하려고도 한다. 우리의 연구에서는 질투심을 느낀 많은 여성이 섹스를 동원해 경쟁자를 배제하려고 했다.

이전 남자친구가 어떤 여자에게 구애하고 있었는데, 무척 화가 났어요. 정말이지 싫었어요. 그와 섹스할 수 있는 기회가 생겼고, 나는 기꺼이 응했죠. 그가 그 여자한테 실토하리라는 걸 알았거든요. 생각이 거기까지 미치자 기분이 좋았습니다.

—이성애자 여성, 24세

이전 남자친구가 다른 여자랑 잤어요. 나도 그와 다시 잤죠. 내가 왜 그랬는지 생각해 보면, 그 여자가 질투하기를 바랐기 때문인 것 같아요.

—주로 이성애를 하는 여성, 20세

힘으로 제압하기

사랑하는 사람의 행동을 통제하려는 시도는 또 다른 형태의 질투 반응이다. 역사를 돌이켜 보면 이 전술을 채택한 쪽은 거의 항상 남자들이었다. 중세의 귀족들은 정절을 보장받기 위해 아내에게 정조대를 채웠다. 오늘날에도 여성 할례 또는 여성 성기 훼손이라고 불리는 풍습이 남아 있는 문화권이 많다. 전문가들은 전 세계적으로 8000만~1억 2000만 명의 여성이 유년기 내지 사춘기에 모종의 형식으로 외부 생식기가 잘린다고 추산한다. 현재도 이 풍습이 29개 나라에서 널리 행해지고 있다. 그 대부분은 아프리카 국가들이지만 중동과 인도네시아 및 기타 지역에서도 이 관습이 시행된다. 여성 성기 훼손은 특히 이슬람 문화와 결부된다. 여성 성기 훼손은 쿠란에 규정되어 있지 않음에도 불구하고 후대의 이슬람 문서들에서 호의적으로 언급되는 바람에 흔히 종교적으로 중요한 것처럼 인식되고 있다.

여성 성기 훼손은 크게 세 종류가 있다. 순나(*Sunnah*, 전통적인 종교 의무를 가리키는 아랍어)는 훼손 정도가 가장 적은 형태로, 음핵 덮개를 절개하거나 제거하는 것이다. 두 번째 형태인 음핵 절제는 음핵샘과 음핵축을 전부 제거한다. 여기에 음핵 덮개는 물론이고, 가끔씩 내음순의 가까운 부위가 포함되기도 한다. 수단에서 널리 행해지는 음부 봉쇄술은 훼손 정도가 가장 심한 여성 할례의 형태이다. 절차에 따라 먼저 음핵을 절제하고, 다음으로 내음순 전부와 외음순의 내측부까지 제거한다. 오줌과 생리혈이 빠져나올 수 있는 작은 통로만 남겨 두고, 외음순 두 곳의 잘린 가장자리를 꿰매서 봉합하는 과정이 뒤를 잇는다. 이 개구부는 여성이 처음으로 삽입 성교를 할 때 확대되어야만 하며 많은 경우 다시 봉합된다.

이런 풍습을 따르는 일부 문화는 음핵이 있는 여성이 불결하고, 함께 섹스하는 남자의 건강을 위협한다고 믿는다. 그러나 가능성이 더 많은 근원적인 이유이자 목적은 여성의 성욕과 성 활동을 줄이겠다는 것이다. 특히 혼인 관계 외부와 그 이전의 성욕 및 성 활동을 말이다. 음핵을 제거하면 성 행위의 즐거움이 감소한다. 음부 봉쇄술을 시행하면 삽입이 물리적으로 불가능해지고, 어떤 종류의 성기 접촉도 불쾌하기만 하다. 여성 할례를 실시하는 다수의 문화에서 할례를 받지 않은 여자는 결혼할 수가 없다.

여성 할례의 장기적 영향은 논란이 분분한 사안이다. 특히 배뇨, 월경, 삽입 성교, 분만, 번식에 심각한 문제를 야기할 수도 있는 음부 봉쇄술이 그렇다. 덜 심한 형태들이 오르가슴을 느끼면서 성적 즐거움을 누리는 여성의 능력에 얼마나 영향을 미치는지도 불명확하다. 이 관습이 일반적으로 여성이 어떠한 성 경험도 하기 전에 시행되기 때문에 할례의 영향을 비교할 수가 없는 것이다. 어떤 연구를 보면 음핵 덮개를 제거한다고 해서, 나아가 음핵샘까지 제거해도 오르가슴에 도달하는 능력이 없어지는 것은 아닌 듯하다. 그러나 음부 봉쇄술은 그렇지 않다. 음부 봉쇄술을 실시하면 대개 신경이 손상되고 신경이 손상되면 오르가슴을 느끼는 능력이 망가진다. 여성의 몸이 성적으로 흥분하지 못하게 되기도 하는 것이다. 음부 봉쇄술로 훼손된 신경을 외과적으로 복원하는 수술이 시도된 것은 최근의 일이다. 앞으로는 이런 수술을 통해 여자들의 성적 즐거움이 증진될 수도 있을 것 같다. 미국에서는 여성 할례가 1996년에 불법화되었다. 아프리카의 몇몇 정부도 최근에 이 관습을 금지하거나 엄격히 제한했다. 물론 이런 금제가 오늘날까지도 별다른 효과를 발휘하지 못하고 있기는 하지만 말이다.

질투를 불러일으키면 그 결과가 심각할 뿐만 아니라 광범위하기까지 하다. 그런데도 일부 여성이 일부러 섹스를 해서 질투를 유발한다는 사실은 일견 이상해 보이기도 한다. 그러나 그녀들은 정말이지 그렇게 한다.

질투 유발

이런 말이 있죠. "당신이 내켜 하지 않는 무엇이든 하고 싶어 죽는 다른 여자가 있다." 데이트하면서 바람피우는 족속은 많은 사람이 알고는 있지만 결코 인정하려고 들지 않는 사실을 가르쳐 줍니다. 배우자가 성적으로 만족하면 바람을 피울 가능성도 줄어들지요(물론 이 말은 그가 뻔뻔스러운 바람둥이가 아닐 때 얘기죠. 그가 몰염치한 바람둥이라면 무슨 일이 있어도 바람을 피울 테니까요.).

—이성애자 여성, 28세

사랑과 전쟁에서는 모든 게 공평하다. 배우자의 질투를 일부러 유발하는 것이 완벽한 실례이다. 실제로 여자들은 배우자의 질투를 남자들보다 더 많이 불러일으킨다고 증언했다. 한 연구에 따르면 31퍼센트 대 17퍼센트였다. 여자들은 몇 가지 전술을 사용했는데, 그 전부가 성 행동이었다.

여자들이 질투를 유발하기 위해 사용하는 가장 흔한 전술은 다른 남자들이 자신을 얼마나 매력적이라고 생각하는지를 대수롭지 않은 일이라는 듯 흘리는 것이다. 예컨대, 어떤 남자가 집적거렸다든가, 잔뜩 꾸미고 나타났다든가, 전화번호를 요구했다는 등속의 내용을 대화 속에 끼워 넣는 방식이 동원된다. 배우자가 지켜보는 가운데 딴 남자와 시시덕거리는 것은 또 다른 전술이다. 가끔은 미소 짓는 것만으로도 효과가 발생한다. 여기에는 성차가 존재한다. 남자들은 여자의 미소를 성적으로 관심이 있다는 의사 표시로 해석하는 경향이 있기 때문에 여성에게 접근해도 좋다는 초대장으로 오인하고 행동하는 일이 잦다. 배우자가 보는 데서 딴 남자와 감각적인 춤을 선보이며 질투를 유발하는 여성도 있다. 다른 여성들은 옛날에 했던 연애 얘기를 하기도 한다. 남자들(과 여자들)은 이런 상황에서 자신의 질투 감정을 억누르기도 한다. 사람들이 질투 감정을 숨기는 까닭은 위협을 느끼고 있다는 것을 들키지 않기 위해서다. 사실은 불안감을 느끼고 있다는 걸 들킬까 봐 질투를 은폐하는 것이다. 그러나 많은 경우 사람들의 내면은 질투심으로 부글거린다.

질투는 신체 폭력, 심지어 살인으로까지 이어진다. 질투가 이렇게 위험한 감정인데도 여자들은 왜 일부러 질투를 유발하는 것일까? 여자들이 질투 유발 전술을 사용하는 맥락에서 한 가지 단서를 얻을 수 있다. 다수의 배우자 쌍은 서로에게 동등하게 헌신한다. 그러나 한쪽 배우자가 다른 쪽 배우자보다 관계에 더 헌신하는 불균형적 배우자 쌍도 상당수에 이른다. 한 연구에 따르면 그 비율이 39퍼센트에 달한다. 이 집단의 경우 남자가 더 헌신적인 배우자일 때는 여성 가운데 26퍼센트만이 고의로 질투를 유발했다. 여자가 관계에 더 헌신할 때는 무려 50퍼센트의 여성이 질투를 유발했다. 이는 매우 큰 차이이다.

전략적으로 배우자의 질투를 유발하는 여자들의 활동은 세 가지 기능을 담당한다. 첫째, 여성의 배우자는 이런 행동과 부닥치면서 상대방의 매력과 바람직함을 새롭게 인지한다. 다른 사람들이 보이는 성적 관심은 상대방의 전반적인 배우자 가치를 판단할 수 있는 지표이다. 둘째, 질투를 촉발하는 상황에서 배우자가 보이는 반응은 그 또는 그녀의 헌신 정도를 판별할 수 있는 일종의 리트머스 시험지이다. 예컨대, 배우자가 다른 남자의 무릎에 고혹적으로 앉아 있는데도 남자가 전혀 개의치 않는다면 그에게 도무지 충성심이 없다는 증거일 것이다. 요컨대, 남자가 선보이는 질투의 강도를 통해 그가 정서적으로 관계에 전념하는 정도를 알 수 있는 것이다. 아마도 세 번째 기능이 가장 중요할 듯한데 바로 배우자의 헌신을 증대하는 기능이다. 남자들한테는 이 말이 특히나 진실이라고 할 수 있다. 남자들의 경우 다른 남자들이 몹시 원한다는 걸 알게 되면 그 대상 여성에게 헌신할 가능성이 훨씬 더 커지기 때문이다. 남자는 질투를 하면서 더 홀딱 반하고, 자신이 현행의 배우자와 함께 할 수 있어서 행운이라고 믿으며, 관계에 더욱더 전념한다.

일부 여성은 남자의 성적 관심을 환기하는 수준에 머무르지 않고 낯선 사람과 섹스를 하기도 한다. 배우자에게 자신의 매력을 인지 강화하려고 이런 행동을 하는 것이다. 몇몇 여성이 이런 질투 유발 전술을 사용한 맥락을 전했다. 그러나 대개의 경우 소기의 목적을 달성하지 못했다.

성별이 같은 어떤 사람을 사랑하게 됐어요. 하지만 호혜적이지 않은 관계였죠. 그래서 남자와 섹스를 했습니다. 그녀의 질투심을 유발하기 위한 행동이었어요. …… 효과는 없었습니다.

— 양성애자 여성, 27세

스무 살 때 2년 사귄 남자친구와 헤어졌어요. 그가 나를 배신하고, 다른 여자와 바람을 피웠습니다. 나도 그의 가장 친한 동아리 친구 한 명과 잤죠. 남자친구도 당해 봐야 마음이 얼마나 아픈지 알게 될 거라고 스스로에게 말했어요. 그러나 실상은 그가 질투심을 느끼고, 다시 나에게 돌아오기를 바랐습니다. 물론 결과는 기대에 어긋났죠. 그가 내게 돌아오지 않았을 뿐만 아니라 동아리 친구들이 전부 나를 경멸했습니다. 심지어는 나랑 잔 녀석도요(일종의 이중 잣대가 작용한 거죠.).

—주로 이성애를 하는 여성, 28세

한 여성은 배우자의 질투를 유발하려는 시도가 얼마나 참혹하게 끝났는지를 소개했다.

남자친구와 깨져 버렸습니다. 질투심을 유발하려고 파티에서 그의 친구 한 명과 잔 직후였죠. 나는 술에 취한 상태였고, 크게 상심한 데다가, 그의 친구에게 끌리기도 했고요. 요약하면 우리는 함께 잤고, 결과는 끔찍했습니다. 나는 무서웠고, 남자친구는 망연자실했죠. 그날 밤 넘지 말아야 할 선을 넘어 버렸고, 이후로 우리의 관계는 예전과 같아질 수 없었어요. 우리는 여전히 서로의 삶에 개입하고 있지만 그가 나를 전혀 신뢰하지 않는다는 것은 분명합니다. 결코 해서는 안 되는 짓을 했다는 생각뿐이에요.

—이성애자 여성, 22세

이 전술은 기대에 어긋난 결과로 이어져, 관계 자체가 완전히 끝나 버리는 경우도 있었다.

그때는 관계에 실망한 상태였어요. 배우자한테 더 나은 대접을 받으려면 질투를 느끼도록 해야겠다고 마음먹었죠. 하지만 그 즉시로 연애가 쫑나 버렸어요. 더는 질투 유발이 해 볼 만한 시도가 아니라는 걸 깨달았습니다.

—주로 이성애를 하는 여성, 23세

다른 사람과 섹스하는 전술이 헌신을 증대하지 못하는 한 가지 주된 이유는 사람들이 장기적 배우자에게 흔히 성적 정절을 바라기 때문이다. 버스 진화 심리학 랩의 연구 내용에 따르면 여자들은 "성적 정절"을 장기적 배우자가 갖춰야 할 두 번째로 소중한 특성으로 평가했다. (관계가 있다는 것 역시 분명하지만) 가장 소중한 특성은 "정직"이었다. 그 옛날 다른 남자들과 섹스하는 배우자를 개의치 않았던 남성은 우리의 진화적 조상이 되지 못했다. 현대를 살아가는 남성들은 성적 정절을 소중히 여기고, 정절을 바치는 여자들에게 헌신하고(정절을 증명하라고 강요하기도 했을 것이다.), 정절을 바치지 않는 여자들과는 재빨리 관계를 끊은 남자들의 후예들이다. 많은 여성이 이 동력학을 제대로 알고 있다. 남자들보다는 여자들이 자신의 성적 평판을 유지 보전하고, 경쟁자들의 평판은 먹칠하는 일에 훨씬 더 많은 관심을 갖는 이유가 이 때문일 것이다. 외부의 다른 상대방과 섹스를 해서 질투를 유발했다가는 그렇잖아도 깨지기 쉬운 장기적 짝짓기라는 유대 관계가 위태로워진다.

그러나 부정적 반격이 전혀 없는 경우가 종종 있다. 가끔은 소기의 목표를 충족해 주기도 하는 것이다.

> 내가 다른 사람에게서 원하는 것을 하도록 만들려면 그가 질투를 느끼도록 해야 했다. 내가 또 다른 사람과 잔 이유다. 아무튼 내가 잔 남자는 섹스도 하고 싶은 사람이었다. 적어도 나한테는 타인과의 섹스를 통한 질투 유발 전술이 상당히 효과가 있었다.
>
> —주로 이성애를 하는 여성, 25세

시시덕거리면서 질투를 유발하는 행동은 배우자가 자신의 매력을 새롭게 인식하고, 헌신을 증대하도록 만들 수 있는 효과적인 전술이다. 그러나

여자들이 헌신의 불균형을 바로잡겠다면서 딴 남자랑 섹스를 해서 질투를
유발하려고 한다면 그 시도는 대개 실패하고 만다.

배우자 지키기

어머니는 내게 내 남자를 만족시켜 주라고 가르치셨다. 그렇지 않으면 다른 사
람이 나타날 거라는 말씀도 잊지 않으셨다.

—이성애자 여성, 37세

오랫동안 연애한 경우는 대개 섹스를 많이 했어요. 섹스를 안 하고 오래 사귀려
했다가는 남자친구가 떠나 버리거나 다른 데서 섹스를 구하게 될 거라고 생각했
으니까요.

—이성애자 여성, 33세

배우자 지키기에는 경계를 강화하는 것에서부터 폭력 행사에 이르는 다
양한 전략이 동원된다. 배우자를 계속 보유하는 게 이 전략들의 목표이다.
관계를 유지하는 수단으로 섹스를 하는 것도 배우자 지키기 전술의 하나
다. 여자들은 배우자가 바람피우는 것을 막고, 다른 여자랑 섹스하고 싶어
하는 배우자의 바람기를 줄이려고 섹스를 한다고 말한다. 우리 연구에 참
여한 한 여성은 배우자 밀렵꾼들의 위협에 자기가 얼마나 불안한지를 이렇
게 실토했다.

옛날 남자친구 얘기를 해 드리죠. 그는 온라인에서 만난 다른 여자와 "사랑에
빠져" 버렸답니다. 사진 한 장을 본 적이 없는데도 그는 채팅을 하면서 상상의
세계를 살았어요. 나는 환상 속의 그녀를 누르기 위해 관능적인 짓은 그 어느

것도 마다하지 않았죠. 그녀는 남자친구가 듣고 싶어 하는 것은 뭐든지 얘기해 줬어요. 말하자면 그녀가 그의 판타지를 충족해 준 셈이죠. 실상 한 번도 존재해 본 적이 없는 누군가와 내가 경쟁을 했던 겁니다. 그 경쟁은 그랑 하는 게 아니라 그녀랑 하는 시합이었어요. 그가 이 "환상 속의 여인"과 나를 비교한다는 생각이 머릿속을 떠나지 않았고, 나는 그 생각을 떨쳐 버리기 위해 줄곧 노력해야만 했죠.

—이성애자 여성, 41세

성적으로 배우자를 지키는 활동이 서구 문화에만 국한된 것도 아니다. 인도 중부 바스타르에 거주하는 무리아 족 여성들은 남편이 결혼 초기에 바람피우는 걸 무척이나 염려한다. "아내들은 남편이 고툴(*ghotul*)을 찾는 걸 결코 반기지 않는다. 고툴은 젊은이들이 찾는 일종의 혼성 집회소로, 섹스가 흔하게 이루어진다. …… 아내들은 남편이 집을 나서기 전에 성교를 할 것을 요구하기도 한다. 고툴에서 당하게 될 유혹을 조금이나마 줄여 보자는 심산인 것이다."

여자들이 배우자를 지키기 위해 섹스를 제공하는 행위는 두 가지 주된 이유에서 효과적이다. 첫째, 섹스를 제공하면 배우자를 성적으로 만족시켜, 그의 성적 충실을 이끌어 낼 수 있다. 이는 단기적 관계와 장기적 관계 둘 다에 두루 적용되는 사실이다. 한 여성은 이렇게 증언한다.

남편이 데이트 상대를 주선해 주는 사이트를 기웃거리고 있다는 걸 최근에 알게 됐어요. 막 아기가 태어났는데, 모든 게 정말 뒤죽박죽이었죠. 우리는 9개월 넘게 섹스를 하지 않고 있었어요(임신 기간이 아주 힘겨웠는데, 한동안 섹스를 하지 말라고 했습니다.). 나는 남편에게 자초지종을 물었고, 우리는 대판 싸웠죠. 그가 내게 해 준 대답 중에 가장 그럴싸하고 정직한 내용은 지루하고 따분해 죽겠다는 것이었습니다. 사태가 이 지경에까지 이른 게 나의 책임이라는 생각이 들었어요. 나는 그와 섹스를 했습니다. 남편은 다른 곳에서 더 이상 섹스를 구하지 않게 됐죠.

—이성애자 여성, 27세

둘째, 섹스를 제공하면 주변 사람들에게 여성이 파트너와 성생활 중임을 널리 알릴 수 있다. 그 효과는 명백하다. 배우자 밀렵꾼의 접근을 미연에 방지할 수 있는 것이다.

곤충에서 포유동물에 이르기까지 다양한 종이 수행하는 배우자 지키기 전략이 상세히 보고되었다. 꼭 그런 것은 아니지만 배우자를 지키는 것은 대개가 수컷이다. 예컨대, 벨리드소금쟁이(veliid water strider) 수컷은 배우자의 등에 올라타 여러 시간 동안 버틴다. 심지어는 교미하지 않을 때도 그러는데, 이는 다른 비열한 놈들이 자신의 짝을 훔쳐 가지 못하도록 예방하는 조치이다. 인간은 대다수의 곤충 및 다른 포유동물들과 달리 일반적으로 몇 년, 몇 십 년, 혹은 평생을 가는 지속적인 동반자 관계를 형성한다. 결과적으로 남녀 모두 상대방 배우자“에게” 어떻게 “매달릴지”라는 과제에 직면하게 되는 것이다.

고도로 사회적인 종으로서 우리 인간은 잠시잠깐 성적으로 만나는 것이든 보다 장기적인 관계를 노리든 끊임없이 배우자 밀렵꾼들의 위협에 시달린다. 또한 우리의 배우자가 유혹에 넘어가 더 매력적이고 바람직한 배우자를 찾아 기존의 관계를 청산해 버릴 위험에도 직면한다. 버스 랩은 데이트 중이거나 기혼인 남녀 모두에게서 우리가 연구한 내용과 비슷한 결과를 확인했다. 여자들은 흔히 관계를 지키기 위해 여러 다양한 방식으로 섹스를 활용한다. 배우자를 행복하게 해 주려는 의도에서 그들의 성적 요구를 들어 주며, 배우자가 경쟁자들에게 한눈을 팔지 못하도록 “섹시하게” 행동하며, 배우자가 떠나는 것을 막기 위해 성적 호의를 베풀거나 성적 압력에 선선히 응한다. 이런 전략은 때로 소기의 목적을 달성하기도 한다.

그러나 성적으로 배우자를 지키는 전술이 실패하기도 한다.

어렸고, 우둔해서, 섹스를 해 주면 남자친구를 곁에 둘 수 있을 거라고 생각했어요. 나는 열일곱 살이었고, 아무 소용이 없었습니다. 굴욕 속에서 교훈을 얻었죠.

—이성애자 여성, 40세

다른 사람과 섹스를 하는 게 가끔씩 효과를 발휘해 남자를 관계에 복귀시키기도 한다. 물론 다음의 예에서 알 수 있듯이 일정 기간뿐이지만 말이다.

남편이 바람을 피웠습니다. 그의 여자친구가 전화를 걸어와, 내게 자세한 내막을 실토했죠. 남편에게 멋진 몸매를 선물하기 위해 체육관에 다니기 시작했어요. 그런데 거기서 굉장히 잘생긴 "마초형" 남자를 알게 됐습니다. 남편을 여자친구한테서 떼어 놓기 위해 나도 그 건설 노동자를 만나기 시작했어요. 효과가 있었습니다. 지난 30년 동안 우리는 그 짓을 반복해 왔죠. 슬프고, 딱하다는 걸 나도 알아요.

—이성애자 여성, 50세

"스리섬(threesome)"의 가장 흔한 형태는 여자 둘에 남자 한 명이다. 일부 여성들은 배우자를 지키기 위해 스리섬을 하기도 한다. 우리 연구에 참여한 다음 여성들의 경험담을 살펴보자.

남자친구는 나랑 다른 여자랑 항상 스리섬을 하고 싶어 했어요. 나는 매번 안 된다고 대답해 줬죠. 우리의 관계에 악영향이 미칠 테니 원하지 않았던 겁니다. 다른 여자도 마찬가지였어요. 우리는 얘기를 나누다가 서로에게 반해 버렸고, 키스를 나누었습니다. 남자친구가 보는 앞에서요. 나하고 다른 여자는 딴 방에 가서 섹스를 했죠.

지금 사귀는 남자는 파트너 교환 섹스에 탐닉하고 있어요. 나는 그런 생활이 내키지 않습니다. 하지만 그를 사랑하고, 그래서 하는 거죠. 우리는 파트너 교환 섹스 클럽에 가서 다른 사람들과 섹스를 해요. 그는 파트너 교환 섹스에서 쾌감을 느끼고, 행복해 합니다. 내가 그 짓을 하는 이유죠. 나는 그를 주인처럼 모시고, 그의 모든 명령을 순순히 따릅니다. 그렇게라도 해야 클럽에서 그럭저럭 밤을 보낼 수 있기 때문이에요. 나 혼자라면 절대로 그런 짓을 하지 않겠죠. 그는 내게 제일 친한 친구를 데려와 스리섬을 하자고도 요구하고 있어요. 나는 상관없다는 투로 대응하지만 정말 두렵습니다. 아침에 일어나 친구를 마주하면서 아무 일도 없었던 척하고 싶지는 않은 거죠.

물론 스리섬에 다른 동기가 있을 수 있다는 것은 의심의 여지가 없다. 예컨대, 모험을 추구한다거나 호기심을 해결하려는 실험일 수도 있는 것이다. 7장에서 이런 요소를 살펴볼 것이다. 그러나 일부 여성이 스리섬은 물론이고 파트너 교환 섹스나 다자 연애(polyamory, 친밀한 성적·정서적 관계를 공개적으로 동시에 하나 이상 맺는 활동) 같은 일련의 성 활동을 하는 것은 파트너를 즐겁게 해 주기 위해서이다. 결국 까놓고 얘기하면, 그들에게 매달리는 것이다.

여자들이 배우자를 지키기 위해 섹스를 하도록 설계된 까닭은 그렇게 하지 않았을 때 치러야 할 대가가 재앙 수준이기 때문이다. 배우자를 지키지 못하는 여자는 배우자의 지원을 잃는다. 물질적인 것인든 정서적인 것이든 말이다. 배우자가 바람을 피우는 여자는 성병에 걸릴 위험이 있다. 배우자의 애인에서 출발해 배우자를 거치고 최종적으로 여자에게 옮겨지는 것이다. 여자는 다른 여자 때문에 "쓰레기처럼 버림받"을 때 당황하고, 창피스럽고, 평판까지 훼손된다. 항상 의도한 대로 먹히는 것은 아니지만 섹스를 제공하면 어느 정도까지는 배우자의 부정을 막을 수 있고, 남녀가 파경에 이르는 것을 예방할 수도 있다.

배우자 갈아 치우기

불륜이 도덕적으로 올바르지 않다고 많은 사람이 믿고 있다. 성적 부정은 흔히 배우자 쌍의 헌신은 물론이고 개인들까지 극단적으로 망가뜨린다. 간통 행위는 상당한 심리적 격통을 불러일으킨다. 여기에는 질투, 슬픔, 의기소침, 노여움의 감정과 심한 창피가 결합되어 있다. 성적 부정은 배우자를 학대하는 핵심 원인이며 살인이라는 폭력 사태를 촉발하기도 한다. 진화 인류학자 로라 벳직(Laura Betzig)이 89개의 문화를 연구한 결과를 보더라도 성적 부정은 두 번째로 커다란 이혼 사유였다. 1위는 불임이었다.

간통으로 치러야 할 대가가 상당함에도 불구하고 여성이 본래의 짝이 아닌 다른 배우자와 섹스를 결행했다면 어느 정도는 거기에 일련의 이득이 숨어 있기 때문이다. 배우자 부정이라는 사안을 다루는데 "이득" 얘기를 하는 게 이상해 보일지도 모르겠다. 우리 얘기를 참고 들어 주셨으면 좋겠다. 첫째, 다른 파트너와 섹스를 하면서 당사자는 귀중한 정보를 얻게 된다. 자신이 짝짓기 "시장"에서 갖는 매력과 바람직함의 정도를 가늠해 볼 수 있는 것이다. 이 정보는 관계를 계속 유지할지 아니면 박차고 나갈지를 판단하는 데서 아주 중요하다. 불륜 상대가 아주 매력적이라면 당사자 역시 자신이 매력적이라는 걸 직감하게 된다.

우리 연구에 참여한 한 여성은 이렇게 말했다.

그가 정착을 못 하고 계속해서 다른 사람들과 자겠다면 나도 똑같이 할 거라고 생각했습니다. 상처받을 수는 없는 거잖아요? 그에게 지지 않으려는 행동이었

을 뿐만 아니라(동등하게 놀자는 겁니다.) 내가 불안으로 잠식당하는 걸 막고 굳세어

질 필요가 있었기 때문이기도 했죠. 그가 나를 매력적이지 않다고 생각하고, 뭔가

다른 것을 원하고 있다는 생각이 들면 나 역시 다른 사람들과 섹스를 했습니다. 내

가 여전히 매력적이고, 바람직하다는 걸 스스로에게 입증하려고 했던 거죠.

—이성애자 여성, 19세

불륜 상대가 여자를 성적 기교가 탁월하고, 만족스럽게 느낀다면 그녀
는 현행 배우자와의 불만투성이인 섹스에 기초해서 자신의 배우자 가치를
산정해서는 안 된다는 걸 깨닫는다. 불륜 상대가 과도기적 관계를 제공해
주기도 한다. 일종의 안전망이라고 할 수 있는데, 장기적 관계를 청산하면
서 급격한 변화에 적응 중일 때 사람들이 종종 느끼는 고립감을 잊게 해 주
는 것이다.

파트너는 우리의 관계를 대단히 불안해 했습니다. 내가 다른 사람을 유혹한 건
버림받았을 때라도 여전히 다른 애인을 구할 수 있을 거라는 자신감을 갖고 싶
었기 때문이에요.

—양성애자 여성, 20세

불륜 상대가 영원히 곁에 머무르지 않을 수도 있다. 그러나 그와의 섹스
는 과도기를 무난히 견뎌 낼 수 있도록 마음을 격려해 준다.

불륜 상대가 인생 최고의 연인이 되는 경우도 있다. 여성들이 실토한 정
사의 동기를 통해 이 사실을 알 수 있다. 한 연구에 따르면 정사를 벌인 여
성의 79퍼센트가 불륜 상대에게 정서적으로 열중하거나 사랑에 빠졌다.
이 결과가 뻔해 보일지도 모른다. 그러나 남자의 경우는 약 3분의 1만이 감
정의 격랑을 경험했다고 보고한 점과 뚜렷히 대비된다. 한 연구에 따르면

대다수 남성이 주된 배우자 관계 외부에서 섹스를 하는 이유는 무엇보다 다양한 성 활동을 추구하기 때문이었다. 여성들에게 정서적 유대가 중요하다는 것은 다른 발견에 의해서도 확인된다. 정사를 벌이는 여성의 대다수가 결혼 생활을 몹시 불행해 한다는 건 의미심장하다. 이 사실 역시 뻔해 보일 것이다. 그러나 남자들은 또 다르다. 정사를 벌이는 남성과 배우자에게 충실한 남성은 결혼 생활을 행복해 하는 정도가 똑같다! 정사를 벌이는 여성 가운데 결혼 생활이 행복하거나 매우 행복하다고 응답한 비율은 36퍼센트에 불과한 반면 불륜을 저지르는 남성은 무려 56퍼센트가 결혼 생활이 행복하거나 매우 행복하다고 답변했다.

서구에서는 전체 기혼 여성의 약 3분의 1이 혼인 관계를 유지하는 어떤 시점에서 불륜에 빠진다. 이렇게 많은 여성이 밀통을 추구하는 뒷배경에는 진화적 논리가 숨어 있다. 정사를 벌이는 동안 자신의 성적 매력을 산정해 볼 수 있는 귀중한 정보를 얻음으로써 여성은 자부심을 끌어올리고 때때로 과도기 관계를 유익하게 보내며 보다 의미 있는 정서적 유대를 새롭게 벼리기도 한다. 기존의 배우자 관계를 오래 지속되는 사랑으로 교체할 수 있도록 말이다.

버스 랩이 정사의 동기를 연구한 내용도 이를 뒷받침한다. 한 여성은 정사를 벌여서 남편과 더 쉽게 헤어질 수 있었다고 증언했다. 다른 여성은 자신이 정사를 통해 남편보다 훨씬 더 화목하게 지낼 수 있는 누군가를 찾으리라는 확신을 얻게 됐다고 응답했다. 어려서 결혼을 했다는 또 다른 여성은 정사를 통해 자신의 기준에 맞지 않는 남자랑은 참고 살 필요가 없다는 것을 분명하게 깨달았다고 언급했다.

결국 한바탕 성적 희열을 느끼면서 향상된 자부심을 바탕으로 여성은 나쁜 관계를 청산할 용기를 얻는다. 배우자 쌍이 성적으로 문제가 있는데도 그 사실을 입 밖에 내지 않고 자신을 탓하는 경우가 흔하다. 다음 장에

서 살펴보겠지만 이런 문제는 실제로 성욕의 부조화로 섹스가 즐거운 활
동이 아니라 의무로 전락했기 때문에 일어난다.

의무감

책임감과 죄책감

찰스가 옛날보다 내 침소를 덜 찾는 지금이 나는 행복합니다. 사실을 말하자면 나는 여전히 인내하고 있어요. 하지만 이제는 일주일에 두 번뿐입니다. 문밖에서 그의 발소리가 나면 나는 침대에 드러누워 두 눈을 꼭 감고 다리를 벌린 채 영국을 생각합니다.

— 앨리스 힐링던 여사(1857~1940년)

1950년에 유머 작가들인 제임스 서버와 E. B. 화이트는 이렇게 썼다. "식욕은 배고픈 사람을 제외하면 아무도 관심이 없는 개인의 문제다. …… 그러나 성욕은 표출되어야 한다는 진정한 본성으로 인해 다른 사람의 문제도 된다. 그 '다른 사람'이 온갖 말썽을 불러일으키는 것이다." 먹는 문제에 관한 그들의 진단에는 완전히 공감하지 않을 수도 있지만(가족 구성원들이 알아서 혼자 먹는 문제를 해결하는 게 얼마나 될까?) 섹스에 관해서라면 그들은 요점을 짚고 있다. 배우자들은 성적 요구가 다를 때 충돌할 가능성이 많다.

물론 이런 성적 충돌은 해결할 수 있고, 일시적으로 모면할 수도 있다.

가능성이 가장 많은 상황을 떠올려 보자. 섹스를 원하는 사람이 상대방에게 말로 설득하거나 압력을 가해 성관계에 동의하도록 하는 경우일 것이다. 실제로도 배우자한테 들볶이는 상황을 모면하기 위해 섹스를 수락하는 게 우리 연구에 참가한 여성들이 제시한 흔한 이유였다.

> 남편은 섹스를 충분히 해 주지 않는다고 들볶아요. 하는 수 없이 나는 섹스에 응합니다. 결혼 생활이란 게 그런 거죠.
>
> —이성애자 여성, 53세

섹스를 수락하면 한 가지 이득을 누릴 수 있다. 관계에서 발생하는 갈등을 대체로 가장 빠르고 손쉽게 해결할 수 있었던 것이다.

> 그가 하고 싶어 할 때 자기가 얼마나 달아올랐는지 주워섬기는 걸 참으면서 듣기보다는 차라리 알았다고 하고 냉큼 성관계에 응하는 게 더 편할 때가 있어요.
>
> —이성애자 여성, 29세

한 번은 어떤 남자랑 섹스를 했는데, 입을 다물게 해야만 했거든요. 그 전에도 한 번 섹스를 하기는 했었죠. 친구 집에서 파티를 했는데, 끝나고 우리는 잠자리에 들었습니다. 둘 다 얼근히 취했던 것 같아요. 그가 내게 말을 걸기 시작했고, 나는 아침 일찍 일어나서 출근해야 하기 때문에, 또 친구들이 한 방에서 자고 있었기 때문에 아무것도 하고 싶지 않다고 대꾸했죠. 하지만 그는 계속해서 나를 괴롭혔어요. 늦지 않았고, 잘 시간은 충분하고, 아무도 안 일어날 거고 등등등 말이에요. 결국 굴복하고 말았습니다. 내가 계속 거절하면 한 시간 내내 날 귀찮게 할 거고, 그냥 응해 버리면 10분 동안 얼른 해치우고 잠을 잘 수 있겠다고 생각한 거죠.

서로 다른 성적 요구를 해결하는 두 번째 시나리오는 섹스를 원하지 않는 사람이 상대방의 요구를 성공적으로 거절하는 것이다. 섹스를 원하지 않는 사람이 "유혹 신호"를 모른 체할 수도 있고, 때가 좋지 않다고 설득할 수도 있고, 그저 단호하게 "싫다"거나 "나중에"라고 대꾸해 버릴 수도 있다. 이 방법이 성공하려면 배우자가 단호한 태도를 보여 줘야 한다. "안 된다"고 말할 때 결연하면서도 기분 나쁘지 않게 해 줘야 하는 것이다. 배우자가 악착같이 섹스를 요구할 때 명시적으로 거절하는 것을 많은 여성이 어려워한다.

그렇게 해서 내가 처음 섹스를 한 거죠. 연애를 하는데 이제 섹스를 시작해야 할 때인 것 같아서 그래야 하나 보다 하는 압박감을 느꼈어요. 특별히 원한 건 아니에요. 관계를 망치지 않으면서 "안 된다"고 응수하는 법을 몰랐던 거죠.

— 이성애자 여성, 24세

첫 번째 남자친구였고, 연상이었죠. 한동안 데이트를 했는데, 그는 내가 성관계에 동의해 주기를 바라고 있었어요. 그래야 할 것 같았지만 무슨 이유 때문인지 내키지가 않더라고요. 문제는 나도 그 이유를 몰랐다는 거예요. 그럴싸한 변명이 생각나지 않았고, "안 된다"고 대꾸할 수도 없었죠. 경험이 없는 것처럼 비치는 것도 싫었고, "착한 체하는 재수 없는 아이"로 여겨지는 것도 내키지가 않았어요. …… 8년 동안 데이트를 하고 나서야 (섹스도 엉망이었죠!) 비로소 그 이유를 알았습니다.

— 이성애자 여성, 31세

6장의 주제이기도 한 세 번째 시나리오는 섹스를 원하지 않는 배우자가 파트너의 욕망을 인정하고 자진해서 따르는 경우이다.

원하지 않는 성관계를 수락하는 동기는 무엇이며, 그 효과는 어떨까? 우리는 6장에서 이 문제를 다룰 것이다. 성욕의 불일치 및 부조화를 야기하는 것은 무엇이며, 많은 여성이 원치 않는 섹스에 순순히 응하는 이유를 자세히 알아보도록 하자.

성욕의 불일치

섹스하고 싶은 욕구가 맞아 떨어지지 않을 때가 종종 있다. 배우자가 임신이 싫어서일 수도 있고, 제안된 성행위가 내키지 않아서일 수도 있으며, 때가 너무 이르다고 생각해서일 수도 있다. 이성애 관계일 경우는 여자 쪽보다는 남자 쪽에서 더 빨리 섹스하고 싶어 하는 일이 흔하다. 한 연구에 따르면 여대생은 남자 대학생과 비교해 두 배쯤 더 오래 데이트를 하고 나서야 비로소 성관계를 맺어도 좋다고 판단했다.

장기적 관계에서는 배우자들의 성욕 수준이 어긋날 때 섹스를 할지 말지를 놓고 가장 빈번하게 의견 충돌이 발생했다. 두 사람이 섹스하고 싶은 때에서 의견이 일치하는 경우는 거의 없었다. 한 여성의 설명을 들어 보자.

내가 기혼이어서 아는데, 결혼을 하면 성적 요구와 일정이 다른 사람 둘이 만나게 되는 겁니다. 둘 중 한 명은 섹스를 원하는데 다른 사람은 원하지 않는 경우가 비일비재해요. 나는 섹스를 자주 하는 편인데, 남편이 원하기 때문이죠. 하지만 나는 섹스에 그다지 관심이 없어요.

—이성애자 여성, 27세

일부 여성이 성관계에 무관심한 것은 예외적인 현상이기보다 일반적인 사태였다.

> 내 성욕은 정말이지 한심하고 무기력해요. 전혀 그러고 싶지 않은데도 억지로
> 라도 가끔씩 섹스를 하는 이유랍니다.
>
> —주로 동성애를 하는 여성, 27세

임상의라면 성적 요구가 자신과 비슷한 배우자를 선택하는 것이 현명한 처사라는 데 거의 모두 동의할 것이다. 두 사람 다 몇 달에 한 번씩만 섹스를 원하면 그들은 성욕 측면에서 아주 잘 맞는다고 할 수 있다. 섹스가 그들의 관계에서 스트레스 요인이 될 가능성도 거의 없다. 실제로도 임상적으로 성욕이 적은 걸 지칭하는 용어인 성욕 감퇴 장애(hypoactive sexual desire disorder; HSDD)는 문제로 대두될 때에만 진단을 내린다. 그러나 한쪽 배우자가 다른 쪽 배우자보다 만성적으로 성욕이 더 많으면 다툼과 양보가 전개될 가능성이 있다.

"정신을 못 차리고 열중하는" 연애 단계에 일부 배우자 쌍은 어리석게도 둘의 성적 요구가 조화될 수 있다고 생각한다. 이 황홀한 도취감의 시기에 남녀는 서로의 매력을 끊임없이 발견하는데, 먹거나 잠을 자지도 못하며 사랑하는 상대방 외에는 아무것도 생각이 안 날 지경이다. 섹스에 대한 기대로 압도되기도 한다. 서로의 섹슈얼리티를 발견해 나가는 신선한 경험은 짜릿한 전율로 다가온다. 그 결과 만족할 줄 모르고 탐욕스럽게 섹스에 몰두한다. 그런데 이렇게 고조된 성욕은 많은 경우 "실제의" 욕망 수준을 뛰어넘는다. 몇 주 또는 몇 달이 흐르고, 사람들은 보다 차분한 "애착"의 단계에 진입한다. 유대감이 깊어지고, 헌신도 강화되는 것이다. 요컨대, 몇 달 또는 몇 년씩 발정난 개처럼 돌아다니는 생활사의 행태로는 삶의 복잡다단한 문제들을 해결할 수 없다. 생존 자체는 말할 것도 없고 말이다.

배우자 쌍은 연애를 시작할 때 "섹스에 굶주린 탕아들"처럼 행동한다. 이 시기에는 천생연분이 따로 없다. 그러나 장기적 관계에 돌입하면서 실은 둘의 성적 요구가 아주 다르다는 사실을 깨닫고는 흔히 큰 충격을 받는다. 하지만 두 사람은 이미 결합되어 있고, 때는 너무 늦어 버렸다. 유대가 형성되면서 성욕의 불일치가 발생하는 것이다.

나는 딱 한 사람하고만 자 봤어요(지금 남자친구랑 몇 년 됐거든요.). 시간이 좀 지나자 강렬했던 최초의 불꽃은 사그라졌죠. 그래선지 가끔은 그가 원해도 나는 내키지가 않아요. 될 수 있는 대로 그를 즐겁게 해 주는 게 나의 의무라는 생각이 들어서 꼭 원하지 않아도 가끔씩 섹스를 해 줍니다.

—이성애자 여성, 20세

어떤 면에서는 황홀한 도취의 시기에 중독된 사람들이 일부 존재한다. 새로움 속에서 느끼는 흥분이 영원히 지속될 것이라는 그들의 기대는 비현실적이다. 활기와 흥분이 사그라지기 시작하면 그들은 더 이상 성관계를 원하지 않는다. 또 다른 형태로 욕망이 어긋나는 셈이다.

남자 대 여자

이성애 관계에서는 남자보다 여자 쪽에서 항상 섹스를 덜 원하게 된다는 것이 통상의 관념이다. 하지만 이것은 사실이 아니다. 여자가 반드시 섹스를 덜 원하는 것은 아니다. 여성의 성적 요구가 충족되지 않아서, 또는 여성이 현행의 배우자 말고 다른 파트너와 섹스하기를 원해서 치료를 받겠다고 병원을 찾는 배우자 쌍이 무척 많다. 그러나 남자들이 일반적으로 여자들보다 섹스를 더 많이 하고 싶어 한다는 것은 사실이다. 여자들은 남자들보다 흔히 섹스에 더 무관심하다.

남자들이 여자들보다 성욕이 더 많다는 연구가 일관되게 제출되었다. 이는 대학생, 중년, 심지어 80대와 90대에도 공히 적용되는 사실이다. 남자들은 현행 수준보다 섹스를 더 많이 하고 싶다고 대답할 가능성이 여자들보다 훨씬 더 많다. 이 또한 부부나 막 데이트를 시작한 남녀 모두에게 두루 적용되는 사실이다. 미국인 남성 1,410명과 여성 1,749명을 대상으로 한 연구를 보면 18~29세 여성 32퍼센트가 전년도에 성적 관심이 사라졌다고 응답했다. 동일 연령 집단에서 같은 대답을 한 남성은 14퍼센트였다. 이 통계가 미국에서 성욕 감퇴 장애를 진단받은 여성의 비율보다 더 높긴 하지만 성욕 문제가 여자들이 으뜸으로 꼽는 성적 불만이라는 사실과는 일치하고 있다.

남자들이 여자들보다 성욕이 더 많은 이유를 놓고 몇 가지 설명이 제출되었다. 남자들에서 안드로겐과 기타 호르몬 수치가 높은 게 바로 원인이라는 것이 가장 흔한 설명이다. 그러나 다른 가능성도 있다. 남녀는 섹스 영역에서 아주 다르게 사회화된다. 전통적인 성 역할에 따르면 섹스를 주도하는 것은 여성이 아니라 남성이다. 여성이 섹스를 원하더라도 추구하거나 요구하는 걸 주저하는 상황들이 있을 수 있는 것이다. 남자들이 항상 욕정을 느끼며, 언제라도 섹스를 할 준비가 되어 있다는 식으로 치부되는 경우도 흔하다. 어쩌면 이런 인식이 실제로 일부 남성들로 하여금 그런 사회적 기대에 부응해 행동하도록 부추기는지도 모른다. 다시 말해 일부 남성들은 성공하고 출세한 남자라면 응당 그래야 하는 것으로 믿고 있기 때문에 공격적으로 섹스를 추구하는 것이다.

남자들의 경우는 사춘기에 접어들면 탐험적으로 성 활동에 나서는 것이 장려되는 정도까지는 아닐지라도 일반적으로 폭넓게 용인된다. 반면 여자들은 호기심에 겁 없이 성 활동에 나섰다가는 위험해질 수도 있다는 경고를 받는다. 이는 남자들이 여자들보다 섹스를 더 많이, 빈번하게 바랄지도 모르는 이유에 대한 진화론자들의 설명과 일치한다. 여성에서 진화된 성 전략의 중요한 특징 한 가지는 그녀들이 성 선택을 행사한다는 것이다. 여자들은 배우자의 자질을 판단하고, 언제 섹스할지 그 시기를 결정한다. 진화 인류학자 도널드 시몬스(Donald Symons)는 여성의 경우 성적 욕망이 맹렬하면 배우자 선택에 어려움을 겪을 것이라고 본다. 성욕이 강한 여성이라면 아무 때고 섹스를 할 텐데, 부적당한 파트너와 섹스하는 것은 물론이고 부정을 저질렀다가 들통이 나면 주된 관계가 위험에 빠질 수도 있는 것이다. 반면 남성의 경우는 진화적 선택에 의해 강한 성욕이 선호되었다. 남자들은 강한 성 충동으로 무장하고 보무도 당당하게 번식에 보탬이 되는 성 활동의 전장으로 나아가 만남을 거듭한다. 역사적으로 볼 때 남성의 번식 성공은 임신이 가능한 여성을 수태시키는 횟수와 더 밀접하게 관련을 맺어 왔기 때문이다.

남녀 성기의 해부학적 차이가 성욕의 차이를 낳기도 한다. 남자들은 흥분하면 성기가 발기하는데, 이는 냉큼 섹스를 하라고 부추기는 아주 가시적이고, 직접적인 되먹임 신호이다. 애초에는 섹스를 원하지 않았을 때조차 이런 일이 일어난다. 밤에 잠을 자는 동안 렘(REM) 수면 상태에서 발기되는 일이 흔하다. 안구가 빠르게 운동하는 이 수면 단계에서 뇌파는 느려지고, 사람들은 꿈을 꾼다. 남자들은 페니스가 옷에 쓸리거나 샤워를 하다가도 발기를 경험한다. 의식적으로 성 관련 생각을 할 필요도 없다. 그러나 발기 상태에서 비롯한 되먹임 신호로 인해 성 활동과 무관한 사건이 관능적인 사태로 쉽게 탈바꿈한다. 반면 여자들은 일차적으로 흥분이 된다고 해도 성기의 되먹임 신호를 거의 받지 못한다. 성기의 흥분 신호가 여자들로 하여금 남자들과 동일한 방식으로 또는 남자들만큼 빈번하게 섹스를 원하도록 촉발하지 않는 것이다.

남자들은 성적 생각, 성적 이미지, 성적 공상으로도 발기를 일으킬 수 있다. 그리고 섹스를 하고 싶어 한다. 성적 공상은 여자들도 섹스를 하고 싶게 만든다. 많은 연구가 여자들은 남자들에 비해 성적 공상을 덜 자주 한다는 사실을 밝혀냈다. 물론 그 빈도가 연구마다 다르긴 하지만 말이다. 남자들은 성적 공상을 하루에 다섯 번에서 한 번까지 하는 걸로 나왔다. 반면 여자들은 성적 공상을 하루에 세 번에서 한 달에 한 번 이하로 하는 걸로 나왔다. 성 활동에 강박적으로 집착하는 남자들에게 테스토스테론 수치를 떨어뜨리는 약물을 처방하자 성적 생각과 공상도 줄어들었다는 사실은 아주 흥미롭다. 어쩌면 테스토스테론 수치가 높기 때문에 남자들이 여자들보다 섹스를 더 많이 공상하고 생각하는지도 모른다. 성적 생각과 공상이 섹스하고 싶은 욕구를 불러일으킨다는 사실을 고려하면 여자들은 남자들보다 성욕을 촉발하는 원인 요소가 더 적은 셈이다.

흥을 깨는 것들

애초에 성욕의 수준이 다른 배우자 쌍이 있는가 하면 오랫동안 성욕의 수준이 잘 맞다가도 무슨 일이 생겨 한쪽 배우자의 성욕이 줄어드는 배우자 쌍도 있다. 우리 연구에 참가한 한 여성이 무척이나 사무적으로 그 사연을 들려주었다.

이전 남자친구와는 3년을 사귀었어요. 우리의 성생활이 이운 건 나의 무관심 때문이에요. 그는 그런 상황에 가끔씩 심하게 불평을 해 댔는데, 우리의 다른 생활까지 마비될 정도였죠. 나는 관심이 있는 척 가장하면서 그와 섹스를 했어요. 순전히 그를 즐겁게 해 주기 위해서였죠. 연애의 끝을 섹스로 유지하고 있다고 생각하고 싶지는 않았기 때문이기도 했습니다.

—이성애자 여성, 21세

많은 요인이 여성의 성욕을 감퇴시킨다. 일이나 육아 활동으로 너무 피곤하거나 편안한 기분으로 섹스를 할 수 있는 사생활을 보장받지 못하는 경우처럼 일부 요인들은 단기적이고 정황적이다. 다른 요인들은 보다 지속적이며, 관계를 곤경에 빠뜨릴 수 있다. 호르몬 변화, 임신, 약물 치료, 건강 같은 생물학적 원인들과 배우자한테 느끼는 매력의 감소, 성적 권태나 불만, 배우자와의 갈등 같은 관계 요소들이 그런 것들이다. 생물학적 원인부터 살펴보도록 하자.

"성 호르몬"은 크게 세 덩어리로 나눌 수 있다. 프로게스테론, 에스트로겐(에스트로겐은 세 가지 다른 형태로 등장한다. 에스트리올, 에스트라디올, 에스트론), 안드로겐(안드로겐 중에서 가장 중요한 것이 테스토스테론이다.). 프로게스테론은 주로 임신과 관련된 호르몬으로 알려져 있다. 수정란이 착상할 수 있도록 자궁의 내벽을 준비시키는, 말하자면 "보금자리를 만드는" 책임을 맡고 있는 것이 프로게스테론이다. 여러 연구가 수행되었지만 프로게스테론이 여자의 성욕에서 얼마나 중요한지는 제대로 밝혀지지 않은 상태이다. 물론 프로게스테론 수치가 높으면 PMS 증상이 나타난다. PMS(premenstrual syndrome)는 월경전 증후군을 가리키는 말로, 흔히 성욕을 말살해 버린다.

에스트로겐과 테스토스테론은 여성이 성적 관심을 갖는 데서 매우 중요한 역할을 수행한다. 에스트로겐은 뼈와 심장을 보호해 준다. 아마 여성들이 열쇠를 어디에 놔뒀는지 기억해 내는 활동에도 도움이 되는 것 같다. 이게 다가 아니다. 여성이 성적으로 흥분하면 질이 미끄러워지는데, 이것도 에스트로겐의 기능이다. 에스트로겐은 여성의 성기 조직도 토실토실 "불룩하게 만들어" 그 형태를 유지해 준다. 에스트로겐이 없으면 젖꼭지나 음핵 같은 민감한 성감대를 자극하고, 질에 삽입을 시도해도 아프기만 할 뿐이다.

테스토스테론은 흔히 "남성 호르몬"으로 간주되지만 실상 여성의 성욕에서 가장 중요한 호르몬일지도 모른다. 여성의 테스토스테론도 에스트로겐과 프로게스테론처럼 대개는 난소에서, 소량은 부신에서 분비된다. 의학 연구소들은 18세에서 46세 사이 여성들의 자유(自由) 테스토스테론 수치의 "정상" 범위가 밀리리터당 1.3~6.8피코그램이라고 보고한다. 다시 말해, 1조분의 1.3~6.8그램이란 소리다. 사춘기가 시작되면서 남성의 고환이 매일 밀리리터당 300~1,000피코그램을 생산한다는 사실과 비교해 보면 그 양이 매우 적다는 것은 분명하다.

여성의 경우 테스토스테론 수치는 20세를 전후로 매년 자연적으로 감소한다. 그러던 것이 40대 중반에서 50대 사이의 폐경기를 전후로 해서는 난소가 호르몬 생산을 극적으로 줄이면서 테스토스테론 분비량이 급격하게 추락, 그 수치가 20세의 절반가량까지 떨어진다. 난소 두 개까지 다 제거하는 완전 자궁 적출 수술을 받은 여성은 나이에 상관없이 테스토스테론 생산이 급격하게 감소한다. 우리 연구에 참가한 한 여성의 증언처럼 이는 성욕에 부정적인 영향을 미친다.

서른두 해가 지났지만 단 한 번이라도 내가 원해서 섹스한 경우를 떠올리기가 힘들다. 장기적 관계에서는 그냥 했다. 내 경우는 자궁 적출 수술을 받고 성욕이 줄어들었다. 섹스하고 싶은 생각이 전혀 안 났지만 여러 번 남편을 위해 그냥 했다. 섹스를 원하지 않는 나 자신이 실망스럽고, 불만이다. 만족하지 못하면서도 그걸 하는 것은 우울한 경험이다. 나는 자주 섹스를 해 주지 못해서 죄책감을 느꼈다. 남편을 즐겁게 해 주고 싶었기 때문이다. 인생이 참 얄궂다.

―이성애자 여성, 52세

여성이 성욕을 느끼려면 테스토스테론이 어느 정도 필요하다는 건 의심의 여지가 없다. 여성은 테스토스테론이 부족하면 자위를 하는 빈도, 섹스를 공상하는 빈도, 성 활동을 바라는 빈도가 줄어든다. 테스토스테론이 부족한 여성은 젖꼭지와 음핵의 감각 기능이 무디어지기도 하고, 예전에는 달아오르곤 했던 누군가나 무언가가 자극을 가해 와도 성적으로 흥분하지 않는다.

테스토스테론은 얼마나 많아야 충분하고 좋은 것일까? 불행하게도 아는 사람이 아무도 없다. 테스토스테론 수치와 여성이 느끼는 성욕의 관계는 간단치가 않다. 연구소들이 "정상" 수치의 범위라는 것을 제시하고는 있지만 여성이 양호한 건강 상태에 기분까지 좋기 위해서 어느 정도의 테스토스테론이 필요한지는 그야말로 천차만별이다. 예컨대, 35세 여성 두 명의 테스토스테론 수치가 정확히 같다고 해도 한 여성은 건강하고 건전한 성욕을 경험하는 데 반해 다른 여성은 성욕이 줄었다며 불평을 해 댈 수가 있는 것이다. 사태가 이런 것은 10대 후반의 테스토스테론 수치와 현행 테스토스테론 수치의 격차 때문일 것이다. 많은 여성이 완벽하게 정상인 테스토스테론 수치를 보이는데도 성욕이 줄었다고 불평을 해 대는가 하면, 또한 많은 여성이 테스토스테론은 적은데도 성욕이 넘친다고 보고한다는 사실 속에서 사태는 더욱 혼란스러워진다! 성 연구자이자 치료사이며 여성의 성애를 주제로 여러 권의 책을 쓴 산드라 리블럼(Sandra Leiblum)은 예전에는 성욕을 느꼈는데 더 이상 그렇지 않다면 담당 부인과 의사나 내분비학자를 찾아가 채혈을 통해 DHEA(dihydroepiandrosterone)와 테스토스테론 수치를 측정해 보라고 권한다. 그 수치가 해당 연령의 "정상" 범위 최하단까지 떨어졌으면 테스토스테론 보충 요법을 시도해 볼 수 있다는 것이다.

처방에 의해 여러 형태로 테스토스테론을 이용할 수 있다. 알약, 정제, 캡슐 등이 있고, 가장 보편적이게는 음핵과 내음순에 바르는 크림이 있다. 꽤 설득력 있는 연구 내용에 따르면 비정상적일 만큼 수치가 낮은 여성들의 경우 테스토스테론을 사용하고서 성욕이 복구되었다. 테스토스테론은 폐경기 이후 여성들의 성욕 복구에 특히 효과적이었다. DHEA의 형태라면 테스토스테론을 처방전 없이도 구할 수 있다. DHEA는 일단 체내에 들어가면 테스토스테론으로 전환된다. DHEA의 표준 권장량은 하루 평균 50~150밀리그램이며 흔히 매일 아침 먹을 것을 추천한다. 여성이 작은 변화라도 몸소 느끼려면 통상 두세 달은 규칙적으로 복용해야 한다. 그러나 DHEA를 자신의 테스토스테론 수치를 끌어올리는 수단으로 활용하겠다는 여성들은 주지해야만 하는 사실이 있다. 다른 많은 식물성 보충제처럼 DHEA도 미국 식품 의약국(U. S. Food and Drug Administration)이 그 생산을 전혀 규제하지 않고 있는 탓에 포장 용기의 성분 표시 목록에 한 캡슐당 얼마만큼의 DHEA가 들어 있다고 적혀 있을지라도 상표에 따라서 실제 함유량은 아주 다를 수 있다는 점을 말이다.

테스토스테론 수치는 정상인데 성욕이 낮을 경우 이 호르몬의 수치를 끌어올려도 성욕이 항진되지 않을 수 있다는 점 또한 명심해야 한다. 몸 자체가 이미 테스토스테론을 충분히 보유하고 있을 경우 오히려 부정적인 결과만 얻을 수도 있다. 테스토스테론 수치가 너무 높으면 간이 손상될 위험이 있으며 안면 터럭, 여드름, 탈모가 생기기도 하고, 심지어 목소리가 굵어질 수도 있다. 이런 변화가 섹시한 것으로 여겨지지는 않을 터, 성관계를 맺고자 하는 배우자의 성욕을 줄이겠다는 의도가 아니라면 주의해서 사용해야만 한다.

혼란스럽기만 한 임신

여성의 성욕은 임신 기간과 출산 후에 극적으로 바뀌기도 한다. 그 이유 가운데 일부는 임신을 하면서 겪는 감정 변화 때문이다. 배우자 쌍이 임신 사실을 기대하며 흥분하는 정도, 극심한 입덧과 수면 장애, 그 어느 때보다

팽대한 몸을 여성 스스로 섹시하다고 느끼는 정도, 아기의 눈이 페니스에 찔릴까 봐(그런 일은 절대로 안 일어나지만) 배우자 쌍이 걱정하는지 여부가 그런 것들이다.

임신을 하면 일련의 호르몬 변화도 뒤따른다. 에스트로겐과 프로게스 테론은 더 이상 임신 전처럼 등락을 거듭하지 않는다. 두 호르몬 모두 일제히 높은 수치를 기록하는 것이다. 이로써 여성의 몸은 젖을 생산할 준비를 갖추고, 유산을 막기 위해 자궁 내벽도 두꺼워진다. 에스트로겐 수치가 높아진 여성은 성적 흥분을 느끼기도 하고, 성 활동에 관심을 보이기도 한다. 그러나 프로게스테론 수치가 높아진 여성은 너무 피곤해 하며 성미까지 까다로워져서 어떤 성 활동도 원하지 않을 수 있다.

분만 후에는 여성의 성욕이 치솟기보다 감소할 가능성이 훨씬 더 많다. 적어도 단기간에는 그렇다.

몇 달 전에 아들을 낳았는데 여전히 성욕이 전혀 안 생겨요. 아들 녀석이 태어나기 전부터 섹스를 못 했는데 흥미가 안 생겨서 죄책감마저 듭니다. 어쩔 수 없이 관심이 있는 척하면서 섹스를 했죠.

—이성애자 여성, 35세

산후 처음 몇 달 동안 흔히 관찰되는 호르몬 혼란과 생활 방식을 고려하면 이것은 놀라운 일이 아니다. 대다수의 여성이 분만으로 질이 아프거나 제왕 절개 수술로 인해 통증을 느끼고 만지면 아파한다. 대다수의 배우자 쌍이 수면 부족으로 지쳐 버린다. 둘의 삶에 새로운 성원을 동참시켜 먹이고, 또 편의를 봐주는 활동에 따른 필연적 결과이다.

호르몬이 다시 한 번 극적으로 변화한다. 그에 따라 기분, 수면, 성욕이 영향을 받는다. 모유 수유와 함께 옥시토신 수치가 증가한다. 그러나 성적 반려자와의 유대보다는 어머니와 자식의 유대가 조장될 가능성이 더 많다. 이와 함께 에스트로겐 수치가 감소한다. 에스트로겐은 뇌 화학 물질과 작용해 행복감을 느끼게 해 준다. 따라서 에스트로겐이 감소하면 기분이 가라앉고, 산후 우울증을 앓기도 한다.

수유 중에 분비되는 옥시토신은 테스토스테론도 억제한다. 옥시토신이 여성의 성욕을 감소시킬 수도 있는 셈이다. 출산 후에 성욕이 감소하는 것과 수유 중에 호르몬이 변화해 임신 가능성이 낮아지는 것은 둘 다 진화의 관점에서 볼 때 출산 간격 유지라는 중요한 기능을 수행한다. 너무 짧은 터울로 자식을 둔 조상 어머니들은 많은 경우 자신의 변변찮은 자원을 빈약하게 나누어 공급할 수밖에 없었을 것이다. 성욕이 일시적으로 감소하면 알맞은 터울로 자식을 낳을 수 있고, 이와 함께 아이들이 살아남아 튼튼하게 자랄 확률이 높아진다. 실제로도 전통 문화들을 살펴보면 전형적인 터울은 세 살 반 정도이다.

출산 후 성욕이 얼마나 빨리 회복될지는 많은 요인들에 좌우된다. 여성이 잠을 덜 빼앗긴다고 느끼고, 자신의 삶을 더 효과적으로 통제한다고 판단하는 데 시간이 얼마나 걸리느냐가 이 가운데서도 커다란 요인으로 작용한다.

얼마 동안 관계를 맺어 왔느냐 하면 …… 6년이 돼 가네요. 섹스하고 싶지 않을 때도 여러 번 있었죠. 아이는 둘이에요. 한 아이는 두 살이고, 다른 애는 한 살입니다. 한 살배기 딸을 낳은 후로는 너무 피곤하고 지쳐요. 밤새 뜬 눈으로 딸아이에게 젖을 물리고, 낮에는 두 아이를 돌봐야 하니까요. 침대로 기어 들어가 자고 싶을 뿐이죠. 섹스는 생각도 안 나요. 하지만 내 성욕이 예전 같지 않다고 해서 약혼자의 성욕까지 감퇴하진 않았죠. 그는 확실히 섹스하고 싶어 해요. 내 목에 키스를 퍼붓고, 자기 손으로 내 몸을 위아래로 부드럽게 쓰다듬고, 나를 껴안고, 내가 좋아하는 모든 걸 하죠. 나는 너무 피곤해서 그가 원하는 대로 반응해 주지 못해요. 하지만 그의 마음을 다치게 하고 싶지 않고, 또 그가 섹스를 원할 때 해 주는 게 나의 의무라고 느껴서 그냥 합니다.

— 이성애자 여성, 22세

성욕이 임신 전 수준으로 결코 회복되지 못하는 어머니들도 소수 있다. 배우자 쌍이 흔히 낭만적 연애 관계를 희생하고 부모가 되어 양육 활동에 몰두하기 때문이다. 부모의 역할에 열중한 나머지 어머니가 가장 중요하고도 유일한 정체성이 되어 버리는 여성도 일부 존재한다. 섹시한 속옷이나 밤에 침대에서 속삭이는 외설적인 음담보다 학교에 들려 보낼 영양 만점의 도시락을 준비하는 일이 더 중요해지는 것이다. 이런 여성들은 배우자들이 끊임없이 환기해 주지 않으면 몇 년만 지나도 섹스와 담을 쌓고 살게 된다. 배우자 쌍이 자신들의 삶에 더 이상 섹스가 존재하지 않음을 깨닫게 되었을 때는 이미 그 관계가 실용적인 것으로 전락해 두 파트너 모두 서로에게 성욕을 느끼는 방법을 깡그리 잊어버렸을 수도 있다. 드물지만 생리적 해명이 시도되기도 했다. 일부 연구자는 임신으로 테스토스테론 생산 체계가 항구적으로 손상되기도 한다고 믿고 있다. 임신이 여성들의 섹스 욕구에 항구적으로 악영향을 끼칠 수 있다는 얘기인 셈이다.

약물 치료로 인한 성적 불만족

임신이 성욕에 악영향을 미치는 유일한 건강상의 변화는 아니다. 골반암, 수술, 외상과 질 및 요로 감염증도 명백히 여성의 성욕을 해친다. 섹스 중에 통증을 불러일으키기 때문이다. 그러나 거의 모든 질병이 허약함, 통증, 원기 부족, 초라하기 이를 데 없는 신체 이미지를 자아냄으로써 성욕에 부정적 영향을 끼친다.

여러 처방약 때문에도 성욕이 훼손된다. 여성들의 성욕에서 일정한 역할을 담당하는 호르몬과 뇌 화학 물질이 영향을 받거나, 간접적인 방식으로는 여성이 성적으로 흥분하고, 또 오르가슴을 느끼는 역량이 손상되기 때문이다. 직간접적인 이 두 요인이 작용해 섹스가 여성들에게 덜 보상적인 활동이 되고 만다. 예컨대, 피임약 때문에 테스토스테론 수치가 상당히 낮아지면 성욕이 줄어들 수 있다. 이와 관련해서는 활성 성분 데소게스트렐(desogestrel)이나 노르게스티메이트(norgestimate)가 함유된 경구 피임약들이 매우 좋지 않다.

특정 불안 장애들과 우울증을 치료하는 데 사용하는 항울제들은 오래전부터 성 기능에 손상을 가져오는 것으로 알려져 왔다. 선택적 세로토닌 재흡수 억제제(selective serotonin reuptake inhibitor; SSRI)는 가장 보편적으로 처방되는 항울제인데 SSRI를 복용하는 여성의 약 96퍼센트가 성욕, 흥분, 오르가슴, 그리고 이 세 가지 모두에서 문제점을 경험한다. 성 관련 부작용을 경험하는 여성들의 절반 가까이는 이 문제가 임상적으로 관심을 기울여야 할 만큼 심각한 사안이라고 판단했다. 우리 연구에 참여한 한 여성이 이 부작용에 얼마나 시달렸는지를 들려준다.

> 남편은 나보다 성욕이 강해요. 때로는 그의 요구를 들어 주는 섹스를 해야만 하는 이유죠. 그가 나를 강요하지는 않아요. 그래도 내가 그렇게 느끼는 건 섹스가 건전한 부부 관계의 정상적인 일부임을 잘 알고 있기 때문이죠. 불안 장애에 시달리면서 항울제를 먹고 있는데 성욕이 아주 저조합니다. 몇 달은 버틸 수 있겠지만 온당하다고 할 수 없는 상황이죠.
>
> —이성애자 여성, 38세

항울제는 근본적으로 뇌 화학 물질인 세로토닌을 증가시킨다. 우울증을 잃는 다수가 세로토닌 부족에 시달리기 때문이다. 그러나 동물 실험 결과 세로토닌을 "읽어 내는" 뇌 속의 어떤 수용기들은 성 행동도 담당한다는 것이 밝혀졌다. 그 수용기들이 세로토닌 부하를 너무 많이 받으면 성 행동 관련 기능이 억눌린다. 지난 10년 동안 성 행동에 영향을 미치는 뇌 내 수용기를 활성화하지 않는 항울제 개발이 혁혁한 성과를 거두었다. 그렇게 해서 새로운 세대의 항울제 신약이 다수 시판되고 있다. 세르존(네파조돈), 웰부트린(부프로피온), 셀렉사(시탈로프람), 레메론(미르타자핀)은 10여 년 전에 개발된 (예컨대, 프로작이나 팍실 같은) 항울제보다 성 관련 유해 부작용이 더 적다. 발륨, 자낙스, 아티반, 부스파 같은 항불안제와 할돌, 소라진, 멜라릴 같은 항정신병 약물도 여성의 성욕에 부정적인 영향을 끼친다. 성 활동 기제에서 일정한 역할을 담당하는 뇌 화학 물질을 방해하기 때문이다.

고혈압 치료제로 사용하는 항고혈압제 일부, 곧 레서핀과 클로니딘이 여성의 성기로 피가 유입되는 것을 억제한다는 사실도 밝혀졌다. 항고혈압제를 복용하는 여성들이 성적으로 흥분하거나 오르가슴을 경험하는 데서 어려움을 겪는 이유이다. 처방전 없이 살 수 있는 알레르기 치료제인 항히스타민제들, 곧 베나드릴, 아타락스, 페리악틴도 질의 점막을 건조하게 해 성욕에 부정적인 영향을 미친다.

약물 치료에 따른 성적 반응 양상은 천차만별이지만 대다수의 경우는 약물 치료 과정이 성적으로 좋지 않은 부작용을 일으킨다. 이럴 때는 다른 약물로 바꿔 거듭되는 부정적 결과를 피할 수 있다. 때로는 부작용이 몇 주 후면 사라지기도 한다. 의사의 지시에 따라 2~3일에 한 번씩만 약을 복용하는 "약물 복용 휴일" 절차를 시행해 볼 수도 있다. 이 절차로 증상이 완화되기도 한다.

대다수의 사람은 자신이 성적으로 끌리는 특정한 신체 유형을 강하게 선호한다. 따라서 관계를 맺는 과정에서 배우자의 외모가 변하면 상대방에게서 비치는 성적 매력이 줄어든다. 이는 남성뿐만 아니라 여성의 경우에서도 사실이다.

사람들이 나이가 들면서 경험하는 가장 보편적인 신체 변화는 몸무게가 늘어나는 것이다. 몸무게 증가가 성적으로 끌리는 정도에 아무런 영향을 못 미치기도 하지만 많은 여성이 배우자의 몸무게가 크게 늘면 성적으로 흥미를 잃어버린다. 하지만 상황은 보다 복잡할 수 있다. 과체중의 배우자들은 짝짓기 시장에서 자신이 경쟁력이 없다고 생각하기 때문에 관계를 저버리거나 바람을 피울 가능성이 더 적다. 상대방이 관계를 더 확신하게 되는 것은 당연한 수순이다. 과체중이 아닌 배우자는 관계에서 어떤 권력을 누리기까지 한다.

많은 여성이 위생 상태가 열악하면 성적 관심을 끊어 버린다. 남자가 항상 땀투성이고, 지저분하며, 고약한 냄새가 나고, 면도도 하지 않고, 헝클어진 머리에다, 담배 냄새를 풍기고, 입 냄새까지 난다면 도대체 어떤 여자가 다가가서 섹스를 하고 싶겠는가? 1933년에 처음 출간된 『우생학과 섹스의 화합(*Eugenics and Sex Harmony*)』의 「산산이 부서진 꿈(Shattered Dreams)」이란 장을 보도록 하자. 저자는 위생 상태가 변하면 여성의 성욕이 악영향을 받는다고 설명한다.

흥미로울 게 없는 평범한 세상의 가차 없는 현실이 아내가 꾸는 연애의 꿈을 산산조각 내 버린다. 아내는 번쩍이는 갑옷을 입은 자신의 기사가 매일 아침 면도를 하도록 시켜야만 하는 남자일 뿐임을 알게 된다. 남편은 억지로 시키지 않을 경우 매일 씻어야 한다는 걸 무시로 잊어 먹기도 한다. 아내는 남편이 연애 시절에 용의주도하게 숨겨 온 어떤 습관을 발견할지도 모른다. 아내는 남편이 냄새가 지독한 파이프 담배를 피우는 취미가 있다는 걸 알게 될지도 모른다. 이 때문에 그의 입김은 도저히 참을 수 없는 지경이다. 어쩌면 그가 담배를 씹을지도 모를 일이다. 남편의 발과 겨드랑이에서 정말 역겨운 냄새가 풍길 수도 있다. 그런데도 그는 포름알데히드 용액을 사용하거나 다른 간단한 조치들을 적절히 취해 이를 없애려는 노력을 거의 하지 않거나 전혀 하지 않는다. 아내가 꿈꾸는 장밋빛 로맨스는 수천 가지지만 이내 산산조각 나 버리고 만다.

이와 유사하게 많은 여성이 사회적 지위와 부에도 성적으로 끌리는 탓에 배우자의 사회적 지위와 부가 시간이 지나면서 줄어들면 여성이 배우자에게 끌리는 정도도 줄어든다.

덜 보편적이기는 하지만 배우자와 섹스하고자 하는 여성의 욕망이 줄어드는 이유로, 이성보다 동성에게 성적으로 더 끌린다는 사실을 깨달아서인 경우가 있다. 어쩌면 이런 여성은 처음부터 자신의 성적 취향이 배우자와 양립할 수 없다는 걸 알았을지도 모른다. 그러나 너무 두렵거나 내키지 않아서 관계가 무르익을 때까지 알리지 못했을 것이다.

결혼을 했는데 성생활이 내게는 만족스럽지가 못했어요. 그래도 남편을 행복하게 해 주려면 함께 섹스를 해야 한다고 생각했죠. 내가 남편과의 섹스에 관심을 보이지 않자 그는 거절당했다고 느꼈고, 내가 바람을 피우고 있다고까지 의심했어요. 당연하죠. 난 그의 아내였으니까요. 우리가 결혼했을 때 나는 겨우 열아홉 살이었습니다(남편은 스물일곱 살이었고요). 내가 여자들이 성적으로 매력적이라고 생각하며, 여자들에게 끌린다는 걸 알았어요. 남편과 그 문제를 상의하려고 했지만 듣고 싶어 하지 않았죠. 난 아내로서 "짊어져야" 할 의무를 다하려고 노력했고, 시간이 흐르면서 남편에게 점점 더 화가 났습니다. 그렇지만 우리의 성생활에서 내가 무얼 얻고 있는지는 전혀 생각하지 않았어요. 내가 성취감이나 만족감을 느끼지 못한다는 걸 남편도 알아채지 못한 것 같습니다. 그게 우리 사이가 틀어진 계기였죠. 우리의 결혼이 실패한 근본적인 이유가 그것이라고 생각해요.

— 주로 이성애를 하는 여성, 35세

불만과 권태

섹스 기술이 부족한데도 배우고자 하는 의지도, 능력도 없는 배우자라면 불만스러울 뿐만 아니라 섹스하고 싶은 욕구가 줄어든다. 곧장 달려들어 여자의 음핵을 격렬하게 자극해 주는 자신이 이타적 연인의 화신이라고 믿는 사람들이 있다. 그러나 대다수의 여성은 상당 시간 동안 전희를 한 다음 성관계를 가져야 한다. 『여자들을 위한 포르노(Porn for Women)』라는 책에 이 사실이 재미있으면서도 솔직하게 기술되어 있다. 그 책에 실린 한 화보를 보면, 잘생긴 남자가 아침 커피를 마시면서 주방 탁자에 앉아 있다. 그가 아내에게 이렇게 말한다. "오늘은 NFL 플레이오프를 하는 날이니까 공예품 시장에서 주차를 하는 데 아무런 문제가 없을 거야." 배우자가 "행위를 하기" 직전뿐만 아니라 일반적으로 여성을 어떻게 대하느냐에 따라 여성의 섹스 욕구가 극적으로 영향을 받는다.

장기적 관계를 맺고 있는 여성들의 흔한 불만 사항 가운데 하나는 섹스가 판에 박힌 일상으로 자리 잡아, 너무 뻔해져서 즐거움이 덜하다는 것이다. 우리 연구에 참여한 한 여성이 의무로 전락한 섹스를 어떻게 느끼고 있는지 들어 보자.

남편을 사랑해요. 하지만 어느 정도 결혼 생활을 했다면, 까놓고 말해서, 섹스가 더 이상은 그렇게 흥미진진하지 않잖아요. 다 예상할 수 있죠. "즉흥적으로" 할 때도 웃기는 건 마찬가지예요. 남편의 움직임을 다 예상할 수 있으니까요. 내가 섹스를 하는 건 아내로서 그와 섹스를 "해야 한다"고 생각하기 때문이죠. 남편을 사랑하고, 그를 즐겁게 해 주고 싶기 때문이기도 하고요. 하지만 사실을 말하자면 나는 대부분의 시간 동안 그저 누워서, 머릿속으로는 일어날 순서를 생각하죠. 가끔씩 신음 소리를 내는데, 그러면 내가 깨어 있다는 걸 남편이 아는 겁니다. 행위가 끝나면 정말 대단했다고 그에게 말해 주는데, 효과가 있는 것 같아요. 우리는 행복하게 잘 살고 있답니다.

—이성애자 여성, 48세

이성애자 여성들은 연상인 남자와 장기적인 관계를 맺거나 결혼할 가능성이 더 많기 때문에 (반대 시나리오와 비교해) 노령의 배우자들이 드러내는 성 기능 장애와 기타 건강상의 문제들에 적응해야 하는 일이 많다. 그러고는 이어서 본인들도 같은 문제에 직면하는 것이다. 배우자의 성 활동 기능이 바뀌면 여러 면에서 여성의 섹스 욕구가 감소한다. 예컨대, 배우자가 조루증(早漏症)이라면 여자가 섹스에 흥미를 잃을 수 있다. 남자가 질 삽입 직전이나 직후에 사정을 해 버리면 여자로서는 너무나 불만스러울 것이기 때문이다. 남자가 발기와 발기 유지에 문제가 있어도 여성의 섹스 욕구는 시들어 버린다.

중년 여성을 대규모로 연구한 오스트레일리아 멜버른 대학교의 심리학자 로레인 데너스틴(Lorraine Dennerstein)은 관계의 지속도에 따라 성욕이 줄어든다는 사실을 알아냈다. 여성들은 관계가 오래될수록 성욕이 저조할 가능성이 더 많았다.

같은 연구는 여성들의 폐경기 이행 전, 중, 후의 성욕을 측정했다. 폐경이 성욕에 아무런 영향을 끼치지 않는 여성들이 일부 존재했다. 물론 폐경으로 성욕이 감소하는 여성들도 있었다. 그러나 소수의 경우는 폐경기 이후 성욕이 증가했다. 여자들의 성욕이 이렇게 증가한 것은 무엇 때문일까? 그녀들이 근사한 성적 장애 치료라도 받은 것일까? 그녀들의 배우자가 뭔가 긍정적인 방향으로 바뀌기라도 한 것일까? 그녀들이 새로운 섹스 비결을 찾아냈단 말인가? 성욕이 증가한 여성들은 대개가 새로운 섹스 파트너가 생긴 여자들이었다.

새로운 섹스 기술을 배우고 실험하기, 성적으로 흥분되는 이야기를 함께 보거나 읽기, 가끔씩 평상시와 다른 장소에서 즉흥적으로 섹스하기, 로맨틱한 단기 휴가를 계획해 과중한 업무나 주의를 산만하게 하는 요소들에서 벗어나기. 오랫동안 함께 적극적으로 성 활동을 영위해 온 커플들이 권태를 물리친 몇 가지 방법이다.

관계의 부식

가끔은 다툼이 성적 흥분을 드높여 배우자 쌍이 재결합하는 걸 돕기도 한다. 그러나 싸움과 다툼이 거듭되면 대다수 배우자 쌍은 지치게 마련이다. 노토리어스 체리 밤스(Notorious Cherry Bombs)의 컨트리 음악 「이츠 하드 투 키스 더 립스 앳 나이트 댓 츄 유어 애스 아웃 올 데이 롱(It's Hard to Kiss the Lips at Night that Chew Your Ass Out All Day Long)」은 이런 상황을 노래하고 있다.

게다가 원인과 결과를 올바르게 산정하기가 어려운 경우가 아주 많다. 도대체가 다툼이 계속되어서 성적 관심이 줄어들었단 말인가, 아니면 성적 흥미가 감소해 싸움이 벌어졌단 말인가? 대개는 둘 다이다. 가끔은 싸움이 섹스 자체가 아니라 성 활동 이외의 친밀함을 요구하는 데서 비롯하는 차이 때문에 벌어지기도 한다. 많은 여성이 파트너에게 호감과 친밀감을 느껴야 섹스하고 싶은 마음이 생긴다고 말한다. 그런데 친근하게 느끼려면 단순한 성적 전희가 아니라 친밀감을 조성해 주는 대화나 함께 하는 소중한 시간이 필요하다.

관계가 아주 친밀해서 심리적으로 "융합"내지 "결합"된 레즈비언 커플들을 가끔씩 볼 수 있다. 이런 커플들은 서로에게 결부되려는 욕망이 아주 강렬해서 개인의 모든 경계와 개성과 구분이 사라진다. 어떤 여성들에게는 이런 사태가 친밀함의 이상을 보여 주는 완벽한 보기일지도 모르겠다. 하지만 이런 현상은 종종 여성들의 성욕에 부정적인 영향을 미친다. 일부 치료사들은 관계에서 절대적으로 필요한, 어느 정도의 거리를 확보하기 위해 섹스를 하지 말아야 한다고 생각한다. 어떤 여성들에게는 마음의 벽을 허물고 친밀감을 느끼기 위한 수단으로서 섹스가 필요하다고 믿는 치료사들도 있다. 이미 어떤 장벽도 존재하지 않는 커플의 경우에는 섹스가 불필요해진다.

배우자와 더 이상 섹스하고 싶어 하지 않는 이유를 정확히 집어내는 데서 흔히 여성은 어려움을 겪는다. 이런 변화는 세월이 흐르면서 서서히 일어났을 것이다. 아마도 오해, 실망, 좌절의 경험이 누적되었기 때문일지도 모른다. 우리 연구에 참가한 한 여성이 들려주는 얘기를 보도록 하자. 그녀는 남편에게 성적으로 끌리지 않게 되면서 자신이 성적으로 뭔가 문제가 있다는 그릇된 결론을 이끌어 냈다.

결혼 7년차쯤 되었을 거예요. 남편도 알고 나도 아는 남자인 친구랑 외식을 하러 나갔죠. 남편은 집에서 아이들과 시간을 보냈고요. …… 그 친구와 나는 즉석에서 파티에 가기로 결정했고, 정말 늦게까지 놀았습니다. 재미있었어요. 몇 년 만에 처음으로 해방감을 느꼈고, 신중함 따위는 벗어던졌습니다. 집으로 돌아오는 길에 내가 친구에게 키스를 퍼붓고 있지 뭐예요. 우리 둘 다 깜짝 놀랐습니다. 내가 그에게서 매력을 느끼고 있다는 내색을 이전에 한 번도 한 적이 없었기 때문에 그는 놀랐어요. 남편과 하는 섹스를 즐겨 본 적이 한 번도 없었고, 그렇게 섹스에 무심한 내가 뭔가 잘못되었다고 생각해 왔기 때문에 나 역시 깜짝 놀랐죠. 그가 외딴 곳에 차를 댔고, 우리는 애무를 해 댔습니다. 그날 밤에 섹스

를 하지는 않았지만 우리는 몇 주 후부터 놀아났죠. 정사가 시작됐고, 결혼 생활
은 결국 파경에 이르렀습니다. 돌이켜 보면 그래요. 비록 당시에는 깨닫지 못했
지만 불행한 결혼 생활을 청산하고 싶었던 겁니다. 내 인생은 아이들을 중심으
로 돌아갔고, 나 스스로는 성적으로 문제가 있다고 생각했어요. 그러다가 그날
밤 갑자기 내 안의 뭔가가 깨어났고, 난 성적인 존재로 거듭나게 됐던 거예요.
내가 섹스를 좋아한다는 걸 알았습니다. …… 남편하고는 말고요.

— 이성애자 여성, 47세

거절하고 싶지만 수락해 버릴 때

배우자 쌍의 성욕이 일치하지 않을 경우 반드시 그런 것은 아니지만 대
개는 남자가 섹스를 더 바란다. 남자들이 보다 높은 성 충동을 갖도록 진
화했고, 섹스를 주도하면서 더 편안함을 느끼도록 사회화되었다면 불가피
하게도 여자들은 원하지 않는 섹스에 응해야 할 때가 더 많을 것이다. 과연
그렇다면 여자들이 실제로도 남자들보다 더 빈번하게 상대방의 섹스 요구
에 응할까?

연구에 따르면 여자들은 원하지 않아도 남자들보다 더 자주 섹스 행위
에 동의한다. 그러나 독자 여러분이 생각하듯이(?) 여기에 무슨 대단한 격
차가 있는 건 아니다. 부부를 조사한 한 연구에 따르면 아내의 84퍼센트,
남편의 64퍼센트가 자기는 내키지 않아도 배우자가 원하면 섹스를 수락
하는 게 "대개" 또는 "항상"이었다. 루시아 오설리번(Lucia O'Sullivan)은 2주
동안 벌어진 예상 밖의 조우 상황을 관찰했고, 여성들이 남성들보다 원하
지 않는 섹스에 동의할 가능성이 더 많음을 확인했다(50퍼센트 대 26퍼센트). 그
러나 관찰 기간을 1년으로 연장했더니 남녀 사이에 의미 있는 차이점은 전
혀 존재하지 않았다. 아마도 여자들이 남자들보다 원하지 않아도 더 빈번
하게 섹스에 응할 것이다. 그러나 기간이 충분이 길어지면 성 활동을 하는

거의 모두가 최소 한 번 이상 원하지 않는 섹스를 경험하게 된다.

우리 연구에서는 여성들이 원하지 않는 섹스에 자발적으로 동의하면서 제시한 이유들을 통해 세 가지 근거를 추출해 낼 수 있었다. 첫째, 관계를 유지하기 위해서. 둘째, 의무라고 생각해서. 셋째, "착하고 친절한" 일이라고 생각해서. 일부 여성이 관계를 유지하기 위해 원하지 않는 섹스를 한 것으로 보아, 그녀들은 싸움을 피하는 수단으로 섹스를 활용했다.

나는 성 충동이 아주 강한 배우자와 장기적인 관계를 맺고 있었다. 나는 성욕이 아주 보잘것없는데, 배우자는 그래서 화를 냈고, 불만을 가졌다. 가끔은 하고 싶지 않아도 섹스를 했다. 다툼을 피해야 했고, 관계에서 내가 맡은 역할이라고 느낀 바를 이행해야 했으니까.

— 이성애자 여성, 25세

여자라면 가끔씩 섹스하고 싶지 않을 때가 있죠. …… 너무 피곤하거나, 바쁘기도 할 테고요. 하지만 기혼자라면 얘기가 달라져요. 때로 자기보다는 다른 사람의 요구를 챙겨야만 합니다. 그걸 잔소리나 바가지라고 불러야 하는 건지 모르겠어요. …… 남편은 약간만 섹스를 못 해도 …… 괴팍해지고, 불만스러워 하며, 다정함이 사라지죠. 가끔은 그냥 순순히 섹스를 합니다. …… 집안의 평화를 위해서죠. 그러니까 뭐랄까, 나는 항상 기쁜 마음으로 섹스를 해 왔습니다.

—주로 이성애를 하는 여성, 32세

장기적 관계에서는 배우자들의 요구가 갈리고, 관계를 유지하기 위해 희생을 해야만 하는 때가 반드시 있다. 희생은 당신은 별로 내키지 않지만 배우자는 좋아하는 식당에 함께 가는 것처럼 간단할 수도 있고, 배우자의 직장 생활이 바뀌면서 이사를 해야 하는 것처럼 복잡할 수도 있다. 원하지 않는 섹스에 동의하는 것도 비슷한 방식으로 작동하는 희생이라고 볼 수 있다.

일반적으로 배우자 쌍이 자진해서 희생하는 정도를 결정하는 것은 관계에 헌신하는 정도이다. 자신이 맺고 있는 관계가 비용보다 이득이 더 많으면 헌신도는 증가한다. 배우자가 관계에 이미 많은 시간과 돈과 자원과 노력을 쏟아부었다면 그 모든 걸 팽개치고 관계를 청산하기가 더 어렵다. 실행 가능한 또 다른 짝짓기 기회를 인식하는 활동도 배우자의 헌신에 영향을 미친다. 혼자가 되는 게 두렵거나, 바람직하고 섹시한 남녀를 마음속에 그리면서 데이트 상대를 찾아 나서지 않는 사람이 관계에 더 헌신한다.

원하지 않는 섹스를 하는 것이 관계를 유지하는 데 도움이 되는지를 직접 조사한 연구는 아직까지 없다. 사람들은 자신의 배우자가 커다란 희생을 했다고 느끼면 더 헌신하게 된다. 물론 그걸 알려면 배우자의 희생에 관심을 가져야 한다. 성 활동과 결부된 희생의 효과는 배우자 쌍의 성욕이 불일치하는 정도, 그 희생이 호혜적인지 여부, 그 희생을 너그럽게 보살피는 행동으로 보는지 여부에 좌우될 공산이 크다.

그러나 배우자와 섹스하는 걸 "희생"으로 생각하는 데 익숙하지 않은 사람들이 있다.

아내의 의무

성욕이 불일치함에도 불구하고 섹스에 동의하는 상황 말고도 많은 여성, 특히 기혼 여성들은 의무라고 생각해서 원하지 않는 섹스를 해 왔다.

결혼 생활이 32년째네요. 의무라고 생각하고 남편과 가끔씩 섹스하는 것이 나 같은 구닥다리에게는 자연스러운 사고방식이죠.

—이성애자 여성, 53세

섹스가 혼인 계약의 일부라는 관념은 다수의 종교 경전에도 넌지시 언급되고 있다. 예컨대, 기독교 성경은 코린토 신자들에게 보낸 첫째 서간(「고린도전서」) 7장 2~3절에서 섹스가 아내와 남편 모두의 의무라고 명시하고 있다. "풍기 문란이 만연해 있으므로 남자는 전부 아내를 둬야 하고, 여자 또한 남편을 맞이해야 한다. 남편은 아내에게 혼인 관계에 따르는 의무를 이행해야 하고, 그건 아내도 마찬가지이다." 유대교에서는 아내를 성적으로 만족시켜 주는 남편의 의무에 더 많은 비중을 둔다(그 반대가 아니라). 탈무드는 남편의 직업을 참작해 가면서 사내가 아내에게 제공해야만 하는 섹스의 양과 질 모두를 구체적으로 명시한다. 남편은 오랫동안 섹스를 자제하거나 장기 출타하는 게 허용되지 않는다. 아내가 성관계를 못 하게 되기 때문이다.

섹스가 혼인의 의무라는 일부 여성들의 믿음은 신앙에 붙박여 있다. 그러나 대대로 전해 내려온 문화적 요구에서 이 관념을 내재화한 여성들도 존재한다. 남자는 결혼 관계에서 생계비를 벌어 오는 가장이라는 풍토가 바로 그것이다. 아이들을 키우고, 가정 경제를 이끌며, 남편을 "기쁘게 해 주는" 것은 이에 대한 보답이자 아내의 책임이었다. 남편을 기쁘게 해 주는 일에는 그의 성적 요구를 들어 주는 활동이 포함되었다. 그의 요구가 자신의 요구와 얼마나 다른지는 문제가 되지 않았다. 1959년에 발간된 『결혼의 성적 즐거움(*Sexual Pleasure in Marriage*)』에 적힌 내용을 읽어 보자. "사랑스러운" 아내라면 열의를 갖고 남편을 기쁘게 해 줘야 했다.

존재는 사람마다 다르다. 어떤 아내들은 거의 틀림없이 남편보다 욕망을 덜 자주 느낄 것이다. …… 사랑스러운 아내는 남편의 이런 요구에 항상 부응해 왔고, 아마 앞으로도 줄곧 협조할 것이다. 어떤 때는 아내의 즐거움이 덜하기도 하겠지만 그래도 그녀는 기쁜 마음으로 배우자에게 즐거움을 선사해야 한다. 주구

장창 불평만 해 대는 아내는 위험을 무릅써야 한다. 남편은 급하다. 그의 성애 취향이 확대되었을 수도 있다. 그런 남편이 다른 여자의 품에 안길 수도 있다. 우선 당장은 즉흥적인 형태의 외면당한 즐거움을 제공받을 수 있기 때문이다. 아내가 능숙한 연기자가 아니라면 느끼지도 못하면서 뜨거운 열정을 가장할 수는 없는 노릇이다. 그러나 아내는 배우자의 다양한 요구를 순수하게 받아들여야 한다. 진정으로 남편을 환영해야 한다. 오만하게 선심 쓰는 척해서는 안 된다. 이런 마음가짐이라야 자신의 열정이 강렬하지 않을 때에도 잘 해낼 수 있다.

오늘날의 서구 문화에서는 남자뿐만 아니라 여자도 집 밖에서 일을 하는 게 보편적인 풍토로 자리를 잡았다. 그러나 이런 관념은 여전히 나이 든 전통적 세대에 의해 많은 젊은 여성들에게로 주입되고 있다. 보살핌을 제공하는 사람들(어머니든, 아버지든, 보모든, 조부모든)은 계집아이가 커서 성 활동과 관련해 스스로를 바라보는 방식에 대단히 강한 영향력을 행사한다. 아이가 가족의 가르침을 수용하는 방식, 그러니까 어떤 가르침은 받아들이고 다른 것은 거부하는 이유를 우리는 정확하게 알지 못한다. 그러나, 성인 여성의 성적 불안을 야기하는 것은 그게 무엇이든 어린 시절에 그녀를 돌보며 주되게 영향을 끼쳤던 사람에게 성적 불안을 낳았던 원인과 긴밀히 결부되어 있는 경우가 많다는 건 분명한 사실이다.

"친절하고 착한" 여자들의 공감

여성들은 보살피는 사람이 되도록 사회화된다. 여성들은 일찍부터 공감과 동정을 선보이고, 다른 사람의 감정을 잘 알아 민감하게 반응하도록 훈육된다. 여성들은 대개 아픈 사람들에게 죽을 끓여 주고, 연세 드신 분들에게는 쿠키를 구워 드린다. 그렇다면 …… 쓸쓸해 보이는 사람들에게 섹스도 제공하는 것일까? 우리 연구에 참여한 몇몇 여성은 스스로에게 상심한 사람들을 위무하는 수단으로 섹스를 활용한다고 말했다. 10대 후반과 20대의 적잖은 여성이 가엾어서 남자와 섹스를 했다고 증언했다.

오래된 친구였어요. 함께 자랐으니까요. 그는 자기가 아직도 숫제 총각인 데다가 함께 섹스를 할 만큼 믿고/사랑하고/돌보고 등등의 대상을 찾지 못했다며 속이 상해 있었죠. 그는 뭐랄까, 남자들이 흔히 그러듯이 될 수 있는 대로 빨리 섹스를 해야 한다는 문제로 전전긍긍했던 것 같아요. …… 여자들처럼 특별한 누군가를 기다리지 않잖아요. 우리는 서로에게 끌렸고, 사귀는 문제도 얘기를 나눴어요. 하지만 그는 그때 여기저기 옮겨 다니면서 살고 있었고, 남자친구가 될 가능성은 전무했죠. 결국에는 그가 우리 집에 찾아왔어요. 우리는 내 침대에서 키스를 했고, 성관계까지 맺었습니다. …… 그는 자기가 섹스를 하고 싶어 한다는 걸 잘 알고 있었어요. 나는 그가 안돼서 동의했고요. 나한테 별 일은 아니었던 게, 이미 경험이 있었고, 그를 아는 데다가 믿었으니까요. …… 하지만 길게 보았을 때는 좋은 생각이 아니었습니다. …… 나는 진지한 관계 속에서만 섹스를 하고 싶다는 생각을 항상 해 왔어요. 그런데 그 경험을 하면서 내가 원했던 게 사실은 그거라는 걸 알았던 겁니다.

—이성애자 여성, 25세

한 여성은 데이트를 못하는 어떤 남자가 가엾어서 섹스를 해 줬다고 말했다.

나는 안 그럴 수 있는데도 사람들을 실망시키거나 상처를 주는 게 싫습니다. 옛날에는 이런 마음가짐 때문에 관계까지 가졌어요. 성적으로 끌리지는 않지만 절친한 우정을 잃고 싶지 않은 거죠. …… 구체적인 예를 들면, 페이스북(Facebook, 전 세계적으로 많은 사람이 이용하는 소셜 네트워킹(social networking) 웹사이트

— 옮긴이)에서 어떤 남자랑 공통의 관심사인 영화 얘기를 하게 됐어요. 그가 나를 직접 만나고 싶어 하더라고요. 그래서 함께 점심을 먹기로 했죠. 그가 즉시로 내게 호감을 보이면서 끔찍한 과거사를 들려주더라고요. 자기를 좋아해 준 여자를 한 명도 못 만났단 얘기를 시시콜콜 늘어놨죠. 간단히 말해서, 그와 데이트를 하게 됐는데 순전히 자신감을 갖도록 해 주기 위해서였어요. 그를 유혹하고 싶은 마음도 있었으니까 나 역시 "그에게 신세를 지기는 했지만요."

—이성애자 여성, 22세

돌봐야 한다는 의무감으로 하는 섹스가 젊은 여성이나, 가볍고 일시적인 성 활동에 국한되지는 않았다. 우리 연구에 참가한 한 여성은 어떤 남자와 섹스를 한 이유로 그가 갓 이혼했고, 그에게 안쓰러움을 느꼈기 때문이라고 말했다.

그 사람이 내게 관심을 보였고, 우리는 자주 만나서 놀았습니다. 그가 마음에 들었어요. 하지만 그에게 성적으로 끌리지 않았다는 것도 확실합니다. 그는 갓 이혼한 상태였고, 그건 동정심에서 해 주는 섹스였죠.

—이성애자 여성, 44세

확고하게 구축된 관계에서도 우리 연구의 몇몇 여성은 원하지 않는 섹스였지만 자발적으로 했다고 말했다. 배우자에게 사랑받고 있다는 느낌을 전해 주고 싶었다는 것이다.

장기적인 관계에서는 섹스가 중요하다고 생각해요. 섹스가 문제를 해결해 주고, 새로 발생하는 것도 막아 주니까요. 내 관계를 말하자면 섹스에 관심을 보이는 정도가 비대칭적이고, 그래서 섹스를 일로 "하기 시작했죠." 상대방이 섹

스를 원하고, 나 역시 그를 즐겁게 해 주고 싶으니까요. 내가 파트너들보다 섹스
에 흥미가 없다는 걸 알아요. 그래서 가끔은 의식적으로 노력해서 섹스를 주도
하기도 합니다. 배우자에게 그를 원하고, 사랑받고 있으며, 안정감을 느끼게 해
주려면 그런 세심함이 필요하죠.

—이성애자 여성, 23세

자신의 배우자가 상심하거나 거절당했다는 느낌을 받지 않았으면 좋겠
다고 말하는 여자들도 있다.

여자친구와 싸우고 나서 화해하면 진이 다 빠져 버리고, 혼란스러웠어요. 그건
그녀도 마찬가지였습니다. 그녀가 섹스를 주도했는데, 거절하면 퇴짜를 놓는 셈
이 되니까, 그러고 싶지 않았거든요. 나는 친밀함을 원했지만 그렇다고 꼭 성적
인 것은 아니었어요. 나는 알아서 그녀와 타협을 했습니다.

—게이/레즈비언 여성, 19세

원하지 않는 섹스를 수락하는 게 좋은 생각일까?

여자들은 수많은 상황적·생물학적·관계상의 이유로 배우자보다 섹스
를 덜 원하는 때, 원하지 않아도 대체로 동의하며 섹스를 하는 일이 잦다.
때로는 배우자를 즐겁게 해 주는 게 의무라고 생각하거나 사람들을 기쁘
게 해 주는 활동이 기질적으로 습성화되어서 원하지 않는데도 섹스에 동
의하기도 한다. 필수적이라고까지는 할 수 없어도 관계를 유지하는 데 도
움이 된다고 판단해서 원하지 않는 섹스를 자발적으로 하는 여성도 있다.
여성의 섹스 동기가 배우자나 보편적 인간으로서 자부심을 느끼고자 하는
욕구에 붙박여 있다면 원하지 않는 섹스를 해도 두 배우자 모두에게 즐거
운 경험으로 남을 것이다.

우리는 10장에서 여성이 강압과 강제로 원하지 않는 섹스를 하는 경우를 살펴볼 것이다. 여자들은 이때 거의 예외 없이 매우 부정적인 감정을 경험한다. 또, 여성이 후환이 두려워 섹스에 응했다면 그녀는 흔히 죄책감, 억울함, 양심의 가책을 느낀다. 그러나 원하지 않는 섹스에 자발적으로 동의할 때 꼭 이런 일만 일어나는 것은 아니다.

실제로 한 연구에 따르면 원하지 않지만 대체로 동의하면서 섹스를 하고 나서 어떤 형태로든 불편한 감정을 경험하는 비율이 남자는 29퍼센트, 여자는 35퍼센트뿐이었다. 우리 연구에 참여한 여성들도 원하지는 않았지만 섹스하기로 동의하고서 다양한 감정을 경험했다. 어떤 여성은 원하지 않는 섹스를 하고서도 "엄청나게 즐거웠다"거나 "자신감이 향상되었다"고 말했다. 다른 여성은 "좋은 생각이 아니"고 나중에 후회했다고 증언했다. 어떤 여성은 원하지 않는 섹스에 동의하면 그 관계가 건강하다는 걸 알 수 있다고 말했다.

> 약혼자가 나를 친근하게 느끼거나 긴장을 풀고자 할 때면 그에게 섹스를 해 줘야겠다는 생각이 들어요. 그 순간에 딱히 "그러고 싶지" 않더라도 말이죠. 그도 많은 경우에 나를 위해 그렇게 해 줬으니까요. 나는 배우자의 요구를 알아채고, 갖은 방법으로 돕는 게 건강하고 사랑스러운 일부일처 관계의 일부라고 생각합니다. 모든 걸 다 그에게 줬다는 사실을 알면 너무나 만족스럽죠. 그가 나에게 그러는 것처럼요.
>
> —이성애자 여성, 25세

어떤 여성들에게는 원하지 않는 섹스에 동의하는 게 전혀 문제가 안 되기도 했다.

—이성애자 여성, 24세

여성이 원하지 않으면서도 대체로 동의하며 섹스를 하고 나서 즐거워하거나 후회하는 차이를 낳는 것은 무엇일까? 그 행동이 심리학자들이 말하는 접근 동기로 이루어졌는가 아니면 회피 동기로 이루어졌는가를 파악하면 아마도 가장 잘 알 수 있을 것이다. 접근 동기적 행동은 긍정적이고 즐거운 경험을 얻기 위해 취하는 행동이다. 성 활동 무대라면 예컨대, 여성이 배우자를 즐겁게 해 주고 싶다거나 자신이 좋은 배우자임을 느끼고 싶어서 원하지 않는 섹스를 하기로 하는 경우이다. 동기가 이렇다면 여성이 자신의 결정을 만족스러워 할 가능성이 많다. 그러나 회피 동기적 행동은 부정적이고 고통스러운 결과를 피하기 위해서 취하는 행동이다. 배우자를 잃는 게 두렵거나 파트너가 화를 내거나 실망하는 게 싫어서 섹스하는 데 동의하는 경우를 떠올려 볼 수 있겠다. 부정적인 결과를 피하려고 섹스에 동의하면 대개는 수치심과 회오를 느끼게 된다.

남성 배우자가 아니라 여성에게 주목해야 하는 접근 동기적 이유들도 있다. 여자가 그럴 기분이 아닌데도 섹스를 하는 게 그녀의 성욕에 "시동을 걸어 주기도" 하는 것이다. 우리 연구에 참가한 두 여성도 이런 경험을 했다.

두통이 왔고, 자고만 싶었어요. 그런데 남자친구가 계속 내게 키스를 퍼부으면서 껴안았죠. 우리는 장거리 연애를 하고 있었고, 몇 주 만에 처음 만나는 거였어요. 그렇게 많이 보챈 건 아니었지만 결국 수락했습니다. 그런데 그의 간청에 일단 응하기로 마음을 먹자 내가 점점 더 "빠져들고" 있더라고요.

—이성애자 여성, 24세

배우자에게 섹스하고 싶은 기분이 아니라고 말하는 경우가 종종 있죠. 그런데도 배우자가 고집을 부려서 섹스를 하게 되는 때가 있는데, 생각해 보면 그의 고집이 낭만적인 키스나 애무 같은 전희의 형태를 띨 때죠. 마음이 바뀌어 섹스를 원하고 있는 나를 발견하게 된다니까요.

—이성애자 여성, 24세

내키지 않았더라도 일단 시작되면 섹스를 원하게 되기도 하는 현상은 여성이 "성적으로 중립" 상태일 때 가장 쉽게 일어난다. 성적으로 중립적이라는 것은 섹스를 의식적으로 생각하거나 원하지 않지만 그런 생각을 철저하게 배격하지도 않는 태도를 가리킨다. 여성의 중립적 태도가 성욕으로 기울지 말지는 많은 요소들에 좌우된다. 배우자가 전희에 얼마나 능숙한지, 여성의 몸이 성적 자극에 얼마나 쉽고 빠르게 반응하는지, 흥분하면서 생기는 몸의 변화를 여성이 생리적으로뿐만 아니라 심리적으로도 얼마나 기분 좋게 받아들이는지가 이런 요소들이다. 이런 원인 요소들 가운데 일부는 여성이 통제할 수도 있다. 성 활동 경험을 더 많이 하고 싶어서 가끔씩 섹스를 한다고 얘기하는 여성들의 경우가 특히 그렇다.

미국에서 처녀는 결코 존경받지 못한다.
미국에서는 비너스가 감히 존재하지 못한다.

— 헨리 브룩스 애덤스(1838~1918년)

역사를 돌이켜 보면, 특히 결혼 전에 성적 모험을 즐기거나 경험이 풍부하다는 것이 여성에게는 긍정적인 속성이 아니었다. 결혼 전에 성관계를 갖는 여자들은 "더럽혀졌다"고 간주되어, 결혼할 가망이 없었다. 물론 그녀들이 처녀 행세를 할 만큼 충분히 영리하지 못했을 때 얘기다. 반면에 혼인할 때까지 순결을 간직한 여자들은 존경스럽고, 고결하며, 신뢰할 수 있고, 더없이 순수하다고 여겨졌다. 실제로 "처녀(virgin)"라는 단어는 사전에서 "순수(pure)"의 동의어로 나온다. 처녀다운 것들은 오래전부터 깨끗하고, 훼손되지 않았으며, 더럽혀지지 않았고, 하얗다고 여겨져 왔다. 전통적으로 하얀색 웨딩드레스가 착용되며, "처녀설(virgin snow)"이란 말이 사용되는 것은 이 때문이다. 올리브유조차 "엑스트라 버진(extra virgin, 올리브유의 등

급을 지정하는 용어—옮긴이)"이란 말이 붙어 있으면 품질이 더 좋다.

여성의 처녀성은 사회적으로, 정신적으로, 심지어 정치적으로까지 귀중한 상품으로 간주되었다. 기독교 『신약 성서』의 마리아는 모든 시대를 통틀어 가장 유명한 처녀일 것이다. 동정녀 마리아는 섹스라는 더럽고, 죄 많은 짓을 하지 않고도 하느님의 아들인 예수를 낳았고, 그 특별한 능력으로 인해 기독교도 여성들에게는 순결의 전형이다. 그러나 비종교인들 사이에서조차 아내와 누이와 딸 들의 처녀성은 남자들에 의해 아주 소중하게 여겨졌다. 귀족 계급은 순결한 딸을 시집보내 혈통의 오염을 막는 방편으로 삼았다. 진화의 관점에서 보면 결혼 전에 여성의 성 활동을 통제해 처녀성을 지키는 것(정조대나 5장에서 서술한 할례를 통해)이야말로 남성이 자식들의 혈통을 보장할 수 있는 가장 확실한 방법이었다. 여성은 처녀성을 지킨 보답으로 결혼을 "잘"해, 필요한 음식과 주거지와 사회적 지위를 얻었다. 좋은 신부감에게 당연히 따르는 이득이었던 셈이다. 여성들이 온전한 노동 인력으로 사회에 참여할 수 있게 되기까지는 많은 경우 이것이 그녀들이 취할 수 있는 최선의 선택안이었다.

결혼할 때까지 처녀성을 유지하는 게 중요하던 상황이 적어도 서구 사회에서만큼은 바뀌었다. 한 연구는 미국인들이 1930년대부터 20세기 말까지 여성의 처녀성에 두었던 중요성의 변동 양상을 추적 조사했다. 1939년에 여성의 처녀성은 아내가 갖추어야 할 18가지 덕목 가운데서 열 번째로 중요했다. 1985년쯤 되면 처녀성의 중요도가 이 목록의 바닥으로 추락한다. 이후로 줄곧 처녀성의 순위는 그대로였다. 우리 연구에 참여한 여성들이 이런 변화상을 실증해 준다.

대학에 들어갔는데, 친구들 중에 (섹스) 경험이 없는 애가 아무도 없더라고요. 나도 알고 싶었죠. 세상 사람들이 다 섹스를 알고 있고, 그것 때문에 전쟁이 나고 사람까지 죽이는 걸 보면 …… 호기심이 생겼어요. 섹스를 알아야 한다는 일종의 "압박감"까지 느낄 정도였습니다.

—이성애자 여성, 24세

우리 연구에 참여한 많은 여성이 자신의 성애를 탐색하기 위해 기꺼이 순결을 버렸다. 여자들은 자신들이 빈번하게 섹스를 하는 이유가 그 경험을 원하기 때문이라고 말했다. 새로운 섹스 기교와 체위를 시도해 보기를 원했고, 현행의 파트너가 아닌 다른 상대랑 하는 섹스는 어떨지 알고 싶어 했으며, 판타지를 실연해 보고 싶어 했고, 자신의 섹스 기술을 향상시키기를 원했다. 어떤 여자들은 그저 "사람들이 왜 그렇게 호들갑을 떠는지 알아보고자 했고," 다른 여자들은 명백한 호기심 속에서 섹스 행동에 나섰다. 자신의 성적 능력이나 다른 사람의 성적 능력이 궁금했던 것이다. 우리는 이 장에서 여성들이 모험적으로 성 활동에 나서는 동기와 그 결과를 살펴보려 한다.

처녀성을 소중하게 여길 것인가 (말 것인가)

처녀성을 지키는 것과 결부된 그 모든 호들갑에도 불구하고 실제로 18세기까지는 의사들도 오랫동안 처녀로 지내는 것이 매우 위험하다고 경고했다. 그들은 너무 오래 처녀로 지내면 건강이 나빠질 수도 있다고 주장했다. 순결한 여자의 "폐색된" 몸은 피부를 담록색으로 변화시키는 위황병이나 자궁이 몸속을 이리저리 돌아다니며 "자궁 발작"을 일으켜 불안감을 야기하는 "자궁 질식" 같은 질병에 걸리기 쉽다고 여겨졌다. 위험할 정도로 성적 불만이 쌓여 있다고 여겨지지만 아직 결혼할 준비는 안 된 젊은 여성에게 정액 주입이 선택지가 될 수 없었음은 분명한 사실이다. 중세의 의사들은 믿을 수 있는 산파의 도움을 받아 자위행위를 할 것을 권했다. 성이 자유로워진 오늘날의 기준으로 보더라도 이런 식의 처방에는 적지 않은 사람들이 눈살을 찌푸릴 것 같다.

순결한 여자의 가치는 1961년 경구 피임약이 도입되면서 극적으로 바뀌었다. 임신 걱정 없이 자유롭게 섹스를 할 수 있게 되면서 1960년대와 1970년대의 성 혁명이 촉발되었다. 실제로도 여성들이 1960년 전후에 직접 보고한 혼전 섹스의 비율에는 상당한 차이가 난다. 앨프리드 킨제이가 거의 6,000명에 이르는 미국 여성을 조사하고 1953년에 발표한 획기적인 보고서에 따르면 40퍼센트의 여성이 결혼 전에 이미 처녀가 아니었다고 응답했다. 미국 여성 1,600명 이상을 조사한 1994년의 한 보고서를 보면, 1953년에서 1974년 사이에 태어난 여성의 약 80퍼센트가 혼전 섹스를 경험했다고 답변했다. 여러 건의 연구 보고서는 1970년대에 여성들의 혼전 성 활동이 크게 증가했다고 밝히고 있다. 여성이 처녀성을 잃는 평균 나이도 이 시기에 급격하게 바뀌었다. 1950년에는 여성이 처음으로 성관계를 하는 평균 연령이 20세였다(그냥 맞다고 치면). 2000년에는 평균 연령이 16세로 낮아졌다.

1950년대 이후로 북아메리카 대륙에서 처녀성의 가치가 어떻게 변했는지를 알기 위해 통계까지 들먹일 필요도 없다. 대중문화를 한 번 들여다보자. 에벌리 브라더스의 1957년 히트곡 「웨이크 업 리틀 수지(Wake Up Little Susie)」에는 영화관에서 곯아떨어졌다가 통금 시간을 놓친 커플의 얘기가 등장한다. "우리는 잠이 들었어요. 집에서는 거위 요리가 나왔죠. 우리는 평판이 추락하고 말았어요." 이 노래는 당시 혼전 섹스를 했다가는 사회적으로 외면당했음을 생생하게 보여 준다. 이제 그 재난을 로드 스튜어트가 1976년에 발표한 「투나이츠 더 나이트(고나 비 올라이트)(Tonight's the Night(Gonna Be Alright))」와 비교 대조해 보자. 이 노래의 가사는 처녀에게 연인을 향한 자신의 욕망을 받아들이라고 탄원한다. "당신의 날개를 펴세요,

내가 들어갈 수 있게." 섹스를 전혀 부끄러워하지 않으며, 아무도 그들을 제지하지 않는 것이다.

우리 연구에 참여한 많은 여성은 처녀성을 성스럽게 보지도 않았고, 소중하게 생각하지도 않았다. 몇몇 여성은 처녀성을 끝장내고 싶을 뿐이었던 어떤 것으로 보았다. 마치 맛이 쓴 기침약을 먹는 것처럼 말이다.

> 다만 처녀이기를 그만두고 싶었던 것 같아요. 처녀여도 상관은 없었지만 그만 벗어나고 싶었죠.
>
> —이성애자 여성, 25세

다른 여성들은 동배들과 어울리기 위해 처녀성을 버리고 싶었다고 얘기했다.

> 열일곱 살 때 처녀이기를 그만두었습니다. 내가 아는 모두가 섹스를 하고 있었거든요. 처녀인 채로 대학에 진학할 걸 생각하니 끔찍했죠. 그때는 좀 무섭기도 했던 것 같아요. 하지만 돌이켜 보건대 솔직히 후회는 없습니다.
>
> —이성애자 여성, 21세

> 고등학생 때, 아마도 내가 친구들 가운데서 마지막으로 처녀성을 잃었을 거예요. 대다수가 열세 살쯤에 섹스를 했더라고요. 열여섯 살 때 한 나는 그 애들보다 한참을 뒤진 셈이었죠. 섹스와 성행위를 두려워하지 않는다는 걸 입증해야 했고, 그래서 섹스를 했습니다. 친구들에게 그 사실을 알릴 수 있었다면 좋았을 텐데 말이에요.
>
> —이성애자 여성, 27세

미국의 많은 여성이 처녀성에 보이는 이러한 호방한 태도에 대한 반작용으로 처녀성(실재하건 실재하지 않건)이 바야흐로 정치 의제로까지 부상했는지도 모른다. 전직 대통령 조지 W. 부시는 금욕 캠페인에 10억 달러 예산을 승인했다. 이 캠페인이 남녀 모두를 대상으로 하기는 했지만 많은 이들이 캠페인의 주된 목표가 혼인 관계 밖에서 이루어지는 섹스는 여자들의 악덕이라는 믿음을 강화하기 위한 것이었다고 철썩 같이 믿고 있다. 그런 섹스가 동의하에 이루어지는지, 또 얼마나 안전한지는 관심도 없고 말이다. "누가 한 입 베어 먹은 쿠키를 당신이라면 먹겠습니까?" 같은 구호들은 사람들에게 수치심을 갖게 해 결혼할 때까지 순결을 지키게끔 의도했다. 금욕 과정을 이수한 젊은이들은 은반지를 받았고, 자신의 순결 서약을 공개적으로 드러내게 했다. 하지만, 이 프로그램으로 젊은이들의 성 활동 관행이 성공적으로 바뀌었을까? 미국 보건 복지부가 2007년에 발표한 보고서는 그 프로그램으로 젊은이들의 금욕률이 영향을 받았다는 증거를 어디에서도 찾을 수 없다고 밝혔다.

미국의 모든 여성이 가능한 빨리, 또 결혼하기 전에 자신의 처녀성을 잃고 싶어 하는 것은 물론 아니다. 여성이 자신이나 다른 여자들의 처녀성을 대하는 태도가 문화와 종교의 영향을 받는다는 것은 부인할 수 없는 사실이다. 여러 사회의 성애를 조사한 비교 문화 연구들은 이러한 태도와 혼전 성관계 비율 모두가 심지어는 한 나라에 살고 있는 민족 집단들 사이에서도 크게 다르다는 사실을 밝혀냈다. 북아메리카 대륙에 널리 퍼져 있으며 따라서 대중 매체의 성애 묘사와 대다수 여성의 실제 행동에 반영이 되어 나타나는 가정(여자들은 결혼 전에 섹스를 한다.)에 여성 개개인이 얼마나 동화되어 있느냐가 어느 정도 그녀의 생각을 결정한다.

메스턴 성 심리 생리학 랩이 캐나다 여대생 400명 이상을 대상으로 수행한 연구에 따르면 조상이 유럽계인 여성은 72퍼센트가 혼전 섹스를 했음에 반해 동남아시아 여성은 그 비율이 43퍼센트에 불과했다(그 대다수가 중국인이었다.). 캐나다에 살고 있는 하위 민족 집단들은 처음으로 성관계를 맺는 나이에서도 차이가 났다. 조상이 유럽에서 건너온 여성들은 평균 17세에 처녀이기를 그만두었다. 동남아시아 여성들은 18세에 처녀성을 잃었다. 메스턴 랩은 최근 미국 여대생 900명 이상을 대상으로 한 연구를 완료했는데 이 연구 역시 민족 집단에 따라서 혼전 성관계 비율이 현저하지는 않지만 차이가 난다는 사실을 밝혀냈다. 조상이 유럽계인 여대생의 76퍼센트, 조상이 히스패닉계인 여대생의 71퍼센트, 조상이 아시아계인 여대생의 66퍼센트가 혼전 섹스 경험이 있다고 응답했다.

북아메리카 대륙만 성 활동의 자유가 기세등등한 것은 아니다. 상하이에 살고 있는 중국 여성들도 마찬가지이다. 독신 남녀 500명을 대상으로 한 최근의 조사 연구에 따르면 배우자의 자격 요건으로 처녀성을 언급한 사람은 60퍼센트에 불과했다. 서구 문화와 비교하면 이 비율은 여전히 높지만 더 이른 시기의 연구 결과에 비해 상당히 낮아졌음을 상기할 필요가 있다. 1989년에 발표된 한 비교 문화 연구 결과를 보면 중국인 남녀 모두가 처녀성을 배우자가 갖추어야 할 필수 요건으로 생각했음을 알 수 있다. 이런 연속적 스펙트럼의 다른 쪽 끝에는 스웨덴인들이 포진하고 있었다. 그들은 처녀성이 무의미하며, 중요하지도 않다고 생각했다. 문화권에 따른 이런 차이는 아마도 여성들의 경제적 독립 수준 차이에서 비롯했을 것이다. 1989년에 스웨덴 여성들은 중국 여성들보다 경제적으로 훨씬 더 자활적이었다. 스웨덴 여성들은 자원을 남자들에게 의존할 필요가 없었고, 더 자유롭게 자신들의 성애를 탐색했다. 여자들의 처지에서 보면 경제적 자유가 신장될수록 성 활동의 자유도 신장된다.

최근 프랑스에서 진행된 한 소송은 여전히 문화와 종교가 여성들의 혼전 성 활동 자유에 어느 정도까지는 영향력을 행사한다는 사실을 알려 준다. 그 소송에는 신랑이 신부가 처녀가 아님을 알아 버리고는 2008년에 결혼이 무효로 선포된 젊은 무슬림 부부가 나온다. 무슬림 전통에서는 부부가 결혼 첫날밤의 피로연 과정에서 초야(初夜)를 치러 결혼을 완성해야 한다. 신랑은 초야 후에 새색시의 순결을 알려 주는 징표로 피가 얼룩진 침대보를 자랑스럽게 과시한다. 하지만 침실에는 순백의 침대보만 남았고(처녀임에도 순결을 확인할 수 없는 경우가 드물게 존재한다.), 문제의 신랑은 크게 실망하고 말았다. 신랑은 결혼 무효 소송을 제기했다. 유럽 전역에서 페미니스트, 여권 운동가, 언론, 시민권 운동 단체는 물론이고 일부 정부 관리들까지 들고 일어났다. 일부는 종교적 이유로 신부를 버리기 위해서 법을 동원하는 행태를 용인할 수 없다고 주장했다. 법원의 판결을 지지하는 사람들은 그 결정이 종교와는 전혀 관계가 없고, 오히려 신부가 처녀가 아닌 몸으로 결혼을 감행했으므로 "계약 위반"에 해당한다고 주장했다.

결혼 전까지 처녀로 남아야 한다는 문화적 압력이 이민자 여성들에게는 특히나 힘겨울 수 있다. 그녀들이 속한 새로운 문화의 성 활동 규범과 출신지 문화의 성 활동 규범 사이에서 갈등을 겪는 것이다. 처녀성이 여전히 결혼의 전제 조건인 문화들에서는 처녀가 아닌 독신 여성들이 끔찍한 결과에 직면하기도 한다. 미래의 남편들만 위험천만하고, 위협을 가하는 게 아니다. 많은 경우 그녀들의 아버지, 형제, 심지어는 지역 사회 전체가 나서서 응징을 가하기도 하는 것이다. 처녀성에 크나큰 이해관계가 걸려 있을 때에는 여성의 진술이 증거 능력을 갖지 못하며 구체적인 물증이 요구된다. 전 시대에 걸쳐 온갖 터무니없는 "처녀성 검사"가 등장한 이유이다. 예컨대, 여성의 두개골을 측정했고, 소변을 보는 시간을 쟀고, 여성의 가슴 모양이나 그녀가 누는 오줌의 투명도를 가늠했고, 남성의 귀지가 여성의 음문에 미치는 효과를 검사하기도 했다. 중세 유럽에서는 여성에게 천 조각을 씌운 다음 최고 품질의 석탄으로 훈증을 해도 그녀가 냄새를 맡지 못하

면 처녀로 선포되었다(적어도 이 검사 방법에서는 여자들이 올바른 대답을 할 가능성이 50퍼
센트는 됐다.).

적어도 지난 500년 동안은 찢어진 처녀막이 처녀성의 상실을 알려 주는 일반적인 표지로 활용되었다. "처녀막(hymen)"이란 단어는 "막(membrane)"을 뜻하는 그리스어로, 과거에는 이 말이 몸의 모든 막을 가리켰다. 그런데 언젠가부터 이 말이 특이하게도 여성의 질에 있는 막과 결부되었다. 어떤 사람들은 처녀막이 팽팽하게 펼쳐진 피부 조각으로, 질의 개구부 안쪽 전체를 덮고 있다고 생각한다. 하지만 실제로는 그렇지 않다. 부인과 병원에서 정말이지 아주 가끔씩 이런 처녀막을 볼 수 있는데 "무공 처녀막(imperforate hymen)"이라고 부른다. 무공 처녀막은 선천적 결손증으로 여겨지며, 섹스와 기타 건강상의 이유로 간단한 수술을 통해 질을 열어 줘야 한다.

진실은, 처녀막은 질의 입구 일부만을 덮고 있는 막 조직이다. 처녀막은 날개처럼 펄럭이는 피부 덮개라고 할 수 있으며 모양과 크기가 아주 다양하다. 여성이 나이를 먹으면서 성관계를 하는지 여부에 따라 크기가 바뀌기도 한다. 어떤 처녀막은 질기고, 어떤 처녀막은 약하며 어떤 처녀막에는 혈관이 분포해 있어서 찢어지면 피가 나고, 어떤 처녀막은 그렇지 않다. 약한 처녀막은 자전거나 말 타기 같은 활동 중에도 비교적 쉽게 찢어지며(탐폰 사용으로 처녀막이 늘어나기도 하지만 찢어지는 일은 거의 없다.) 심지어는 어린 시절에 스스로 분해돼 버리기도 한다. 여성의 처녀성을 알아낼 수 있다는 우리의 현대판 "검증"법 역시 두개골 크기를 측정하는 방법보다 결코 더 나을 게 없는 셈이다.

그러나 사람들이 조만간에 "처녀막 검사법"을 포기할 것 같지는 않다. 실제로도 부인과 시술의 최신 유행은 "처녀막 성형술(hymenoplasty)"이다. 30분 정도 걸리는 수술을 받으면 찢어진 처녀막을 복원할 수 있다. 프랑스에서는 결혼을 취소당한 무슬림 여성의 소송건 이후 많은 회교도 여성이

수술을 받겠다고 해서 한바탕 소동이 빚어졌다. 여자들은 의료 관광 상품을 구입해 튀니지까지 날아가, 통상 3,500유로쯤 하는 수술비의 절반 가격으로 시술을 받았다. 어쩌면 이런 수술이 피를 집어넣은 새의 내장을 질 속에 삽입하는 것(더 이른 시기에 활용된 처녀 "복원" 기술)보다는 조금 더 나을 것이다. 그러나 의사들이 "여성의 주행 기록계를 0으로 돌려놓"도록 계속 내버려 두면 손상되지 않은 처녀막이 처녀 여부를 확인할 수 있는 믿을 만한 증표라는 근거 없는 믿음이 끝없이 지속될 뿐이라고 통탄하는 사람들도 있다. 반면에 다른 사람들은 이렇게 주장한다. 간단한 수술로 심한 구타와 황산 공격 따위(신부의 처녀성을 아주 귀중하게 여기는 사회들에서 처녀 아닌 여자들을 응징하는 흔한 방법이다.)를 피할 수 있고, 여성이 공동체에 받아들여질 수 있다면 그것으로도 충분하다고 말이다.

함께 섹스를 하던 첫 상대와 헤어지고 나자 다른 사람이랑 섹스를 하면 얼마나 다를지 궁금하더라고요. 그래서 아는 남자애랑 섹스를 했죠. …… 맞아요. 확실히 다르던데요.

— 주로 이성애를 하는 여성, 18세

우리 연구에 참가한 모든 연령대의 여성이 그저 호기심 때문에 섹스를 한 경험이 있다고 응답했다. 어떤 여성들은 특정한 남자가 침대에서는 어떨지, 그러니까 그 남자가 사람들의 성적 세평에 부끄럽지 않게 부응하는지 알고 싶어 했다. 몇몇은 기대에 부응했다.

대학 시절에 친구 사이로 지낸 어떤 남자는 침대에서 끝내준다는 얘기가 자자했어요. 함께 술을 마시다가 그 얘기를 꺼냈죠. 그가 내게 사실인지 알고 싶으냐고 물었습니다(우리는 항상 서로에게 농담을 주고받으며 놀았거든요.). 내가 좋다고 대답하자 그가 깜짝 놀랐습니다. 내가 한 최고의 성 경험 가운데 하나였어요!

─이성애자 여성, 27세

여성의 기대를 충족해 주지 못하는 남자들도 있었다.

대학 시절에 어떤 애를 만났는데, 그의 성적 능력에 관한 소문을 이미 듣고 있었죠. 그와 데이트를 시작했는데, 친구한테 들은 얘기 때문이었어요. 데이트 시작하고 첫 주에 딱 한 번 섹스를 했습니다. 실망이 이만저만 아니었죠. 하지만 직접 알아볼 수 있어서 좋았어요. 그러고 나서 나는 "관계"를 끝냈습니다.

─이성애자 여성, 26세

어떤 여성들은 이전에 섹스해 본 적이 없는 성별과 섹스를 하면 기분이 어떨까 궁금했다고 응답했다.

2년 동안 연애를 했는데 열여덟 살 때 헤어졌습니다. 그렇게 처음 맺었던 장기적 관계가 끝나자 내게는 섹스 파트너가 딱 한 명뿐이었죠. 그것도 이성애자로요. 내 성애를 탐색해 보아야 할 때라는 생각이 들었어요. 그래서 함께 잘 수 있는 여자 파트너를 찾아다녔습니다. 당연히 섹스도 했죠. 다른 사람과의 섹스가 어떤 느낌일지 알고 싶었을 뿐만 아니라 다른 성별과의 섹스도 궁금했거든요.

─주로 이성애를 하는 여성, 20세

어떤 여성들은 민족이 다른 사람과 하는 섹스를 궁금해 했다.

열여덟 살 때쯤인가 …… 그때 내 머릿속을 떠나지 않았던 생각은 이랬어요. "아
랍 남자나 이탈리아 남자는 침대에서 어떨까?" 개별 민족이 침대에서 어떨지를
알고 싶었던 것 같아요. 지금 돌이켜 생각해 보면, 참으로 어리석었다는 걸 잘 알
죠. 하지만 그 시절에는 푸에르토리코인 두 명, 백인 두 명과 실제로 잤어요. 뭔
가 새로운 걸 시도해 보고 싶었던 거죠.

─이성애자 여성, 22세

인종이나 민족이 다른 사람과의 섹스는 뭐가 다를까? 사랑을 잘하는 최
고의 연인들은 누구인지와 관련해 민족마다 고정 관념들이 있는 것은 분
명 사실이다. 그러나 이런 고정 관념들은 오로지 영화, 연애 소설, 통속적인
전통 문화만을 바탕으로 한 것이다. 어떤 민족이 다른 민족보다 사랑을 더
잘하는 좋은 연인인지 아닌지를 과학적으로 조사 연구한 논문은 지금까
지 단 한 편도 제출되지 않았다. 어떤 민족을 보더라도 구성원의 성적 태도
와 능력은 천차만별이다. 여자들이 성 활동에서 무얼 즐기는지도 천차만별
임은 두말할 필요가 없다. 상황이 그렇긴 해도 인종이나 민족이 다르면 외
모도 다르고, 억양 때문에 말소리도 다르며, 먹는 게 다르므로 풍기는 냄새
조차 다르다. 이런 특질들로 인해서 감각 기관은 새로운 것들을 많이 접하
게 된다. 그리고, 섹스에서는 새로움이 성적으로 아주 자극적일 수가 있다.

성별도 새로울 수가 있다. 여러 연구는 성별이 성적 만족에 영향을 미친
다는 사실을 알려 줬다. 여자하고 섹스하는 여성은 남자하고 섹스하는 여
성보다 섹스 과정에서 오르가슴을 느낄 가능성이 더 많다. 이를 해명할 수
있는 몇 가지 설명 방법이 있다. 첫째, 남자와 여자의 섹스는 보통 삽입 성
교이다. 그런데 삽입 성교는 여자가 가장 쉽게 오르가슴에 도달할 수 있는
방법이 아니다. 둘째, 다수의 이성애 관계에서는 남자가 여자보다 더 빈번
하게 섹스를 원한다. 여자들이 자신의 오르가슴을 제쳐 놓고 파트너를 즐

겹게 해 주기 위해 섹스를 하는 경우가 많은 이유이다. 레즈비언 커플의 경우에는 이런 일들이 벌어질 가능성이 낮다. 섹스 연구자들인 윌리엄 매스터스와 버지니아 존슨은 동성애 커플과 이성애 커플의 성행위 목록을 비교했다. 그 연구에 따르건대 실제로 여자들은 다른 여자를 성적으로 만족시키는 방법을 남자들보다 더 잘 아는 것 같다. 여자들은 여자의 몸을 안다. 특히 성 경험이 풍부하다면 성적으로 기분이 좋아지도록 만들기 위해 무엇을, 어디에서, 언제, 어떻게 만져야 하는지 잘 알 것이다. 매스터스와 존슨은 이것을 "성별 공감(gender empathy)"이라고 불렀다.

우리 연구에 참가한 여성들이 성 활동과 관련해 가장 궁금해 했던 것은 페니스의 크기였다. 과연 페니스의 크기가 차이를 만드는지, 그렇다면 어떤 차이인지가 호기심의 대상이었던 것이다.

> 처음 섹스한 남자는 물건이 별로였어요. 이보다 더 나쁠 수는 없다는 생각이 들었어요. 두 번째로 섹스한 남자는 당당한 성기를 가지고 있었죠. 나는 다른 경험을 원했습니다.
>
> —이성애자 여성, 22세

친구가 한 명 있는데, 남자친구로는 전혀 관심이 없어요. 우리는 공통점도 많지 않죠. 하지만 그는 아주 친절한 남자예요. 어느 날 밤 새벽 3시쯤 되었을까, 내 방에서 함께 시간을 보내는데 지루해 죽을 지경이었죠. 바로 그때 그가 내 머리와 목을 긁기 시작했어요. 그러면 난 흥분한단 말이죠. 어쩌다 보니 계속 그러고 있더라고요. 그 애랑 섹스를 하겠다는 생각은 한 번도 해 본 적이 없어요. 그런데 그는 페니스가 아주 커서 자기 성생활이 엉망이라는 얘기를 줄곧 하고 있었죠. 여자들이 자기 물건을 두려워한다나요. 어떻게 생겼을까 직접 봐야겠다고 마음먹었죠. 그건 순전한 호기심이었어요. 평균 사이즈(나 딱 한 번 평균보다 아주 작은) 남자들하고만 섹스를 해 봤거든요. 크긴 크더라고요. 포르노물 말고 실생활에서 그렇게 큰 페니스를 보는 건 처음이었어요. 아마도 길이가 23센티미터에 직경이 7.5센티미터는 되었을 거예요. 여자들이 왜 겁을 집어먹었는지 알겠더라고요. 젠장, 이건 뭐야, 하는 생각이 들었죠. 아무튼 시도해 보기로 했어요. 받아들이려니 좀 수고스럽더군요. 문제는 삽입에 성공했지만 거의 움직일 수가 없었다는 거예요. 내가 지금까지 해 본 것 중 가장 별로인 섹스였을 겁니다. 한 곳에 박혀 옴짝달싹하지 못했으니 원하는 지점과 부위를 자극하는 게 어디 쉬웠겠어요?

— 주로 이성애를 하는 여성, 24세

7.5×23센티미터의 페니스라면 정상 범위를 벗어난 크기임이 분명하다. 대다수의 조사에 따르면 페니스의 평균 크기는 발기했을 때 길이가 12.7~15.3센티미터, 미발기 상태로 축 늘어졌을 때 길이가 7.6~10.2센티미터이다. 많은 사람이 믿고 있는 것과는 달리 페니스의 길이는 키와 상관이 없다. 매스터스와 존슨은 300개 이상의 축 늘어진 페니스를 조사했는데 가장 큰 페니스는 길이가 14센티미터(브라트부르스트 소시지 크기 정도)로, 그 물건을 보유한 남성의 키는 168센티미터였다. 미발기 상태의 가장 작은 페니스는 길이가 5.7센티미터(아침식사용 소시지 크기 정도)였고, 다부진 체구의 그 남성은 키가 178센티미터였다. 여성이 삽입 성교 과정에서 자궁 경관 자극을 즐긴다면 크기가 중요할 수 있다. 대다수 여성의 경우 성적으로 흥분했을 때 페니스가 자궁 경관에 닿으려면 길이가 12.7~15.3센티미터 정도면 충분하다.

사람들은 페니스의 크기를 이야기할 때 흔히 길이를 말한다. 그러나 한 연구에 따르면, 페니스의 두께가 미래의 배우자로서 자격이 있는지를 판단하는 데서 더 중요한 결정 요소인 것 같다. 에든버그 소재 텍사스 대학교의 심리학자 러셀 아이젠만(Russell Eisenman) 연구진은 성 활동이 왕성한 여대생 50명에게 성적 만족을 얻는 데서 페니스의 길이가 중요한지, 두께가 중요한지를 물었다. 50명 가운데 무려 45명이 두께가 더 중요하다고 응답했다. 길어야 기분이 더 좋다고 대답한 사람은 5명에 불과했다. 차이를 모르겠다고 답한 사람은 한 명도 없었다. 페니스가 두꺼우면 삽입 성교 시에 음핵이 더 커다란 자극을 받으며 질의 가장 민감한 바깥 부분 역시 더 많은 자극을 받는다.

시운전

우리 연구에 참여한 몇몇 여성은 "관계 적격 심사"의 일환으로 남자랑 섹스했다고 응답했다. 그러니까 그녀들은 관계를 정식으로 인가해 줄 만큼 상대 남자가 침대에서 "충분히 괜찮은"지 알아보고자 했던 것이다.

나는 그게 관계가 정상적으로 발전하는 거라고 생각해요. 내가 남자랑 데이트를 몇 번 했다면 당연히 섹스를 하겠죠. 그와의 섹스가 어떨지 궁금할 테니까요. 섹스가 형편없다면 관계를 지속할 일이 거의 없죠. 섹스가 좋으면 관계를 지속할 이유가 되는 거고요.

—주로 이성애를 하는 여성, 23세

나는 데이트하는 사람들과 섹스를 해 왔는데, 그들과 자는 게 정말 좋은지 알아보는 게 목적이었어요. 그런 식으로 상대방과 계속 데이트를 하고 싶은지 아닌지를 결정할 수 있었죠. 내 경험은 좋고 나쁜 것이 뒤섞여 있지만 대체로 긍정적이에요. 예컨대, 지금 남자친구와도 그렇게 했는데, 그와의 섹스가 어떨지 미리 알고 나서 우리가 어떤 종류의 관계를 맺고자 하는지 판단할 수 있어서 좋았답니다. 그 당시에는 사태가 순조롭게 돌아가고 있으니, 그와의 섹스가 어떨지 알아보는 게 당연한 수순이라고 생각했죠.

—양성애자 여성, 24세

한 여성은 다른 남자와 하는 섹스가 더 좋지 않다는 걸 분명하게 확인한 다음에야 결혼을 결심하고자 했다.

> 남자친구와 결혼 얘기를 했어요. 그러고 나자 갑자기 초조해졌죠. 남자친구와 내가 하던 섹스가 충분히 좋은지 궁금해졌어요. 내가 침대에서 끝내줄 것 같은 다른 사람과 섹스를 한 이유입니다.
>
> —주로 이성애를 하는 여성, 20세

섹스를 관계 적격 심사의 일환으로 이용하는 행태는 확실히 전통에 반한다. 그 전까지 여성들은 내내 기다렸다가 결혼을 하고서야 비로소 섹스를 했다. 우리는 이런 세태를 통해 많은 여성이 **좋은 섹스**를 관계를 유지해주는 필수불가결한 요소로 여기고 있음도 또렷하게 알 수 있다. 성관계를 맺지 않는 것은 파경의 원인이 될 만큼 중요한 사안이다. 우리 연구에서 성적으로 공존 가능한지 확인하고서 관계에 헌신한다고 진술한 여성들은 대개 20대 아니면 30대로 젊은 나이였다. 하지만 연구에 따르면, 섹스는 평생에 걸쳐 여성들이 맺는 관계에서 중요한 역할을 수행한다.

전미 가족 여론 연구소(National Family Opinion Research, Inc.)가 수행한 한 연구에서 45세 이상의 미국 여성 745명이 성애가 자신의 인생에서 얼마나 중요한지를 묻는 설문에 응답했다. 45세에서 59세 사이의 여성 가운데 거의 절반이 만족스러운 성관계를 갖는 것이 삶의 전반적인 질을 규정하는 중요한 요소라고 생각했다. 전미 노인 문제 위원회(National Council on Aging)도 60세 이상의 미국 여성을 대상으로 한 조사 연구에서 비슷한 결과를 확인했다. 성 활동에 적극적인 여성들 가운데 3분의 2가 성생활을 적극적으로 영위하는 것이 배우자와의 관계에서 중요하다고 답변했다.

연습이 완벽을 만든다

(경험이) 내가 섹스를 하는 변함없는 이유입니다. 언제나 개선의 여지가 있다는 건 분명해요. 누군가와 섹스할 때 잘하는 게 중요하다고 생각하는 거죠. 나는 여자지만 "죽은 생선"처럼 가만있고 싶진 않아요. 적극 참여해 기여하고 싶은 겁니다. 그렇게 해야 두 파트너 모두에게 섹스가 더 좋은 경험일 수 있겠죠.

—이성애자 여성, 20세

우리 연구에 참여한 많은 여성, 특히 젊은 여성들은 성 경험에 나서는 동기로 섹스 기술 향상을 꼽았다. 어떤 여성들은 성 경험이 부족한 것으로 비치는 창피를 당하지 않기 위해 섹스를 했다고 응답했다.

처음 한 섹스는 열아홉 살 때였는데, 섹스하는 "법을 알아야" 할 때가 된 것 같다는 느낌이 이유로 크게 작용했어요. …… 그렇게 해서 별로 관심도 없는 늙다리와 처음 섹스를 했죠. 다음번에 무얼 어떻게 해야 할지 정말 알고 싶었어요. 분명히 말하건대, "처녀"이기를 그만두고 싶지는 않았습니다. 그렇다고 처녀라는 사실 자체에 구애를 받은 건 또 아니고요. 내 나이쯤이면 그 정도는 알아야 할 것 같다는 생각이 들었던 것뿐이에요. 뭘 해야 하는지 알기 위해 필요하다고 생각한 짓을 한 거죠.

—이성애자 여성, 23세

열네 살 때는 구강성교를 하는 게 소름이 끼칠 정도로 두려웠어요. 그래서 한 번도 해 본 적이 없는 상태였죠. 하지만 좋아하는 사람이 나타나기 전에 연습을 하고 싶었어요. 내가 해 주는 오랄 섹스 기술에 의견을 말해 줄 수 있는 사람이 필요했던 겁니다. 친구들과 나는 주차장에서 밤늦게까지 놀곤 했는데, 가끔씩 남자애들이 BMX 자전거를 타고 와서는 자기들끼리 시시덕거리기도 했죠. 하루는 그 중의 한 명이 …… 내게 와서는, 친구 기분을 좀 풀어 주려고 하는데 가슴을 얼른 보여 줄 수 있겠느냐고 물었어요. 나는 씩 웃었고, 그는 내게 5달러를 줬습니다. 요구받은 대로 해 줬죠. 그러고는 이런 말을 던졌어요. "이것 말고도 더 해 줄 수 있는데." 나는 자리를 떴습니다. 그러자 남자애들 가운데 한 명이 한 블록 가까이 나를 따라왔고, 5달러에 구강성교를 해 줄 수 있겠느냐고 물었어요. 딱 내가 원하던 거였죠. 나는 그러마고 했지만 정액을 삼키지는 않을 거라고 말해 줬습니다. 그가 또 물었어요. 자기가 내게 (더 많은 걸) 해 주면 어떻겠느냐고요. 안 된다고 했죠. 그렇게 해서 친구 집 뒷마당에서 그 짓을 하게 된 겁니다. 꽤나 어색하고 불편했어요. 입 안에 머금었는데, 토할 것 같았죠. 정말이지 다 드러나서 무방비 상태라는 느낌이 들었어요. 그가 떠나자 불쾌함이 엄습해 왔습니다. 자존심을 팔아 버린 것 같았죠. 부끄러웠습니다. 하지만 하루쯤 지나자 괜찮아졌어요.

—이성애자 여성, 19세

한 여성은 신혼 첫날밤의 섹스가 더 좋았으면 하고 바라서 섹스 경험을 원한다고 말했다.

결혼 전에 섹스를 해야겠다고 결심했어요. 결혼했을 때 무얼 하고, 어떻게 해야 할지 알고 싶기 때문이죠. 한 명은 처녀이거나 동정남인데 상대방이 아니라면 뭘 해야 할지 몰라 쩔쩔맬 테고, 그것만큼 난처하고 어색한 일도 없을 거예요. …… 첫날밤을 통해 결혼을 완성하는 것은 중요하고, 그래서 압박도 심한 것 같아요. 많은 사람에게는 꽤나 큰일인 셈이죠. 그래서 사람들이 "완벽"을 기하고자 하는 것 같아요.

　　주로 섹스 기술을 향상시키기 위해 섹스를 하는 여자들은 대부분 그 경험이 더 나은 성 활동에 보탬이 되리라고 생각했다. 파트너뿐만 아니라 자신들에게도 말이다.

　　남자친구와 섹스를 하는 건 섹스 기술을 향상시켜 우리 둘 다 더 만족하기 위해서죠. 할 때마다 알아요. 내 기술을 향상시키기 위해 하고 있기도 하다는 걸 말이죠. 그런 식으로 우리는 둘 다 지난번보다 훨씬 더 나은 경험을 하고 있어요.

　　성 과학 문헌들은 여성이 성 경험이 많을수록 더 쉽게 오르가슴에 도달한다는 사실을 상세히 전하고 있다. 이유는 간단하다. 섹스를 많이 할수록 뭘 해야 성적으로 기분이 좋고, 어떻게 해야 오르가슴에 도달할 수 있는지 배우고 익힐 기회가 더 많아지기 때문이다. 여자는 "30대가 절정"이라는 얘기를 흔히들 한다. 그 이유도 성 경험 차원에서 설명할 수 있다. 킨제이가 1950년대 초반에 수행한 고전적인 연구도 이 사실을 뒷받침한다. 킨제이는 삽입 성교와 자위 등 온갖 성적 "배출 수단"을 통해 여자들이 종합적으로 오르가슴을 느끼는 빈도가 30세 전후에 최고조에 이름을 확인했다. 상이한 연령의 캐나다와 미국 여성 1,414명을 대상으로 성욕을 조사한 더 최근의 연구도 30~34세 연령대의 여성들이 성적으로 절정 상태임을 확인했다. 이 연령대의 여성들은 다른 어떤 연령대보다 자신들이 더 "육욕적이고," "유혹적으로 굴며," "성적으로 활발하다"고 답변했다. 북아메리카 대륙의 30대 여성 대다수는 많은 성 경험을 했고, 서로 다른 다양한 파트너와 섹스를 했다. 한 연구에 따르면 30대 여성의 약 25퍼센트가 18세 이래로 5~10명의 파트너와 섹스를 했고, 10퍼센트를 약간 상회하는 비율은 21명 이상과 섹스를 했다. 10대 후반과 20대 초반의 여성 가운데서는 약 15퍼센트만이 5~10명과 섹스를 했고, 약 3분의 1이 한 명하고만 성관계를 맺었다. 따라서 일반적으로 30대의 여성은 성적 즐거움을 얻는 법을 알 만큼 충분히 많은 성 경험을 했다고 볼 수 있다. 그녀들은 10대나 20대의 여성들과 비교할 때 자신감도 더 넘친다. 파트너에게 성적 요구와 욕망을 당당하게 얘기할 수 있으려면 자신감이 필요한 법이다.

여성의 경우 성 경험과 성적 만족의 연관성은 그리 명백하지가 않다. 단기적 관계일 때는 여성이 성 경험이 많을수록 성적으로 만족스러운 경험을 추구할 가능성이 많다. 그러나 장기적으로 헌신하는 관계에서는 성 경험이 풍부하다는 게 꼭 좋은 것만은 아니다. 예컨대, 여성이 여러 면에서 완벽한 파트너를 찾았다고 해 보자. 이 배우자 쌍은 관심사와 인생의 목표가 같고, 서로에게 매력을 느낀다. 남자는 지적이고, 친절하며, 충실하기까지 하다. 그러나 "완벽한 배우자에 근접한" 그녀의 남자는 성관계를 맺는 것에서 심각한 결격 사유를 보인다. 더구나 그는 배우려는 의지도, 자세도 되어 있지 않다. 이제 어떻게 하겠는가? 결혼 전에 성 경험을 많이 하는 게 좋지 않다고 주장하는 사람이 있을 수 있다. 저 너머에 존재하는 그 밖의 여러 가지 것을 모르는 게, 생각해 보면, 더 낫다는 얘기이다. 당신이 최고 품질의 프랑스산 샴페인을 먹어 본 적이 없다면 캘리포니아산 발포성 포도주도 맛이 아주 좋을 것이다. 그러나, 우리 연구에 참가한 일부 여성들의 반응을 보건대 성적 즐거움을 얻는 사안은 관계에서 대충 타협하고 넘어갈 수 있는 문제가 전혀 아니었다.

결혼 전에 성 경험을 많이 하는 게 좋은지 나쁜지는 개별 여성의 여러 고유한 특성에 달려 있다. 여성이 "결혼할 때까지 섹스는 안 돼" 정책을 선택하고, 이후의 어떤 사태에도 불만 없이 만족한다면 그녀에게는 그게 올바른 결정일 것이다. 그러나 그래 놓고서 나중에 밤마다 다른 남자들을 공상하거나 그저 호기심에 정사를 벌이는 일에 끌린다면 다른 선택지들을 사전에 점검해 보는 게 더 나았을 것이다.

> 열다섯 살 때 결혼하기로 한 남자에게 순결을 바쳤어요. 그와 2년 동안 함께 해 왔고, 결혼하고 싶다는 걸 느꼈을 때쯤 다른 남자들하고의 섹스는 어떨지 알고 싶다는 생각이 들었죠. 결국에 가서는 그를 속였습니다. 그 때문에 우리는 남남이 되었고요. 매일 후회해요. 하지만 내가 관계를 맺고 유지하는 방법에서 더 나아지려면 그 경험이 필요했다는 생각입니다.
>
> —이성애자 여성, 18세

여성이 "정보가 풍부한 쇼핑객" 정책을 취한다면 선택한 배우자가 자신의 성 활동 기억들에 부응하지 못할 수도 있다는 내키지 않는 사실을 떠안아야 한다. 휴가로 떠난 그리스의 해변 휴양지에서 파비오란 남자와 벌인 격정적 정사를 몇 년이 흐른 뒤 집에서 재현할 수는 없는 노릇이다. 아이들은 고래고래 비명을 질러 대고, 개새끼는 산책을 시켜 줘야 하며, 두 배우자 모두 일로 녹초가 된 상황에서 말이다. 계속해서 그런 기억들에 집착하며 현행의 성생활을 과거에 누렸던 열정적 만남의 쾌락과 비교한다면 자신이 섹스 부문에서 실망스러운 타협을 하고 말았다고 생각하게 될 것임은 의심의 여지가 없다. 그러나 여성이 그런 과거의 경험들을 적절한 맥락 속에서 파악하고, 거칠고 열정적인 연인들이 장기적 배우자로 꼭 최상인 것만은 아님을 깨닫는다면 그런 기억이 현행의 성생활에 악영향을 미칠 이유가 전혀 없다.

메스턴 랩에서는 사람들이 왜 어떤 새로운 약초나 음식, 성 활동 지침이 오르가슴을 강화해 준다고 주장하는지 과학적으로 설명해 달라는 요청을 언론사로부터 받지 않고 그냥 지나가는 달이 거의 없다고 한다. 많은 경우 그런 주장들은 새롭다는 것으로 요약된다. 사람들은 상황이 너무 뻔해서 예측할 수 있으면 지루해 한다. 항상 같은 시간에, 같은 체위로, 같은 장소에서 섹스를 하는 것처럼 말이다. 강력한 알토이즈(Altoids) 박하사탕을 씹어 먹고, 오랄 섹스를 해 주는 것(우리가 2008년에 질문받은 열풍 현상 가운데 하나)처럼 뭔가 새로운 것을 시도하면 새로운 느낌이 들고, 환기 효과도 경험하게 되며, 흥취까지 더해진다.

우리 연구에 참여한 여성들은 다양한 성생활을 열망하기 때문에 성적 만남을 갖는다고 대답했다.

나는 일부일처제주의자가 아닙니다. 내가 다른 사람들과 하는 성 활동을 즐기는 이유는 그들이 보이는 행태가 전부 다 다르기 때문입니다.

—주로 이성애를 하는 여성, 28세

여자친구와 나는 둘 다 SM(sadomasochism, 가학피학성 성애 — 옮긴이)을 아주 좋아해요. 그녀는 나보다 경험도 더 풍부하죠. 우리는 새로운 기술과 방법을 듣거나 읽고 나면 성행위 중에 꼭 그것을 시도해 봅니다. 우리에게는 보다 많은 경험이 필요해요.

—주로 동성애를 하는 여성, 21세

어떤 여성들에게는 다양한 성생활이 현행의 파트너에 다른 사람까지 추가하는 것이었다.

레즈비언과 사귈 때였어요. 여자친구와 나는 흥취를 약간 더해 볼 요량으로 나의 이전 여자친구와 섹스하기로 했죠. 전 애인과는 여전히 친구로 지내고 있었고, 그녀와 현재의 여자친구 사이에 질투와 시기 따위는 전혀 없었습니다.

— 범성욕주의자 여성, 33세

거의 9년째 결혼 생활을 해 오고 있는데, 늘 그렇듯 얼마 지나니까 불꽃이 사그라들더라고요. 남편과 나는 관계를 개방해, 둘 다 다른 사람과 자는 걸 허용하기로 했죠. 둘 모두 이로써 우리의 관계가 더욱 친밀해질 거라는 희망을 품었어요. 다행히 그렇게 되었고, 우리는 이제 다자 연애를 하고 있습니다.

— 다자 연애를 하는 여성, 30세

배우자와의 성욕 불일치를 해결하는 수단으로 여성이 다른 파트너를 찾기도 한다.

나는 아주 관능적인 여자로, 구체적인 방식으로 성관계를 즐깁니다. 남편과 나는 성욕의 수준이 달라요. 섹스를 할 때도 그는 냉큼 끝내 버리고, 나의 요구는 안중에도 없죠. 여러 해 동안 많은 파트너를 만났습니다. 이유는 제각각이었어요. 직장 동료하고도 했고, 기혼남도 몇 명 유혹했죠. (남자 하나에 여자 둘이 참여한) 스리섬도 해 봤어요. 아이가 다니는 고등학교의 새파랗게 젊은 학생과도 놀아났습니다. 온라인으로도 남자를 만나 봤고, 오랫동안 밀애를 즐겼죠. 순전히 성적으로요. 그 사람들한테 어느 정도 정서적 유대를 느끼기도 했지만 "사랑한" 사람은 한 명도 없습니다. 재미, 멋진 섹스, 나를 표출하는 게 목적이었어요. 흥미진진하지만 약간 위험하죠.

— 이성애자 여성, 39세

오래전에 쥐들의 성 행동을 연구한 학자들은 적극적인 암컷 쥐가 들어 있는 우리에 수컷 쥐를 투입하면 놈이 열광적으로 교미한다는 사실을 확인했다. 수컷은 완전히 녹초가 돼, 문학적으로 표현하면 정사 후에 "담배 한 대 빨고, 졸려 쓰러질" 때까지 거듭해서 암컷의 등에 올라탄다. 그런데 기존의 상대를 다른 암컷으로 교체해 집어넣으면 수컷이 처음처럼 다시 흥분했다. 암컷을 새로운 암컷으로 교체할 때마다 수컷 쥐는 새롭게 활력을 뿜내며 거듭해서 교미를 재개하는 것이다. 수컷 쥐는 새로 투입되는 암컷들과 계속해서 교미를 하다가 탈진해 거의 죽을 지경에 이른다. 과학자들은 새로운 암컷을 만나면 수컷 쥐의 뇌가 도파민을 분비하기 때문에 이런 일이 일어난다고 믿고 있다. 도파민은 뇌의 보상 수용기를 활성화해 수컷으로 하여금 더 많은 것을 바라며 원기를 회복하게끔 만든다. 재미있게도 이 현상에는 "쿨리지 효과"라는 이름이 붙어 있다. 전하는 바에 따르면, 캘빈 쿨리지 대통령과 그의 아내가 미국의 한 작은 마을 농장을 방문 중이었다. 농장 주인이 쿨리지 여사에게 "날마다, 하루 종일 암탉들과 교미를 해 대는" 수탉을 자랑스럽게 소개했다. 쿨리지 여사는 농장 주인에게 마침 다른 곳을 탐방 중이던 대통령 각하에게도 그 얘기를 꼭 전해 달라고 당부했다. 농장 주인이 나중에 시킨 대로 그 얘기를 다시 하자 대통령은 수탉이 암탉 한 마리하고만 교미하느냐고 물었다. 농장 주인이 그렇지는 않다고 대답하자 이번에는 대통령이 그에게 이 얘기를 쿨리지 여사에게도 전해 달라고 부탁했다는 것이다.

쿨리지 효과가 인간에게도 적용될까? 일부일처 관계에서 바람을 피우는 사람들이 있는가 하면, 일부일처제 자체를 거부하는 사람도 있지 않은가? 3장에서 언급됐듯이, 도파민은 사람이 섹스를 하는 동안에도 방출되며 쥐에서처럼 인간에게서도 주요 보상 기제로 작용한다. 그리고 도파민은 알코올 중독에서 도박에 이르는 광범위한 중독 행동과 결부되어 왔다. 일부 과학자들은 도파민이 섹스 중독에서도 일정한 역할을 한다고 믿고 있다. 대다수 대학에서 인간을 대상으로 쿨리지 효과를 검증해 보려는 실험(서로 다른 사람에 대해 얼마나 흥분을 하는지, 그리고 그들과 섹스를 얼마나 할 수 있는지)을 허락하지 않고 있다. 근사치라도 추정하기 위해 과학자들이 할 수 있는 최선의 방법은 관능적 자극을 거듭하면서 사람이 얼마나 흥분하는지를 측정하는 것이다. 남녀 모두를 대상으로 이 실험이 실시되었다. 예컨대, 과학자들은 각기 다른 사람들이 나오는 10개의 관능적인 장면을 차례로 제시하거나 같은 커플이 상이한 방식으로 섹스를 하는 10개의 장면을 차례로 보여 줬다. 과학자들은 매번 보여 줄 때마다 피험자가 해당 장면에 반응해 성적으로 얼마나 흥분하는지를 측정했다. 그리고 시간이 흐르면서 피험자가 상이한 커플들이 나오는 장면과 같은 커플이 계속 나오는 장면에 반응해 흥분하는 정도가 같은지 다른지를 주의 깊게 살폈다. 여성을 대상으로 한 연구에서 과학자들은 여자들이 동일한 커플이든, 상이한 커플들이든 에로틱한 장면에 비슷하게 흥분함(성기 반응과 마음 모두에서)을 확인했다. 그것도 무려 스물한 번째 장면을 제시할 때까지 그랬다. 그러나 남성을 대상으로 한 실험에서는 아주 다른 양상이 나왔다. 남자들은 장면을 몇 개 제시받고 나자 같은 커플을 볼 때보다 다른 커플의 에로틱한 사진을 볼 때 더 흥분했다. 과학자들은 이를 습관화라고 부른다. 습관화는 자극이 반복되면서 성적 반응을 포함해 반응의 강도가 체계적으로 약해지는 것을 의미한다.

이 연구는 여성보다는 남성에서 동일한 섹스 파트너에 대한 습관화가 일어날 가능성이 더 많음을 암시한다. 그러나 실제 사람이 아닌 사진을 사용한 연구라는 사실을 명심해야 한다. 따라서 이 연구는 실제의 성 행동과 관련해 어떤 의사 결정이나 판단도 내리지 않았다. 인류는 쥐보다 훨씬 더 정교하고 복잡한 뇌를 진화시켰다. 인간이 성 활동 대상을 고르는 절차는 단순히 급증하는 도파민에 반응하는 것과는 차원이 다른 훨씬 더 복잡한 과정이다.

　　다양한 파트너들과 섹스를 즐기려 하는 정도에서 여성들이 상당한 차이를 보이리라는 것에는 의심의 여지가 없다. 많은 요소들이 여성이 일부일처를 선택할지 말지를 결정하는 데 영향을 미친다. 첫째, 성적 욕망이 여성의 짝짓기 전략에서 일정한 역할을 한다. 성욕이 많은 여성이 섹스를 덜 바라는 남성과 짝짓기 중이라면, 그녀는 많은 경우 자신의 요구를 충족하기 위해 다른 파트너를 찾아 나서기도 한다. 둘째, 기회도 일정한 역할을 한다. 함께 섹스하자는 제안을 빈번하게 받는 여자들은 시간이 흐르면서 유혹에 넘어가기도 한다. 셋째는 관계에 만족하는 정도이다. 현행의 관계가 불만인 여자들은 불륜을 저지를 가능성이 더 많다. 넷째로 인생의 목표가 있다. 자신의 성애를 막 탐색하기 시작한 여성이나 20년간의 결혼 생활을 막 끝낸 여성은 새롭게 찾은 자신의 성적 자유를 만끽하면서 한 명의 배우자에게 헌신하려고 들지 않기도 한다. 반면에 여러 남자와 데이트를 하면서 다양한 섹스 파트너를 섭렵한 여자는 안정적이고 헌신하는 한 명의 배우자에게 기꺼이 정착하려 들기도 하는 것이다.

모험을 즐기는 성격

　　다양한 파트너와 섹스를 즐길지 말지를 결정하는 데서 여성의 성격이 일정한 역할을 하기도 한다. 심리학자 데이비드 슈미트는 52개국(북아메리카, 남아메리카, 서유럽, 동유럽, 남유럽, 중동, 아프리카, 오세아니아, 남아시아, 동남아시아, 동아시아를 포괄하는) 1만 6288명을 조사한 연구를 통해 여성들의 성적 다양성 추구와 연관된 두 가지 성격 특성을 확인했다. 외향성과 충동성이 그것들이다. 남과 어울리기 좋아하고, 사교적이며, 사회적 상호 작용을 즐기고 잘하는 사람들을 흔히 외향적이라고 칭한다. 뛰어들고 나서 생각하고, 순간의 충동에 따라 행동하며, 거리낌 없이 욕구에 따라 행동하는 사람들을 우리는 충동

적이라고 부른다. 그 연구에 따르면 더 외향적이고, 더 충동적인 여자들이
성적 다양성을 추구할 가능성도 더 많았다.

버스 랩이 107쌍의 기혼자를 대상으로 수행한 연구도 충동적 성격이 여
자들의 부정과 연결되어 있음을 확인했다. 그러나 **자아도취**(narcissism)적 성
격 특성이야말로 훨씬 더 커다란 예보자였다. 자기 본위에, 실속 없이 거창
하며, 과시욕이 강하고, 오만하게 자격과 권리를 주장하며, 대인 관계와 관
련해 착취적인 것이 자아도취를 규정하는 자질이자 속성이다. 메스턴 랩
은 18세에서 47세에 이르는 여성 121명을 조사한 연구를 통해 완벽주의
(perfectionism)의 개인차도 배우자 정절 및 성적 다양성 추구와 관계를 맺고
있음을 알아냈다. 완벽주의 성향이 강한 사람들은 자신과 다른 사람들에
게 비현실적으로 높은 기준을 설정한다. 그들은 완벽을 기대하고 당연히
자신과 다른 사람들을 엄격하게 평가한다. 메스턴 랩의 이 연구는 완벽주
의 성향이 강한 여자들이 완벽함에 관대한 여자들보다 더 많은 파트너와
섹스를 했음을 확인했다. 완벽주의 성향이 강한 여자들은 성적 관계에서
불충실할 가능성도 더 많았다. 완벽주의자들은 배우자한테 비현실적이거
나 도달할 수 없는 성적 요구를 하며 이로 말미암아 침실에서 끊임없이 실
망하고, 다른 곳에서 성적 만족을 구하는 듯했다.

인간은 왜 섹스를 하는가를 연구한 애초의 우리 논문에서 남자 대학생
이 여대생보다 섹스할 가능성이 더 많음을 확인했다. "별안간 기회가 생기"
거나 남자들이 성적 다양성과 경험을 더 많이 원하기 때문이다. 슈미트도
자신의 비교 문화 연구에서 같은 결론을 얻었다. 조사 대상 지역 52개 모
두에서 남녀는 다음과 같은 질문을 받았다. "이상적인 상황을 가정할 때
향후 …… 동안 몇 명의 섹스 파트너를 갖고 싶습니까?" 그는 설문 참여자
들이 몇 개의 시간 기준(한 달에서 남은 평생에 이르기까지)에 따라 응답을 하도록
했다. 조사한 모든 지역에서 남자들은 여자들보다 더 많은 수의 섹스 파트

너를 원했다. 가늠된 모든 시점에서 말이다. 예컨대, 참조 시간을 "향후 한 달"로 지정했을 때 남자는 종합해서 약 25퍼센트가 한 명 이상의 섹스 파트너를 원했다. 가장 높은 비율을 보인 곳은 남아메리카로, 남자의 35퍼센트가 향후 한 달 동안 한 명 이상의 섹스 파트너를 원했다. 가장 비율이 낮은 곳은 동아시아였다. 동아시아 남자는 그 기간 동안 약 18퍼센트가 한 명 이상의 섹스 파트너를 원했다. 향후 한 달 동안 한 명 이상의 섹스 파트너를 원한 여자의 비율은 남자와 크게 달랐다. 가장 높은 비율을 보인 곳은 동유럽으로 약 7퍼센트였고, 가장 낮은 비율을 보인 곳은 동아시아로 약 3퍼센트였다.

이 장에서 논의한 여성들은 처녀성을 높게 평가하지 않았다. 섹스를 강요받지도 않았고, 처방받지도 않았다. 섹스는 새로운 파트너를 찾아 나서는 탐색과 모험의 기회이자 새로운 기술을 사용해 볼 수 있는 기회였다. 그녀들은 성적 즐거움을, 그것도 자신의 즐거움을 굉장히 중히 여겼다.

분분하게 토론되는 책 『여성 우월주의자(*Female Chauvinist Pigs*)』에서 저자 아리엘 레비(Ariel Levy)는 오늘날의 여성이 성 해방의 관점에서 얼마나 많은 것을 쟁취했는지를 입증하는 페미니스트들이 아니라고 주장한다. 레비가 보는 오늘날의 여성은 자신의 몸을 성형 수술로 고치고, 점심시간에 봉춤을 배우러 다니며, 무대에서 성행위를 흉내 내는 여자들의 가슴 사이즈를 객석이 평가하는 파티에나 다니는 여자들이다. 다른 여성이나 스스로를 성적 대상으로 전락시킨 여성은 여성들에게 앞으로도 가야 할 길이 얼마나 많이 남았는지를 증명해 줄 뿐이라고 그녀는 말한다. 레비는 여성들의 섹스가 열정적이고, 근본적인 충동으로서 자유롭게 탐색되는 새로운 페미니즘을 호소한다. 이 장에서 소개한 여성들이 그런 새로운 성 해방의 물결을 대표하는지도 모르겠다.

8장

교환과 거래

섹스의 가치

옷은 살 수 있지만 나는 아니에요.

—다이애나, 「은밀한 유혹(Indecent Proposal)」(1993년)

2008년 9월 스물두 살의 나탈리 딜런은 결혼 및 가족 치료(marriage and family therapy) 석사 과정에 지원하기로 마음먹었다. 그러나 수업을 받으려면 돈이 있어야 한다는 걸 깨달았다. 딜런은 무슨 수로 돈을 벌까 궁리했다. 그녀가 고려한 선택지에는 언니의 직업도 들어 있었다. 언니는 매춘부였다(매춘부의 경우 3주만 일하면 학비를 모을 수 있었다.). 딜런은 자신의 처녀성을 경매를 통해 팔기로 했다. 경매 시도는 학자금 마련의 일환이기도 했고, 여성으로서의 성적 가치를 알아보는 방편이기도 했다. 5개월 안에 1만 번 호가가 이루어지면서 응찰가가 400만 달러까지 치솟았다. 딜런은 이 행동이 화제를 몰고 와, 전 세계적 주목을 받았고, 언론 인터뷰까지 했다. 그녀는 이렇게 말했다. "내 생각에는, 나는 물론이고 나와 섹스하는 사람도 이 거래에서 큰 이익을 누릴 것 같아요."

스테파니 거숀은 브라질을 떠나 미국으로 돌아가 대학을 마치기에 앞서 아마존의 열대 우림을 몹시 탐험하고 싶어 했다. 그러나 열대 우림을 안내해 줄 가이드를 찾지 못했다. 마침 거숀이 머물던 휴양지의 현지인 급사 보조가 그녀에게 수작을 걸어 왔다. 그녀는 그에게 열대 우림에 관해 이것저것 물었다. 거숀은 자신 같은 관광객이 과연 정글에서 혼자 2~3주 정도 생존할 수 있을지가 궁금했다. "그가 웃더니, 나더러 미쳤다고 말했습니다." 하지만 그가 자신은 정글에서 자라 아는 게 많다고 밝혔고, 거숀은 그를 유혹하기로 작정했다. 그녀는 그 급사 보조에게 끌리지 않았지만 아무튼 추파를 던졌다. 거숀은 그에게 정글을 안내해 달라고 부탁했다. 그녀의 성적 매력이 효과를 발휘했다. 급사 보조는 일을 때려치웠고, 두 사람은 정글로 들어갔다.

정말 대단했어요. 우리는 야자나무 잎으로 집을 지었죠. 한 번도 본 적이 없는 동물들을 보았어요. 그는 내게 온갖 식물이 약으로 쓰일 수 있다는 걸 가르쳐 줬지요. 우리는 나무에서 과일을 땄고, 함께 수영을 했고, 피라냐도 잡아먹었어요. 아, 물론 섹스도 했죠. …… 거의 2주를 그렇게 보냈어요. 양쪽 모두에게 좋은 거래였다고 생각합니다. 덕분에 나는 정글에 머물 수 있었고, 그는 젊고 예쁜 미국 여자와 원 없이 섹스를 했으니까요.

거숀은 그 합의에서 불쾌하고 추잡하다는 기분은 전혀 들지 않았다고 말했다. 그녀는 섹스를 대가로 평생을 갈 아마존 모험담을 갖게 됐다.

나탈리 딜런의 거래와 스테파니 거숀의 교환은 아마 대개의 경우보다 별난 축에 속할 것이다. 그러나 미시간 대학교에 다니는 대학생 475명을 대상으로 한 최근의 연구를 보면, 어떤 여성들은 성적으로 끌리거나 낭만적인 연애 감정 속에서가 아니라 단지 원하는 바을 얻기 위해 섹스를 한다는 사실을 알 수 있다. 미시간 대학교가 엘리트 교육 기관이며 학생들이 대체로 중산층 가정 출신임에도 여학생의 9퍼센트가 어떤 유형의 편익과 섹스를 거래하려 시도했다고 응답했다. 이런 거래의 18퍼센트가 연애를 하는 와중에 일어났다. 엄청난 비율인 나머지 82퍼센트는 다른 맥락에서 발생했다. 그러나 이 여대생들이 섹스에 나선 동기와 필요는 긴박하지가 않았다. 이 장의 후반부에서 다룰 생계형 매매춘, 다시 말해 생필품을 입수해 살아남으려고 섹스를 거래하는 여자들의 필요 및 요구와 견줘 볼 때 말이다. 해당 논문의 저자는 이렇게 말했다. "모두가 200달러를 호가하는 루이뷔통 가방이 생필품이라고 생각하는 게 아니라면 이 사태는 필요한 것을 얻는 것보다는 원하는 것을 얻는 것과 더 관계가 있다."

여자가 왜 섹스를 하는지를 조사한 우리의 연구도 미시간 대학교 학생들만 그런 동기를 갖는 게 아님을 확인해 주었다. 여자들이 제시한 이유를 나열해 본다.

- 임금 인상을 원했다.
- 일자리를 얻고 싶었다.
- 승진을 원했다.
- 누군가가 섹스를 해 주면 돈을 주겠다고 말했다.
- 돈을 벌고 싶었다.
- 그 사람이 섹스를 해 주면 불법 약물을 주겠다고 제안했다.

미국인들만 성 거래를 하는 것도 아니다. 선물과 섹스의 교환은 모든 문화권에서 확인된다. 인류학자 도널드 시먼스는 비교 문화의 관점에서 이 현상을 더 자세히 설명했다. 인간관계 지역 파일(Human Relations Area Files)은 가장 방대한 규모를 자랑하는 민족지학 데이터베이스이다. 시먼스는 이 파일을 활용해, 연애, 구애, 혼외정사 같은 맥락에서 받게 되는 선물을 분류했다. 그는 남자 혹은 여자, 아니면 두 성별 모두가 선물을 주는지, 그리고 연인들 사이에서 혹은 섹스를 대가로 선물을 주(고받)는지, 마지막으로 주(고받)는 선물의 상대적 가치를 알아내고자 했다. 선물은 다음 항목들로 분류되었다. 1) 남자만 선물을 준다. 2) 남녀가 선물을 교환하지만 남자의 선물이 더 가치 있다. 3) 남녀가 선물을 교환하지만 상대적 가치를 알 수는 없다(보다 엄밀히 말하면 어떤 경우에도 남자의 선물과 여자의 선물이 동등한 가치를 지닌다고 진술되지 않았다.). 4) 남녀가 선물을 교환하지만 여자의 선물이 가치가 더 크다. 5) 여자만 선물을 준다. 시몬스는 자신의 분석에서 결혼과 성 매매 행위의 맥락에서 제공되는 선물은 제외했다.

시몬스는 네 번째 범주와 다섯 번째 범주가 완전히 불필요하다는 사실을 발견하고서 깜짝 놀랐다. 두 범주의 활동을 벌이는 사회가 단 한 개도 존재하지 않았던 것이다. 반면 79퍼센트의 사회는 남자만 선물을 주는 첫 번째 범주에 속했다. 5퍼센트의 사회는 두 성별 모두가 선물을 주지만 남자의 선물이 더 가치 있는 두 번째 범주에 들어갔다. 나머지 16퍼센트의 사회는 선물의 상대적 가치를 알 수 없는 세 번째 범주였다. 우리 연구에 참여한 한 이성애자 여성의 말마따나 "섹스는 선물"인 것이다.

두 성별 모두가 성 활동의 자유 및 기회를 풍요롭게 누리는 남녀 평등한 문화들에서 이러한 성 활동의 비대칭 현상이 발견된다는 것은 특히나 흥미롭다. 인류학자 마셜 살린스(Marshall Sahlins)가 트로브리안드 제도 사람들을 조사한 연구는 재미있는 입증례를 제공한다. 트로브리안드 여자들은 섹스를 대가로 선물을 기대한다는 것이다.

남자는 모든 연애에서 여자에게 작은 것일지라도 항상 선물을 줘야 한다. 그들은 일방의 보답이 자명한 의무라고 생각한다. 이 관습에는, 서로가 애착을 느껴서 하는 것일지라도 성관계는 여성이 남성에게 제공하는 서비스라는 생각이 담겨 있다. …… 이런 규칙이 논리적이거나 자명한 것은 결코 아니다. 여자들이 누리는 엄청난 자유와, 그녀들이 모든 것, 특히 섹스에서 남자들과 동등하다는 걸 고려해 보라. 여자들이 남자들만큼 성관계를 좋아한다는 걸 원주민들이 잘 알고 있음도 상기해 보라. 그들이 성관계를 호혜적인 자원 교환으로 여기리라고 누구라도 예상할 수 있을 것이다. 그러나 관습에 따르면 …… 섹스는 여자가 남자에게 제공하는 서비스이므로, 남자는 대가를 지불해야 한다.

이런 관찰 결과는 다른 많은 발견들과 더불어 인간 경제학의 기본 사실을 강력하게 뒷받침한다. 여성의 성애는 여성 자신이 수여하거나 거둬들일 수 있는 무엇이고 남성이 원하고, 그 가치를 높이 평가하는 무엇이며 따라서 여성이 원하는 자원을 확보하기 위해 사용할 수 있는 어떤 것이다. 간단히 말해 여성은 여러 성 활동 거래에서 권력을 갖고, 그 힘을 행사한다.

사냥과 채집을 하는 대다수의 전통 문화에서 이 거래는 섹스와 먹을 것의 교환이다. 페루의 샤라나우아 족을 예로 들어 보자. "남자들이 사냥을 통해 자신의 정력을 과시하고, 그렇게 해서 아내를 얻거나 고기를 주면서 여자를 유혹하는 사태의 본질은 결국 고기와 섹스의 교환이다." 샤라나우아 족을 연구한 인류학자 재닛 시스킨드(Janet Siskind)는 이렇게 말해 놓고도 그 사실에 당황했다. "여자들이 자연적이거나 보편적으로 남자들보다 섹스에 흥미를 덜 느낀다거나 고기를 더 좋아한다는 실질적인 증거를 전혀 찾을 수 없었기" 때문이다. 그러나 우리 연구에 참가한 한 여성은 놀라우리만치 비슷한 말을 했다.

섹스의 대가로 "선물"을 주거나 재정적으로 보상을 하는 행태는 부유한 남자에게 엄청나게 흥분되는 일이에요. 육체적으로 우세한 남자가 느끼는 열정과 맞먹는다고 할 수 있죠. 돈으로 보호해 주는 것은 몸으로 보호해 주는 것과 마찬가지 입니다.

여자와 남자가 누리는 섹스의 즐거움이 다르다는 게 핵심이 아니다. 섹스에 대한 남녀의 관심이 다르다는 것도 문제의 핵심이 아니다(고기를 먹는 것에 대한 관심은 말할 것도 없고 말이다!). 섹스의 경제학에서 여성들이 때때로 그토록 우월적인 지위를 차지하는 듯한 이유가 미스터리인 것이다.

황금알

성 활동의 무대에서 여성들이 더 큰 권력을 행사하는 현상의 미스터리, 즉 전 세계의 남자들이 기꺼이 대가를 지불하려 할 만큼 여자들의 성애가 소중하게 다루어지고, 또한 부족하고 드물게 보이는 이유를 가장 그럴듯하게 해명하는 진화적 대답은 인류의 번식 생물학에 근본적인 비대칭성이 존재하며, 그에 따라 성 심리가 진화했다는 것이다.

진화의 관점에서 봤을 때 임신에 대한 과중한 투자로 복수의 섹스 파트너를 덜 욕망하게끔 만드는 성 심리가 여성에게서 촉진되었음을 우리는 앞에서 살펴봤다. 그러나 번식 생물학의 성차는 정자와 난자의 비대칭성에서 출발한다. 정자는 불필요한 것은 다 빼고 가장 기본적인 것만 갖춘 수영기계를 통해 분당 3.175밀리미터를 이동하는 유전자에 지나지 않는다. 영양분이 가득 들어 있는 난자와 비교하면 정자는 난쟁이에 가깝다. 정상적인 인간의 정자는 폭이 3미크론, 길이가 6미크론에 불과한 반면 정상적으로 성숙한 인간의 난자는 지름이 120~150미크론으로 엄청나게 크다. 그렇게 수정의 시작 단계부터 여성은 남성보다 더 많은 투자를 한다. 난자의 개수가 태어날 때 정해져 있는 점, 보충되지도 않는 점이 두 성별의 비대칭성을 한층 더 강화한다. 남성은 매일 약 8500만 개의 새로운 정자를 만들어 낸다. 여성이 난자를 기증하고 받는 돈과 남성이 정자를 기증하고 받는 금액을 비교해 보면 가치의 이런 상대적 차이가 오늘날에도 인정되고 있음을 알 수 있다. 난자를 기증하고 받는 보상 금액은 통상 5,000달러에서 시작해서 특정한 신체적·심리적 조건을 충족하는 여성들의 경우는 그 액수의 몇 배를 받기도 한다. 반면 정자 기증자들은 일반적으로 기증할 때마다 35 달러를 받는 게 고작이다. 물론 키, V자형 몸통, 매력적인 얼굴, 높은 지능, 높은 사회적 지위처럼 아주 바람직한 특성을 지닌 일부 남성의 경우는 150 달러 정도까지 받기도 한다.

성별에 따른 이런 차이는 여성이 아이를 낳기 위해 견디는 9개월의 임신 기간으로 인해 더욱더 벌어진다. 여성이 자식을 낳는 과정에서 더 많은 투자를 한다는 얘기는 여성이 훨씬 더 귀중한 번식 자원이라는 소리다. 소중한 자원일수록 그걸 얻기 위해 경쟁하는 사람이 더 많은 법이다. 남자들은 여성들에게 성적으로 접근하기 위해 서로 경쟁을 벌인다. 여자들은 섹스에 관한 한 수요가 더 많기 때문에 까다롭게 고를 수가 있다.

진화 심리학자들은 여성들이 비대칭적 성 권력을 보유하고 있다는 사실을 바탕으로 수많은 성 심리 시나리오를 제출한다. 남자들은 투자를 적게 해도 되는 소위 단기적 짝짓기를 성 활동 전략으로 진화시켰다. 조상 남성들은 복수의 파트너와 아무런 조건도 없이 그때그때 섹스함으로써 자신의 번식 성공도를 높일 수 있었기 때문에 여성들에게 접근하려는 욕망이 진화된 성 심리의 하나로 자리를 잡았다. 남자들이 꿈꾸는 성적 판타지에서 성적 다양성을 추구하려는 욕망을 확인할 수 있다. 남자들은 여자들보다 낯선 사람과의 섹스, 복수의 파트너와 하는 섹스, 과정 중에 파트너 바꾸기를 꿈꿀 가능성이 훨씬 더 많다. 남자들은 1,000명 이상의 파트너를 성적으로 공상했을 가능성이 여자들보다 네 배 더 많다. 응답 과정에서 다소간의 편차가 발생했을 수는 있다. 여자들의 경우 자신의 섹슈얼리티 정보를 공개하는 데서 남자들보다 더 신중한 태도를 보이도록 문화적으로 길들여지기 때문이다. 그러나 많은 연구에서 성별에 따른 큰 차이가 확인되었다. 남자들이 성적 다양성을 추구하는 탓에 그들의 처지에서 여자들은 항상 공급이 달리는 존재이다.

남자들은 성적 과잉 인식의 편향(sexual overperception bias)이라는 또 다른 심리 특성을 보인다. 이는 모호한 정보에 기초해 여자의 성적 관심을 과잉 추론하는 경향이다. 5장에서 서술한 질투 유발 상황들에서 생생하게 확인할 수 있었듯이 여자가 남자에게 미소를 지어 보이면 남자들은 대개 그 여성이 자신에게 성적으로 관심을 보였다고 추론한다. 많은 경우에 당사자인 여성은 우호적이거나 예의바른 태도를 취한 것뿐인데도 말이다. 팔의 접촉, 바싹 다가서기, 평소보다 약간 더 긴 시간 동안 시선을 마주치기(그래 봐야 여전히 짧다.) 같은 다른 모호한 신호들에도 남자들은 성적 과잉 인식의 편향을 보인다. 여자들은 남자들의 과잉 인식 편향을 이용해 경제적 이익을 도모할 수 있다. 교제 과정의 일부로 남자들에게 자원을 쏟아붓도록 만들지만 섹스해 주겠다는 은연중의 "약속"을 종내에는 지키지 않는 유인 상술 전략을 쓰는 것이다.

대다수의 남자들은 대다수의 여자들을 적어도 어느 정도는 성적으로 매력적이라고 생각한다는 사실도 연구에 의해 밝혀졌다. 반면 대다수의 여자들은 대다수의 남자들이 성적으로 매력적이라고 전혀 생각하지 않는다. 버스 진화 심리학 랩은 남자들이 가벼운 만남을 원할 때 매력의 판단 기준을 낮춘다는 걸 알아냈다. 남자들은 지능이나 다정함처럼 자신이 바람직하고 매력적이라고 치는 특성을 최소한으로만 갖춘 파트너와도 기꺼이 섹스한다. 반면에 여자들은 가벼운 성관계든, 남녀 한 쌍의 지속적인 관계든 자신이 선택하는 남자에게 일반적으로 높은 기준을 적용한다.

　남녀가 성적으로 흥분하고, 자극 신호에 반응하는 데서 나타나는 이밖에 다른 성차를 바탕으로 여자들은 성 경제학에서 추가로 영향력을 행사할 수 있다. 남자들은 시각 자극을 통해 성적으로 흥분할 가능성이 여자들보다 더 많다. 이성애자 남성은 매력적인 여성을 보는 것만으로도 흥분할 수 있다. 시각적 매력에 덜 예민한 여자들은 이 점에서 유리하다. 남자들은 또한 성적 금욕 상태를 인내하려는 의지가 부족한 듯하며, 상황과 상관없이 성관계를 맺으려는 충동이 더 큰 것 같다.

　남자들이 "자기 씨를 퍼뜨리겠다"는 의식적 동기를 가진 것은 아니라는 사실을 명심해야 한다. 게다가 성적 다양성과 숫자에 대한 욕망은 남자들이 추구하는 짝짓기 전략 가운데 하나일 뿐이다. 대다수의 남성이 장기적으로 헌신하는 관계 또한 추구한다. 하지만 남성이 지닌 단기적인 관점의 성 심리가 여성들의 성적 서비스가 불티나게 팔리는 짝짓기 시장을 형성한다. 현대 환경에서는 이것이 매매춘, 성 거래, 지속적인 짝짓기 관계를 통해 대가를 얻을 수 있는 기회를 여성들에게 제공하기도 한다.

매매춘의 성 경제학

　나는 3년가량 네바다의 합법적인 사창가에서 일했습니다. 그 일을 잘했던 건 아니에요. 손님들을 반항적으로 대하면서도 용케 그 일을 계속 했죠. …… 그때를 나의 "성생활"과 관련이 …… 있다고 꼭 말할 필요는 없겠죠. 그건 일이었으니까요. 살면서 달리 갈 데가 없었습니다. 그 집의 다른 여자들도 가족 같았고요.

—주로 이성애를 하는 여성, 36세

　여성이 섹스를 하는 동기를 폭넓게 살펴보려는 우리의 기획에는 여성들이 매춘 행위에 나서는 성 심리를 파악하는 것도 포함된다. 매춘과 관련해 우리가 이데올로기적 입장을 취하지는 않겠지만 관련해서 존재하는 다양한 정치적 신념과 도덕적 믿음을 언급할 필요는 있을 것이다. 여성이 매춘으로 자원을 얻는 활동을 법과 사회적 관습과 종교가 제한하기 때문이다.

한쪽 극단에는 여성의 품위를 떨어뜨리기 때문에 매춘을 불법으로 규정해 형사처벌을 해야 한다고 주장하는 사람들이 존재한다. 매춘으로 인해 여자들은 남자들에게 손쉽게 이용당하거나 학대당할 수 있으며 성 상대 내지는 성 상품으로 취급된다. 남성이 매춘을 통해 여성을 정치적으로 지배한다고 믿는 사상가도 있다. 이들 주장 가운데 일부가 위세를 떨쳐 왔다. 실제로 미국의 대다수 주를 포함해 일부 지역에서는 매춘이 불법이다. 그럼에도 불구하고 매춘이 합법인 나라가 훨씬 더 많다. 유럽의 대다수 국가, 멕시코, 남아메리카의 대다수 국가, 이스라엘, 오스트레일리아, 뉴질랜드 등등이 그렇다. 네바다 주 내의 몇몇 카운티에서도 매춘은 합법이다.

매춘이 불법인 나라들에서조차 이 규제 법령을 피해 갈 수 있는 구멍이 아주 많은 게 사실이다. 예컨대, 이란에서는 매춘이 불법이다. 매춘을 옹호하는 행위, 여성이 매춘부가 되도록 돕는 행위, 사창가를 운영하는 행위도 범죄이다. 이런 죄목으로 유죄 판결을 받은 사람들은 총살이나 돌팔매질로 처형을 당할 수 있다(실제로 그런 일이 자주 일어난다.). 그러나 이란은 역사적으로 무티아(mutia)라는 관습을 허용해 왔다. 여성이 몇 시간 동안 "일시적인 아내"가 되어, 돈을 받고 섹스를 해 주는 것이다. 필리핀에서도 매춘은 불법이다. 그러나 술집 종업원들 중에 "고객 봉사원"이라는 완곡한 표현의 직함을 가진 사람들이 있다. 그녀들은 일주일에 한 번씩 성병 검사를 받아야 한다. 태국과 기타 국가들에서도 매춘은 불법이다. 그러나 법이 곧이곧대로 집행되는 일은 거의 없다. 매춘을 합법화한 대다수의 국가도 여러 규제 조치들을 시행하고 있다. 영국과 스코틀랜드 같은 일부 국가에서는 길거리에서 섹스를 권하고, 구매하는 행위가 불법이지만 "출장" 섹스 서비스는 허용된다. 공공연한 행위로서가 아니라 은밀히 이루어지기만 한다면 매춘을 해도 괜찮다는 얘기인 셈이다. 캐나다에서는 매춘, 사창가 운영, 출장 섹스 서비스가 완전한 합법이다. 그러나 노상에서 "집요하게" 이루어지는 호객 행위는 불법이다.

심지어 매춘이 대체로 또는 전적으로 불법인 나라들에서조차도 매우 보편적이라는 사실을 들어 정부가 매춘을 범죄로 취급해서는 안 되며, 여자들에게 원하는 어떤 방식으로든 자신의 몸을 활용할 권리를 부여해야 한다고 주장하는 사람들이 일부 있다. 한 전직 매춘부의 말을 들어 보자.

변호사로 일하는 여성이 법률 사무소에 자신의 두뇌를 팔 권리가 있는 것처럼 여성이라면 누구나 자신의 성적 서비스를 판매할 권리를 누려야 한다. 화가인 여성이 자신의 작품을 화랑에 팔고, 모델로 일하는 여성이 사진작가에게 자신의 이미지를 팔고, 발레리나인 여성이 자신의 몸을 파는 것을 보라. 대다수가 감옥에 가지 않고 섹스를 할 수 있기 때문에 구닥다리 내숭을 배제한다면 매매춘을 불법화할 이유가 전혀 없다.

빌 클린턴 정부하에 의무감(醫務監)을 했던 조슬린 엘더스 박사도 이런 생각의 일단을 내비쳤다. "우리는 (창녀들이) 몸을 팔고 있다고 얘기한다. 하지만 운동선수들은 안 그런가? 그들도 몸을 팔고 있다. 모델은? 그들도 자신의 몸을 판다. 배우는? 그들도 몸을 파는 것은 똑같다."

매춘 합법화 논쟁에 어떤 입장을 갖고 있든 "세상에서 가장 오래되었다는 직업"에 여자들이 뛰어드는 근본적인 동기를 파악하는 일은 중요한 과제이다. 여성의 성애는 아주 귀하게 여겨지기 때문에 경제학자들이 대체 가능하다(fungible)고 일컫는 자산으로 볼 수 있다. 다시 말해, 다른 종류의 여러 자원으로 교환할 수 있다는 얘기이다. 그러나 그렇다고는 해도 원할 경우 자신의 성적 가치를 다른 식으로 활용하는 방안이 있을 텐데도 도대체 왜 여성들이 매춘부가 되는 것일까?

노예 상태와 자포자기

매춘은 단일한 현상이 아님에도 거의 전적으로 여성들에게만 영향을 미친다. 전 세계 매춘부의 90퍼센트 이상이 여성이고, 매춘부 고객의 99퍼센트 이상이 남성이다. 어떤 소녀와 여자 들은 말 그대로 성 노예가 되기를 강요받아서 매춘부가 된다.

인신매매가 동반되는 성 노예화 문제는 미얀마(버마), 파키스탄, 인도, 캄보디아, 태국에서 특히 심각하다. 성 노예 밀매단은 다양한 방법으로 여자들을 노예화한다. 그들은 늘 그렇듯이 지독하게 가난한 사람들을 먹잇감으로 삼는다. 흔히 사용되는 속임수는 멀리 떨어진 다른 도시나 나라에 가면 돈을 많이 벌 수 있다고 약속하는 방법이다. 소녀나 여자의 부모에게 약간의 돈푼을 쥐어 주고 데려간 다음 그녀의 성적 서비스 능력을 매음굴에 팔아 버리는 것이다. 경찰과 이동 경로 중에 있는 국경 수비대에게 뇌물을 상납하는 일도 비일비재하다.

일부가 공개적으로 운영되기도 하는 사창가의 생활환경은 흔히 끔찍하다. 여성은 매일 10여 명의 남자 손님과 섹스를 하도록 강요받으며 버는 돈의 대부분 또는 전부를 포주들에게 빼앗긴다. 일부 서양인 고객이 있기는 하지만 인근 지역이나 이웃한 아시아 국가의 남자들이 가장 큰 고객군을 형성한다. 성 노예 밀매 실태는 여러 권의 훌륭한 책들을 통해 자세히 폭로되었고, 이 책에서 다룰 수 있는 범위를 벗어난다. 성 노예 밀매를 근절하자는 운동이 나름으로 활발하게 벌어지고는 있지만 매춘부를 원하는 수요가 엄청나고, 밀매꾼들이 거머쥐게 될 수익 역시 막대해서 별다른 성공을 거두지 못하고 있다. 이런 환경에서 여자들이 왜 섹스를 하는지는 분명하다. 그녀들은 강요를 받고, 어쩔 수 없어서 그렇게 하는 것이다.

그러나 엄격하게 제한된 생존 수단 가운데서 매춘이 그나마 가장 나은 형태여서 매춘부가 되는 여성들도 있다. 어떤 여성은 자신이 속한 문화권에서 결혼에 적합하지 않다는 판정을 받고 매춘부가 된다. 돌봐야 할 아이가 있는 여자들은 남편을 맞이하기 어려운 경우가 많다. 예컨대, 우간다의 간다 족 같은 경우 아이가 딸린 여성은 법에 의해 결혼을 금지당하고 있다. 말레이인과 소말리 족은 역사적으로 이혼한 여자들의 재혼을 금했다. 재혼을 엄격하게 금지하지 않을 때조차도 이혼한 여성은 때로 남편을 맞이하는 데서 엄청난 어려움을 겪는다. 간통을 이유로 이혼을 당했을 때에는 더욱 그렇다. 미얀마와 소말리아에서는 처녀가 아닌 독신녀들이 "더럽혀졌다"고 간주되기 때문에 결혼을 하기가 극도로 어렵다. 대다수의 문화에서 남자들은 다른 남자의 자식을 둔 여자를 부담스러운 짐으로 여겨 배우자 가치를 낮게 매긴다. 질병에 시달리거나 외모가 흉하게 망가진 여자들도 많은 경우 남편을 맞이하는 데서 어려움을 겪는다. 이런 이유들로 어떤 여자들은 사실상 주변 환경의 강제 속에서 매춘부가 된다. 자신과 자식을 부양하려는 필사적인 몸부림인 것이다.

다른 경우도 살펴보자. 다수의 남자가 바람직한 아내감으로 여길 만한 여자들이 있지만 그녀들은 남자들이 신랑감으로 성에 차지 않거나 매춘이 결혼보다 더 나은 방안이라고 판단해 결혼을 하지 않는다. 단조롭고 힘만 드는 결혼 생활을 회피하기 위해 매춘을 선택하는 여자들까지 있는 실정이다. 싱가포르에서는 과거에 일부 말레이인 여자들이 아내가 져야 할 고된 노동을 피하기 위해 매춘부가 되었다. 땔감을 모아 나르고, 옷가지를 손으로 세탁하는 등의 일은 아내가 감당해야 하는 고된 노역이었다. 아프리카의 암하라 족과 벰바 족의 경우는 매춘부들이 남자를 고용해 일을 시킬 수 있을 만큼 돈을 많이 벌기도 한다. 고용된 남자가 하는 일이란 대개 아내가 져야 하는 의무이다.

길거리의 창녀에서 콜걸까지

흔히 창녀라고 불리는, 길거리의 값싼 매춘부에서부터 값비싼 콜걸에 이르기까지 매춘부들 사이에도 위계가 존재한다. 여성이 자신의 성적 서비스를 대가로 받을 수 있고, 받고자 하는 금액은 엄청나게 다양하다. 그 액수는 장소와 경쟁, 여성의 매력 정도, 여성의 절박함 정도에 좌우된다. 매력적인 거리의 매춘부는 한 차례 행위로 200달러를 벌 수 있을지도 모른다. 그러나 바늘 자국투성이에 이빨까지 몇 개 빠진, 절박한 처지의 마약 중독자라면 20달러라도 감지덕지일 것이다. 경찰은 에스코트(escort)라고 하는 콜걸보다 길거리의 매춘부를 더 자주 단속한다. 노상의 창녀가 눈에도 잘 띄고, 때려잡기도 쉽기 때문이다.

노숙을 하는 소녀나 여자 들이 돈과 음식과 쉴 곳과 마약을 구하기 위해 섹스를 하기도 한다. 정서적·육체적·성적 학대를 받다가 가출한 사춘기 소녀들이 흔히 이런 비극을 경험한다. 그녀들은 살아남기 위해 길거리에서 섹스를 한다. 자신뿐만 아니라 남자친구를 돕기 위해 섹스를 하는 여성들도 있다. 한 여성의 말을 들어 보자. "나랑 남자친구는 한동안 그(그녀가 돈을 목적으로 섹스를 하던 남자를 가리킨다.)를 우려먹었습니다. 그 남자를 이용해 약을 살 돈을 벌었고, 나랑 남자친구가 즐길 마약과 술을 얻었어요."

우리 연구에 참가한 한 여성도 비슷한 동기를 고백했다.

그때는 우리 둘 다 약물 중독자였어요. 밤새도록 잠도 안 자고 끝없이 떠드는 그런 때였죠. 처음에는 뭘 바라고 섹스를 해 본 적이 한 번도 없었습니다. 그런데 함께 어울리다보니 그가 나를 사랑하고 있다는 걸 알게 됐어요. 그 다음부터는 원하는 마약을 전부 얻을 수 있었고, 그냥 그 짓을 했습니다.

　매춘의 다른 쪽 극단에는 값비싼 콜걸들이 있다. 애쉴리 알렉산드라 뒤프레 같은 이들 말이다. 2008년 2월에 뒤프레는 뉴욕 주 주지사로 재직 중이던 엘리엇 스피처에게 성적 만남의 대가로 4,300달러를 청구했다. 언론이 그 거래 사실을 폭로하면서 지하에서 성업 중이던 고급 섹스 클럽의 실체가 드러났다. 뒤프레가 다닌다고 알려진 뉴욕의 엠퍼러스 클럽 VIP도 그 가운데 하나였다. 언론 보도에 따르면 엠퍼러스 클럽 VIP의 콜걸들은 각자의 교양과 매력 정도에 따라 시간당 1,000~3,000달러까지 받았다고 한다. 보통은 에스코트 에이전시가 이렇게 받은 금액의 절반을 가져간다. 그럼에도 불구하고 웨이트리스로 일하면 시간당 평균 7~13달러를 받는다는 사실과 비교해 보면 순식간에 엄청난 돈을 수중에 쥘 수 있다는 것을 알 수 있다.

　매춘은 수익성이 극도로 좋을 수도 있지만 동시에 심리적 압박이 크고, 육체적 위험이 많은 돈벌이 수단이기도 하다. 성병 감염의 위험과 고객의 폭력에 시달릴 가능성 외에도 많은 매춘부가 이중생활에서 비롯하는 감정의 고통을 겪는다. 한 매춘부는 이렇게 말했다. "스트레스가 아주 많아요. 이중생활을 하다 보니 항상 거짓말을 해야 하죠. 화려한 구두와 2,000달러짜리 가방과 아파트를 살 수 있다면 어떨까요? 당신이 돈을 좋아하고, 통제력을 발휘할 수 있다면 참을 만할 수도 있겠죠. …… 하지만 혼자라는 사실에는 변함이 없을 겁니다."

슈가 베이비와 슈가 대디

　돈을 받고 섹스를 거래하는 여성들이 그 행위를 다 매춘으로 생각하는 것은 아니다.

나는 아이들 아버지하고만 (돈을 대가로 섹스를) 합니다. 매춘도 아니고, 다른 무엇도
아니죠. 그를 사랑하니까요. 하지만 이 세상에 공짜는 없습니다.

—이성애자 여성, 32세

"슈가 베이비(sugar baby)"는 부유한 남자에게 자신의 시간과 우정, 그리
고 흔히는 섹스를 제공하는 여자를 일컫는다. 보답으로 "슈가 대디(sugar
daddy)"라고 하는 부유한 남자는 여자를 재정적으로 돌봐 준다. 슈가 베이
비가 지출하는 비용의 상당액을 대 주거나 전액을 부담하는 경우도 있다.
슈가 베이비는 대개 슈가 대디보다 나이가 한참 어리다. 관계 당사자들이 비
밀을 고수하는 탓에 이런 관계가 어느 정도나 흔한지 아는 사람은 아무도 없
다. 키수무 시에 사는 케냐인 1,000명 이상을 조사한 한 연구에 따르면 7.4
퍼센트의 여성이 "슈가 대디"와 관계를 맺고 있다고 응답했다. 그러나 다른
문화권에서는 아직까지 이 현상이 체계적으로 조사 연구되지 않았다. 성
적으로 매력적인 여자와 돈이 많은 남자를 연결해 주는 것을 전문으로 하
는 웹 기반 사업이 오늘날 성업 중인 것을 보면 미국에서도 슈가 대디가 꽤
나 많은 것 같다. 데이트 주선 회사라고 홍보하는 이들 사이트의 면면을
보자. Sugardaddie.com, SugarDaddyForMe.com, WealthyMen.com,
MillionaireMen.com, MarryMeSugarDaddy.com. 슈가 대디/슈가 베이
비 웹사이트 업체들의 품질을 평가하는 또 다른 웹사이트까지 있을 정도
다!

슈가 대디를 찾는 여성들은 돈이 주된 동기라고 말한다. AP 통신이 전
하는 한 슈가 베이비 기사는, 일부 여성들이 직장에 다니면서 힘들고 단조
로운 일을 하기는 싫고, 동시에 "상류 사회의 생활 방식"을 동경해 슈가 대
디를 찾아 나선다고 적고 있다. 가끔씩 선물의 형태로 주어지는 편익은 무
궁무진하다. 목욕과 손발톱 정리 예약, 고급 식당에서 함께 하는 저녁식사,

디자이너 브랜드의 명품 의상, 보석, 외국 휴가, 고급 차, 심지어는 고급 아파트까지. 우리 연구에 참가한 한 여성은 섹스를 하고 책을 받은 행위가 공평한 교환이었다고 생각했다.

> 미화한다고 할 수도 있겠지만 기본적으로는 "슈가 베이비"였어요. 나는 지도 교수 가운데 한 명하고 잤습니다. 학문적으로 많은 도움을 받았어요. 교수님은 내게 수만 달러어치의 책을 주셨죠. 죄책감 같은 건 들지 않았어요. 내게는 그 책이 보너스 같은 거였죠. 사실 내가 그의 조사 보조원이자 친구였기 때문에 다른 뭐라도 주었을 겁니다. 사람들이 왜 이걸 비윤리적이며, 매춘과 다름없는 불법이라고 생각하는지 그 이유를 모르겠어요. 그는 멋진 애인이었고, 내게 아무것도 주지 않아도 됐죠.
>
> — 게이/레즈비언 여성, 25세

어떤 여성들은 돈 이상을 원하기도 한다. 또 다른 뉴스 기사는 자원을 얻기 위한 섹스로 출발했던 관계가 사랑, 충실, 기사도를 특징으로 하는 헌신적 관계로 바뀔 수 있다고 촌평했다.

그러나 슈가 대디 관계가 항상 행복하게 끝나는 것만은 아니다. 우리 연구에 참여한 한 여성의 경험담을 들어 보자.

> 나는 어떤 호텔 밖에서 생활하고 있었습니다. 임신한 상태였고, 맏아들까지 있었어요. 거기서 전직 프로 미식축구 선수를 만났죠. 그가 나의 "슈가 대디"가 되어 주겠다고 했어요. 섹스를 해 주면 아들과 나에게 집을 마련해 주고, 재정적으로도 돌봐 주겠다고 했죠. 차를 주겠다고 해서 나는 그와 섹스를 했습니다. 나중에 그는 차를 넘겨주기 전에 한 번 더 섹스를 하고 싶다고 했죠. "속았다"는 느낌이 들었고, 더 이상은 그를 상대하지 않았습니다.

성 거래

어떤 형태의 성 거래는 매춘이나 슈가 베이비 관계에서와 달리 공공연하기보다는 암암리에 타협된다. 우리 연구에 참가한 몇몇 여성이 이렇게 이루어지는 섹스와 자원의 교환을 어떻게 묘사했는지 살펴보자.

나는 섹스를 아주 좋아합니다. 당신이랑 섹스하고 싶어 하는 사람이 기꺼이 시간을 내서 근사한 식사를 대접한다면 그와 섹스 못 할 이유가 전혀 없죠.

—양성애자 여성, 45세

그 남자는 회사에서 아주 막강한 권력을 보유했고, 대단한 부자이기까지 했어요. 처음에는 서로 끌렸다는 것 말고는 별다른 게 없었죠. 하지만 그가 선물 공세를 시작하면서 바로 그것 때문에라도 이 시점에서 내가 그와 섹스를 해야 하는 게 아닌가 하는 생각이 들었습니다.

—이성애자 여성, 29세

예순아홉 살 먹은 남자를 만나고 있었습니다. 나보다 스물두 살이 더 많은 거죠. 그는 나를 고급 레스토랑에 데려갔습니다. 내가 그를 만난 건 다만 따분해서였어요. 새로운 도시로 이사를 왔는데, 다른 누구도 만나지 못했거든요. 우리는 둘 다 친척들과 살았고, 그래서 대개는 그의 커다란 캐딜락에서 데이트를 했죠. 그는 대개 오럴 섹스만을 원했고, 나도 해 줬습니다. 안 될 게 뭐 있겠느냐고 생각했죠. 그는 내가 해 주는 오럴 섹스를 즐겼고, 나는 잘 얻어먹었습니다.

—이성애자 여성, 47세

섹스와 자원의 교환은 열거한 사례들이 암시하는 것처럼 노골적이지 않은 경우가 많다. 그럼에도 불구하고 대다수의 여성은 남성에게 성적으로 끌리는 데서 자원이 발휘하는 역할을 아주 잘 안다. 남자들이 여자를 유혹하기 위해 사용하는 방법들을 포괄적으로 분석한 최초의 연구들 가운데 하나를 보면 "그가 근사한 식당으로 나를 데려가 저녁을 사줬다"는 진술이 가장 효과적인 전술 행동 가운데 하나로 드러났다. 버스 랩은 여자들에게 유효한 성적 유인책으로 다음을 꼽았다.

- 그는 일찍부터 내게 돈을 많이 썼다.
- 그는 일찍부터 내게 선물을 많이 했다.
- 그는 화려하고 사치스럽게 사는 모습을 내게 보여 줬다.

여자들은 인색하고 쩨쩨한 남자한테는 성적 관심을 단박에 끊어 버린다. 한 연구에 따르면 상이한 남자들의 사진을 제시받은 여자들이 값싼 옷을 입은 남자들보다는 값비싼 옷을 입은 남자들에게 성적으로 더 끌린다는 사실을 알 수 있었다. 여기서 값비싼 옷이란 쓰리피스 양복, 스포츠 재킷, 디자이너 브랜드 청바지 따위였고, 값싼 옷은 민소매 셔츠와 티셔츠였다. 또 다른 연구는 같은 남자들에게 서로 다른 옷을 두 벌 착용하고 사진을 찍게 했다. 한 벌은 버거킹 근무복에 파란색 야구모자와 폴로스타일 셔츠였으며 다른 한 벌은 하얀색 드레스 셔츠에 디자이너 브랜드 넥타이, 감청색 재킷, 그리고 롤렉스 시계였다. 여자들은 싼 티 나는 복장을 한 남자들하고는 데이트나 섹스하고픈 마음이 전혀 안 생긴다고 진술했다. 반면에 값비싼 복장을 한 남자들하고는 데이트와 섹스는 물론 결혼할 생각까지 품었다.

1993년 영화 「은밀한 유혹(Indecent Proposal)」에서 데미 무어가 연기한 다이애나는 100만 달러를 받고 하룻밤 섹스에 동의한다. 이 영화로 미국 전역이 들썩였다. 여자들은 100만 달러면 낯선 사람과 동침할 것이냐는 가설적 질문을 앞에 놓고 옥신각신했다. 영화에서 다이애나에게 같이 자자고 섹스를 제안한 로버트 레드포드라면 거꾸로 100만 달러를 주고 동침할 의사가 있느냐는 유머도 회자되었다. 오랜 침묵 끝에 여자는 대답한다. "그럼요. 하지만 돈 구해 올 시간을 좀 주세요!" 이 반응을 통해 여성들도 어떤 종류의 남성은 성적으로 가치 있는 자원이라고 생각한다는 것을 알 수 있다. 누구나 인정하는 섹스 심벌이자 지위의 상징인 로버트 레드포드처럼 사회적 지위가 높고, 잘생긴 남자들 말이다.

우리 연구에 참여한 여성들이 돈뿐만 아니라 일자리, 연봉 인상, 승진을 위해서도 섹스를 했다고 응답한 것은 놀라운 일이 아니다. 이런 현상은 "배역 침대(casting couch)"라는 단어에서도 엿볼 수 있다. 배역 침대란 영화에서 배역을 얻는 대가로 의사 결정 권한이 있는 프로듀서, 감독, 기타 제작자에게 성적 호의를 베푸는 행위를 가리킨다. 마릴린 먼로 또한 할리우드에 진입해 중요한 배역을 따내기 위해 정서적으로 엄청난 고통을 겪으면서도 유력자들과 동침했다고 고백했다. 먼로는 스튜디오 사장들과 내키지 않는 섹스를 하고 나면 "쭈글탱이 노인네들"의 품속에서 참아야 했던 더러운 타락의 기운을 씻어 내기 위해 몇 시간씩 샤워를 하곤 했다. 오스카 상 수상자 줄리아 필립스의 책 『다시는 이 도시에서 점심을 먹지 말지어다(*You'll Never Eat Lunch in This Town Again*)』에서 확인되듯 배역 침대는 오늘날까지도 할리우드에 온존하고 있다. 이런 현상은 미국에만 국한되지 않는다. 인도의 텔레비전 쇼 「인디아스 모스트 원티드(India's Most Wanted)」는 "볼리우드(Bollywood)" 뮤지컬 영화 산업에 만연한 "배역 침대" 사건을 상세히 폭로했다. 2006년에는 중국의 여배우 장위(張鈺)가 비디오카메라로 촬영해 몰래 갖고 있던 섹스 비디오 동영상 20개를 물증으로 공개하며 자신이 맡았던 배역의 다수를 따내기 위해 성을 상납했다고 주장했다.

직업 분야에서 성공을 도모해 섹스를 거래하는 여성의 대다수가 그 섹스 행위를 즐기기보다 고통스러워 하지만 항상 그런 것은 아니다. 어떤 여성들은 직장에서 더 나은 지위와 특권을 얻기 위해 기꺼이 섹스를 교환한다. 예컨대, 한 여성은 직장에서 상사가 섹스를 하자고 요구해도 성 희롱이라고 생각하지 않는다고 응답했다. 그 결과로 직장 생활이 "쉬워질" 것이기 때문이라는 것이었다.

신성한 학계도 성 경제학의 기본 법칙에서 예외일 수 없다. 학점을 잘 주면 섹스를 해 주겠다는 제안은 대학 캠퍼스에서 성 희롱 규제안이 제정돼 집행되기 이전인 1960년대와 1970년대에 너무나도 흔한 일이었다. 이런 제안은 어느 쪽이라도 할 수 있기 때문에 다음 단계가 합의하에 이루어질 수도 있고, 위협적으로 다가올 수도 있다. 아마도 가장 노골적인 사례는 에마누엘레 지오르다노 교수 사건일 것이다. 전해진 바에 따르면 이 이탈리아인 교수는 1,000명 이상의 여대생과 학점 거래를 했다고 한다.

여성들은 남자가 마음대로 처분할 수 있는 비화폐적 자원에 영향을 받아서 성적으로 끌리기도 한다. 한 여성는 집 안팎의 잔손질이 필요했다.

내가 데이트한 남자는 집안의 이런저런 잡일을 해 주곤 했어요. 나는 돈 대신 섹스를 해 줬고요. 건전한 상식과 품위를 회복해야만 했죠. 나는 그를 내쳤고, 집안일을 직접 하기 시작했습니다. 지금은 나 스스로가 더 자랑스럽고, 해놓은 일을 보면 존경스럽기까지 해요.

—이성애자 여성, 44세

그러나 에누리 없는 현찰이야말로 또 다른 유인 수단이다.

이전에 사귄 남자친구는 부자였어요. 내가 경제적으로 힘들다는 걸 안 그가 구 강성교를 해 주면 20달러를 주겠다고 제안했죠. 아주 간단한 서비스 교환 행위였어요. 그는 나를 도와줬고, 나도 그를 도와줬죠. 우리는 여러 해 동안 그렇게 친하게 지내고 있어요. 내가 돈이 궁할 때면 그가 항상 제안을 합니다. 이제 우리는 그 일을 농담처럼 주고받아요.

—주로 이성애를 하는 여성, 24세

이 사례가 증명하는 것처럼 매춘과 선물 증정 사이에 칼날처럼 산뜻한 경계는 존재하지 않는다. 한 학자는 이렇게 말한다. "성관계를 대가로 선물을 주고, 심지어 현금을 지불한다 해도 매춘으로 규정할 수는 없다. 교제 중인 사이거나 심지어 부부 간에도 이런 행위가 이루어지기 때문이다." 저명한 진화 생물학자 낸시 벌리(Nancy Burley)의 말도 들어 보자. "매춘과 연애 교제가 연속적 계열로 존재하기 때문에 남성이 압도 다수의 성교 기회에서 시간과 물질적 재화를 비용으로 지불하는 것이다."

그러나 여자들은 자기가 받는 선물에 심리적으로 상당히 다른 의미를 부여한다. 여자들은 문자 그대로의 물질적 가치가 아니라 이면의 상징적 의미로 선물을 해석하는 경우가 많다. 예컨대, 성행위 파트너가 한순간의 욕정 때문이 아니라 더 깊은 지속적 관계를 바라면서 자신에게 관심을 보이는 증거라는 식으로 말이다. 바로 그렇기 때문에 상대방이 선물에 부여하는 의미가 흔히 화폐 가치보다 더 중요해지는 것이다. 돈이나 선물이 전혀 교환되지 않는 성 거래도 있다. 굳이 찾자면 여기서 교환되는 것은 성적 즐거움이다. 이하에서 "편익을 나누는 친구들(friends-with-benefits)"이라는 용어로 불리는 관계를 살펴보도록 하자.

예로부터 사람들은 우정을 상호 간에 편익을 주고받는 무성(無性)적 동맹으로 간주해 왔다. 우정에는 신뢰, 충성, 상호 존중이 수반된다. 그러나 현대 세계의 어떤 우정들에는 성적 요소가 보태졌다. 대학 캠퍼스와 도시에 거주하는 젊은 성인들의 우정이 특히 그렇다. 조사 연구에 따르면 미국 대학생의 60퍼센트 정도는 각자 인생의 어떤 시기에 "성적 편익을 나누는 친구" 관계를 맺었고, 약 36퍼센트는 현재 "섹스를 하는 친구"가 있다. 실제로 가벼운 섹스를 원하는 여성들은 대다수가 낯선 사람(37퍼센트)보다는 친구(63퍼센트)와 하는 걸 선호한다.

여자들이 왜 섹스를 하는지를 탐구한 우리의 연구에서도 이렇게 성적 요소가 개입되고 있음을 확인할 수 있었다. 대학을 다니면서 남자친구와 헤어져 지내야 했던 한 여성은 자신이 편익을 나누는 친구를 찾았다고 말했다. "다시 섹스를 하기 위해 4년씩이나 기다리기에는 인생이 너무 짧기 때문"이었다. 우리 연구에 참여한 다른 여성는 이런 식으로 말하기도 했다.

그 남자한테 끌렸습니다. …… 끝내 우리가 함께 할 수 있을 거라고 보지는 않았어요. 그가 나하고 "딱 맞는 남자"라고 생각하지도 않았죠. 하지만 섹스를 하고 싶었어요. 알맞은 남편감이 나타날 때까지 마냥 기다릴 수는 없는 거잖아요. 그가 언젠가는 나타난다고 할지라도 말이에요.

—이성애자 여성, 21세

낭만적 연애 관계는 흔히 높은 수준의 열정과 친밀감과 헌신을 특징으로 한다. 반면 편익을 나누는 친구들의 경우는 열정과 친밀감이 중간 정도고, 헌신 정도는 낮다. 그럼에도 불구하고 편익을 나누는 친구 관계는 전통적인 하룻밤 정사와 달리 일반적으로 상호 존중, 장기 지속, 약간의 애착이 개입한다. 편익을 나누는 우정이 낭만적 연애 관계로 바뀌기를 기대하는 쪽은 남자(3퍼센트)보다는 여자(18퍼센트)이다. 그러나 80퍼센트 이상은 그런 전환을 전혀 바라지 않는다.

"부티 콜(booty call)"이라고 하는 섹스 회합은 정서적으로는 덜 긴밀하고, 성적으로는 더 가벼운 관계이다. 패스트 에디가 부른 1995년 댄스곡「부티 콜(Booty Call)」과 제이미 폭스가 출연한 1997년 영화「부티 콜(Booty Call)」로 대중화된 속어 표현으로서 만남을 시도하는 방식에서 유래했다. 어느 한 친구가 전화, 이메일, 문자 메시지, 인터넷 즉석 교신을 오로지 섹스 제안을 목적으로 먼저 시도하는 게 전형적이다. 부티 콜은 이미 가벼운 성적인 관계를 맺은 바 있는 사람들 사이에 이뤄진다. 물론 이전 배우자들끼리 부티 콜을 하기도 하고, 보다 심각한 관계의 맥락에서 이루어지기도 한다. 한 연구에 따르면 부티 콜을 수락하는 22가지 이유 가운데서 여자들은 다음을 두 번째로 많이 꼽았다. "상대방이 내게서 단순한 섹스 이상을 원하지 않기 때문에."

물론 예외가 존재한다. 우리 연구에서는 한 여성이 단순한 섹스 이상을 바랐다고 말했다.

"떡 친구"라고 하는 관계였어요. 데이트는 하지 않고, 섹스만 하는 상대 말이에요. …… 아무도 모르는 비밀스러운 삶을 사는 것과 같죠. …… 그는 데이트 따위는 필요 없었고, 섹스만 원했어요. 그래서 그와 섹스를 한 겁니다. 그가 나 말고 다른 여자들하고도 섹스한다는 걸 알았죠. 하지만 나는 그와 계속 섹스를 했어요. 그가 내게 그러자고 얘기했고, 나 역시 상황이 바뀌기를 원하고 기대했기 때문이죠.

—이성애자 여성, 23세

이렇게 다양한, 편익을 나누는 친구 관계에서 많은 여성이 섹스를 하는 이유는 도대체 무엇일까? 동등한 사람들이 신뢰 관계 속에서 호혜적으로 즐거움을 교환할 수 있다는 것이 가장 커다란 이유인 것 같다. 성적 즐거움은 여성이 벌이는 성 활동의 주된 동기이다. 여자들은 친구와 섹스하면 낯선 사람과 섹스할 때보다 더 믿을 수 있고, 안전하며, 안심할 수 있다. 많은 여성이 믿을 수 있는 상대와 별로 헌신하지 않으면서 성관계를 맺으면 낭만적 연애 관계에 수반되는 헌신, 복잡한 절차, 빼도 박도 못하는 관계에서 자유로울 수 있다고 말했다. 어떤 여성들은 정서적으로 헌신하는 낭만적 관계를 맺고 싶은 의향도, 시간도 없다고 말한다. 아마도 학교나 직장 등에 매우 집중하는 여성들일 것으로 추정된다. 섹스 친구는 장기간에 걸친 정서적 유대에 수반되는 시간 부담 없이 여성의 성적 요구, 나아가 가끔은 친밀함에 대한 요구까지 만족시켜 줄 수 있는, 서로 간에 편익을 누리는 성 거래이다.

그러나 대다수의 여성은 편익을 나누는 친구 관계를 보다 전통적인 연애 관계의 대안으로 보지 않는다. 어떤 여성들은 이런 성 거래를 연애 상대를 찾는 과정에서 지금 당장 즐기는 막간극으로 활용한다. 장기적 배우자에게서 자기가 무얼 원하는지 알아내기 위한 성적 시험 무대로 이용하는 여성들도 있다. 또 다른 여성들은 지속적으로 헌신하는 관계를 성적으로 보완하기 위해 편익을 나누는 친구를 두기도 한다.

편익을 나누는 친구 관계 모두가 서로가 이로운, 완전한 성적 행복으로 이어지는 것은 아니다. 이런 관계를 맺은 여성들이 지적한 몇 가지 난점으로는 친구에게 연애 감정을 느꼈다든가(65퍼센트), 우정을 망쳤다든가(35퍼센트), 부정적인 감정을 초래했다든가(24퍼센트), 성병처럼 성 활동과 관련된 부정적 부작용의 위험을 무릅썼다든가(10퍼센트) 하는 것들이 있다. 73퍼센트에 이르는 대다수의 여성이 이런 관계들의 기본 원칙과 요구 사항 들을 터

놓고 얘기하지 않았다는 사실은 흥미롭다. 허심탄회하게 얘기한 여성들의 경우를 보자. 11퍼센트는 서로 간에 섹스를 교환하자는 상호 합의를 했다고 말한다. 극소수인 4퍼센트만이 자기들이 "규칙을 정하면" 친구가 거기에 동의했다고 말했다.

섹스 친구 관계가 시간이 흐르면서 어떻게 변하는지를 조사한 과학 연구는 하나뿐이다. 이 연구는 65명의 여성과 60명의 남성을 대상으로 했는데(모두가 대학생이었다.) 36퍼센트의 섹스 친구는 섹스를 중단한 후에도 친구로 남았다. 또 다른 28퍼센트는 더 오랜 기간 동안 계속 섹스를 했다. 26퍼센트는 관계가 완전히 끝났다. 10퍼센트는 친구 관계가 낭만적 연인 관계로 결실을 맺었다. 이 소수에게는 행복한 결말이라고 할 만하다. 그러나 친구와 섹스를 교환하는 활동에 나서는 여성들에게 낭만적 연인 관계는 주된 동기가 아니다.

거래는 쭉 계속된다

자원과 섹스를 바꾸는 대다수의 교환 행위가 좀 더 미묘하고, 입 밖에 내지 않은 채 이루어진다. 지속적 관계들에서 은연중에 발생하는 것이다. 우리 연구에 참가한 한 여성의 다음 이야기를 보면 잘 알 수 있다.

남자친구가 몇 년 전에 차를 사 줬어요. 나는 섹스하고 싶은 생각이 없었지만 그는 아니었죠. 적어도 2~3주 동안은 …… 그가 요구할 때마다 응해야 했고, 우리는 섹스를 했습니다.

—이성애자 여성, 22세

"시간은 돈"이라는 금언을 따르는 경우도 있다. 그렇게 하지 않을 경우 상대방에게 폐를 끼치게 되기 때문이다.

나는 그에게 그다지 관심이 없었어요. 하지만 그는 나를 만나러 다섯 시간씩 운전하고 왔습니다. 나를 만나러 그렇게 먼 길을 달려온 게 불편하더라고요. 생각만큼 내가 그를 좋아하지 않는다는 걸 깨달았죠. 에라 모르겠다! 하고 섹스를 해 줬습니다.

—이성애자 여성, 24세

이 경우에는 섹스와 자원이 명시적으로 교환되지 않았다. 이 여성은 성적 욕망 때문에 섹스를 해야겠다고 느낀 게 아니다. 그녀는 물질적이든 비물질적이든 빚을 갚아 균형을 맞춰야겠다는 호혜 행동의 의무감에서 섹스를 한 것이다.

성 거래를 통해 파트너에게 진 신세를 갚는다고 한 또 다른 여성의 얘기를 들어 보자.

파트너를 즐겁게 해 주면 그가 행복해 하기 때문에 가끔씩 섹스를 해 줍니다. 이런 조치는 상대방의 행동 개선에 효과가 있어요. 예컨대, 집안 청소를 꼭 해야겠는데 도움이 필요하다고 해 보죠. 상대방이 기분이 좋으면 더 잘 도와줄 거예요. 뭘 만드는데 도움이 필요한 경우에도 가장 즐거운 방법으로 호의에 보답을 한다면 그가 선뜻 도와줄 가능성이 더 많겠죠!

—이성애자 여성, 25세

다른 여성들은 더 직설적으로 자신들의 성 경제 활동을 소개했다.

정말 하고 싶은 게 있는데 남편이 반대할 것 같으면 섹스를 해 줍니다. 그를 설득하거나, 방임하에 내 마음대로 하기 위해 수를 쓰는 거죠.

—이성애자 여성, 31세

관계에서 원하는 것을 얻기 위한 지렛대로 섹스를 이용하는 경우가 많죠.

—이성애자 여성, 27세

여자라면 마음대로 하고 싶은 게 있기 때문에 배우자를 성적으로 즐겁게 해 줘야 하는 상황이 있다는 것도 잘 압니다. 어디 가서 저녁을 먹을지 결정하는 일부터 말이죠.

—이성애자 여성, 25세

수렵-채집 사회에서는 사냥을 통해 고기를 먹여 줄 수 있는 능력을 과시하는 남성에게 여자들이 성적으로 끌린다. 여성이 아내가 되고 싶든, 정부가 되고 싶든 이런 끌림 현상에는 변함이 없다. 볼리비아의 시리오노 족을 예로 들어 보겠다.

혼외정사 상대를 꾈 수 있는 최상의 유혹물은 먹을 것이다. 남자는 아내감을 유혹하는 수단으로 흔히 사냥한 고기를 사용한다. 자신에게 사냥한 고기를 주는 남편감에게 여자가 넘어가지 않아서 혼외정사가 안 이루어지는 일은 없다. 남편이 잡아 온 고기를 본처가 절대 안 주려 하기 때문에 혼외정사가 방해를 받는 것이다. 본처는 남편의 잠재적 아내 그 누구에게도 절대 고기를 양보하려 하지 않는다.

시리오노 족 여자들은 고기를 정규적으로 갖다 주지 않는 애인에게는 흔히 섹스를 해 주지 않는다. 그런데 고기 분배를 관장하는 건 주로 아내들이다. 남편이 잡아 온 고기의 일부가 사라지면 아내들은 남편의 바람을 의심하며, 질투하고, 화를 내고, 배우자 지키기에 나선다. 결코 끝나지 않을 성 간 전쟁에서 시리오노 족 남자들은 사냥에 성공해 집으로 돌아오는 도

중에 고기 일부를 중개자에게 건네 정부에게 보냄으로써 아내의 배우자 지키기 행동을 무력화한다.

시리오노 족 여자들이 고기를 제공하는 남자들에게 성적으로 끌린다는 사실은 사냥 실력이 형편없는 남자의 사례에서 극적으로 확인된다. 그는 사회적 지위가 낮았고, "사냥 활동에 따르는 불안"을 경험했고, 사냥을 더 잘하는 남자에게 아내까지 빼앗겼다. 인류학자 앨런 홀름버그(Allan Holmberg)는 그가 안됐다는 생각이 들어 고기를 주고, 나아가 엽총으로 사냥하는 법까지 가르쳐 줬다. 머지않아 이 남자의 지위가 현저하게 상승했다. 그는 아내를 얻었고, 섹스 파트너까지 여럿 두었다. 자신감을 되찾은 그는 모욕의 대상이었던 과거를 청산하고, 다른 남자들을 모욕하기까지 했다.

연구가 잘된 거의 모든 전통 사회를 둘러보면 이와 같은 성 경제학이 동일하게 작동함을 알 수 있다. 탄자니아 하드자 부족의 경우 "대형 사냥감을 잡아 오는 데 서툰 남자는 결혼하기도 힘들고, 결혼했다고 해도 아내를 붙잡아 두지 못한다." 브라질의 메히나쿠 족, 페루 동부의 샤라나우아 족, 베네수엘라의 야노마뫼 족에서도 비슷한 양상을 확인할 수 있다. 여자들이 고기 제공 능력을 성적으로 매력적이라고 생각한다는 사실을 남자들은 너무나 잘 안다. 그들은 장기적이든, 단기적이든 성행위 파트너를 후릴 때 고기를 이용하며 다른 남자의 배우자를 빼앗을 때도 고기를 이용한다. 한 야노마뫼 족 남자는 인류학자 레이먼드 헤임스(Raymond Hames)에게 앞으로 떨궈 낼 경쟁자를 이렇게 묘사했다. "그 놈은 남자도 아닙니다(사냥 능력이 없음을 가리키며 한 말). 마누라가 곧 그를 버리고, 나한테 올 거예요. 그는 사냥을 할 줄 모르지만 나는 다르기 때문이죠." 진화의 관점에서 볼 때 이런 행태는 많은 경우 서로 편익을 누리는 교환 행위이다.

현대의 서구 문화에서는 이런 형태의 직접적인 교환 행위가 훨씬 덜 보편적이거나 적어도 덜 명시적이다. 그럼에도 불구하고 성 경제학은 결혼 관계 내에서 여성이 섹스를 하는 이유에 종종 지속적으로 영향을 미친다. 경제적 자원 그 자체를 목표로 성 거래가 이루어지지 않을 수도 있다. 호혜적 호의를 기대하는 것이다. 한 여성은 자기가 남편보다 성욕이 훨씬 더 적었지만 그와 섹스하는 것을 매번 수락했다고 얘기했다. 남편이 잔디를 깎고, 쓰레기를 버려 주기로 했기 때문이라는 것이었다. 그녀가 보기에는 그 일들도 하기 싫기는 마찬가지였다!

남편이 가져오는 자원, 또는 가져오지 못하는 자원도 여성의 성적 동기에 영향을 미친다. 우리 연구에 참가한 한 여성은 남편이 직장에서 보이는 업무 능력에 감탄해 섹스를 하고 싶었다고 말했다.

> 남편이 승진을 하고, 연봉이 인상되면 우리는 섹스를 하고 있을 겁니다. 아마도 그건 그가 받아야 할 상일 거예요. 남편이 돈을 왕창 벌어 오면 당연히 더 매력적으로 보이죠. 이건 단순한 돈의 문제가 아니라 그가 이룬 업적이에요. 남편이 다른 사람들의 눈에도 성공한 사람으로 비칠 거라고 생각합니다.
>
> ―이성애자 여성, 48세

그러나 이 동기는 다른 방향으로 흘러가기도 한다. 여성이 남편 이외의 다른 남자와 섹스하고 싶은 의향이 커질 수도 있는 것이다. 여성들이 불륜을 저지르는 이유는 다양하지만(남편의 부정이나 섹스에 대한 무관심함, 언어적·육체적 학대 등등) 버스 랩이 수행한 연구에서 상위를 차지한 이유 하나로 남편이 직장 생활을 유지하지 못하고 실직해 버리는 상황이 있었다. 이런 상황에서 벌어지는 불륜은 대개 배우자를 갈아 치우겠다는 욕망이 동기로 자리한다. 자원을 더 잘 제공해 줄 수 있는 파트너로 교체하겠다는 의도인 것이다.

성 경제학은 결혼 관계 내에서 또 다른 방식으로도 작동한다. 여성이 성 활동을 거부하는 것이다. 경제적 자원이 없어서 재정적 부양을 남편에게 기탁하고 있는 여성들은 독자적인 수입원이 있는 기혼 여성과 비교할 때 남편의 성적 접근을 덜 거부하게 된다고 응답한다. 자원이 있는 여성들은 성욕을 느낄 때 그 성욕에 반응해 행동하고, 성욕이 없을 때면 남편과 섹스하지 않기로 마음먹는 활동 모두에서 더 많은 권한을 행사한다.

성 경제학은 문화권에 따라 여러 가지 형태로 그 모습을 드러낸다. 남자들이 보이는 성 심리 때문에 여자들은 짝짓기 시장에서 상당한 권력을 누린다. 보라, 성적 다양성 추구, 성 충동, 성적 과잉 인식의 편향, 줄기찬 성적 공상, 시각 자극에 곧잘 반응하도록 배선된 두뇌 등등을. 여성은 남자들이 기꺼이 경쟁 활동에 나서는 귀중한 자원이다. 여자들은 그런 권력을 활용해 식량, 선물, 특별 대우, 학점, 직업 경력 개발, 영화계 진출 따위의 각종 편익과 자신의 성 자원을 교환할 수 있고, 일부는 빈번히 그렇게 한다. 이런 교환 및 거래 행위의 일부는 정직한 구애, 유혹, 매춘으로 딱 부러지게 경계를 획정하는 게 불가능하다. 그럼에도 불구하고 사람들은 매춘과 솔직한 연애 사이에 상당한 심리적 거리감을 느낀다. 매춘은 노골적인 보상이다. 솔직한 연애 교제에서 주어지는 선물은 헌신의 표지이거나 상대방 여성이 받는 존중의 표지라는 상징적 가치 때문에 흔히 소중하게 취급된다.

9장

자부심 북돋기

몸의 이미지, 관심과 배려, 권력, 복종

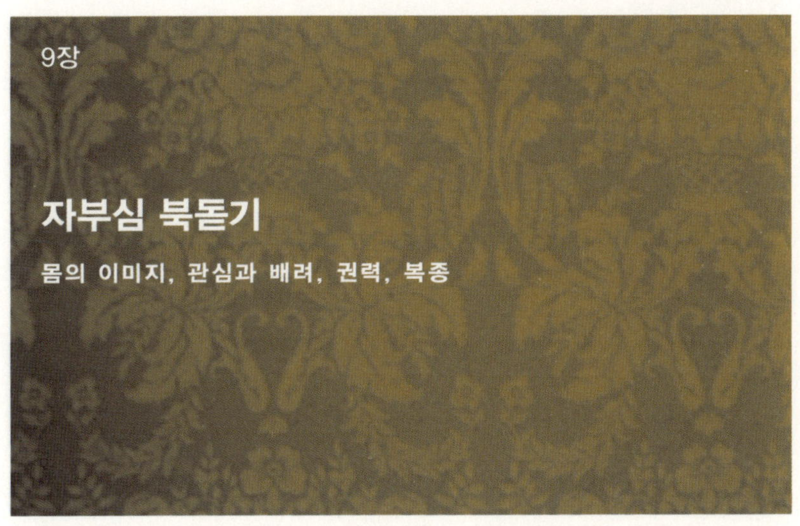

섹스와 창조성을 독재자들이 흔히 체제 전복적인 활동으로 본다면 그것은
이 두 가지로 인해 몸이 자기 것임을 사람들이 깨닫게 되기 때문이다(이와
함께 자신만의 목소리를 내게 되는 것이다.). 이것은 모든 것 가운데서도 가장
혁명적인 통찰이다.

— 에리카 종(1942년~)

　　"자부심"은 사람이 자신의 가치나 중요성 따위에 대해 느끼는 생각을
지칭하는 심리학 용어이다. 자부심은 흔히 사람들에게 스스로에 만족하느
냐고 물어서 측정한다. 자신에게 좋은 특징이 많다고 생각하는지, 다른 사
람들만큼 감동을 줄 수 있다고 생각하는지, 스스로가 자랑스러운지, 성공
했다고 생각하는지, 자신을 존중하는지도 묻는다. 자부심은 수줍음 같은
성격 특성, 압박을 받으면서도 임무를 얼마나 잘 수행하는지 같은 행동의
결과, 실패에 대한 비난을 받아들일 가능성 같은 사고의 과정, 피임을 하거
나 유방을 자가 검사하는 등의 보건 측면적 행위들, 불안 및 우울병 같은

임상적 문제들과 관련되어 왔다.

여성의 자부심은 여성의 성애, 성 경험, 성적 매력에 영향을 미치고, 거꾸로 이것들이 자부심에도 영향을 미친다. 자신감을 느끼면 섹시해진다. 더없이 행복한 성관계들은 자신감을 고양해 준다. 남녀 모두에서 성생활과 자아 인식 사이에는 심리적으로 깊은 연관이 있다. 예컨대, 남성의 경우 조사 연구에 따르면 발기 불능이나 발기 부전인 사람들은 자부심에 엄청난 상처를 입는다. 이런 연관성에는 적응적인 이유가 있다. 먼 과거를 거슬러 올라가 볼 때 성행위 불능에 빠진 남자는 번식 성공도 위태로웠을 것이다. 반대로, 매력적인 여성을 성적으로 새로이 정복하는 활동보다 남자의 자부심을 더 크게 고양시켜 주는 일도 거의 없다. 여성도 진화의 과정 속에서 자부심과 성적 성공의 적응적 연관을 구축하고 벼렸다. 앞으로 보겠지만 이런 연관이 현대 세계에 들어와서는 가끔씩 삐딱선을 타기도 한다.

아름다운 여성을 가르는 몇 가지 기준이 문화에 따라 가변적인 것(예컨대, 날씬함과 통통함을 선호하는 상대성이 그렇다.)은 사실이나 많은 미의 기준이 보편적이다. 깨끗하고 매끄러운 살갗, 통통한 입술, 투명하고 커다란 눈, 양호한 근긴장, 활달한 걸음걸이, 좌우 대칭의 신체, 낮은 허리 대 엉덩이 비율이 일반적으로 성적 매력을 발하는 특징들이다. 이 모든 특징이 번식력과 결부된다. 연구들에 따르면 여자들이 몸에 대해 느끼는 자부심은 남자들과 달리 자신의 전반적인 성적 매력과 긴밀히 연결되어 있다. 허리, 허벅지, 엉덩이 등 몸의 구체적인 부위와 연결되어 있음은 말할 것도 없고 말이다. 여성의 외모가 번식 능력을 알려 주는 단서들로 그득하기 때문에 남자들은 여성의 육체 외모를 엄청나게 중요시하는 배우자 선호를 진화시켰다(어쩌면 불행한 일일지도 모른다.). 어떤 면에서 여성들이 종종 성적 대상으로 취급되는 일은 남성들이 때때로 사회적 지위 대상물로 취급되는 것과 마찬가지로 우리 삶이 처한 심리적 현실이다.

긍정적인 측면을 보도록 하자. 여자들은 섹스를 통해 격렬한 기쁨을 느끼며 자신감이 충만해진다. 우리 연구에 참가한 한 여성은 며칠간 계속 섹스를 하고서 고양감을 경험했다.

> 친밀하게 느끼던 어떤 사람과 섹스를 했어요. 혼자라는 생각에 외로웠거든요. 그 남자는 친절했고, 항상 나를 사랑스럽게 대해 줬습니다. 동침을 하면서도 더 안심할 수 있었던 이유죠. 우리는 놀라운 섹스를 했고, 그는 내가 요구하는 것은 뭐든지 다 들어 주려고 했습니다. 계속해서요. 자신감이 부쩍 늘었고, 다음날 확실히 (여자로서) 더 섹시해졌다고 느꼈어요. 자신감이 엄청나게 고양됐던 거예요.
>
> —이성애자 여성, 39세

섹스로 저하된 자부심을 개선할 수 있다는 생각에 섹스를 한다고 실토한 여자들도 있었다.

> 솔직히 말하죠. 지금까지 사귄 남자 여섯 명 가운데 다섯 명하고 잤는데, 그들이 내가 사는 세계 바깥의 존재들이었기 때문에 동침한 거예요. 잘생긴 데다, 직장도 있고, 지능도 평균적인 남자가 나를 좋아해 주면 저항할 수가 없더라고요. 내가 좋다고 덤비는 녀석들은 지독히 못생긴 데다 이빨까지 빠진 놈들뿐이거든요.
>
> —이성애자 여성, 24세

섹스를 통해 자부심을 북돋겠다는 활동은 제대로만 된다면 여성들에게 엄청난 편익을 가져다준다. 옥시토신처럼 기분을 변화시켜 주는 호르몬이 증가하고, 인간으로서 자신의 가치를 확신하게 되며, 더 나은 파트너로 갈아탈 수 있겠다는 자신감을 얻고, 가끔씩 이 세상의 모든 것을 앗아 가기까지 하는 섹스의 위대한 권능을 깨닫는 것이다.

과체중에 매력적이지 못하다는 등의 이유로 자신감이 저하되어 있었는데 다른 누
군가가 나를 매력적이라고 느끼면서 "원한다"는 걸 알고는 어찌나 좋았던지요.

—이성애자 여성, 23세

여성의 성적 매력은 진화적 기원을 갖고 있고 어느 정도는 이 때문에 여
성들이 자신의 몸을 어떻게 생각하는지가 자부심에 큰 영향을 미친다.

편안하고 섹시하다고 느껴질 만큼 …… 마침내 살을 충분히 뺐죠. 그러고는 남자
애들 중에 제일 괜찮은 녀석을 만났어요. 나를 보더니 까무러치더라고요. (평소보
다) 더 추파를 던졌고, 더 친한 척했고, …… 더 적극적으로 굴면서 술집을 작파하
고 내 아파트로 가도 된다는 걸 그에게 알렸죠.

—주로 이성애를 하는 여성, 22세

그러나 여성이 자신의 몸을 어떻게 생각하는지 결정하는 요소가 반드
시 객관적인 것은 아니다. 여성의 육체 이미지가 체중이나 체형 같은 실제
몸의 특징들에 영향을 받는 것은 사실이지만 연구자들은 몸에 대한 개인
적 인식과 자기 몸이 어떻게 보였으면 한다는 생각도 크나큰 영향력을 행
사한다는 것을 확인했다. 자기 몸을 불만스러워 하는 여성들의 경우 실재
하는 자기 몸의 특징들보다는 어떻게 비쳤으면 한다는 기대와 소망 때문
에 불만이 더 큰 것이다. 북아메리카 대륙에서는 기혼이든 독신이든 무려
55퍼센트의 여성이 자기 몸에 만족하지 못한다.

모든 연령대의 여성이 자신의 육체 이미지에 관심을 갖는다. 15세에서
74세에 이르는 3만 명의 여성을 조사한 전국적 연구에서 55퍼센트의 여

성이 자기 몸이 불만스럽다고 답했다. 청소년기 소녀들의 경우 여성 잡지에 노출되면서 몸의 이미지에 부정적인 영향을 받고 있다. 그러나 50대 후반과 그 이상의 여성들은 「아메리카스 넥스트 톱모델(America's Next Top Model)」의 최근 우승자와 자신의 몸을 비교하기보다는 건강과 더 연결 짓는 경향이 있다. 여성들이 자기 몸에 어느 정도나 만족하고, 만족하지 못하는지에서도 문화에 따른 차이가 존재해서 상업 미디어가 포화 상태인 서양 국가들에서 더 많은 불만이 표출된다. 심지어 미국 내에서도 문화적 차이가 관찰된다. 다른 인종이나 민족의 여성들보다 흑인 여성들이 자신의 몸에 훨씬 더 만족했다.

육체 이미지는 여성들이 온갖 다이어트 비법을 시도하고, 보충제를 복용하도록 추동하는 데서 지대한 역할을 하고 있다(북아메리카에서만 관련 산업의 규모가 500억 달러에 이른다.). 육체 이미지가 좋지 못한 일부 여성들은 신경성 무식욕증(거식증)과 신경성 식욕 항진증(폭식과 구토) 등 식이 장애를 앓는다. 여성이 자신의 몸을 어떻게 생각하는지가 성애의 모든 측면에 상당한 영향을 미친다는 사실은 비교적 덜 알려져 있다. 미국의 여대생을 대상으로 한 연구들에 따르면 자신에게 매력이 없다고 생각하는 여성들은 섹스 파트너를 만날 가능성이 더 적었다. 자기 몸이 불만인 여성들은 남의 시선을 의식하고, 벌거벗은 육체를 보여 주는 것이 불안하기 때문일 것이다. 결과적으로 그녀들은 성 활동의 기회를 추구하기보다는 회피하는 일이 비일비재했다. 심지어는 성관계를 맺고 있는 학생들조차 육체 이미지가 부정적인 여대생들은 육체 이미지가 긍정적인 동배들보다 섹스 횟수가 더 적었고, 성적 실험도 더 적게 했다.

물론 항상 예외가 존재한다. 육체 이미지가 좋지 않은 일부 여성들은 일부러 더 많은 노력을 기울여 성 활동에 나선다. 자신의 외모와 관련해 더 나은 기분을 느끼기 위한 노력에서이다. 우리 연구에 참가한 두 명의 여성도 이런 동기에서 섹스를 했다.

솔직히 말해서 다른 사람의 애정을 원했습니다. 아주 짧을지라도 말이에요. 관심과 주목을 받기 위해서 섹스를 몇 번 했는데 매력적이라는 느낌도, 섹시하다는 생각도 들지 않았죠. 남자가 나와 성교하기를 원한다면 (내게서) 뭔가 매력적이고, 성적으로도 흥미로운 요소를 찾아내야 하는 거라고 생각했어요. 하지만 행위가 끝나고서는 공허함을 느꼈습니다. 어떤 식으로도 이용당한 건 아니었지만 마음 한구석이 휑했죠. 남자가 나랑 섹스만 했기 때문에 내가 전혀 행복하지 않음을 깨달았기 때문이었던 것 같아요.

— 이성애자 여성, 23세

나는 한 번도 말랐던 적이 없어요. 그렇다고 비만도 아니지만요. 도대체 누가 나랑 섹스를 하고 싶어 할까, 하는 의구심이 들었죠. 다른 여자들이 "바람직한" 남자라고 여길 만한 사람들과 섹스를 해 왔으니 이 말이 사실이 아닐 수도 있겠네요. 최근의 장기적 관계(결혼 얘기까지 나왔으니까요.)가 끝나고서 나는 이내 대단한 미남자와 친해졌습니다. 그는 나를 쓰레기 취급했지만 나는 그와 섹스를 많이 했어요. 그렇게나 매력적이고 성공한 사람이 나와 섹스하고 싶어 한다고 생각하면 기분이 좋아졌거든요.

— 이성애자 여성, 32세

바비 인형과 결별하기

부정적인 육체 이미지는 여성이 섹스를 하고, 성 활동과 결부된 실험을 해 보려는 자발성에 영향을 미친다. 이게 다가 아니다. 부정적인 육체 이미지는 여성의 실제 성 활동 반응에 악영향을 미치기도 한다. 육체 이미지가 좋지 않은 여성들은 성욕이 더 낮고, 흥분하는 데서 더 많은 문제에 직면하며, 오르가슴에 도달하기도 훨씬 더 어렵다. 메스턴 성 심리 생리학 랩이 수행한 연구를 보자. 메스턴 랩은 여대생 85명을 한 명씩 차례로 연구소로 불렀다. 그러고는 각자의 성 활동 기능 및 육체 이미지와 관련된 설문지를 작성케 했다. 설문지에서는 자신의 몸무게와 성적 매력의 여러 측면들을 어떻게 생각하는지 물었다. 다음 순서로 여대생들은 혼자 방에 들어가 성애 소설을 읽고, 그 얘기가 자신을 얼마나 "흥분시켰는지" 평가했다. 자신의 몸을 긍정적으로 생각하는 여성들은 성애 소설에 반응하는 정도에서 자신의 체중과 매력도를 좋지 않게 생각하는 여성들보다 훨씬 더 많은 성욕을 경험했다. 육체 이미지가 좋지 않은 여성들은 파트너와 관계하는 실제 상황에서도 성욕이 더 낮았다.

세월이 흐르면서 여성이 스스로의 몸에 대한 생각과 태도를 바꾼다면 성적 욕망의 수준과 섹스 중에 일어나는 몸의 반응도 변화를 겪는다. 펜실베이니아 주립 대학교의 패트리샤 바살로 코치(Patricia Barthalow Koch) 박사 연구진은 중년 여성 300명 이상의 성애가 세월의 흐름 속에서 바뀌는 과정을 추적 조사했다. 10년 동안 약 57퍼센트의 여성이 성욕이 줄어들었고, 58퍼센트의 여성이 섹스를 덜 자주 했으며, 40퍼센트의 여성이 섹스를 덜 즐기게 됐고, 32퍼센트의 여성이 오르가슴에 도달하는 데서 더 많은 어려움을 겪었다. 연구진은 이렇게 많은 여성의 성 활동 기능이 감소한 원인을 찾아내고자 했다. 자, 원인은 무엇이었을까? 육체 이미지가 중요한 역할을 했다. 아주 많은 여성이 10년 전보다 자신이 덜 매력적이라고 생각했다. 그리고, 이런 생각을 많이 할수록 그 10년 세월 사이에 성 활동 기능이 더 많이 감소했다고 응답했다. 그 정반대도 사실이었다. 자신을 매력적이라고 생각할수록 10년 세월 동안 성 활동 반응과 성 행동이 증가했다고 응답할 가능성이 더 많았던 것이다.

섹스하면서 자기 몸이 어떻게 비칠지나 파트너가 자기 몸을 어떻게 평가할지에 너무 신경을 쓰는 여성은 주의가 분산돼 즐거운 감각 체험에 몰입하지 못한다. 흥분해서 오르가슴에 도달하지 못할 여지가 많아지는 셈이다. 섹스를 하면서 경험하게 되는 즐거운 감각 체험에 주의를 집중하도록 여성을 훈련시키는 것이 성공한 섹스 치료 기법들의 핵심이다. 자기 몸이 어떻게 비쳐야 한다는 대개 근거가 없는 여성의 믿음에 이의를 제기하고, 여성이 자신의 몸을 더 정확하고 객관적인 자세로 바라보도록 돕는 절차도 효과적인 치료법이다. 31주 체중 감량 프로그램을 이수한 임상적으로 비만인 여성 32명을 대상으로 한 연구는 육체 이미지와 성 활동 기능 사이에 연관이 있음을 증명했다. 해당 프로그램을 마친 여성들은 체중을 상당히 줄인 것 말고도 육체 이미지와 성욕이 크게 개선되었다. 실제로 그녀들은 섹스를 더 자주 하게 됐다. 프로그램 이수 후 성 활동 기능이 왜 개선된 것 같냐고 묻자 거의 4분의 3이 자신의 몸을 더 긍정적으로 생각하게 됐기 때문이라고 응답했다.

여성들이 자기 몸에 만족하지 못하는 현상에 미디어가 지대한 역할을 한다는 사실은 여러 차례 거론되었다. 우리는 깡마르고 예쁘다는 이유로 칭송받는 여성들의 이름은 잘도 기억한다. 하지만 가장 최근에 문학 분야에서 퓰리처상을 받은 여성의 이름(2006년이었고 제럴딘 브룩스였다.)을 아는 사람은 몇이나 될까? 여성들이 통상 자기 몸의 이미지라고 생각하는 것과 대비되는 이미지들을 한 번 자세히 살펴보도록 하자. 런웨이 모델들은 대개 키가 175센티미터 이상이고, 몸무게는 평균 54.5~56킬로그램이다. 많은 젊은(그렇게 어리지도 않다.) 여성들이 런웨이 모델들의 외모를 선망한다. 그러나 그런 체형을 가질 수 있는 유전적 소질을 타고난 비율은 전체 여성의 5퍼센트에 불과하다. 아무리 다이어트를 하고, 운동을 하고, 성형 수술을 하고, 심지어 건강을 해치는 식이 장애를 앓아도 사태에는 변함이 없는 것이다. 가십 및 패션 주간지들을 도배하다시피 하는, 어깨뼈가 스웨터를 찢고

나올 것 같은 비쩍 마른 영화배우 사진들을 보며 한 페미니스트 웹사이트
는 "불가능한 아름다움"이라고 표현했다. 정말로 현실에서는 불가능한 것
이 사진 변환 소프트웨어 프로그램을 사용해 볼과 팔과 배와 다리를 날씬
하게 잡아 늘이고, 가슴은 마술처럼 키운다. 이러한 이상형은 연예 산업에
너무나 만연해 있어서 엉덩이와 쇄골이 덜 두드러지도록 사진을 수정해야
하는 경우까지 있을 정도다.

심지어 바비 인형도 여기에 관련이 되어 있다. 연구자들이 계산해 본 결
과, 바비 인형을 실물 크기로 확대하면 키 173센티미터에, 신체 치수는 39-
18-33이 된다. 체중은 50킬로그램에도 못 미쳐 이쯤 되면 생리를 할 수 없
을 정도로 체지방이 적은 상태다. 켄(Ken)과 그의 플라스틱 후예들에게는
지나치게 맵시 있는 바비의 몸이 번식 능력과 관련해 위험 요소를 안고 있
다는 사실을 사전에 경고해 줘야만 할 것 같다. 반면에 큼지막한 머리와 작
은 몸집을 한 브라츠(Bratz) 인형 역시 물리적으로 불가능한 왜곡된 신체를
지니고 있지만 어쩌면 이 인형이 악순환의 고리를 깨 줄지도 모르겠다.

사회적 존중

자신의 장점과 능력을 올바르게 평가하고, 자신의 존재 및 세상 사람들
에게 자신이 내놓을 수 있는 것에 만족해야 건전한 자부심을 형성할 수 있
다. 그러나 어떤 사람들은 내면의 자아에 초점을 맞추지 않고 시선을 바깥
으로 돌려 외면적인 비교를 통해 자아 존중감을 만들어 낸다. 이런 사람들
은 자신의 몸을 광고판에 도배된 육체 이미지들과 비교하는 데서 멈추지
않는다. 그들은 더 나아가 자신의 수입을 다른 사람들과 비교하고, 자신이
어떤 동네에 사는지에 관심을 기울이며(자신의 집을 다른 사람의 집과 비교하기도 한
다.), 자신이 어떤 사회 부류에 속하는가에 민감하다. 사람들은 마음속으로
계산을 해 보고, 자신의 가치를 평가한다. 자신의 눈은 물론 타인의 시선

을 통해서도 말이다.

중고등학교를 다녀 본 사람이라면 누구나 다 알듯이 이런 비교 평가와 순위 매기기는 어른들만 하는 게 아니다. 당신의 친구들이 당신의 "인기"도에 영향을 미친다. 심지어 초등학교에서조차 말이다. 다수의 청소년은 친구가 누구인지와 동배 속에서 차지하는 사회적 입지가 자부심과 긴밀히 결부된다. 사회학자 로잘린드 와이즈먼(Rosalind Wiseman)이 『여왕벌과 그 추종자들(Queen Bees and Wannabes)』에서 이 현상을 상세히 파헤쳤고, 책을 집어 든 부모들은 소스라치게 놀랐다. 와이즈먼은 이렇게 말한다. "인기 있는 패거리의 소녀는 빈번하게 섹스를 해 대도 난잡한 계집이라는 오명을 모면할 수 있다." 우리 연구에서도 많은 여성이 친구를 사귀고, 자신이 사회적으로 수용되는 양상에 영향을 미치려고 섹스를 했던 과거를 회고해 주었다.

고등학교 때 친구 한 명은 정말로 확신에 차 있었고, 반항적이기까지 했죠. 옳다고 생각되는 모든 것을 외면하고, 예컨대 섹스도 그냥 선선히 해야만 그녀와 "쿨"하게 어울릴 수 있을 것 같았어요. 그녀와 알고 지내기 전까지는 정말 순진했죠. 나는 섹스에 관해서는 아무것도 몰랐고, 그녀의 말을 믿고 따랐어요. 친구들한테 섹스를 해 보라고 부추기고, 여자 친구들 몰래 바람을 피우라고 꾀고, 관심을 보이는 남자라면 누구하고나 자는 등의 일은 예사였죠. 단지 그녀가 나를 더 존중해 주었으면 하는 바람에서 나도 섹스를 했어요. 고등학교 시절에 나는 정말 보잘것없는 존재였고, 그래서 친구가 거의 없었거든요. 내가 하는 경험이 전부 싫었습니다. 그녀와 가까이 지내는 것을 그만두고 다시 윤리적인 사람으로 돌아왔다고 느끼는 데 5년이 걸렸어요.

―이성애자 여성, 22세

어떤 여성들은 사람들이 자신을 좋아하도록 유도하기 위해 섹스를 했다.

참 어렸었다는 생각입니다. 뭔가 "대단한 사람" 같다는 느낌을 받고 싶어서 다른 사람을 이용해 자부심을 북돋우려 했으니까요. 내가 명사로 통하니까 학교 아이들이 나를 좋아해 줄 거라고 생각했습니다. 이제는 알아요. 사람들이 나를 좋아하게 하려고 외부적인 것들을 참 많이도 이용했다는 걸요. …… 생각해 보면, 다른 사람들의 마음에 들기 위해 발버둥친 거였습니다. 그런데 그런 전략이 안 먹히자 …… 더 상심했죠. …… 나는 다른 소녀들처럼 되고 싶었을 뿐이에요. …… 그러니까 적어도 내가 머릿속으로 그리던 소녀상(像)처럼 되고 싶었던 거죠.

—이성애자 여성, 41세

특정한 사회 집단에 들어가기 위해 섹스를 하는 여성들도 있었다.

처녀여서 내가 어울리는 무리로부터 배제되고 있다는 느낌이 들었어요. 성 활동이 활발한 내 친구들은 해 본 것들을 나는 못 해 봤고, 그런 이유로 사회적 교류에서도 내가 자주 배제되고 있다는 생각이었습니다. 내가 나보다 나이가 많은 사람과 섹스를 한 건 그네들의 동아리에 들어가기 위해서였죠. 그 집단은 나보다 나이도 많고, 교육도 많이 받은 사람들이었거든요.

—이성애자 여성, 26세

우리가 이미 본 것처럼 여자들은 지위가 높은 남자들에게 끌린다. 높은 지위는 자원, 품위 있는 생활 방식, 수많은 사회적 편익을 동반하기 때문이다. 진화의 관점에서 볼 때 남자의 높은 지위는 자식들에게 물려줄 좋은 유전자를 지녔다는 표지일 수 있다. 그러나 우리 연구에 참여한 어떤 여성들은 완전히 다른 이유에서 지위가 높은 남자와 섹스를 하려고 했다. 그녀들은 이런 남자와 지속적인 관계를 맺으려고 하지도 않았고, 임신도 목적이 아니었으며, 심지어 수반될 수도 있는 물질적 편익을 누리려고 하지도 않았다. 그녀들이 배우자 가치가 높은 남자와 섹스를 한 건 친구들 사이에서 자신의 사회적 지위를 높이려는 욕구에서였다.

> 그 애는 대단히 유명한 건 아니었어도, 메이저 음반사에서 앨범을 작업할 정도로 아주 인기 있는 밴드의 멤버였어요. 재미있었죠. 애인으로도 합격점이었고, 내가 기숙사에서 생활했기 때문에 무슨 일이 일어나는지 다 알았습니다. 우리가 성관계를 맺을 때 그가 기숙사를 들락거렸거든요. 왜 그랬냐고 하면, 다른 애들이 부러워했으면 하는 심보에서였죠. …… 그 연애로 나는 상당히 쿨한 여자로 통했어요.
>
> —이성애자 여성, 22세

다른 여성들은 지위가 높은 남성과의 섹스를 통해 자신이 더 바람직하고, 매력적이라는 생각을 가졌다. 친구들에게 깊은 인상을 심어 줘, 자신의 사회적 지위를 끌어올리는 게 아니라 스스로 자아 존중감을 북돋는 게 목표였던 것이다. 이런 시도는 애초 희망한 대로 잘 풀리지 않기도 한다.

> 내가 섹스를 한 사람은 대학 최고의 인기남이었어요. 어떤 여자라도 그와 데이트를 했다면 자랑스러워 할 만했죠. 아니, 아무튼 나는 그렇게 생각했어요. 하루는 나이트클럽에서 신나게 음주의 밤을 보냈습니다(여자들의 밤이라서 우리는 공짜로 술을 마셨거든요!). 그에게 가서 추파를 던져 볼 만큼 용기가 나더라고요. 얘기가 잘 풀렸던지 우리는 그의 집으로 가서 섹스까지 하게 됐죠. 술을 먹어서 그런지 확실히 의지가 충만했어요. 나는 외모에 대한 불안감을 떨쳐 버리고, 찬란한 밤을 향해 달려갔죠. 그 유쾌했던 밤이 내게 선사한 건 성병과 평판과 끔찍한 숙취였

습니다! 그런 바보 같은 짓을 다시는 하지 않게 됐어요!

—이성애자 여성, 32세

그렇지만 다른 한편으로는 계획보다 훨씬 잘 풀릴 때도 있었다.

남편을 처음 만났을 때 든 생각은 그가 "나와는 부류가 다르다"는 것이었습니다. …… 나는 수줍음이 아주 많은 범생이로 자랐고, 어울리는 애들도 순 "숙맥"들이 었죠. 그런데 최고의 킹카가 나타난 거예요. 그 근육하며, 큰 키, 구릿빛 피부, 멋 진 미소. 함께 고등학교에 다녔다면 내게 눈길 한 번 안 줬을 그런 남자였어요. 우 리는 함께 저녁을 먹고 내 아파트에 갔습니다. 그가 가방을 들고 들어왔고, 나는 아무렇지도 않다는 듯 그에게 소파에서 자도 되고 내 침대를 함께 써도 된다고 말했죠. 그는 나의 침대를 선택했고, 나도 망설이지 않았어요. …… 우리는 6개 월 후에 결혼했습니다. 아직도 가끔씩 하던 일을 멈추고 그가 뭔가 하는 걸 지 켜보면서 이런 생각을 한다니까요. 저 사람이 내 남편이라니 믿을 수가 없다고 말이죠.

—이성애자 여성, 24세

보살핌 부족

건강한 자부심을 운 좋게 타고나는 사람들도 있지만 심리학 연구에 의 하면 부모의 애착, 지지, 관심과 배려 등 몇몇 요소들이 아동기 동안에 커 다란 영향력을 행사하는 것으로 나타났다. 예컨대, 청소년 1만 6749명을 대상으로 수행된 한 연구는 부모가 지지하면서 상황을 더 자주 점검해 줄 수록 아이의 자부심이 더 높았다고 보고했다. 특히 부모가 자신에게 보이 는 관심 정도를 아이들이 인지하는 게 중요하다. 부모는 사랑스러운 시선으 로 예의 주시하다가 필요할 경우 즉각 반응해 준다. 아이들은 부모의 이런 상황 점검 속에서 주변 환경의 기회와 위험 들을 탐색할 자신감을 얻고 나아가 온전한 성인으로 자랄 수 있다. 모든 여성이 부모의 사랑스러운 보살핌을 받는 행복한 수혜자인 것은 아니다. 어떤 여성들은 부모의 방치 속에서 고통받는다. 낮은 자부심은 때로는 여성들로 하여금 이러한 보살핌 부족을 벌충하는 활동에 나서도록 만드는데, 바로 섹스를 통해 결코 부모한테서는 받지 못한 관심과 배려를 얻고자 하는 것이다.

우리 연구에서도 많은 여성이 어린 시절의 가정생활에서 빠져 있던 무언가를 "보상"받기 위해 섹스를 했다고 털어놨다. 많은 경우 관심과 정서적 유대를 얻기 위해 섹스를 이용했음을 뜻했다. 어떤 여성들은 집에서 받지 못했던 사랑, 보살핌, 배려를 느끼기 위해 섹스를 했다고 응답했다.

10대 시절은 끔찍했습니다. 가난한 집에서 학대받으며 자랐죠. 나는 사내아이들과 성관계를 맺으면 사랑으로 발전할 거라고 생각했습니다. 그들이 내게 보여 주는 관심도 좋았고요. 내 몸은 꽤나 근사했죠. 그런 일이 몇 번 계속되었습니다. 그런데 한 번은 그냥 누워서 멍하니 하늘을 올려다봤던 게 생각나요. 섹스가 끝나기를 기다리면서 말이죠. 섹스를 하면서 즐겁고 싶었고, 흥분한 척했어요. 하지만 내가 정말로 원했던 건 친밀한 감정이었습니다. 기분이 더러웠어요. 하지만 친밀함을 기대하면서 계속 그 짓을 했습니다.

—이성애자 여성, 28세

공허함을 채우기 위해 섹스를 한 여성들도 있었다. 그러나 그 효과는 일시적일 뿐이었다.

나는 학대받으며 자랐습니다. 커서도 나는 뭔가 근본적으로 잘못됐다고 믿었어요. 학대받을 만하니까 받았다고 생각한 거죠. 섹스는 내가 처음으로 관심과 배려를 경험한 사건이었습니다. 어떤 장기적 분별력을 갖고 섹스를 한 건 아니에요. 하지만 섹스하는 동안은 내가 진가를 인정받고 있으며, 누군가가 나를 원하고, 또 사랑받는다는 느낌이었어요.

―주로 이성애를 하는 여성, 25세

나는 자존감이 취약한 10대였어요. 부모님은 항상 나를 무시했죠. 섹스는 상대방이 나에게 관심을 가지고 마음을 쓰는 행위라는 엉터리 가정을 하게 됐던 이유에요. 섹스에서 비롯하는 관심은 근사했죠. 하지만 결국에 가서는 그게 아무것도 아니라는 걸 깨달았습니다. 섹스는 진정으로 관심을 가지고 마음을 쓰는 행위가 아니에요.

―양성애자 여성, 24세

한 여성은 학대받았던 과거가 자신으로 하여금 섹스를 찾아 나서게 만들었다고 했다. 그녀는 그저 뭔가를 느끼고 싶었다.

머리가 너무 아팠습니다. 살고 싶다는 생각이 간절하게 드는 그런 곳이었어요. 의사들은 그들의 목적을 위해 나를 이용했고, 학대했습니다. 나는 한동안 나 자신과 내 몸을 소중히 여기지 못했어요. 이렇게 생각했죠. "아무려면 어때, 고깃덩이일 뿐인데, 뭐가 대수라고." 만나는 사람 아무하고나 놀아나면서 추잡한 짓을 서슴지 않았습니다. 결국은 그냥 살덩이일 뿐이고, 다 무의미하다고 생각하면서 말이죠. 그런 생각으로 처녀성도 잃었어요. "아무려면 어때, 기회가 왔으니 하는 거지." 45분 정도 걸렸던 것 같아요. 그는 곯아떨어졌고, 나는 옷을 챙겨 입고 한동안 앉아 있었죠. 됐고, 이젠 뭘 하지? 나는 자리를 떴고, 친구들을 만나 점심을 먹었어요. 다만 뭔가를 느끼고 싶었던 것 같습니다. 타락했다는 느낌이 그 무언가였어요.

—이성애자 여성, 24세

바깥으로 시선을 돌려, 자신의 자원과 사회적 입지를 평가해 자아 존중 감을 획정하는 사람들이 있는 것처럼 어떤 사람들은 타인의 낭만적 사랑 여부로 스스로에 대한 감정 상태를 정한다. 어떤 사랑도 영원히 계속될 거라는 보장이 없는 탓에 그런 사람들의 자부심은 상당히 불안하고 위태롭다. 만일 여성의 온전한 자부심이 타인의 사랑에 토대를 두고 있다면 상대방의 사랑이 식을 경우 그 여성은 극단적인 우울증이나 자신이 무가치한 존재라는 생각을 품게 될 위험이 있다. 자신의 자부심을 타인의 사랑에 전부 의존하지는 않는 사람들조차 사랑을 잃고 나면 심리적으로 힘들어 한다.

거절당한 사람 대부분은 상실의 정도에 따라 다르지만 애도의 과정을 겪는다. 그 기간 동안 스스로를 위무할 방법을 찾아내는 것이다. 어떤 사람들은 친구들에게 위로를 구한다. 어떤 사람들은 술이나 초콜릿에 의지한다. 우리의 연구에 따르면 섹스를 하는 사람들도 있었다. 우리 연구에 참가한 한 여성은 이렇게 말했다. "누군가를 극복하는 최고의 방법은 다른 사람 밑에 들어가는 것이다!" 우리 연구에 참여한 많은 여성이 섹스를 활용해 실연의 상처를 치유했다는 이야기를 들려주었다. 그녀들의 경험은 아주 독특했다.

어떤 여성들은 관계가 끝난 후 다른 사람과 섹스를 함으로써 자신의 자부심을 회복했다.

누군가에게 상처를 받을 때마다 다른 사람과 섹스를 하는 일에 관심을 갖게 돼요. 그 사람을 극복하고, 계속 살아가는 데 도움이 되거든요. 특히나 상대방이 다른 누군가를 찾아서 나를 떠난 경우라면 스스로에게 기분이 나아지는 데도 도움이 되죠. 그렇게 하고 나면 내가 여전히 매력적이고, 상대방이 다른 사람을 찾아 떠나도록 만든 게 내가 아니라는 느낌을 가질 수 있어요.

—이성애자 여성, 19세

나는 최악의 관계에서 막 벗어난 상태였고, 스스로에게 아주 상심하고 있었습니다. 전형적인 실연 우울증이었죠. 사랑받을 수 없을 것 같다는 생각에, 다른 사람이 나를 원하거나 나에게 끌리는 일은 도저히 일어날 것 같지 않았어요. (그 남자를) 만났을 때도 특별히 그가 마음에 들었던 건 아니에요. 성적으로 끌리지도 않았죠. 하지만 그가 관심을 보였고, 우리는 함께 시간을 보내는 일이 많아졌습니다. 머지않아 우리는 섹스를 하기 시작했어요. 그를 진짜로 좋아하는 마음은 여전히 없었지만 누군가가 나를 원한다고 생각하니 기분은 좋았습니다.

—이성애자 여성, 24세

다른 여성들은 파경 이후 자부심을 회복하기 위해 섹스를 해도 그건 잠정적인 해결책일 뿐이었다고 증언했다.

전 남자친구는 내 생일에 나를 차 버렸습니다. 인정머리 없는 짓이었죠. 그는 가족이 받아들일 만한 여자와 데이트를 했어요. 나는 버림받았다고 느꼈고, 아무도 날 원하지 않는다는 생각에 아주 상심했죠. 아마도 가장 중요한 사실은 내가 더는 매력적이지 않다는 자괴감을 느꼈다는 겁니다. 여러 달 동안 우울증에 시달렸죠. 시간이 흐르면서 자부심이 회복되는 걸 느낄 수 있었지만 앞으로는 사랑받을 수 없을 것 같다는 생각을 떨쳐 낼 수가 없었습니다. 여름휴가 때 우연히 어렸을 때 친구를 한 명 만났어요. 그가 10년이나 나를 짝사랑해 왔다는 걸 알게 됐죠. 아마 외로워서였을 거예요. 어쩌면 술 때문이기도 했겠고요. 하지만 그와 함께 하면 이전 남자친구한테 버림받았다는 생각을 잊을 수 있을 것이라고 확신하게 됐습니다. 확실히 그에게는 그런 힘이 있었어요. 그는 나에 대한 10년 짝사랑의 결실을 맺게 됐죠. 잠시나마 자아 존중감이 고양되는 걸 느꼈어요. 그러나 외로움이 죄책감과 수치심으로 바뀌었습니다. 나는 사랑받고 있다는 느낌을 찾으려고 했어요. 나 자신을 사랑하는 걸 그만두려고 하지 않고 말이죠.

—이성애자 여성, 24세

어떤 여성들은 자부심을 회복하려고 다른 남자와 섹스를 했어도 의도한 목표를 전혀 달성하지 못했다.

결별 후에 다른 남자와 여러 번 섹스를 해 봤습니다. 전에 사귀던 남자를 잊고, 나아가 다른 사람의 흔적으로 내 몸에서 그 남자를 지워 버리는 데 도움이 될 거라고 생각했어요. 물론 잘 안 됐습니다. 다른 사람과의 또 다른 섹스였을 뿐이니까요. 옛 애인들이 그리운 건 섹스 전이나 후나 똑같았습니다.

—이성애자 여성, 23세

어떤 여성들은 심리적으로 결핍된 것을 보충하거나, 파경 후 자아 존중감을 회복하기 위해 섹스를 한다. 그러나 진짜로 자신에게 힘이 있음을 느끼기 위해 섹스를 하는 여자들이 있다.

성 권력 행사하기

어떤 여성들에게는 섹스가 엄청난 권능을 선사하여 그녀들로 하여금 우월적 지위를 깨닫고 적극적으로 성 활동에 나서게끔 자극한다. 우리 연구에 참가한 한 여성은 이 점을 달변으로 지적했다.

대개는 함께 섹스하는 사람을 상대로 권력을 행사하고, 섹스를 주도할 수 있다고
느끼는 문제죠. 상대가 장기적 배우자라고 할지라도 말이에요. 여러 측면에서
섹스는 권력의 문제입니다. 파트너에게 즐거움을 주고, 파트너에게서 즐거움을
누리는 권력이자 매력적이고 탐난다고 느끼는 권력인 것이죠. 나는 적어도 부분
적으로는 이런 이유 때문에 섹스를 한다고 생각합니다.

— 이성애자 여성, 22세

권력이 그 자체로 반드시 목적인 것은 아니다. 그보다는 여성들이 성 활
동 파트너를 통제하고, 영향력을 행사할 수 있는 수단이라고 할 수 있다. 낭
만적 연애 관계에서 이런 통제가 종종 목격된다.

여자 입장에서는 섹스로 남자를 통제하기가 쉽습니다. 동등해질 수도 있고, 남
자에게서 섹스를 거둬들일 수도 있는 거죠. 나는 꽤나 지배적인 남자친구와 사귀
었는데, 섹스에서만큼은 대등했어요. 마음에 들지 않는 경우가 대부분이었는데
그럴 때도 어떻게 하라고 시킬 수 있었거든요.

— 이성애자 여성, 19세

파트너의 성적 관심을 장악하고, 동시에 다른 여성을 능가하며 우월감
을 느끼는 경우들도 있다.

남편이 불륜을 저지르고 나서 헤어진 직후에 일어난 일이에요. 나는 남자 하나,
여자 하나, 이렇게 셋이서 스리섬을 했습니다. 남편에게 복수하기 위해서였죠.
그는 이 사실을 결코 알지 못할 테지만 난 아무래도 상관없었어요. 내가 여전히
매력적이고, 나를 원하는 사람이 있다는 걸 스스로에게 증명하고 싶어서 했던 겁
니다. 스리섬이 금기시되는 행위이고, 내가 한 번도 해 본 적이 없다는 사실이 마

음에 들었어요. 그 여자한테는 아무런 관심도 없었죠. 우리는 어떤 식으로도 상호 교류하지 않았어요. 그 만남에서 우리 둘 다의 관심은 오직 그 남자뿐이었습니다. 그녀한테서 그의 주의를 돌려, 내 몸에 삽입하도록 만들 수 있었을 때 대단한 권능을 발휘하고 있다는 느낌을 받았어요.

—이성애자 여성, 29세

다른 여성들을 제압하는 것뿐만 아니라 사회적 지위가 막강한 남자를 성공적으로 후리는 데서도 권력이 나온다.

그는 여자라면 누구나 함께 하고 싶어 하는 그런 사람이었습니다. 그가 방으로 걸어 들어오면 모두가 그를 쳐다봤어요. 그가 당신에게 시선을 고정하면 당신은 이 세상에서 가장 중요한 사람이 되었다는 생각을 하지 않을 수 없을 겁니다. 내내 그를 알고는 있었지만 우리가 그 이상이었던 적은 한 번도 없었어요. 그런데 어느 날 그가 내게 눈길을 주었고, 나는 저항할 수가 없었죠. 동배에서 가장 중요한 사람인 그가 지지리도 인기 없는 나를 원한다고 생각하니 내면에서 용기와 힘이 분출하더라고요. 나도 그와 맞먹을 수 있을 정도로 중요한 사람이라는 생각이 들었습니다.

—이성애자 여성, 24세

권력은 다른 사람을 지배하는 것에서 나오지 않을 수도 있다. 어떤 여성들은 자신이 지배권을 행사할 수 있는 삶의 영역이 섹스여서 섹스를 한다.

폭식증을 앓던 시절이 있었는데 그때 지배 문제를 진지하게 생각했어요. 누군가를, 특히 남자를 성적으로 완벽하게 통제한다는 게 내게는 기분 좋은 일이었습니다.

젊어서 한때 사랑했던, 죽어 가는 남자에게 생기를 불어넣어 줄 수 있다면 매우 효과적인 거래일 겁니다. 죽어 가는 사람에게는 불멸을, 살아 있는 사람에게는 더 높은 영적 단계로의 도약을 약속하는 것이니까요.

내가 사내 몇 명과 섹스를 한 건 그들이 불쌍하다고 생각해서였습니다. 그 남자들은 숫총각이었고, 나는 그들의 그런 처지가 안쓰러웠어요. 그래서 그들과 섹스를 한 것입니다. 다른 사람은 누구도 해 주지 않은 커다란 호의를 베풀고 있다고 생각하니 내게 막강한 힘이 있다는 느낌이 들었죠. 그들이 마치 나의 보호를 받는 병약자 같다고 생각했습니다. 그런 생각 때문에 자신감을 갖고 이것저것 가르치기까지 했어요. 내가 더 매력적이라고도 생각했고요.

권력은 많은 연애 소설에서 두드러진 특징이다. 연애 소설의 시장 규모는 10억 달러 이상이며 미스터리 등 다른 어떤 장르보다 연애 소설이 더 많이 팔린다. 예컨대, 2004년 미국에서 판매된 전체 보급판 도서의 55퍼센트가 연애 소설이었다. 연애 소설은 수십 개 언어로 번역되어, 100개 이상의 해외 시장에서 팔리고 있다. 그리고 연애 소설 독자의 95퍼센트가 여성이다. 연애 소설이 여성의 성 심리를 들여다볼 수 있는 비할 바 없이 훌륭한 창이 되는 이유다.

여자 주인공과 남자 주인공의 사랑 이야기가 연애 소설의 중심 줄거리이다. 그러나 작가들(거의 대부분이 여성이다.)이 여성의 성애를 어떻게 그렸는지 살펴보는 일도 아주 재미있을 것이다. 여주인공은 남자들이 느끼는 성적 욕망의, 거부할 수 없는 대상이다. 남자 주인공이 압도적인 열정 속에서 여주인공에게 성적으로 충성하기 때문에 여주인공은 성적 통제권을 행사한다. 본질적으로 남자 주인공은 성적으로 막강한 여주인공에 의존적이게 된다. 여주인공의 성적 권능은 남자 주인공이 그녀에게 홀려 버렸기 때문에 더욱 강화된다. 남자 주인공은 대체로 다부지게 잘생겼고, 얼굴과 몸과 행동이 사내다우며, 사회적 지위가 대단히 높고(왕자나 크게 성공한 사업가), 엄청난 부자이다. 간단히 말해 남자 주인공은 문화권을 초월해, 인간 진화의 전 역사에서 여자들이라면 누구나 반겼을 매력 요소들을 전부 구비하고 있는 셈이다.

많은 연애 소설에서 남자 주인공은 여주인공의 반발과 저항에도 불구하고 완력을 동원해 여주인공을 성적으로 "유린한다." 이렇게 성적 복종을 강제하는 내용이 흥분된다고 말하는 여성들이 일부 있다. 몇몇 심리학자들은 그녀들에게 정신 병리적으로 문제가 있다거나, 여자들로 하여금 남자에게 복종하는 것과 섹스를 연결 짓도록 하는 사회적 성별 규약이 내면화되어 있다고 주장한다. 하지만 실제의 과학 증거들은 다른 해석을 지지한다. 심리학자 패트리샤 홀리(Patricia Hawley)는 거의 900명에 이르는 여성을 모집해 강제로 이루어지는 성적 복종의 환상을 조사했다. 홀리는 이런 성적 강제를 공상하고 즐기는 여자들이 실은 복종적이거나 병리적인 것과는 거리가 멀며 다른 여자들보다 더 유력하고, 더 독립적이며, 자부심이 더 높다는 걸 발견했다. 사회적으로 덜 유력한 여자들일수록 성적 복종을 강제당하는 환상이 더 적었다. 홀리는 강제로 복종당하는 환상이 여성들에게 에로틱한 유혹으로 다가오는 것이 여성들의 나약함보다는 강함을 반영한다고 결론 내렸다. 보라, 공상 속의 남자가 여자의 성적 매력, 유혹, 뇌쇄성에 저항하지 못하고 걷잡을 수 없이 반응하지 않는가.

연애 소설의 여주인공이 배우자 가치가 높은 남자 주인공을 상대로 성적 권능을 행사함에도 불구하고 그녀가 자신에 대한 남자 주인공의 주체할 수 없는 정욕에 굴복하기도 한다는 사실은 매우 역설적이다. 연애 소설을 보면 이런 성적 권력 행사와 저항하지 못하고 굴복하는 사태가 빈번하게 갈마들며 나온다. 우리 연구에 참여한 여성들도 자신들이 섹스를 하는 이유로 이런 혼합 사태를 지적했다.

자기 인생을 시종일관 책임져야 하는 사람이라면 복종하는 것도 재미있을 것 같아요. 하루 종일, 그것도 매일 책임과 의무를 다 하면서 일을 돌봐야 한다면 그냥 내맡긴 채로 누군가 다른 사람에게 전적으로 통제권을 넘겨주는 것도 멋지지 않을까요. 누군가가 저항할 수 없을 정도로 나를 좋아하고, 나는 복종하기만 하면 된다는 생각도 아주 마음에 들어요.

— 양성애자 여성, 18세

또 다른 여성은 성적 매력, 성적 복종, 성적 권력을 자신이 어떤 식으로 생각하는지를 이렇게 소개했다.

복종하는 게 더 자극적인 때가 있죠. 항상 그런 건 아니지만요. 파트너에게 주도권을 넘기고 섹스를 한 적이 몇 번 있습니다. 내가 섹시하다는 느낌이 들었어요. 다른 방식으로 내가 주도권을 행사하고 있다는 생각도 들었고요. 그가 나를 지배하도록 했지만 나도 그를 지배하고 있다는 생각이 들었습니다. 가끔은 줄로 손목을 묶거나 파트너가 내 팔을 잡아 누르도록 하기도 해요.

— 이성애자 여성, 33세

여성이 복종 속에서 자신을 성적으로 매력적이라고 생각하고, 그 성적 매력을 바탕으로 다시 파트너에게 권력을 행사하며 통제한다는 게 가장 그럴듯한 설명이다. 여자들은 크게 두 가지 이유에서 섹스를 한다고 응답했다. "나는 파트너에게 복종하고 싶었다." "나는 상대방을 '통제'하고 싶었다." 우리는 이 두 가지 이유가 연관되어 있음을 확인했다. 통계적으로 볼 때 이 두 가지 이유가 함께 나오는 것으로 판단하건대 성적 복종이 실은 통제력을 확보하기 위한 수단임을 알 수 있다.

아마도 이것이 성적 복종이 여자들 사이에서 인기를 누리는 성적 판타지인 한 가지 이유인 듯하다. 141명의 기혼 여성을 대상으로 한 연구에 따르면, "강제로 제압당해 굴복하는" 공상이 15개의 판타지 목록에서 2위를 차지했다. 1등은 "상상 속의 낭만적인 연인" 판타지였다. 다른 연구들을 봐도 상당수의 여성이 성적 복종의 판타지를 즐겁게 공상한다는 걸 알 수 있다. 한 연구에 따르면 조사 대상 여성의 29퍼센트가 복종하는 판타지를 꿈꾸면서 성적으로 흥분했다. 또 다른 연구에 의하면 30퍼센트의 여성이 다음과 같은 성적 판타지를 꿈꾸었다. "나는 남자의 모든 소망을 따라야만 하는 노예다."

성적 복종이 꼭 권력을 부여해서가 아니라 상호 작용하는 통상의 방식에 변화를 가져다주기 때문에 성적 복종을 즐기는 여자들도 있다.

나는 굉장히 외향적이고, 일상의 모든 상황을 통제하려는 경향이 있어요. 복종하는 섹스를 무지 좋아하는 건 내가 흔히 취하는 행동 방식과 다르기 때문이죠. 남자친구가 나를 그런 식으로 다루지 않으리라는 걸 알아요. 다른 사람을 시켜서 나를 지배하게 하고, 남자친구에게 지배하라느니 하면서 걱정시키지 않는 게 더 쉽고 편하죠.

—이성애자 여성, 28세

사실 통제한다는 것이 부담으로 작용할 때가 있다. 통제권을 양도하면서 안도감을 느끼는 여자들이 있는 이유다. 어떤 여성들은 상황을 장악하고 주도하지 않는 남자 때문에 짜증이 났었다고 말한다. 어떤 식당에 가고 싶은지, 어떤 영화를 보고 싶은지, 인생의 목표가 무엇인지 결정하지 못한 채 여자에게 무얼 원하느냐고 끊임없이 물어 대는 남자에게 화가 났다는 것이다. 복종적인 역할을 수행하면서 자유로움을 느꼈다는 얘기를 여성들의 다음 증언에서 두루 확인할 수 있다.

역할 놀이처럼 남자친구에게 내가 순종한다는 걸 보여 주고 싶었어요. 뒤엉켜서 레슬링 같은 걸 하고 있었는데, 갑자기 상황이 에로틱해졌죠. 나는 고분고분해지기로 마음을 먹었습니다. 몸과 마음 모두에서 그가 나를 지배하고 있다고 생각하니 아주 흥분됐죠. 그는 옷장에서 가죽 혁대 네 개를 꺼내와 나를 침대에 묶었어요. 완벽하게 통제권을 상실했고, 아무것도 걱정할 필요가 없다는 생각이 들었죠. 손을 어디에 두어야 할지, 무슨 말을 해야 할지, 무얼 해야 할지 등등 말이에요. 그가 나를 완전히 장악하도록 내버려 두었습니다.

— 주로 이성애를 하는 여성, 22세

나는 성적으로 복종적인 피학대 성애자입니다. …… 다 큰 어른이 자위를 한다고 항상 잔소리를 들었죠. 그래서인지 낭패스러움과 창피함을 가끔씩 섹스와 결부하는 것 같습니다. 파트너가 난잡한 계집이라고 불러 주면 좋아요. 물론 정말로 무안해지고 싶지는 않죠. 그건 게임입니다. 압박에서 벗어나는 방법 같은 거죠.

— 여성, 31세, 성 지향 정보를 제공하지 않음

나는 복종적인 여자로, 섹스할 때 모욕당하는 게 좋아요. 물론 믿고 존중하는 사람하고만 하죠. 꾸준히 만나는 파트너가 아닌 사람한테 모욕을 당하고 싶지는 않습니다.

—이성애자 여성, 53세

우리는 본 연구를 통해 극소수 여성의 경우 처벌받기를 원해서 섹스를 한다는 사실을 확인했다.

마땅히 처벌을 받아야 한다고 느낄 때가 있어요. 남자친구가 내게 계속해서 달려들고, 난 섹스를 원하지 않아도 그를 제지하지 않습니다. 이용당했다는 느낌을 원하는 거죠.

—이성애자 여성, 18세

오래 사귄 남자친구의 마음에 상처를 줬고, 죄책감을 느꼈습니다. …… 뭐랄까, 그가 내 몸에 상처를 내도록 허용하고 싶었던 것 같아요. 그의 마음을 아프게 한 죄책감에서 벗어나기 위한 방편이었죠. 하도 오래전 일이라 그에게 무엇으로 상처를 줬는지는 기억도 안 납니다. …… 섹스를 하는데 그를 똑바로 쳐다볼 수가 없더라고요. 그에게서 고개를 돌렸고, 이렇게 하는 게 더 좋다고 말해 버렸죠. 뭔가가 잘못됐다는 걸 그도 눈치 챘을 거예요. 나는 딱 붙어 있는 걸 아주 좋아하거든요. 그도 내면 깊숙이는 내게 상처를 주고 있다는 걸 잘 알았습니다. 하지만 나는 그에게 내가 원하는 대로 해 달라고 간청했고, 그도 그렇게 해 줬습니다. 섹스가 끝나자 기분이 약간 나아졌어요. 그가 내 몸에 상처를 내면서 처지가 약간 비슷해졌다고 느꼈습니다.

—이성애자 여성, 20세

자신을 응징하는 수단으로 복종적인 섹스를 하는 것은 남자가 여자를 성적으로 매력적이고 거부할 수 없다고 여겨서 섹스를 하는 경우보다 훨씬 덜 보편적이다. 그러나 방금 소개한 이야기들은 섹스의 더 어두운 측면을 들여다볼 수 있는 창문과도 같다. 예컨대, 여자들은 싫다고 말할 권리가 없다고 생각해서 원하지 않는 섹스에 동의했다. 상대방에게 어떤 빚이 있다고 생각한 것도 원하지 않는 섹스에 동의한 이유였다. 다음 장에서 살펴보겠지만 이런 여성들은 자부심이 낮았고, 보잘것없는 존재라는 생각에 그런 선택을 했다고 얘기하는 경우가 많았다.

10장

어두운 면

성적 기만, 응징, 학대

즐거움은 나눌 수 없는 것이다. 고통처럼 즐거움도 경험하거나 부과할 수 있을 뿐이다. 우리가 연인들에게 즐거움을 선사하거나, 가난한 사람들에게 자비를 베풀 때 그 목적은 선행의 대상을 기쁘게 하려는 게 아니라 다만 우리 자신을 위해서다. 진실을 말하자면 우리는 잔인하게 굴 때도 거의 똑같은 이유에서 그렇게 한다. 스스로에게 힘이 있다는 사실을 거듭해서 자각하는 게 그 목적인 것이다.

—올더스 헉슬리(1894~1963년)

    인간의 성 심리에는 우리가 무시할 수 없는 어둡고, 난감한 면들이 있다. 놀랍도록 많은 여성이 남자에게 속아서, 몰래 탄 약을 먹고, 언어적 강요에 의해, 물리적 강제에 굴복해 섹스를 한다. 어떻게 보면 이런 사안들은 여자들이 왜 섹스를 하는지를 검토하는 책에서 다루기에는 이상한 주제로 비칠지도 모르겠다. 친구와 동료 들 일부도 우리가 이 책에서 강요된 섹스와 같은 주제를 다루는 이유에 의문을 표시했다. 많은 이들은 강간을 섹스의 문제가 아니라 권력과 폭력이 관련된 사안으로 보는 것이다.

우리는 이런 걱정들에 대해 세심하게 거듭 숙고했다. 그러나 그럼에도 불구하고 우리는 우리 연구에 참가한 여성들의 의견과 판단에 따르기로 했다. 어떤 이유로 섹스를 하게 됐는지 묻자 실제로 많은 여성이 남자에게 속아서, 언어적 강요로, 마약과 술을 강권당해서, 육체적 강제 때문이었다고 응답했다. 이것들은 여자들이 섹스를 하고 싶어 하는 이유가 아니다. 그러나 그럼에도 불구하고 그것들은 여자들이 섹스를 하게 되고 만 이유들이었다.

섹스를 하게 되는 이런 류의 어두운 이유들을 까발리는 데는 다른 목적도 있다. 실제로 경험한 여성들의 증언을 통해 이런 상황들을 강조하고, 그런 경험이 미친 영향을 과학적으로 연구한 결과에다 직접적인 증언들을 맞추어 봄으로써 각자의 삶이나 사랑하는 사람을 돕는 과정에서 나름으로 활용할 수 있는 지식을 얻을 수 있으리라고 보는 것이다. 대학 캠퍼스와 기타 공교육 제도 전반에서 강간에 대한 사회적 인식이 높아졌음에도 강간 사건은 여전히 기분이 언짢고, 선정주의적이며, 때로는 비난하는 투로 논의되고 묘사된다. 섹스를 강요당한 여성은 사건 후로 오랫동안 성애에 영향을 받는다. 강요당하는 섹스를 두려워해 항구적으로 불안해 하거나 불안정하게 굴기도 한다.

이런 온갖 이유들을 고려하면 도저히 강요된 섹스를 무시할 수 없다. 강요된 섹스가 일부 여성의 성생활에서 중요한 역할을 하지 않는다고 발뺌할 수도 없다. 우리는 우리 연구에 참가한 여성들에게서 직접 들은 얘기를 제시할 것이다. 섹스를 강요당한 다른 분들이 혼자만 그런 경험을 한 게 아님을 알 수 있었으면 좋겠다. 이런 혐오스러운 행동이 일어나는 사태를 아예 처음부터 막을 수 있는 몇 가지 방법을 여성들(과 남성들 모두)에게 전달해 주었으면 하는 것도 우리의 바람이다. 엄청나게 흔한 현상부터 살펴보기로 한다. 속임수가 바로 그것이다.

데이트 기만

기만 전술은 동물 세계에서 흔하게 일어난다. 지각이 있는 생물체라면 무엇이라도 기만당할 수 있다. 낚시꾼들은 맛있는 먹이를 모방한 미끼를 써서 물고기가 숨겨진 미늘을 물도록 속인다. 밑들이류 수컷은 죽은 파리로 암컷을 꾄다. 밑들이류 암컷이 죽은 파리를 아주 좋아하기 때문이다. 당연한 얘기지만 교미하는 게 목적이다. 그런데 수컷은 사정한 후에 유혹물로 사용한 죽은 파리를 갖고 도망쳐 버린다. 성 활동의 전장에서 기만 전술을 사용하는 데서 인간이라고 예외일 리가 없다.

성 간 갈등 이론을 통해 성적 기만과 기타 짝짓기의 어두운 측면들이 왜 그렇게 널리 퍼져 있는지를 더 깊이, 그리고 진화적으로 파악할 수 있다. 남성과 여성의 진화적 이해관계가 다를 때마다 성 간 갈등이 폭발한다. 성 간 갈등 이론은 이런 갈등이 세대를 거듭하며 반복되면 상대방을 각자의 최적 조건에 보다 가까이 당기거나 조종하게끔 설계된 적응이 두 성별에서 진화될 것이라 예측한다. 예컨대, 여자들이 자원이 많은 남자와 짝짓기하는 것을 선호한다고 해 보자. 남자들이 자원 보유와 관련해 여자를 속여서 성관계를 갖는 데 성공하면 이 전술이 남성의 진화적 이해관계가 된다. 또한 그런 기만행위를 탐지해 내고, 믿을 수 없거나 현혹하는 신호들보다는 정직한 신호들에 주목하는 것은 여자들의 이해관계가 될 것이다. 앞으로 우리는 남자들이 사용하는 성적 기만에 대비하는 확실한 방어책이 여성들에게 있음을 보게 될 것이다.

진화의 관점에서 볼 때 여성은 엄청나게 귀중한 번식 자원을 갖고 있다. 아이를 낳기 위해 아홉 달간 임신해야 하는 절차는 기쁨이자 짐이다. 따라서 이 귀중한 번식 자원에 성공적으로 다가갈 수 있는 남성의 전략들이 진화의 과정에서 장려되었다. 가장 보편적인 성 활동 전략은 정직한 구애이다. 많은 남자들이 여자에게 진심 어린 관심을 보이며 우연한 만남이나 관계의 초기 단계에서조차 여자를 유혹하기 위해 다양한 전술을 쓴다. 탁월한 유머 감각을 뽐내고, 여자의 곤경에 공감을 표하며, 예의바르게 굴고, 옷차림에 신경을 쓰고, 여자와 시간을 많이 보내려고 노력하고, 여자를 돕겠다고 제안하고, 저녁을 사 주고, 선물을 주는 것 등등이 그 전술의 내용이다. 대다수의 남성이 처음에는 되도록 좋은 인상을 주려고 노력한다. 어쩌면 약점을 숨기거나 진실을 비트는 사소한 속임수를 쓰기도 할 것이다. 온라인 데이트는 물론이고 전통적인 데이트에서도 사소한 기만행위가 놀랍도록 빈번하게 이루어진다.

온라인 데이트 주선 사이트가 파트너를 만날 수 있는 보편적인 무대로 자리를 잡았다. 따라서 이 현대적인 짝짓기 양상을 통해 성적 기만의 세계를 탐구해 보는 것이 적당할 듯싶다. 한 연구는 미국인 1600만 명이 온라인 데이트 서비스를 이용한 적이 있으며, 이 가운데 300만 명이 온라인으로 만난 사람과 장기적 관계를 맺었고, 때로 결혼까지 했다고 추산했다. 온라인 데이트 광고를 조사한 최근의 한 연구는 남녀가 기만적인 정보를 제공하는 범위와 정도를 살펴봤다. 연구자들은 남녀가 올린 키, 몸무게, 나이, 기타 특징 정보를 실제의 키와 몸무게 및 별도로 확인한 나이와 비교했다. 남자의 55퍼센트와 여자의 41퍼센트가 키를 속였다. 여자들은 남자들보다 몸무게 정보를 에누리할 가능성이 약간 더 많았다. 종합해 보면 표본의 무려 81퍼센트가 어떤 식으로든 속임수를 썼다. 신체 특징, 수입, 흡연이나 음주 같은 습관, 정치적 신념이 그 속임수 목록에 들어가 있다.

그러나 성 간 갈등 이론 덕택에 두 성별 모두 기만적인 온라인 광고가 위험할 수 있음을 잘 안다. 한 연구에 따르면, 온라인으로 만난 파트너와 데이트하는 사람의 86퍼센트는 상대방이 외모를 속인다고 생각했으며, 이런 식의 기만행위가 온라인 데이트의 가장 안 좋은 점 가운데 하나라고 언급했다.

빈번하게 속임수를 쓰기는 하지만 대부분의 거짓말은 약간 꾸미거나 윤색하는 정도였다. 남자들은 진짜 키를 통상 1.3센티미터(0.5인치) 정도 부풀렸다. 여자들은 실제 몸무게를 4킬로그램가량 줄였다. 온라인으로 파트너를 만나 데이트를 하는 사람의 대다수는 직접 만나면 들통 날 특성과 관련해 극단적인 거짓말을 하기보다는 "살며시 움직일 수 있을 만큼 용의주도한" 방식으로 속이는 것 같다. 물론 항상 예외는 있다. 한 남자는 자기가 키를 7.5센티미터 부풀렸고, 나이를 열한 살 더 어린 걸로 속였다고 실토했다. 한 여자는 몸무게를 16킬로그램이나 줄여서 광고했다고 고백했다. 그러나 종합해 보면 온라인으로 데이트를 하는 사람 대다수가 얘기하는 잘못된 특성 묘사는 뻔뻔한 거짓말이기보다는 약간 과장하는 것이었다.

데이트 기만은 기회 균등 전술이다. 남녀 모두가 그 짓을 한다. 키, 몸무게, 매력 정도 등 쉽게 식별할 수 있는 특성과 관련해 사람들은 약간씩 거짓말을 하기도 한다. 단신의 남자가 키를 180센티미터라고 속이고, 몸집이 큰 여자가 몸무게가 57킬로그램이라고 주장하는 식의 노골적인 거짓말들은 금방 탄로가 난다. 두 사람이 만나는 순간 이런 속임수는 역효과를 낳는다. 그러나 어떤 기만행위들은 알아내기가 어렵다. 소득이나 사회적 지위 같은 특성들은 일반적으로 확인하기가 더 힘들다. 일부 인터넷 데이트 주선 업체들이 수입과 교육 수준과 기타 정보를 따로 파악할 수 있는 별도의 조사 절차를 마련한 이유다. 심지어 어떤 사이트들은 서비스 가입자의 범죄 경력을 들춰 보기까지 한다. 온라인 데이트를 하겠다며 자신의 신상 정보를 올리는 과정에서 순전히 "부주의로" 그런 이력을 빠뜨리는 사람도 있다는 사실을 떠올리면 모골이 송연할 지경이다.

대다수의 여성은 섹스에 동의하기 전에 어떤 식으로든 남자와 정서적으로 유대를 맺거나 정서적으로 연결되고 싶어 한다. 진화의 관점에서 보면 이런 태도는 여자들이 성공적으로 번식한 모계 조상한테서 물려받은 감정의 지혜이다. 남자들의 정서적 개입, 특히 진정한 사랑은 건강할 때나 아플 때나 시종일관 그녀에게 충성하리라는 것을 알려 주는 막강한 신호이다. 사랑은 남자로 하여금 한 여자와 그 자녀들에게 헌신과 양식과 보호를 쏟아부을 최고의 기회를 제공한다. 사랑에 빠지지 않은 남자들은 더 자유롭게 이 여자 저 여자 만날 수 있다고 생각한다.

남자들은 감정적 연결과 사랑을 바라는 여자들 때문에 종종 당황한다. 한 남성이 이런 정황을 다음과 같이 들려준다.

여자에게 "사랑해"라고 말하면서 그녀를 황홀하게 만들어 유혹하는 게 더 이상은 필요 없다고 생각할지도 모르겠다. 하지만 그렇지 않다. 이 세 글자는 원기를 돋우는 강장제와 같다. 나는 욕정을 느끼면 항상 사랑한다고 말해 버린다. 내가 꼭 그렇게 생각하는 것은 아니다. 하지만 그렇게 말하면 우리 둘 다 특별해진다. 내 입장에서는 그 행위가 꼭 기만이라고도 할 수 없다. 나 역시 상대방을 좋아한다고 느껴야만 하기 때문이다. 아무려면 어떤가? 대체로 보아 "사랑해"는 그런 때 할 수 있는 적절한 말인 것 같다.

버스 진화 심리학 랩이 수행한 연구들에 따르면 남자들은 여자와 섹스하기 위해 엄청난 빈도로 감정을 속인다. 우리는 여성 240명과 남성 239명에게 상대방 성별에게 속은 경험담을 얘기해 달라고 부탁했다. 여자들은 남자들에게 다음처럼 기만당했다고 응답했다.

- 다른 여자와의 심각한 관계를 숨겼다(9퍼센트).
- 다른 여자들에게 반한 정도를 거짓말로 속였다(26퍼센트).
- 다른 여자에 대한 감정을 숨겼다(25퍼센트).
- 직업적 야심을 과장했다(21퍼센트).
- 친절하고 이해심 많은 사람이라고 지나치게 강조했다(42퍼센트).
- 상대방을 향한 자신의 감정이 얼마나 굳건한지를 오해케 했다(36퍼센트).
- 다른 여자들과 놀아나고 있다는 사실을 은폐했다(40퍼센트).
- 섹스를 해 볼 요량으로 상대방을 향한 자신의 감정이 얼마나 깊은지를 오해케 했다(29퍼센트).
- 장기적 헌신의 수준을 오해케 했다(28퍼센트).

이 비율은 실제 기만율보다 낮은 수치일 가능성이 높다. 112명의 남성을 조사한 또 다른 연구를 보면 71퍼센트가 섹스하고 싶어서 여자를 향한 감정의 깊이를 때때로 과장했다고 실토했다.

우리 연구에서도 많은 기만 사례들이 비통하기 이를 데 없었다.

대학 때는 술을 많이 마셨습니다. 정말 좋아한 남자가 한 명 있었어요. 지금이라면 당연히 꿰뚫어 볼 온갖 감언이설로 그는 나를 속였죠. 하지만 그때는 그 사실을 몰랐습니다. 예컨대, 그는 내게 자신은 다른 남자들과 다르다고 말했어요. 아침에 전화를 걸어 주기도 했죠. 정말로 나한테 빠져 있었어요. 내가 똑똑하고, 예쁘다고 말해 줬고, 우리가 함께 할 수 있어서 자기는 정말 행운아라고도 말했죠. 내가 그 남자를 얼마나 좋아했고, 그가 나를 좋아해 주기를 또 얼마나 바랐는지가 아직도 생생해요. 나는 그의 거짓말에 완전히 속아 넘어갔습니다. 우리는 술을 마시고 위층으로 올라가서 섹스를 했어요. 다음 날 그는 전화하지 않았죠. 그가 친구들에게 내가 얼마나 쉬운 여자인지 떠벌리고 다닌다는 걸 알게 됐습니다.

나는 철저하게 모욕당했다고 느꼈어요.

—이성애자 여성, 27세

샌드라 힉스도 이 여성처럼 역경 속에서 자신이 속았음을 깨달았다. 그녀의 남편 에드 힉스는 어느 모로 보나 좋은 남편이었다. 집 안팎의 잔손질도 잘했고, 낭만적이었으며, 재미있어서 함께 있으면 즐거운 그런 사람이었다. 그러던 어느 날 샌드라는 몹시 기다리던 둘의 세금 환급 수표가 다른 사람에게 이미 지급되었다는 사실을 알게 되었다. 에드가 다른 여자와 결혼한 상태에서 작동한 선취 특권 때문이었다! 실제로 에드는 두 명의 여성과 결혼 생활을 유지해 오고 있었다. 두 사람은 상대방을 전혀 모르는 상태였다. 에드 힉스는 전에도 최소 다섯 명의 여성과 결혼을 한 것으로 밝혀졌다. 이 가운데 세 번은 이혼도 하기 전에 다음 상대방과 인연을 맺었다. 그는 체포 투옥된 이후로도 계속해서 다른 여자들을 후렸다. 한 여자와는 거의 성공할 뻔하기도 했지만 에드의 전 아내 세 명이 그가 사기꾼임을 알려주었다. "사생활이 드러나는 것을 꺼려 익명을 요구한 그 여성은 이렇게 말했다. '나는 남자들을 압니다. 대개는 조심하고, 잘 가려내지요. 하지만 그 사람은 …… 입신의 경지에 다다른 것 같습니다.'"

여자들의 심금을 울리는 전술을 사용해, 성적 기만 활동을 기예의 수준으로 벌이는 남자들이 일부 있다. 3장에서 보았듯이 옥시토신은 여자들이 오르가슴을 느낄 때 엄청나게 분비되는 강력한 유대감 형성 호르몬으로 확실히 남자들보다 많이 생산된다. 여성이 남성보다 섹스에서 정서적 애착을 느낄 가능성이 더 많다면 성적 기만의 부정적 결과에도 더 쉽게 상처받을 것이다. 거짓말쟁이 사기꾼들의 먹이가 된 사람들이 크게 고통받는다는 사실은 전혀 놀라운 일이 아니다. 이렇게 속은 여성들은 현행의 또는 미래의 성 활동 파트너를 믿지 못하는 경우가 많다. 어쩌면 성관계를 하게 될 수도 있는 상황이 펼쳐지면 불안해 하거나 회피해 버릴지도 모른다.

기만 대비책

남자들이 때때로 여자들을 속이는 데 성공하기는 하지만 여자들이 남자들의 짝짓기 게임에 던져진 수동적 사기 피해자라고 말한다면 그것은 완전히 잘못된 결론이다. 여자들은 남자들이 아무 조건 없이 하는 가벼운 섹스를 강렬하게 희구한다는 사실을 잘 안다. 실제로 여자들은 사기꾼을 판별해 낼 수 있는 정교한 도구를 개발시켰다. 여러 연구에 따르면 여성은 얼굴 표정이라든가 몸동작과 같은 비언어적 신호를 읽어 내는 데서 남자들보다 더 뛰어나다. 여자들은 얼굴 표정을 해독하고, 어조와 말투를 분석해 상대방이 성실하고 정직한지 알아낸다. 여자들은 남자의 사회적 평판 및 성 활동 경력 정보도 수집한다. 친한 친구와 몇 시간씩 대화를 하면서 남자의 의도를 가늠하기도 한다. "그가 X를 말했고, 나는 Y를 말했지. …… 그가 Z를 말하면서 네 눈을 봤어?"

일부 여성이 사용하는 또 다른 주요 전술로, 남자라면 대체로 누구나 원하는 섹스에 동의하기 전에 장기 교제를 요구하는 방법이 있다. 버스 랩이 수행한 한 연구에서 우리는 남녀에게 한 시간에서 5년에 이르는 다양한 세월 동안 알고 지내 온 매력적인 상대방과 섹스를 하게 될 가능성을 물었다. 대다수의 남성은 일주일 후면 섹스를 할 가능성이 있었다. 그러나 대다수의 여성은 더 오래 기다리는 쪽을 선호했다. 여성은 시간 지연을 통해 평가하고 분석할 기회를 더 많이 가진다. 어느 정도는 사기꾼을 솎아 내기 위한 전략인 셈이다.

여성은 정서적 방어 기제도 갖추고 있다. 이를 통해 남자들한테 사기당하는 것을 막는 것이다. 버스 랩이 수행한 연구에 따르면 여자들은 남자가 섹스하고 싶어서 감정의 깊이를 속였다는 사실을 알면 엄청나게 화를 내고,

속상해 한다. 여성은 이런 정서 반응을 통해 사기당한 에피소드를 기억 속에 잘 간직해 둔다. 장래에 또 일어날 수 있는 기만 사태에 더 잘 주의해서 대응하기 위함이다.

진화 심리학자 마티 헤이즐턴은 여성이 남성에게 정서적으로 기만당하는 것을 피하기 위해 구비한 대비책을 하나 더 찾아냈다. 헌신 회의 편향이 바로 그것이다. 구체적인 사례를 보면서 헌신 회의 편향을 알아보도록 하자. 남자가 여자에게 두 번째 만남에서 깊이 사랑하고 있다고 고백한다. 이 말을 바탕으로 남자의 진정한 의중을 어떻게 추론해야 정확하다고 얘기할 수 있을까? 여자는 두 가지 오류를 범할 수 있다. 남자가 거짓말을 하고 있다고 추론하는 게 한 가지 오류일 것이다. 그가 진정으로 그녀를 사랑한다면 말이다. 남자의 사랑 고백이 진심이라고 추론하는 게 두 번째 오류일 수 있다. 그가 기만전술을 사용 중이라면 말이다. 진화의 논리를 따져 보면 속아 넘어가는 게 여자들에게 가장 비용이 많이 먹힌 판단 착오였을 것이다. 이렇게 사기당한 여자들은 원치 않거나 부적절한 시기에 임신하는 위험을 떠안았을 것이다. 유전자가 열등한 남자에게 수태당하는 것, 자원을 투자해 주는 아버지도 없이 아이를 길러야 하는 상황 등도 그 위험 내용 목록에 들어간다. 여성이 진화의 과정에서 특별한 심리 구조를 형성하게 된 이유이다. 여성은 헌신 회의 편향을 발동해 남자들의 진정한 헌신 정도를 과소추론한다. 헌신 회의 편향의 역할은 참으로 중요하다. 여자들은 이 때문에 깊이 사랑하고 있다는 선언 따위의 속기 쉬운 신호들에 순순히 감동하지 않을 수 있으며 진정으로 헌신하는 남자들은 헌신의 단서들을 보다 오랜 시간 내비쳐야만 한다. 그리고 "즉석 만남"에만 관심이 있는 남자들은 사태 지연에 이내 짜증을 내면서 더 잘 속아 넘어가고, 이용해 먹을 수 있으며, 성적으로 접근하기가 용이한 목표물을 찾아 떠나 버린다.

오늘날의 남녀는 기만 전략과 기만 탐지 방어책이 끊임없이 갈마드는 군비 경쟁의 최종 결과물이다. 어떤 여성들은 사기꾼을 모면하는 데 성공하지만 어떤 여성들은 남자들의 기만적 매력에 희생당한다.

약 먹이기, 강요, 강간

대다수의 여성은 긍정적인 결과를 기대하면서 섹스를 한다. 성적 즐거움이든, 사랑과 헌신이든, 복수든, 불안 해소든, 배우자가 바람피우는 것을 막는 것이든 말이다. 그런데 여성이 섹스를 하면서 기대하는 유일한 긍정적 결과가 위해를 모면하는 것일 때가 있다. 그 피해는 심리적인 것일 수도 있고, 육체적인 것일 수도 있으며, 혹은 둘 다일 수도 있다.

우리는 6장에서 여성들이 싫은데도 가끔씩 섹스를 수락하는 이유를 살펴봤다. 파트너를 즐겁게 해 주기 위해, 파트너에게 들볶이는 게 싫어서, 관계를 유지하기 위해, "아내의 의무"라고 생각해서, 거부하는 법을 몰라서 등등이 이유들의 목록이다. 이런 상황에서 하는 섹스가 강압적일 수도 있다는 것은 부인할 수 없는 사실이다. 집요하게 보채는 파트너를 무마하기 위해 섹스를 수락하는 것과 강압적 언어에 굴복해 의지를 거슬러 섹스하는 것을 딱 잘라 구분하기 힘든 경우가 많다. 그러나 명확한 상황들도 있다. 여성이 섹스하는 것과 관계를 끝내는 것 사이에서 선택을 강요받을 때, 여성이 싫다고 말해 놓고 상심하거나 두려워하거나 죄책감을 느낄 때, 여성이 술이나 마약을 제공받아 거부하는 태도를 누그러뜨리고 "굴복할 때." 이런 상황에서 이루어지는 섹스는 강요다. 우리 연구에 참가한 일부 여성들도 그런 강압 상황을 증언했다.

육체관계를 맺은 첫 번째 남자친구는 애걸복걸 떼쟁이였어요. 남자친구에게 넘어서는 안 될 한계를 설정해 두었기 때문에 그가 지켜 줄 거라고 생각했죠. 막무가내로 보채지는 않으리라고 믿었던 거예요. 처음에는 일이 어떻게 흘러가게 될지 몰랐습니다. 나도 다른 많은 소녀들처럼 거부할 줄 몰랐어요. (종교적) 배경 때문에 수동적이었고, 섹스에도 무지했죠. 내게 그런 일이 일어난 주요 원인이랍니다. 두 번째 파트너도 내게 섹스를 강요했어요. 그는 도움이 될 거라며 술을 먹였고, 나 몰래 …… 내 술에다 약까지 탔습니다. 그때도 종교적 가르침 때문에 싫다고 말하지 못했어요. 성관계는 물론이고 술도 순진무구할 따름이었죠(방이 묵직하게 빙글빙글 돌았어요. 술에 취했다는 것도 몰랐고, 술에 취한다는 게 어떤 건지도 몰랐죠.). 그는 가짜로 지어낸 얘기도 몇 개 했는데, 듣는 나는 그가 안됐고 미안하다는 생각이 들었어요. 내가 넘어간 또 다른 원인이죠. 파트너의 고집, 감정적 속임수, 술, 수동적 태도, 어려워서 싫다고 말하지 못한 것 등등이 섹스에서 중요한 원인 요소로 작용한 상황들이 몇 번 더 있었습니다. 나는 불안해 했고, 자신이 없었고, 혼란스러웠어요. 나 때문에 다른 사람이 화내는 것을 원치 않았죠. 그 남자들이 나를 이용해 먹지는 않을 거라고 믿었고, 계속 수동적으로 굴었습니다. 내가 믿고 원하는 방식으로 사태가 굴러가지 않을 때도 나는 어떻게 해야 할지 몰랐어요. 실재하지도 않는 요소가 이 모든 상황에 개입했죠. 수동적으로 굴어서 통제권까지 상실했고요. 다 열아홉 살 먹기 이전의 일입니다. 그 후로는 더 강해졌고, 더 현명해졌어요.

—주로 이성애를 하는 여성, 23세

아주 어렸고, 너무나 순진했죠. 아마 열네 살 때쯤이었을 거예요. (열일곱 살쯤 되는) 남자를 만났습니다. 그의 집에 가서 놀았어요. 어느 시점까지는 모든 게 좋았습니다. 애무를 약간 하게 됐는데(키스였어요.) 나는 거기서 중단하고 싶었죠. 그가 내게 말했어요. 섹스해 주지 않으면 집까지 데려다 주지 않겠다고요. 아버지한테 거짓말을 하고 나왔기 때문에 데리러 오라고 전화할 수 없을 것 같았어요. 곤경에 빠질 것 같아 겁이 났고, 그가 원하는 걸 해 줬습니다. 얼른 해치우고 빠져나오고 싶었어요. 내가 원한 건 거기서 빠져나오는 것뿐이었습니다. 그게 가장 빠른 방법 같았고요.

성적 강요와 강간은 낯선 사람들 사이에서 일어날 수 있고, 실제로도 일어난다. 그러나 성적 강요와 강간은 잠재적 관계와 기존의 관계에서도 빈번하게 일어난다. 성적 강요와 강간은 모든 문화에서 관찰되며 소득 수준과도 무관하고, 나이 및 성별과도 상관없다. 그러나 여성이 훨씬 더 많은 빈도로 피해자가 된다. 8,000명의 여성을 대상으로 수행된 전미 여성 폭력 실태 조사(National Violence Against Women)에 따르면 약 15퍼센트가 강간을 당했고, 3퍼센트가 강간을 당할 뻔했다. 이들 성폭행범의 62퍼센트가 과거 내지 현재의 파트너였다. 신체 상해의 가능성도 낯선 사람보다는 친밀한 파트너와의 사이에서 더 높았다.

성 학대와 어린 여성

많은 여성이 청소년 시절에 성적으로 강압을 받았거나 강간당했다고 증언했고, 우리는 큰 충격을 받았다. 여고생의 3분의 1이 데이트 중에 성적 강요와 폭력을 경험한다는 통계도 소름 끼친다. 미국 청소년의 70퍼센트 이상이 18세가 되기 전에 적어도 한 번은 진지한 연애를 한다는 걸 고려하면 많은 여성 청소년이 정신적 외상을 입을 정도로 대단히 충격적인 성 경험을 어린 나이에 한다는 사실을 알 수 있다.

청소년은 나이 든 여성과 비교할 때 성적 강요에 더 취약하다. 데이트 경험을 통해 관계를 맺어 가는 지혜를 배우기 마련인데, 어린 여성들은 그런 지식이 부족한 경우가 많기 때문이다. 그 결과 그들은 연애 상대로서 자신이 무얼 기대받는지 모르는 경우가 많고, 다가올 학대 사태를 사전에 인지할 수 있는 징후들을 놓쳐 버리기도 한다.

어린 여성들이 당하는 성적 강요는 파트너들과 지능, 사회적 지위, 나이가 크게 차이 날 때 발생할 가능성이 더 많다.

열일곱 살 때쯤 스물여섯 살 남자와 데이트를 했습니다. 나는 그와의 데이트를 원했지만 그는 내 바람보다 조금 더 빨리 움직였어요. 그를 잃고 싶지 않았죠. 함께 애무를 했는데 그가 내 머리를 아래쪽으로 밀고, 오랄 섹스를 시켰어요. 내가 우는데도 그는 거기 그대로 오랫동안 내 머리를 붙들고 있었죠. 그러고도 관계를 계속 유지했는데, 데이트할 만한 여자로 남으려면 내가 그런 일들을 해야 한다는 걸 알았습니다.

—이성애자 여성, 38세

어린 여성보다 나이가 훨씬 더 많은 남성은 성적으로 노련하고, 아는 것도 많아서 권력 관계에서 여성의 우위에 선다. 어린 여성이 준비되기도 전에 압박감 속에서 섹스를 하게 될 가능성이 더 많은 이유이다. 어려서 성 경험이 부족한 여성들은 사태를 오롯이 책임져야 하는 경우도 많다. 자기가 "상대방을 유혹했"고, 그 상황에서 벗어나는 법을 알았어야만 했다는 판단에서 결국 자기 잘못이라고 생각하는 여성들이 종종 있다. 한 연구에 따르면 미국 고등학생의 4분의 1에서 3분의 1 정도는 다음과 같은 상황에서 남학생이 여학생에게 섹스를 하자고 강요해도 된다고 생각한다. 가슴을 만지도록 허락할 때, 노출이 심한 옷을 입었을 때, 상대방 남학생과 집에 가는 것에 동의했을 때, 꽤 오랫동안 데이트를 해 왔을 때.

청소년기에 경험하는 성적 강요와 강간은 성인기에 당하는 경험보다 더 해로울 수 있다. 청소년기는 여성이 자신의 성적 동일성과 향후의 관계 맺기 활동에서 기대하는 것들을 막 계발하기 시작하는 인생 단계이다. 그녀들이 어린 나이에 강압과 강제 속에서 섹스하는 게 관계 맺기 활동의 일부라고 생각하게 된다면 향후의 관계에서도 이런 유형의 행동을 당연한 것으로 여길 수 있다. 결국 폭력의 악순환이 반복될 수 있는 셈이다.

성 학대가 발생한 연령과는 무관하게 성 학대는 심리적으로 지대한 영향을 미치며 여성이 꾸려 가는 삶의 거의 모든 측면을 부정적으로 변화시킬 수 있다. 데이트를 하는 상대방한테 섹스를 강요당하면 많은 경우 신뢰가 무너진다. 이런 배반을 경험한 다음 미래의 성 활동 파트너를 믿거나 헌신하는 데서 어려움을 겪는 여성들도 있다. 강간을 당한 많은 여성이 외상 후 스트레스 장애(post-traumatic stress disorder), 곧 PTSD를 앓는다. 강간 당시의 공포스러운 감정들을 떠올리며 추체험(追體驗)하기, 아무 때고 쉽게 놀라기, 수면 장애, 망연자실과 고립감이 이 증상의 특징이다. 한 연구는 강간 피해를 당한 40명의 성인 여성을 나이가 일치하는 대조군 여성 32명과 비교했다. 대조군에 속한 여성들은 성 활동과는 무관하지만 목숨이 위태로울 정도로 심각한 사건들, 곧 신체 상해, 커다란 자동차 사고, 강도 등을 당했다. 강간 피해자는 95퍼센트가 PTSD를 경험한 반면 대조군은 47퍼센트가 PTSD를 앓았다.

강간 피해자의 무려 90퍼센트는 사건 후로 성 관련 문제들에도 직면했다. 성욕 부재(93퍼센트), 섹스 혐오(85퍼센트), 성기 통증(83퍼센트)이 그런 것들이다. 많은 강간 피해자들이 폭식(68퍼센트)이나 구토(48퍼센트) 같은 식이 장애는 물론이고 PTSD와는 다른 불안 장애(38퍼센트)도 앓았다. 일부 피해자는 술이나 마약에 기댔고, 많은 피해자는 우울증, 불안, 분노, 혐오, 혼란, 무력감, 공포, 자부심 저하를 경험했다. 결론적으로 강간은 피해자들의 심리에 엄청난 외상을 남긴다.

우리 연구에 참가한 한 여성이 어린 나이에 성 학대를 겪고 자신의 삶이 어떻게 바뀌었는지를 들려주었다.

아주 어렸을 때 강요로 두 번씩이나 남자에게 오랄 섹스를 해 줘야 했어요. 그는 열여섯 살이었죠. 혼란스러웠고, 무슨 일이 일어나고 있는 건지 모르겠더라고요. 나이를 먹고 그때 무슨 일이 벌어졌던 건지 알게 되면서는 슬펐고, 혐오스러웠습니다. 그 사건을 내 인생으로 받아들이는 법을 배우고, 그로 인해 내 성애와 성 생활이 어떤 영향을 받았는지 알아야 했어요. 친구들과 대화를 했고, 전문가를 찾아가 상담도 많이 했죠. 그 경험이 내게 악영향을 끼쳤다는 건 확실해요. 그 면면을 결코 다 알아낼 수 없을 겁니다. 하지만 무능하다는 느낌, 성 활동에서 즐거움을 누리지 못하는 것, 행동 불안 장애, 자부심 저하 정도는 확실히 말할 수 있어요. 이런 문제들을 초월하기 위해 정말이지 아주 오랜 여정을 밟아 왔습니다.

—주로 이성애를 하는 여성, 27세

대다수의 사람은 성장하면서 몸을 통해 동일성을 계발하고, 몸에 대한 소유권을 확립한다. 그러나 성 학대, 그것도 어릴 때 성 학대를 당한 사람은 자기 몸에 대해 스스로가 무력하다고 생각하고 자신이 갖고 있고, 보호할 수 있는 육체의 경계가 전혀 없다고 믿어 버린다. 여성들은 학대를 당했을 때 많은 경우 그 학대 상황에서 "정신적으로 도피해 버렸다"고 증언한다. 그런 상황에서 물리적으로 달아날 수 없다면 "도망칠" 수 있는 유일한 방법은 몸과 마음을 분리하는 것이다. 학대를 당한 적이 있는 여성들은 나중에 사랑을 하게 돼도 곤란에 직면할 수 있다. 정신 도피의 방식으로 섹스를 처리해 버렸기 때문에 연인과 섹스하면서 "상황에 집중하고," 끊어졌던 연결을 복원하는 게 어려운 것이다. 여성이 위해로부터 자기 몸을 지키기 위해 할 수 있는 게 아무것도 없다고 생각하면 실제로 위험한 상황이 닥쳐도 경계에 무심하거나 방어 반응을 보이지 않을 수도 있다. 이런 여성은 파트너가 섹스를 요구할 때 응할지 말지를 주체적으로 결정하지 못하기도 한다.

학대가 이런 결과를 야기하기 때문에 아주 많은 여성이 반복적으로 성 학대를 당하는 것인지도 모른다고 일부 학자들은 믿고 있다. 여성들이 재차 희생당하는 비율은 15퍼센트에서 72퍼센트에 이르기까지 그 추정치가 다양하다. 한 연구에 따르면 어렸을 때 성 학대를 당한 여성들은 성인이 되어 강간을 당할 확률이 어렸을 때 성 학대를 당한 경험이 없는 여성들보다 거의 두 배에 이르렀다. 재차 성 학대의 피해자가 되는 여성들이 아주 많다는 사실이 상세히 보고되었지만 그 원인에 대해서는 아직까지 잘 알지 못한다. 술과 약물 남용이 위험 요소로 작용하기도 한다는 사실이 밝혀졌다. 그러나 그것들이 재차 희생자가 되는 확률에 영향을 미치지는 않는 듯하다. 특징적인 성 학대 유형, 곧 혹독한 학대, 폭력 사용, 지속적 학대, 학대에 가족 구성원이 포함되었는지 여부가 재차 희생자가 될 위험을 증대시킨다는 게 밝혀졌다. 최근의 한 연구에 따르면 성적 자부심이 낮고, 성적 근심이 많으며, 맺고 있는 관계 밖에서 적극적으로 성 활동을 벌이려는 태도 역시 학대를 당한 여성들이 거듭되는 성폭행에 더 취약했는지와 부분적으로 관계를 맺고 있었다.

우리 연구에 참가한 여성 두 명이 재차 희생당한 각자의 경험을 들려줬다.

같은 학년의 남학생 세 명한테서 열다섯 살 때 강간을 당했습니다. 하굣길이었죠. 그 일을 당하기 전까지 나는 처녀였어요. …… 학교 뒤쪽이었는데, 학생들이 지나가는 게 보였습니다. …… 도와달라는 나의 비명을 모두 들었지만 아무도 오지 않았어요. 그중의 한 놈을 피가 날 정도로 세게 물어뜯고서야 겨우 빠져나올 수 있었습니다. 사실 증언, (나의 반격으로) 그 놈들과 나에게 생긴 긁힌 상처와 타박상 등이 도움이 돼 경찰의 기소가 가능했죠. 세 놈은 가벼운 경고와 더불어 2년을 언도받았습니다. 진정한 의미에서 처음 만난 "파트너"도 나를 계속 강간했어요. 우리는 내연 관계로 18개월을 살았습니다. 나이트클럽에서부터 쫓아온 놈한테 강간을 당하기도 했죠. 클럽 근처 골목길로 끌려가 당했어요. 여러 명이 그를 봤고, 내 비명 소리도 들었지만 아무도 나서서 도와주지 않았습니다. …… 두 번째이자 (지금) 남편을 만날 때까지 나는 남자가 다정하고, 온화하며, 사랑스러울 수 있다는 걸 전혀 알지 못했어요. 딱 한 남자의 행동으로 남자들에 대한 내 생각이 바뀐 것이죠.

— 이성애자 여성, 35세

어렸을 때 친척 몇 명한테 성 학대를 당했어요. 10대 시절에는 강간까지 몇 번 당했죠. 두세 명에게 그 사실을 털어놨는데, 아무도 내 얘기를 진지하게 들어 주지 않았습니다. 정말 슬펐어요. …… 어려서부터 국가가 나의 후견인이었죠. …… 나는 어린이 보호 시설로 보내졌어요. 거기 사는 게 너무 싫었고, 그래서 비슷한 생각을 품고 근처에 사는 사내아이들과 눈이 맞아 도망친 다른 소녀들과 어울리곤 했습니다. 한 번은 그렇게 동네 남자애 두세 명하고, 다른 여자애도 끼어서 놀았어요. 모두가 나를 싫어했죠. 어떤 애랑 잤다는 얘기를 듣고서 내가 창녀라고 생각했으니까요. 아마 맞는 얘기일 겁니다. 그 시절에 나는 스스로를 전혀 존중하지 못했고, 내게 닥치는 일에도 아예 신경을 끄고 살았거든요. 밤이 왔고, 우리는 어떤 아파트 지하층에 있는 세탁실을 찾아냈어요. 남자애 가운데 한 명이 동의도 구하지 않고 자기하고 섹스할 것을 강요했습니다. 나는 저항하지 않고 그냥 누워 있었어요. 나한테서 벌어지던 일을 마음에서 지워 버리려고 애쓰면서 말이죠. 나는 마음이 아팠고, 이용당했다는 생각이 들었습니다. 이런 게 내가 존재하는 유일한 목적이기라도 한 것처럼요.

— 주로 이성애를 하는 여성, 28세

헌신하는 관계에서 벌어지는 성 학대

전 남편은 정신적·언어적 학대가 무척 심했습니다. 15년의 결혼 생활 대부분 동안 나는 섹스를 강요당했어요. 섹스를 거부하면 남편은 화를 냈죠. 무려 3일 동안 언어폭력에 시달리기도 했습니다. 결국에 가서는 싫다는 말을 하지 않기로 했어요. 며칠씩 학대를 당하느니 순순히 응해 15분을 참는 게 더 낫겠다고 판단한 거죠.

—이성애자 여성, 36세

원하지 않는 섹스와 강간은 경계가 모호한 경우가 많다. 배우자 쌍이 종래 상호 동의하에 성관계를 맺어 온 장기적 관계에서 강간이 일어나는 경우 이 말은 특히 생생하게 다가온다. 혼인 관계 속에서 성 학대를 당하는 여성들은 완력과 위해가 수반돼야 강간을 규정할 수 있다고 말한다. 여러 연구를 보더라도 헌신적 관계에서 성 학대를 당하는 여성의 경우 남편을 변호할 가능성이 많다는 걸 알 수 있다. 예컨대, "술에 취했을 때만 그렇다"거나 "남편을 자극하기보다는 더 잘 알았어야 했다"는 식이다. 이런 여성들은 "그런 일은 몇 번 없었다"는 식의 주장을 펼치며 실상을 축소하기도 한다.

여자들이 파트너에게 강간당했다는 사실을 냉큼 인정하지 못하는 것은 보복, 평판 훼손, 신체 위해가 두려워서인 경우가 많다. 학대가 난무하는 혼인 관계에서는 성 학대와 육체 학대가 빈번하게 손을 잡고 일어난다. 아주 기본적인 수준에서 보더라도 아내에게 섹스를 강요하는 것은 권력을 행사하는 것이다. 권력 행사는 많은 경우 관계의 다른 영역으로까지 확대된다. 학대하는 남자들은 흔히 파트너를 가족 및 친구 들과 접촉하지 못하게 막고, 파트너의 자부심을 훼손하며, 수십 가지 다른 사소한 방식으로도 파트너에게 복종을 강요한다. 학대하는 남자들은 이런 식으로 파트너가 자신에게 더욱더 의존하고 자신의 요구에 고분고분하게 만든다. 어떤 남자들은 아내를 "믿을 수 없다"고 말하면서 집에 묶어 두는 이유를 정당화하기도 한다.

남편에게 강간당한 여성들을 연구한 사회학자 데이비드 핑클호어(David Finkelhor)와 커스티 일로(Kersti Yllo)는 혼인 관계 내에서 이루어지는 강간을 크게 세 가지 유형으로 분류했다. 첫 번째 유형인 "두들겨 패는 강간(battering rape)"이 혼인 관계 속 강간의 40퍼센트를 차지했다. 두들겨 패는 강간은 남편이 아내를 강간할 때뿐만 아니라 신체를 구타할 때도 일어난다. 어떤 때는 때리고 나서 강간하고, 어떤 때는 강간하고 나서 때리는 것이다. "최소 완력형 강간(force only)"이 나머지 40퍼센트를 차지했다. 이 유형에서는 아내가 섹스하도록 만드는 데 필요한 폭력을 남편이 최소량만 사용한다. 최소 완력형 강간에서는 남편들이 아내의 바람을 거스르고 특수한 형태의 성행위를 하고자 하는 경우가 많다.

혼인 관계 내에서 이루어지는 강간의 세 번째 유형은 "강박적 강간(obsessive rape)"이다. 세 번째 유형은 가장 덜 보편적이지만 가장 불온하고, 그래서 충격적이다. 섹스에 집착하는 남편들이 거의 모든 종류의 폭력을 기꺼이 행사하는 것이다. 강박적 강간을 일삼는 남편들은 흔히 가학적인 행동을 즐기며 아내에게 굴욕감을 주고, 아내를 비하하고, 아내를 지배하고자 하는 욕망이 그들의 성애를 구성한다. 우리 연구에 참가한 한 여성이 이런 유형이 얼마나 공포스럽고, 굴욕적인지 증언해 주었다.

나는 여러 번 강간을 당했어요. 어렸을 때, 그리고 첫 번째 결혼 때였죠. 어렸을 때는 머리에 총을 겨눈 상황이었습니다. 시키는 대로 하지 않으면 죽을 거라는 얘기를 들었죠. 첫 번째 결혼 때는 남편이 친구들에게 나를 섹스 장난감 취급하며 건네줬습니다. 시키는 대로 하지 않으면 잠들었을 때 나를 죽여 버리겠다고 협박했어요. 증명이라도 하겠다는 듯 실제로 그는 자기 베개 아래에 칼을 두고 지냈죠.

서로 다른 강간 상황을 제시한 다음 피험자들에게 해당 시나리오의 심각성과 유해성 같은 것들을 판정해 달라고 요청하는 조사 연구가 다수 수행되었다. 응답자들은 가해자가 낯선 사람이기보다는 남편인 경우의 강간이 여성에게 덜 해로울 것이라고 흔히 판단했다. 혼인 관계 속에서 이루어지는 강간에 대한 이러한 태도는 아내와의 섹스는 남자의 권리이며 혼인 강간이 불법이 아니었던 구래의 신념에 어느 정도 뿌리박고 있는 것 같다. 17세기에 활약한 영국 법학자 매튜 헤일(Matthew Hale)의 접근법이 수십 년 전 미국의 강간 법령으로 통합되었다. "합법적인 아내를 상대로 강간을 했다고 해서 남편에게 유죄를 물을 수는 없는 일이다. 두 사람이 서로 부부가 되기로 동의하면서 아내가 자신을 이미 남편에게 갖다 바쳤고, 이 계약을 그녀가 취소할 수도 없기 때문이다."

1993년에 와서야 미국의 50개 주 전체가 이 오래된 법령을 개정해 혼인 관계 속 강간을 범죄로 규정했다. 그러나 현재도 30개 주의 결혼 법률 조항을 보면 어떤 상황에서는 남편을 강간으로 기소할 수 없다고 명문화되어 있다. 아내가 깨닫지 못할 때, 잠들었을 때, 정신적·육체적 장애가 있을 때가 그런 조건들이다.

오늘날 전 세계의 모든 나라가 결혼 내 강간을 범죄로 규정해 처벌하고 있는 것은 아니다. 실제로 아프가니스탄에서는 최근 결혼 내 강간을 사실상 합법화하는 법률이 통과되기까지 했다. 한 조항은 이렇게 명기되어 있다. "남편이 멀리 여행을 떠나지 않는 한 그에게는 나흘에 한 번씩 아내와 통정할 권리가 있다." 다른 조항의 규정도 보자. "아내는 성교로 악화될 수 있는 질병을 앓고 있거나 아픈 게 아니라면 남편의 성적 욕망에 긍정적으로 응대해야만 한다." 이 법은 시아파 신도들에게만 적용되며 수니파는 이

법에서 면제다. 시아파는 아프가니스탄 전체 인구 3000만 명 가운데 20퍼센트를 차지한다. 미국 대통령 버락 오바마는 이 법을 "혐오스럽다"고 표현했으며, 법의 폐지를 요구하는 국제 사회의 항의가 일어났고 어느 정도 성공을 거두기도 했다. 아무튼 논란이 분분한 이 법으로 인해 전 세계 수백만 여성의 삶에 영향을 미치는(결혼 내 강간을 범죄로 규정해 처벌하는 나라들에서도 사정은 마찬가지이다.) 중대한 사안인 결혼 내 강간에 전 세계의 이목이 집중되었다.

흔히 심리적으로 부정적인 영향을 받는 것에 더해 강간을 당한 여성은 후에 동의하에 관계를 가질 때에도 성 활동 기능에서 문제에 직면한다. 메스턴 성 심리 생리학 랩이 수행한 연구에 따르면 성 학대를 당한 많은 여성이 사건 발생 후로도 수십 년 동안 지속적으로 성적 곤란을 겪는다. 어떤 여성들은 뭐가 됐든 섹스에 대한 욕구가 전혀 없으며, 그 정반대로 대단히 위험한 성 활동을 무차별적으로 빈번하게 벌이는 여성들도 있다. 어떤 여성들은 섹스가 불안과 공포를 자극해, 파트너가 섹스를 시작하려 하면 공황 상태에 빠져 버리며, 성적으로 흥분하고, 오르가슴을 느끼는 데 어려움을 겪는 여성들도 있다. 어떤 여성들은 파트너와 성관계를 맺을 때 극심한 통증에 시달리기도 하며 질경(膣痙)을 앓는 여성들도 있다. 질경이란 질을 에워싸고 있는 근육이 불수의적으로 단단하게 조여져 성교는 물론이고 탐폰 삽입조차 불가능한 성교통(性交痛) 장애이다.

치료가 얼마나 효과적일지는 성 학대 유형, 즉 성기 삽입과 신체 손상이 수반되었는지, 학대의 빈도, 학대당한 나이, 누가 학대했는지 등에 따라 다르다. 희소식은 지난 10년 동안 효과적인 치료 기법을 개발하는 데서 커다란 진전이 있었다는 사실이다. 예컨대, 스트레스 감화(減化) 훈련(Stress Inoculation Training)과 지속 노출(Prolonged Exposure)은 성 학대를 당한 여성들에게 상당한 치료 효과를 보인다. 스트레스 감화 훈련은 심리 치료, 역할 연기, 깊은 근이완과 호흡 통제 훈련, 각종 상황 대처법(coping skill, 근본적인 상황을 고치거나 제거하지 않은 채 불행, 불편함, 무력한 장애 상황 따위를 상쇄하거나 극복하기 위해 개인이 사용할 수 있는 각종의 행동 처방 — 옮긴이), 정신적 충격이 컸던 경험을 강박적으로 반추하게 되는 상황을 차단하는 사고 중지 기술로 구성된다. 지속 노출 치료는 피해 여성으로 하여금 담당 치료사에게 학대당한 내용을 재현하도록 시킨다. 최대한 생생하게 폭행 상황을 떠올려 현재 시제로 설명하게 하는 것이다. 피해 여성은 매번 치료를 받을 때마다 강간당했던 과정을 여러 차례 반복해서 얘기하도록 요청받는다. 통상 열 번 정도 치료를 받는데 직접 증언한 폭행 내용이 녹음된 파일을 적어도 하루에 한 번씩 청취하는 것이 숙제다. 이렇게 강간 상황에 다시금 노출시키는 조치가 단기적으로는 흔히 불안을 증대시키지만 습관화가 이루어지면서 일정 시간이 지나면 불안이 현저하게 감소한다. 한 연구는 한 주에 2회씩 매번 90분 동안 조언 상담을 제공하는 9주 프로그램과 스트레스 감화 훈련, 지속 노출 치료를 비교 분석했다. 세 치료법 모두 성 학대 피해 여성들이 겪는 강간 관련 고통, 전반적 불안, PTSD, 우울증을 개선하는 데서 상당한 효과를 발휘했다. 그러나 PTSD 증상에 가장 지속적인 치료 효과를 보인 것은 지속 노출법이었다.

우리 연구에 참가한 한 여성이 상담 치료를 통해 자아 존중감을 회복할 수 있었다고 증언한다.

대학에 입학했을 때가 열일곱 살이었죠. 어떤 친구랑 데이트를 했어요. 즐거운 시간을 보냈고, 피자를 사 먹으러 나갔습니다. 학교 주변을 산책하기도 했고요. 그가 내 방까지 오게 됐고, 침대 속으로 기어 들어가 우리는 함께 잤죠. 우리한테는 그게 드문 일이 아니었습니다. 친구였으니까요. 한밤중에 눈을 떴는데, 그가 내 성기를 만지는 것이었어요. 싫다고 말했지만 그는 아랑곳하지 않았고, 내게 섹스할 것을 강요했습니다. 그는 나보다 몸집이 훨씬 컸고, 말 말고는 맞서 싸울 수단이 없었죠. 그가 나를 다치게 할까 봐 두려웠어요. 아침에 그 놈을 쫓아 보낸

후 나는 수치심을 느꼈죠. 더럽혀졌다는 생각, 이용당했다는 생각이 들었습니다. 병원에 가서 도움을 청했어요. 하지만 다음 몇 달 동안 깊은 우울증에 시달렸죠. 상담 치료를 받았고, 그제야 내가 가치 있고 아름다운 사람이라는 걸 더 잘 이해하게 됐어요.

—이성애자 여성, 23세

메스턴 랩에서는 어린 나이에 학대를 당한 여성들이 작금의 성적 근심과 관계 문제를 해결하는 데서 간단한 글쓰기 치료가 얼마나 효과적인지 알아보는 연구를 5년째 수행 중이다. 우리 연구에 참가한 모든 여성이 과거에 대단히 충격적인 성 경험을 했고, 현재는 상호 동의하에 성관계를 맺고 있다. 이 연구에서 여성들은 최소 5주간 일주일에 한 번씩 30분 동안 글을 쓴다. 성 활동을 하는 사람으로서 스스로를 어떻게 바라보는지가 그 내용이다. 우리는 그녀들에게 자신이 생각하는 바와 과거, 현재, 그리고 미래의 성 경험 및 관계를 연결해 보라고 격려한다. 더불어서 최대한 자세히 써 줄 것도 요구한다. 지금까지의 연구 결과는 상당히 고무적이다. 연구 프로그램을 마친 많은 여성이 현행의 파트너와 성 활동을 즐기는 능력에서 큰 진전을 보였다. 많은 여성이 연구 참가를 계기로 삶이 바뀌었다고 얘기해 주었고, 그 사실은 우리를 흐뭇하게 했다.

우리는 정신적으로 커다란 충격을 준 사건을 글로 쓰는 행위가 어떤 식으로 긍정적인 치료 효과를 발휘하는지 정확히 알지 못한다. 그러나 그럴듯한 이유들은 몇 가지 있다. 사람은 안심할 수 있는 환경에서 글쓰기를 하면 그렇지 않았다면 억제되거나 회피했을 부정적인 감정을 배설할 수 있다. 글쓰기는 감정 배설을 통해 카타르시스를 느끼게 해 준다. 글을 쓰면 문제의 충격적인 기억을 구조적 일관성 속에서 재조직할 수 있다는 점 역시 치료 효과가 발휘되는 이유들 가운데 하나일 것이다. 어떤 사건을 글로 기술하면 그저 그것에 대해 생각만 하는 것과는 달리 자연스럽게 사건을 시작과 중간과 끝으로 구성하게 된다. 이런 구조화 작업이 학대당한 기억을 과거의 맥락 속에 위치시키고 따라서 학대당한 기억이 거듭해서 현재의 사건들에 관입해 지장을 주는 걸 그만두고 속해 있어야 할 과거에 "붙박인 채 있을" 가능성이 더 많아지는 듯하다. 결국 글을 쓰는 과정을 통해 사람들은 회피하고 싶은 생각과 감정에 거듭해서 노출된다. 일시적으로는 불안감이 커질 수도 있다. 그러나 계속 글을 쓰면서 회피하고 싶은 기억에 거듭 노출되면 정서적 충격은 점점 더 줄어든다.

강간에 대비하는 방법

강간이 최근의 현상이 아니라는 증거는 아주 많다. 강간은 불쾌하지만 오랜 역사를 가지고 있다. 인류학자 페기 샌데이(Peggy Sanday)는 표준 비교 문화 표본(Standard Cross-Cultural Sample)이라고 하는 데이터베이스에서 156개의 부족 사회를 조사했다. 그녀는 결혼한 부부가 남편의 부모와 함께 혹은 근처에 거주하는 형태인 부계 거주 문화들에서 강간 발생률이 매우 높다는 사실을 발견했다. 다른 연구들도 근처에 유전적 친족이 없을 때 여성에 대한 강간 및 배우자 학대 비율이 높아진다는 걸 확인했다. 샌데이는 부족 간에 불화가 횡행하고, 전쟁이 보편적인 사회들에서 강간율이 더 높다는 사실 또한 알아냈다. 게다가 강간이 많이 발생하는 문화들에는 나름의 특징이 있었는데 여성이 권력을 누리지 못하고, 여성의 정치적 의사 결정이 전무하다는 사실이 그 특징의 일부이다. 짐작할 수 있듯이 강인함과 투쟁 능력을 강조하는 남성 이데올로기가 득세하는 문화들에서 강간율이 가장 높았다.

인류의 역사를 살펴보면 강간이 문화권을 초월해 과거와 현재에 두루 존재한다는 걸 알 수 있다. 성경에는 강간과 강간범을 다루는 규범들이 무수히 나온다. 기원전 2000년의 아시리아 법률은 이렇게 경고하고 있다. "귀족이 도시 한복판이나 …… 축제 때 강제로 처녀를 끌고 가 강간하면 처녀의 아버지도 강간범의 아내를 끌고 와 강간할 수 있다." 『킹 제임스 성경』 「민수기」 31장 17~18절과 31장 35절을 보자. "그러므로 아이들 중에서 남자는 다 죽이고, 남자와 동침하여 사내를 아는 여자도 다 죽이고, 남자와 동침하지 아니하여 사내를 알지 못하는 여자들은 다 너희를 위하여 살려 둘 것이니라. …… 남자와 동침하지 아니 하여서 사내를 알지 못하는 여자가 도합 3만 2000명이니." 「창세기」 34장에서는 히타이트 족 왕자가 야곱의 딸 디나를 강간한다. 그는 "디나를 보았고, …… 그녀를 끌고 가, 동침했다. 그렇게 그녀를 더럽혔던 것이다."

역사 기록을 통해 강간이 특히 전쟁 때 흔하게 일어났음도 알 수 있다. 일부 인류학자들은 전쟁을 벌인 가장 중요한 이유가 처음에는 힘을 바탕으로 여자들을 성적으로 차지하기 위해서였다고 제안했다. 공포심을 자아냈던 정복자 칭기즈칸(1162~1227년)은 강간이 전쟁으로 얻을 수 있는 중요한 이익들 가운데 하나라고 솔직하게 얘기했다. "적을 정복하고, 그들을 추격하고, 그들의 재산을 약탈하고, 그들이 소중히 여기는 사람들을 비탄에 빠뜨리고, 그들의 말을 타고, 그들의 아내와 딸 들의 하얀 배 위에서 잠을 청하는 것이야말로 가장 커다란 즐거움이다." 비슷한 양상의 전쟁 강간이 현대 전쟁에서도 계속 자행되고 있다. 수전 브라운밀러(Susan Brownmiller)는 『우리의 의사에 반하여(Against Our Will)』에서 전쟁 강간을 상세하게 보고했다. 예컨대, 제2차 세계 대전기에 일본군의 난징 대학살은 중국인 소녀와 여성 약 2만 명을 강간하는 사건으로 이어졌다. 러시아는 1945년 독일을 공격하면서 수많은 여성을 강간했다. "소련 군인들은 독일 여성을 성적 전리품으로 취급했다." 더 최근의 사태로는 약 2만 명의 보스니아 무슬림 여성이 1990년대 중반에 보스니아의 세르비아인들에게 강간당했다. 힐러리

클린턴은 2009년 1월 국무 장관 인준 청문회에서 콩고의 만연한 강간 사태가 전쟁 수행 도구임을 적시하며, 미국이 다뤄야 할 급박한 외교 정책 사안으로 제시했다.

강간의 인류 역사는 예술과 문학에서도 볼 수 있다. 예컨대, 리비우스와 플루타르코스가 서술한 사빈 여인들 강간 이야기는 로마인들이 사빈 사람들을 축제에 초대해, 남자들은 몽땅 죽이고 여인들을 아내로 삼았다는 전설이다. 이 전설은 르네상스 시기에 다양한 예술 작품으로 형상화되었고, 20세기에는 파블로 피카소가 그림으로 그리기도 했다.

주마간산 격이지만 짧게라도 이렇게 역사를 살펴본 것은 강간이 인류사 전체에서 문화권을 초월해 여성들에게 거듭 공포의 대상이었다는 걸 보여주기 위해서다. 강간이 강간 피해자들에게 엄청난 대가를 치르게 한다는 걸 알기 위해 확립된 공식 이론 따위를 들먹일 필요는 없을 것이다. 그보다는 강간이 그토록 충격적인 경험으로 받아들여지는 이유를 살펴보는 게 중요하다. 진화의 관점에서 보면, 강간을 당한 여성은 배우자 선택을 간섭당하는 비용을 치르게 된다. 배우자 선택은 여성의 성 활동 전략 가운데서도 가장 중요한 특징 가운데 하나다. 강간당한 여성은 자신이 선택하지 않은 남자로 인해 부적절한 시기에 원하지 않는 임신을 할 수도 있는 위험에 처한다. 강간 피해자는 비난과 응징의 대상이 되기도 한다. 그녀들은 사회적 평판이 훼손되고, 짝짓기 시장의 향후 가치도 급락한다. 남자친구나 남편이 있는 여성이 강간당했을 경우 그녀는 버림을 받을 수도 있다. 강간당한 여성들은 창피하다는 생각, 불안, 두려움, 분노, 우울증으로 괴로워하는 게 보통이다. 우리 연구에 참여한 여성들의 가슴 저린 증언에서 이미 확인된 사실들이다.

강간이 여성들에게 그토록 끔찍한 비용을 치르게 한다면 여성들이 강간 발생을 사전에 예방하고, 그 후유증에도 대처할 수 있도록 설계된 대비

책을 발달시키지 않았을까 하는 의문이 자연스럽게 제기된다. 진화 심리학
과 진화 인류학 분야의 여성 학자들이 여성들의 강간 대비책을 가설로 제
시하고, 이를 검증하는 작업을 선두에서 벌이고 있다.

- 남자들과 막역한 유대 관계를 형성해 보호를 도모한다(인류학자 바버라 스머츠
  (Barbara Smuts)).
- 체격이나 사회적 권세처럼 다른 남자들이 성적으로 공격해 오는 걸 막을
  수 있는 남자들의 특성에 기초해 배우자를 선택한다(심리학자 마고 윌슨(Margo
  Wilson)과 새라 메스닉(Sarah Mesnick)).
- 여성 연대를 구축해 보호를 도모한다(바버라 스머츠).
- 여자들이 강간당할 수도 있는 위험한 상황을 감지해 회피할 수 있게 해 주
  는 특수한 공포심을 계발한다(심리학자 타라 샤반(Tara Chavanne)과 고든 갤럽
  (Gordon Gallup)).
- 임신할 가능성이 가장 많은 배란기에 성 폭력을 당할 확률을 줄이기 위해
  위험한 활동을 자제한다(타라 샤반과 고든 갤럽).
- 강간의 심리적 고통을 활용해 향후 비슷한 상황에서 강간 회피 행동을 한
  다(인류학자 낸시 손힐(Nancy Thornhill)과 생물학자 랜디 손힐(Randy Thornhill)).

이들 갖가지 대비책이 실질적이라는 증거는 단편적이다. 그러나 우리가
볼 때, 지금까지 과학자 사회는 여성들의 강간 대비책을 너무 홀대해 왔다.
시급히 연구 자금을 할당해 이 분야를 지원해야 한다.

우리는 세 가지 강간 대비책을 더 제안하고 싶다. 친족과 물리적으로 가까
운 곳에 사는 게 그 첫 번째이다. 인류의 조상이 처했던 조건을 생각해 보면
여성들은 소집단 안에서 자랐다. 아버지, 오빠와 남동생, 삼촌, 할아버지,
어머니, 자매, 아주머니, 할머니 등 여성을 에워싼 유전적 친척들은 전부 잠

재적 강간범을 막았거나 놈들에게 엄청난 대가를 치르게 할 수 있었다. 그러나 현대에 들어와서는 가까운 혈족의 보호 울타리를 떠나 대학에 진학하거나 대도시에서 직장 생활을 하는 게 다반사이다. 잠재적 강간범들로부터 여성들이 더 취약해졌다고 할 수 있는 셈이다. 여성들에게 대학에 가지 말라거나 대도시에서 일자리를 구하지 말라고 겁을 주려는 게 아니다. 조상 여성들이 강간당하는 것을 거의 틀림없이 막아 주었을 한 가지 중요한 강간 대비책이 현대를 살아가는 다수의 여성에게는 더 이상 쓸모가 없다는 사실을 적시하고 싶을 뿐이다. 가까운 곳에 유전적 친족이 없는 여성들은 다른 강간 대비책, 예컨대 잠재적 강간범을 억제하고, 보호를 제공해 줄 수 있는 "막역한" 남성 "친구들"이나 여성 연대를 사귀고 구축함으로써 만약의 사태에 대비해야만 할 것이다.

진화의 관점에서 보면 강간 판타지가 또 다른 강간 대비책일 수 있다. 강간 판타지는 세 가지 필수 요소, 곧 폭력(또는 폭력을 사용하겠다는 위협), 섹스, 불복으로 구성된다. 31퍼센트에서 57퍼센트에 이르는 놀라운 수의 여성이 인생의 어느 단계에서 강간 판타지를 경험한다. 강간 판타지가 사회적으로 바람직하지 않은 것으로 인식될 뿐만 아니라 여자들이 인정하고 받아들이기가 당혹스러울 것이라는 점을 고려하면 이 비율도 과소추산된 것임에 틀림없다. 익명이 보장되는 설문지에서조차 여성들은 강간 판타지를 선뜻 인정하기를 꺼려 한다.

강간 판타지가 도대체 어떻게 강간 대비책이 될 수 있단 말인가? 여성들의 강간 판타지는 크게 두 종류로 나누어 볼 수 있다. 첫 번째 유형은 관능적인 강간 판타지이다. 이는 사람들이 강간을 생각하면서 흔히 마음속에 떠올리는 이미지하고는 매우 다르다. 관능적인 강간 판타지에 등장하는 남성은 매력적이고, 유력하며, 여자를 향한 성적 욕망으로 무너져 내린다. 여성은 자신의 공상 속에서 불복 의사를 내비치지만 상상 속의 자아는 별다른 저항을 하지 않는다. 유력하고 매력적인 남자는 여자를 성적으로 "취한다." 관능적인 강간 판타지를 공상하는 여성이 약간의 두려움을 느끼기는 하지만 사실 이 판타지에는 실재하는 현실의 폭력이 전혀 담겨 있지 않다. 이미 보았듯이 많은 연애 소설에 등장하는 이런 형태의 성적 판타지에 여자들은 흥분한다. 이상화된 배우자를 상상하면서 흥분하고, 스트레스를 통해 흥분하는 것이다. 스트레스와 관련해서는 다음 장의 보다 건전한 내용에서 다룰 예정이다.

혐오스러운 강간 판타지는 본질과 기능 면에서 완전히 다르다. 관능적인 강간 판타지와 비교해 볼 때 혐오스러운 강간 판타지에 나오는 남성은 낯익은 사람이기보다는 낯선 사람, 젊기보다는 나이가 많은 사람, 결정적으로 매력적이지 않은 사람일 가능성이 많다. 혐오스러운 강간 판타지에는 상당한 수준의 강요와 고통스러운 폭력이 수반된다. 예컨대, 강간범이 여자를 와락 붙잡고, 바닥에 내동댕이치고, 희생자가 성기 삽입을 막기 위해 완강히 저항하는 가운데 옷을 찢는 등의 공상이 이루어질 수 있다. 혐오스러운 강간 판타지를 갖고 있는 여성들은 다른 여성들보다 실제의 강간을 더 두려워하는 경향이 있으며 그 가운데 일부는 어렸을 때 성적으로 학대를 당한 경험이 있다. 짐작에 불과하지만 혐오스러운 강간 판타지가 공포를 조성하여 여성들로 하여금 특별히 더 조심하게 만듦으로써 강간 대비책으로 기능하는 것 같다.

이 추측이 과연 올바른 것일까? 여자들이 실제로 강간을 당하고 싶어 한다는 증거는 전혀 없다. 반면 강간을 당하고 싶어 하지 않는다는 증거는 산더미처럼 쌓여 있다. 이것은 아주 분명한 사실이다. 여성들은 실제로 벌어지는 강간을 혐오스럽고, 엄청나게 충격적인 사건으로 받아들인다. 자신에게 자행될 수 있는 악행 가운데서 살인 다음으로 심각한 대가를 치러야 하는 행위로 보는 것이다. 어떤 사람들이 추락하는 상상이나 꿈을 꾸면서 공포를 느낀다고 해서 그들이 실제로 추락해 죽기를 원한다고 생각하는 사람은 없다. 사실을 말하자면 정확히 그 반대일 것이다. 마찬가지이다. 일부 여성이 강간 판타지를 공상한다고 해서 그녀들이 실제로 강간당하고 싶어 한다고 추론할 수는 없는 일이다. 이런 혐오스러운 판타지가 조심성을 발동시켜 여자들을 강간으로부터 보호해 주는 것인지도 모른다. 버스랩이 수행한 연구에 나오는 다음의 사례를 보도록 하자.

> 그가 나를 강간하고 싶어 한다고 생각했다. 친구와 나는 밤늦게 도시의 우범 지대에 있는 영화관으로 걸어가고 있었다. 그가 이렇다 할 이유가 없는데 우리를 쫓아오기 시작했다. …… 우리는 줄행랑을 쳤고, 아마도 그는 단념했을 것이다. 그 사람이 무기 같은 걸로 협박해 친구와 나를 끌고 갈 거라고 생각했다. 아무도 모르는 어떤 곳으로 말이다(그가 우리를 끌고 갈 수 있는 곳이 많았다.). 우리를 강간하고, 그 무기로 우릴 죽일 거라고까지 생각했다. 우리가 엉터리로 상상했던 것뿐일지도 모른다. 하지만 우리는 겁에 질렸고, 영화관까지 냅다 뛰었다. 우리는 뛰기만 하면 그가 공격하기 전에 조명이 밝은 곳에 도달할 수 있다는 걸 알았다. 그가 정말로 우리를 강간하고자 했는지는 모른다. 하지만 이런저런 가능성을 모두 고려할 상황이 아니었다.

여자들이 강간에 대비할지도 모르는 세 번째 방법은 낯선 사람의 강간을 특별히 두려워하는 심리 기제 계발이다. 인류사의 많은 강간이 전쟁 때 일어났다. 승리한 집단은 패배한 집단의 보호받지 못하는 여자들에게 자신을 강요했다. 여성들의 강간 회피 전략 가운데 일부는 주되게 낯선 남성을 성적으로 경계하도록 설계되었을 것이다. 물론 오늘날의 많은 강간이 아는 사이나, 심지어 파트너에 의해서 일어나지만 말이다.

여성이 낯선 사람의 강간을 두려워하는 것이 현대에 들어와서도 계속해서 그 효력을 발휘해 낯선 사람에 의한 강간 비율을 낮추었을 수도 있다. 이런 방어 심리가 없었다면 기록했을 비율과 비교해서 말이다. 여성들의 강간 대비 심리와 그 심리 기제가 오늘날 어떻게 작용하는지를 더 잘 이해하면 이 끔찍한 범죄의 발생을 줄이는 데 보탬이 될 것이다. 어떤 강간 대비 전략들이 우리 사회에서 더 효과적이고, 어떤 강간 대비 전략들은 역효과를 낳을지 알아내는 연구가 시급히 요청되고 있다. 전략적 효율성을 알아내는 이런 연구들이 강간 범죄의 희생자들을 비난해서는 절대로 안 될 것이다. 이런 연구들은 여성들과, 여성들을 걱정하는 사람들에게 과학에 기초한 최선의 자기 방어 지식을 제공하는 방향으로 기획되어야 한다.

여성들의 성 심리는 과거에서 유래했지만 현대 세계에서도 여전히 작동 중이다. 따라서 어떤 면에서는 이 새로운 세계의 위험들에 효과적으로 대처하지 못하고 있다고 할 수 있다. 마지막 장의 내용과 관련해 이 얘기를 하지 않을 수 없다. 양질의 섹스 치료가 오늘날의 여성들에게 얼마나 필요한지가 마지막 11장의 주제이다.

섹스 치료

성생활이 제공하는 건강상의 이득

월경 배출이 달이나 해의 식(蝕)과 일치한다면 거기서 기인하는 병은 치료할 수 없을 것이다. …… 그런 시기를 경과 중인 여자와 성교하면 유해하며 그런 여자를 돌보는 일은 남자에게 치명적이다.

— 대(大)플리니우스(기원후 23~79년)

지금까지 우리는 여자가 섹스를 하는 이유 중 비교적 잘 알려진 것들을 살펴봤다. 여자들은 사랑을 주거나 얻기 위해, 정서적 유대감을 느끼기 위해, 성적 끌림의 쾌감과 성적 흥분 및 오르가슴의 감각을 즐기기 위해 섹스를 했다. 우리는 여성들이 섹스를 통해서 구체적인 목표를 달성하기 위해 주의 깊게 계획하는 방식들을 살펴봤다. 목표는 바로 자원, 복수, 배우자를 유혹하거나 지키는 것이었다. 우리는 책임감, 의무감, 압박, 또는 감정 조작과 육체적 강요로 인해 섹스를 하는 여성이 일부 존재한다는 사실과 그 이유를 탐구했다. 우리는 자부심을 드높이고, 경험을 쌓고, 처녀이기를 그만두고, 궁금해 죽겠는 호기심을 해결하기 위해 섹스를 하는 여성들도 살펴봤다. 그러나 육체 및 정신 건강에 집중된 실용적인 이유들도 있었다. 종종 여성들은 섹스를 통해 많은 이득을 챙긴다.

이부프로펜보다 더 낫다

"오늘밤은 안 돼요. 머리가 아파요."라는 케케묵은 변명을 안 들어 본(혹은 안 해 본) 사람이 없을 것이다(물론 극히 예외적인 상황에서만 틀림없이 썼을 것이다.). 섹스가 두통을 악화시키고, 심지어 없던 두통을 초래하기도 한다는 건 사실이다. 그저 편리한 핑계거리인 것만은 아닌 셈이다. 성행위 중에는 흔히 머리와 목 근육이 더 팽팽해진다. 오르가슴 중에는 혈압이 높아지기도 한다. 여기서 뇌 내 혈관이 팽창할 여지가 생긴다. 전문 용어로 "성교 두통(coital cephalgia)"이라고 하는 것이다. 그러나 우리는 연구를 통해 두통을 제거하려는 목적으로 섹스를 하는 여성들이 있다는 사실을 알아냈다.

나는 편두통이 있습니다. 발작이 자주 있는 건 아니고, 증세도 대개는 가볍지만 두통을 앓는 와중에 섹스를 하면, 특히나 대단한 절정이 몰아칠 때면 증상이 감쪽같이 사라져 버립니다.

—이성애자 여성, 42세

한 여성은 실제로 담당 의사가 편두통을 없애는 처방으로 섹스를 권했다고 증언했다.

담당 신경과 전문의가 편두통의 통증을 해결하는 방법으로 오르가슴을 누리라고 권했습니다. 시도해 보는데, 가끔씩 정말 효과가 있어요. 흔히는 편두통 약과 진통제 다르보셋(darvocet)을 복용합니다. 먹고 나면 내가 "아이고 두(頭)야 단계"라고 부르는 느긋한 상태에 이르죠. 통증이 뒤통수에 계속 남아 있기도 합니다.

하지만 섹스를 하고, 절정의 오르가슴을 느끼면 통증이 사라져요. 오르가슴 치료법은 파트너와 해야죠. 오르가슴에 도달하기 위해 여성용 진동 자위 기구를 사용한 적이 있거든요. 물론 편두통이 재발하는 걸 막기 위해서였죠. 오르가슴을 활용해 편두통을 다스리면 재발하는 일이 없습니다.

—이성애자 여성, 43세

무려 17세기로 거슬러 올라가면 신경학의 "아버지"라고 하는 토머스 윌리스(Thomas Willis)가 있다. 그는 환자였던 캐서린 부인이 두통을 앓을 때면 성욕이 증가했다고 보고했다.

섹스가 어떻게 두통의 기폭제인 동시에 치유책이 되는 것일까? 성행위를 하는 동안 무언가 치료적인 일이 일어난다. 몸에서 옥시토신이 급격하게 분비되면 연쇄 반응으로 엔도르핀도 분비되는데 이 뇌 화학 물질은 모르핀과 매우 유사하다. 많은 사람이 엔도르핀을 격렬한 육체 활동 후에 느끼는 기분 좋은 "뇌의 분출 상태"인 "러너스 하이(runner's high, 달리기 하는 사람의 고양 상태)"와 결부한다. 엔도르핀은 강력한 진통제이기도 하다. 여성의 신체는 하루 종일 낮은 수준이나마 엔도르핀을 분비한다. 엔도르핀이 없다면 사소한 아픔이나 통증도 엄청나게 강렬해질 것이다(모르핀과 헤로인 중독자들은 인공 합성 진통제를 수용하는 데 너무나 익숙해진 나머지 얼마 후면 생합성 진통제 분비가 중단되어 버린다. 결국 약물을 금지당한 중독자들은 생합성이든 인공 합성이든 진통제가 거의 없거나 전혀 없는 상태에 놓이고 만다.).

성행위 중에 분비되는 엔도르핀은 두통을 없애 주기도 한다. 서던 일리노이 대학교 두통 클리닉이 수행한 한 연구에 따르면 많은 여성에게 상당히 효과적인 것으로 나타났다. 이 연구는 편두통을 앓는 58명의 여성을 대상으로 두통이 온 상태에서 섹스를 하게끔 했다. 절반가량이 오르가슴을 통해 적어도 조금이나마 두통이 감소했다고 응답했다. 오르가슴 때문에 편두통이 악화되었다고 느낀 사람은 3명뿐이었다. 아무튼 오르가슴은 수분 이내에 통증을 완화해 주고, 무엇보다 공짜다! 트립탄(triptan)처럼 매우 효과적인 편두통 치료제와 오르가슴을 비교해 보자. 트립탄을 주사(약물을 인체 시스템에 집어넣는 가장 빠른 방법)하면 대다수의 여성이 통증 완화를 보고하는 데 15분쯤 걸린다. 1시간까지 걸리는 사람들도 있다. 트립탄 1회 투여량은 약 70달러다(이 약물의 통증 완화 효과는 약 80퍼센트이다.).

일부 두통 연구자들은 뇌의 특정 부위에 "두통 발생기(headache generator)"가 있으며, 오르가슴이 그 발생기의 작동을 "차단"한다고 믿고 있다. 사실 이 그렇다면 오르가슴의 두통 완화 효과가 겨우 두세 시간 지속되는 게 아니라 항구적인 이유도 설명된다. 엔도르핀 분출이 단 하나의 원인이라면 그럴 수도 있을 것이다. 러트거스 대학교의 베벌리 휘플(Beverly Whipple) 박사는 G-스폿을 자극하면 고통의 역치가 무려 40퍼센트까지 높아진다는 걸 확인했다. G-스폿은 질의 내부 앞벽에 있는 5센트짜리 동전만 한 부위이다. 오르가슴 중에 여성들은 무려 75퍼센트까지 더 증대된 고통을 참을 수 있다.

두통 완화뿐만 아니라 관절염, 목뼈 골절, 근이영양증(muscular dystrophy), 요통 등 온갖 종류의 통증을 적어도 일시적으로나마 완화해 주기 위해 섹스를 한다는 보고는 그래서 전혀 놀라운 일이 아니다.

한 10년쯤 전이었죠. 허리를 다쳤는데, 말 그대로 전혀 움직일 수가 없었어요. 아주 강력한 진통제를 먹었습니다. 어떤 연구를 읽게 됐는데, 오르가슴으로 뇌에서 강력한 화학 물질이 방출되면 통증이 없어진다는 내용이었어요. "왜 안 되겠냐?" 싶었죠. 남편이 그 연구 내용을 검증해 보자고 했어요. 나는 움직일 수가 없어서, 그가 요통 부위를 피하며 그럭저럭 해야 했죠. 내가 할 수 있는 거라곤 그냥 그대로 누워 있는 것뿐이었습니다. 효과가 있었어요! 농담이 아니에요. 오르가슴이 타이레놀 3만큼이나 잘 들었답니다.

섹스하기 좋은 때

섹스를 하면 생리통이 진정되기도 한다. 폐경기 이전의 여성은 자궁벽에서 매달 프로스타글란딘이라고 하는 호르몬이 생산된다. 이 호르몬은 수축을 유발해 조직과 생리혈을 자궁 밖으로 배출시키는데, 또한 생리통을 일으키기도 한다. 성행위는 프로스타글란딘이 인체에 영향을 미치는 방식에 중대한 영향을 끼친다. 우리 연구에 참가한 여성 가운데 일부가 생리통을 완화하기 위해 섹스를 하기로 마음먹었다고 증언한 이유가 설명되는 대목이다.

섹스의 육체적 쾌감은 내가 생리통을 완화하기 위해 쓰는 최고의 방법 가운데 하나입니다. 그런 이유로 여러 번 섹스를 했어요. 편안함을 누리려는 게 동기로 작용했다고 할 수 있겠죠.

—이성애자 여성, 47세

오르가슴 중에 여성의 자궁은 수축한다. 이 과정에서 경련을 일으키는 그 지나친 양("악마"라고 말하는 여성도 있다.)의 프로스타글란딘이 몽땅 소모된다. 월경 중에 섹스를 하면 생리 기간이 짧아지는 부가적 혜택을 누리기도 한다. 생리 기간이 삽입 성교 후 하루가 채 안 돼 느닷없이 끝났다고 증언하는 여성들도 일부 존재한다. 그녀들은 성교로 "자기 몸의 온갖 변화 과정이 다음 달까지 어떻게 중단될 수 있는지" 궁금해 했다. 오르가슴을 느끼면서 자궁 수축 횟수가 늘어나기 때문에 생리혈이 더 빨리 배출되는 경우도 있다. 이 경우는 생리 기간이 더 효율적으로 끝나기 때문에 앞의 사례와는 반대라고 할 수 있겠다. 1960년대 중반에 성 과학자들인 윌리엄 매스터스와 버지니아 존슨은 실험실에서 오르가슴을 느끼는 여성들을 직접 관찰했다. 두 사람은 이를 바탕으로 오르가슴으로 일어나는 생리 변화를 상세하게 보고했다. 그들은 검경 장비를 사용해 생리혈이 섹스의 압력으로 오르가슴의 최종 단계에 자궁 경관에서 분출되는 것까지 실제로 관찰했다.

섹스는 자궁 내막증을 줄여 주기도 한다. 자궁 내막증은 난소나 나팔관 같은 자궁 이외의 부위에서 자궁 조직이 자랄 때 발생하는 흔한 부인과 질병으로 섹스 중에 통증을 느끼거나, 골반통이 오기도 하며, 심할 경우 불임에 이르기도 한다. 예일 대학교 의과 대학 연구진은 월경 중에 정기적으로 삽입 성교나 자위를 하는 여성들이 월경 중에 성 활동을 자제하는 여성들보다 자궁 내막증을 앓을 확률이 1.5배 더 낮음을 확인했다(탐폰을 사용하는 여성들도 자궁 내막증을 앓을 확률이 낮다는 사실은 무척이나 흥미롭다.).

어떤 면에서 성행위는 질을 청소해 주는 역할을 한다. 생리혈에는 자궁 내막 조직이 들어 있는 경우가 많은데 이 자궁 내막 조직의 파편들은 골반 부위로 역류할 수 있다. "역행성 월경"이라고 하는 이 현상 때문에 여성들이 자궁 내막증을 앓을 위험이 커진다. 그런데 월경 중에 삽입 성교를 하면 질에서 생리 잔해물이 깨끗이 제거돼 그 위험이 줄어드는 것이다. 삽입 성교로 느끼든 자위로 달성하든 오르가슴이 추가로 자궁 내막증의 위험을 줄여 준다. 오르가슴 때 수축이 일어나면서 월경 잔해물이 자궁 밖으로 빠져나가기 때문이다. 같은 예일 대학교 의과 대학 연구진의 논문을 보면 생리대만 쓰는 여성들이 탐폰만 사용하는 여성들보다 자궁 내막증에 걸릴 가능성이 두 배 이상 더 많았다. 탐폰이 생리대보다 생리혈과 월경 잔해물을 더 효과적으로 흡수 제거한다는 걸 알 수 있는 대목이다. 질 세척은 생리 중에 하든 평소에 하든 자궁 내막증 발생 위험과는 무관했다.

월경 중에 섹스를 하면 통증을 완화할 수 있고, 생리 기간을 줄일 수도 있으며, 자궁 내막증 발생 위험도 줄어든다. 대(大)플리니우스께서 생리 중에 교접하는 것이 어떤 결과를 낳는지 목록화할 때 이런 과학 증거들을 참조할 수 없었음은 분명하다. 플리니우스는 생리혈과 접촉하면 새 포도주가 시큼해지고, 작황이 나빠지며, 쇠의 날과 상아의 광택이 무디어지고, 개가 미치고, 심지어는 미물인 개미조차 생리혈 맛이 나는 곡물은 질색하며 돌아선다고 썼다.

(섹스를 하면) 스트레스가 풀려요. 까놓고 말해서 남자들은 이유 따위는 신경 안 쓰잖아요. 그들도 파트너를 도울 수 있다면 즐겁겠죠.

—주로 이성애를 하는 여성, 22세

분노와 불안이 우리가 사물이나 사태를 경험하는 방식을 크게 바꿔 놓을 수 있음을 모두가 알고 있다. 우리의 마음은 부정적인 생각에 사로잡히기도 하고, 완전히 장악당하기도 한다. 우리는 부정적인 생각 때문에 주변에서 벌어지는 즐거운 일들을 깨닫지 못하기도 한다. 앞에서도 보았지만 성 활동이 이루어지는 상황에서도 부정적인 생각으로 주의가 산만해지는 경우가 왕왕 있다. 예컨대 파트너의 어루만지기 같은 즐거운 감각이나 배우자를 향한 적극적인 감정처럼 성적으로 자극적인 신호들에 집중하지 못하는 것이다. 매스터스와 존슨은 이걸 "방관자 되기(spectatoring)"라고 불렀다. 성 활동 참가자가 적극적으로 성행위에 임하지 못하면서 "3인칭"이 되어 버리기 때문이다. 이런 사람들의 심리는 해당 경험으로부터 분리된다. 당신이 낮에 회사 사장이 얼마나 얼간이처럼 굴었는지 생각하고 있다면, 혹은 자신의 성기 반응을 깨닫거나 거기에 흥분하지 못하고 내일까지 해야 할 과제 목록을 챙기면서 거짓말을 하고 있다면 성적 흥분이나 오르가슴은 난망일 것임이 분명하다. 여성들이 섹스를 즐기지 못하거나 아예 섹스 자체를 원하지 않게 되기도 하는 스트레스라는 게 바로 이런 것이다.

그러나 스트레스가 심한 상황에서 몸에 일어나는 일련의 육체 변화들로 인해 많은 여성이 성행위를 원하기도 한다. 사람은 스트레스로 녹초가 되었다고 느낄 때 교감 신경(sympathetic nervous system; SNS)이라고 하는 신경계가 활성화된다. 심박동수와 혈압을 올리고, 땀을 내서 몸 안의 과잉 수분을 제거하고, 방광 근육을 이완시키고(깜짝 놀랐을 때 통제하지 못하고 오줌을 눠버리는 사람과 동물이 일부 존재하는 이유이다.), 소화를 늦추고, 간을 자극해 에너지용 포도당을 방출시키는 게 교감 신경계의 임무다. 교감 신경계가 활성화되면 노르에피네프린도 방출된다. 노르에피네프린이란 뇌 화학 물질은 분자 구조가 흥분제 암페타민과 비슷하다. 이런 온갖 변화가 우리가 신체 위협이나 남부끄러운 상황에 직면했을 때 신속하게 반응할 수 있도록 몸을 효율적으로 준비시킨다. 본질에 있어 "투쟁-도피" 반응인 셈이다. 교감 신경계는 결정적으로 중요한 짧은 시간 동안, 즉 싸워서 물리치거나 줄행랑을 쳐 도피하는 방식으로 스트레스 요인을 해결할 때까지만 활성화된다. 이유가 무엇이든 스트레스를 효과적으로 해소하지 못해서 교감 신경계가 지속적으로 활성 상태에 놓이면 마음이 산란해진 우리는 몸이 극도로 불편해진다.

땀을 뻘뻘 흘리며 몸이 떨리고, 심장이 1분에 110번씩 두방망이질치는 상태에서 긴장을 풀고 진정하거나 일에 집중하기는 어렵다는 사실은 누구나 알 것이다. 교감 신경계가 오랫동안 활성 상태를 유지하면 심혈관계, 면역계, 신경계에 온갖 종류의 기능 장애가 발생하기도 한다. 신경계가 지나치게 흥분하는 일이 잦은 사람들은 클로나자팜이나 자낙스 같은 베타-차단제나 기타 항불안제를 복용해 그 증상을 가라앉힌다. 우리 연구에 참가한 일부 여성은 섹스도 효험이 있다고 증언했다.

사는 게 고달픈 시절이 있었죠. 대개는 직장 관련 스트레스였습니다. 치미는 울화를 배출하고 싶은 건 당연한 일이죠. 퇴근해서, 정말 열정적으로 섹스를 해 대는 게 그 당시의 나에게는 좋은 해소책이었어요.

—이성애자 여성, 44세

따분해서 생긴 공격성을 없애기 위해 섹스를 했다고 말하는 게 더 정확할 거예요. 파트너와 함께 있을 때면 가끔씩 화가 나서 짜증을 낸다는 걸 알아요. 그러면 공격적으로 굴게 되죠. 대개는 그저 따분함을 느껴서예요. 그래서 섹스를 합니다. 싸우는 것보다는 더 쉬우니까요. 할 일도 생기고요.

—주로 이성애를 하는 여성, 27세

가끔씩 불만을 느끼거나 화가 나는데 그러면 그 에너지를 발산할 배출구가 필요합니다. 섹스가 그런 부정적 감정들을 해소할 수 있는 나름의 효과적인 수단임을 깨달았어요. 진정할 수도 있고요. 예컨대, 운동처럼 다른 형태의 육체 활동도 비슷한 효과를 내기는 하지만 항상 효과를 볼 수 있는 건 아니거든요.

—이성애자 여성, 23세

우리 연구에 참가한 많은 여성이 스트레스를 받으면 섹스를 해서 마음을 맑은 상태로 만들었다. 섹스로 원기를 회복한 여자들은 자신의 목표에 더 효과적으로 집중했고, 문제 상황도 더 객관적으로 바라봤다.

가끔은 학교생활이 너무나 좌절스러워요. 해결하는 게 거의 불가능해 보이는 어려운 문제를 접할 때면 잠시 잊고 휴식을 취합니다. 남자친구를 찾아가 섹스를 하는 거죠. 시간이 지나고 나면 대개는 그 문제를 더 쉽게 풀 수 있습니다. 잠시 잊고 섹스를 하면서 좌절스러운 상황에서 놓여났기 때문이겠죠.

—이성애자 여성, 19세

어떤 여성들은 파트너와 싸우고 나서 섹스를 하는 데 이런 이유를 대기도 했다.

나는 아주 어린 나이에 장기적 관계를 맺었습니다. …… 싸우고 나서 섹스하면 모든 게 더 나아진다고 생각했던 것 같아요. 솔직히 잠시뿐이지만 맞는 말이죠.

—이성애자 여성, 25세

파트너와 다투면서, 혹은 다투고 나서 섹스를 하면 가끔씩 관계의 불화가 해소되기도 한다. 섹스가 쌓인 분노와 불만을 발산해 주고, 덕분에 우리 몸이 정상적인 각성 수준으로 복귀하기 때문에 적어도 일시적으로나마 우리의 마음에서 싸움을 초래했던 부정적인 생각들이 제거된다. 실제로 섹스가 싸움을 촉발한 근본적인 문제를 해결해 주지는 못하지만 화를 내거나 감정적으로 대응하기보다는 문제에 이성적으로 접근하도록 도움을 줄 수는 있다.

화해의 의미로 하는 섹스는 언제나 더 열정적이고, 재미있죠. 하지만 그게 모든 걸 다 해결해 주지는 못해요. …… (아무튼) 온갖 감정과 나쁜 에너지를 열정과 욕망과 좋은 것들로 바꿔 낼 수는 있습니다. 100배쯤 더 스트레스에서 벗어났다고 느낄 수 있는 거죠.

—이성애자 여성, 24세

토대가 든든한 배우자 쌍은 싸우고 나서 하는 섹스를 통해 그들이 서로에게 진심으로 느끼는 헌신의 열정을 상기하기도 한다. 사랑과 정서적 유대에 관해 3장에서 서술한 온갖 이유들 때문에 사람들은 "화해"의 섹스를 통해 다시 연결되기도 하는 것이다.

수면제

만성적 스트레스는 인체를 여러 가지 방식으로 망가뜨린다. 2000만 명 이상의 미국인이 수면 장애를 앓고 있는데 여성이 남성보다 두 배 더 많다. 가끔씩 불면증을 경험하는 사람은 훨씬 더 많다. 원인은 흥분, 스트레스, 카페인이나 알코올을 너무 많이 마셔서이다. 음주는 가장 흔히 활용되는 스트레스 "자가 치료법"이다. 수면 장애를 앓는 사람들에게 제시되는 전형적인 권고는 매일 같은 시간에 자고 일어나라는 것이다. 카페인, 니코틴, 알코올을 멀리 하고, 느지막이 식사를 많이 하지 말라는 얘기도 보태진다. 침대는 잠자는 용도와 섹스할 때만 사용하라는 지침도 있다. 규칙적으로 운동을 하고, 침실을 어둡고, 조용하며, 선선하게 유지하는 것도 필수적인 조치이다.

우리 연구에 참가한 여성들의 여러 증언을 들어 보면 섹스도 불면증 치료책 목록에 추가해 볼 만하다.

석사 학위를 마쳐 가는 와중에 불면증과 스트레스에 시달렸습니다. 열심히 공부를 하면서 불면증과 스트레스도 다스려야 했죠. 하지만 점점 더 행복감과 희열이 필요했어요. 오르가슴을 통해 두뇌의 가동을 중지시킬 필요가 있었죠. 엔도르핀을 분출시켜 아주 편안하게 쉬기도 해야 했고요. 하지만 주변에 마음대로 부릴 수 있는 사람이 거의 없었습니다. 보통은 나 자신을 해방하기 위해 딜도를 하나 내지 두 개 사용했어요. 완전히 자애적(自愛的)이었고, 죄책감 같은 건 느끼지 않았습니다.

이 권고를 따르려는 사람들은 명심할 게 하나 더 있다. 격심한 섹스를 하면 심박동수가 증가하고, 졸리기보다는 활기찬 상태에 이를 수 있다. 따라서 섹스를 수면제로 활용하려면 "활동적" 섹스는 다음으로 기약하고 "수면 시간용의"보다 완화된 섹스를 해야 할 것이다.

오르가슴 중에 엔도르핀이 방출되어 몸과 마음을 이완시켜 수면을 유도하기도 한다. 그러나 더 중요한 것은 이때 프로락틴이 분비된다는 것이다. 프로락틴과 잠은 깊은 관계를 맺고 있는데 수면 중에 프로락틴 수치가 더 높게 나온다. 동물을 대상으로 한 실험을 보면 프로락틴 주사를 맞은 동물들이 더 곤히 잔다는 걸 알 수 있다. 프로락틴 분비는 포만감과도 결부된다. 남자들이 보이는 불응기는 어느 정도 프로락틴에 그 원인이 있다. 여자들의 경우는 프로락틴이 남자들과 동일한 억제 효과를 발휘하지 않는다. 이성애자들의 경우 섹스 직후 파트너가 곯아떨어지는 것에 불만을 느끼는 쪽이 남자들보다 여자들에서 훨씬 더 많은 이유가 설명되는 대목이다.

흥미롭게도, 실험 결과 자위로 느끼는 오르가슴보다 성교로 일어나는 오르가슴에서 분비되는 프로락틴 양이 400배 더 증가하는 것으로 나타났다. 진화의 관점에서 보면 이는 이해가 되는데 여성들이 자위 오르가슴보다 성교 오르가슴에서 더 만족감을 느낀다면 번식과 직접 연결되는(자위는 그렇지 못하다.) 파트너 동반 섹스에 더 몰두하게 될 것이다. 그리고 프로락틴이 여성들에게서 수면을 유도하는 만큼, 잠을 자면 그대로 누워 있게 되고, 그 상태에서 정자가 난자에게 더 쉽게 운반될 수 있을 테니 자위보다 성교 후에 졸리는 게 더 중요할 것이다.

사람들은 섹스로 불안감을 제거하기도 하지만 불안감이 여성의 성 반응을 강화하기도 한다. 우리 연구에 참가한 일부 여성들은 불안감 때문에 더 "흥분"했고, 섹스를 했다고 털어놓았다.

> 스트레스가 심하거나 몹시 걱정스러우면 성적으로 흥분하는 경우가 많아요.
>
> —이성애자 여성, 20세

> 남편을 얼마나 사랑했는지 몰라요. 64년 동안 결혼 생활을 했는데, 단 하루도 떨어져 지낸 적이 없어요. 우리는 너무 재미있게 살았어요. 맞아요, 싸우기도 했죠. 하지만 화해하는 것도 재미있었답니다!
>
> —이성애자 여성, 86세

불안이 성적 흥분에 미치는 효과는 질 혈류 측정법(2장에서 설명했다.)을 사용해 확인한다. 한 연구에서는 여자들이 스트레스가 전혀 없는 여행 다큐멘터리를 시청했다. 그녀들은 직후에 한 커플이 나와서 전희와 오랄 섹스와 성교를 하는 동영상을 보았다. 다른 실험에서는 교감 신경 반응을 끌어내도록 제작된 영화를 보고, 이어서 앞의 경우와 비슷한 성애 영화를 시청했다. 그 결과, 불안을 자극하는 영화를 먼저 보고서 성애 영화를 시청한 여성들의 질 울혈 정도가 훨씬 더 컸다. 불안감을 조성하는 영화에 성적인 생각을 유도하는 장면이 하나도 없었음에도 불구하고 말이다. 따라서 불안감을 자극하는 영화로 인해 활성화된 교감 신경계가 여성의 성적 흥분을 증가시켰다는 것이 가장 설득력 있는 설명이다.

메스턴 성 심리 생리학 랩은 교감 신경계를 활성화하는 운동의 효과도 살펴보기로 했다. 여자들에게 각기 다른 날 두 번 실험실을 찾아오도록 했다. 하루는 여행 다큐멘터리를 시청하게 한 다음 성애 영화를 보여 줬다. 다른 날에는 20분 동안 운동을 하게 한 다음 비슷한 성애 영화를 보여 줬다. 피험자들은 최대 심박동수의 70퍼센트 수준으로 운동을 했다. 대개의 사람들에게 이 정도면 꽤 격렬한 수준이다. 이틀 모두 질 혈류 측정기로 영화를 시청하는 여성들의 성적 흥분도를 쟀다. 조사 결과, 운동을 하고 영화를 본 날 여성들은 질이 훨씬 더 많이 충혈된 것으로 나타났다. 실제로 운동을 한 날 성애 영화를 보면서 성적으로 흥분한 정도는 무려 150퍼센트나 더 높았다. 교감 신경계가 활성화되면 우리 몸이 "투쟁-도피" 반응을 할 수 있도록 준비될 뿐만 아니라 여성의 몸이 성적으로 흥분할 준비도 갖추게 되는 것이다.

이 결과는 남자를 대상으로 한 연구 내용과 크게 다르다. 교감 신경계가 활성화되면 남자는 발기 능력이 훼손된다. 자신의 성 활동 능력을 근심할 경우 특히 더 그렇다. 메스턴 랩의 연구 내용은 여자들의 경우 정확히 반대의 결과를 예견한다. 성적으로 문제가 있는 여자들이 교감 신경계의 활성화로 도움을 받을 수도 있다는 것이다. 마음으로는 섹스를 "원하는데" 몸이 반응하지 않을 경우 그녀는 무언가 활기를 북돋는 활동을 시도해 볼 수 있다. 파트너를 찾아 나서거나(파트너가 자신을 쫓아온다면 더 좋을 것이다.), 춤을 추러 간다거나, 함께 무서운 영화를 본다거나 하는 것이 그런 방법들이다. 많은 지침서가 성적으로 흥분하거나 오르가슴을 느끼는 데서 문제를 안고 있는 여성들에게 정반대로 하라고 가르친다. 마음을 달래 주는 음악을 들으면서 몸의 긴장을 풀고, 거품 목욕을 하고, 조용히 명상을 하라는 것이다. 이런 방법들이 마음을 진정시켜 맑게 해 주는 데 도움이 된다는 것은 사실이다. 그러나 메스턴 랩의 연구 결과에 따르면 그렇게 한다고 해서 여성의 몸이 섹스에 적합하도록 준비될 것 같지는 않다. 그보다는 활기찬 활동이 더 효과적인 것이다.

경악스러운 사랑

몇 년 전에 메스턴 랩 연구진은 텍사스에 있는 놀이 공원 몇 군데를 찾아가 롤러코스터 타기가 성 반응을 강화해 주는 또 다른 방법이 될 수 있을지 조사했다. 짐작할 수 있듯이 롤러코스터 타기는 교감 신경계를 활성화한다. 가족 단위로 찾는 위락 시설에서 여성들에게 질 탐침을 삽입해 달라고 요청하는 것이 선택지가 못 된다는 것은 분명했다. 여성들의 성적 흥분을 직접 측정할 수는 없는 노릇이었다. 고육지책으로 연구진은 성적 끌림을 측정했다. 연구진은 롤러코스터에 탑승하기 위해 줄을 서서 기다리는 여성들과, 막 탑승을 마치고 내린 여성들을 며칠에 걸쳐 인터뷰했다. 롤러코스터에서 내린 여자들은 교감 신경계의 흥분이 여전히 높은 상태로 유지되고 있었다. 연구진은 여성들에게 평균적인 외모의 한 남자 사진을 보여 준 후 간단한 설문 내용에 답해 줄 것을 부탁했다. 남자가 얼마나 매력적이라고 생각하는지, 그에게 얼마나 키스를 퍼붓고 싶은지, 그와 얼마나 데이트를 하고 싶은지를 설문지는 물었다. 롤러코스터에서 막 내린 여자들은 줄을 서서 탑승 대기 중이던 여자들보다 사진 속의 남자를 더 매력적이고, 데이트할 가능성이 더 많다고 평가했다. 롤러코스터 탑승으로 교감 신경계가 활성화된 여파로 성적 끌림이 증가된 듯했다.

분주한 바람둥이들이라면 롤러코스터 연구 결과를 참조해 느긋하게 앉아 있기보다는 나이트클럽을 드나들거나 커피숍이 아닌 체육관을 어슬렁거려야 배우자를 후릴 기회가 더 많은 게 아닐까 궁금해 할지도 모르겠다. 그러나 답은 그리 간단하지 않다. 실제로 데이트가 성사되는 상황에서는 적어도 맨 처음에 어느 정도라도 끌림이 있느냐 없느냐가 중요하다. 처음에 어느 정도 끌렸다면 가능성은 있다. 그러나 자기를 쫓아온 남자를 여자가 조금도 매력적이라고 생각하지 않는다면 장거리 마라톤을 뛴 후라 해도 그녀는 데이트를 원하지 않을 것이다. 상황이 이러할진대 섹스를 어떻게 기대할 수 있겠는가?

교감 신경계가 활성화되면 여성의 성적 흥분과 끌림이 증대되기도 한다는 사실이 오늘날을 살아가는 대다수 사람에게는 낯설고 새로울 것이다. 그러나 일부 똑똑한 남자들은 오래전부터 이 사실을 알고 있었다. 기원후 550년으로 거슬러 올라가 로마 시대의 원형 대경기장을 묘사한 기록에 주목해 보자.

자리에서 일어난 여자들이 주먹으로 앞좌석에 앉은 사람들의 등을 두드리며 괴성을 질러 댄다. "죽여라! 죽여라! 죽여라!" 경기가 시작되기 전임에도 똑똑한 젊은 남자들은 이런 광기를 선보일 여자들을 찾아내, 그녀들 옆에 가서 앉는다. 광란 상태가 몰아치면 여자들은 다른 것은 아무것도 의식하지 못한다. 사내들은 투기장의 유혈 낭자한 장관에 고함을 지르며 몸부림치는 여자들과 신나게 놀 수 있다.

섹스의 양지

전 세계의 연구들을 두루 살펴보면 여성이 남성보다 우울증을 두 배 더 많이 경험한다는 걸 알 수 있다. 평생에 걸쳐 여성은 약 20퍼센트, 남성은 10퍼센트가 우울증을 앓는다. 분비되는 성 호르몬의 차이로 남자들보다는 여자들에서 우울증이 더 많이 발생한다는 것이 어느 정도는 사실이다. 이를 입증하는 증거로 소녀들이 소년들보다 우울증에 더 잘 걸린다는 사실을 제시할 수 있다. 그러나 그녀들이 사춘기와 결합된 호르몬 변화를 경험하고, 월경을 시작하면서부터라는 진술이 반드시 보태져야 한다. 남자들의 경우 테스토스테론 수치가 아침에 가장 높게 나오며 하루 동안 약간 오르내리는 정도이다. 그러나 여자들은 에스트로겐이나 프로게스테론 같은 성 호르몬들이 통상 28일인 월경 주기에 따라 엄청나게 변동한다. 생리를 시작하는 첫날을 제1일로 기산하면 에스트로겐은 제12일 전후(배란 직전이다.)로 최고점을 기록하고, 프로게스테론은 제19~22일에 가장 수치가 높다.

여성의 성 호르몬은 사춘기, 임신, 출산, 육아, 폐경 이행기 같은 인생사의 사건들과 더불어 극적으로 변화한다. 성 호르몬의 이런 급격한 변동은 다수의 뇌 화학 물질과 생리 과정에 부정적 영향을 미치고, 우울증을 야기한다. 생리 시작 한 주 전에 월경 전 불쾌 장애(premenstrual dysphoric disorder)라고 하는 우울증과 불안 증상을 경험하는 여성이 무려 5퍼센트에 이르는 이유를 알 수 있는 대목이기도 하다. 성 호르몬이 급격히 변화할 때 때때로 아주 많은 여성이 우울증을 경험하는 이유도 설명이 된다.

멜라토닌 생산의 성차는 여성이 남성보다 계절성 정서 장애(seasonal affective disorder; SAD)를 경험할 가능성이 세 배 더 많은 이유를 설명해 줄 수 있다. 계절성 정서 장애는 이용할 수 있는 자연광이 계절에 따라 바뀌는 데서 기인하는 일종의 우울증으로 우리 몸은 송과샘(포유동물의 뇌 깊숙한 곳에 자리하고 있는 작은 구조체이다.)에서 멜라토닌을 분비해 일광 감소에 대응한다. 멜라토닌은 졸립다는 느낌을 야기(불면증을 앓는 많은 사람이 멜라토닌 보충제를 복용하는 이유이다.)하는데 아침이 다가오면서 빛이 눈의 망막을 때리면 멜라토닌 수치가 감소한다. 그렇게 해서 경계와 각성 상태가 증가하는 것이다. 여름과 비교하면 겨울은 밤이 길다. 인간과 다른 포유동물들은 겨울에 더 많은 양의 멜라토닌을 분비한다. 계절성 정서 장애가 있는 대다수의 사람이 겨울에 우울증을 경험하기 때문에 과학자들은 멜라토닌 양이 너무 많아서 계절성 정서 장애가 발생하는 것이라고 믿고 있다.

만일 모든 포유동물이 겨울 동안 멜라토닌 생산을 늘린다면 왜 계절성 정서 장애는 남자들보다 여자들에게서 그토록 흔하게 나타나는 것일까? 국립 정신 건강 연구소(National Institute of Mental Health)의 토머스 웨어(Thomas Wehr) 박사 연구진은 여성이 남성보다 일광 노출 변화상에 생리적으로 더 잘 감응하기 때문일지도 모른다고 보고했다. 우리의 일상생활을 살펴보자. 우리는 저녁 시간에 많은 인공조명에 노출된다. 이런 상황이 멜라토닌 생산에 영향을 미칠 거라고 누구라도 추론할 수 있다. 뇌가 "속아 넘어가" 낮인 줄 알고 가동하는 방식이 여기 개입한다. 연구자들은 이 가설을 검증하면서 흥미로운 성차를 발견했다. 여자들은 노출되는 인공조명의 양과 무관하게 어쩐 일인지 남자들보다 자연광을 훨씬 더 잘 탐지했고, 영향도 많이 받았다. 그 결과 여자들의 경우 분비되는 멜라토닌의 양이 여름보다 겨울에 더 많았다. 하지만 남자들의 경우에는 인공조명이 이를 상쇄해 버리는 듯하며 여자들에게서 나타나는 정도로 계절에 따른 멜라토닌 분비의 차이를 보이지 않았다.

스트레스가 장기적으로 지속되면 우리 몸의 섬세한 호르몬 균형 상태가 깨진다. 남녀 모두 이것이 원인으로 작용해 우울증을 앓기도 한다. 뇌는 신경 전달 물질을 사용해 화학적으로 정보를 교환하면서 우리의 생각과 행동을 통제한다. 뇌에는 상이한 여러 종류의 신경 전달 물질이 있는데 다음의 세 가지가 기분과 밀접하게 결부되어 왔다. 세로토닌, 노르에피네프린, 도파민이 그것들이다. 이들 신경 전달 물질을 생산하는 메커니즘이 어떤 식으로든 훼손되면 뇌의 변연계 부위가 제대로 작동하지 않는다. 변연계는 감정, 식욕, 수면, 특정한 사고 과정, 성욕을 관장하는데 사람이 우울증을 앓으면 이 모든 것이 손상되었다고 볼 수 있다.

스트레스를 받으면 콩팥 위에 있는 부신에서 코르티솔이 더 많이 분비된다. 코르티솔은 인체의 신진 대사를 증대하는 호르몬으로 정상적인 스트레스 범위라면 코르티솔 수치가 증가했다가 점차 다시 정상으로 복귀한다. 하지만 스트레스가 지속되면 코르티솔 분비도 늘어나서 우울증의 또다른 원인이 된다. 우울증이 심각한 사람들은 그 절반가량이 코르티솔 수치가 비정상적으로 높은 것으로 보고되었다. 남성보다 여성에서 훨씬 더 많이 생산되는 에스트로겐은 코르티솔 분비를 증대시킬 뿐만 아니라, 스트레스 요인이 제거된 후에 코르티솔 분비를 중단시키는 인체의 능력까지 망가뜨리기도 한다. 남자들보다 여자들이 우울증과 불안 장애를 더 많이 앓는 이유에 대한 또 다른 설명인 셈이다. 성적 흥분과 오르가슴이 코르티솔 양 감소와 결부되어 왔다는 점을 고려하면 코르티솔 증가가 여성의 성 반응을 훼손할 수도 있다. 메스턴 랩이 수행한 최근의 한 연구에서는 성애 영화를 보고 코르티솔 수치가 높아진 여성들이 같은 영화를 보면서 코르티솔 수치가 낮았던 여성들보다 성욕과 성적 흥분에서 문제에 직면할 가능성이 더 많았다. 다르게 생각해 보면 섹스를 하는 것이 적어도 일시적이나마 코르티솔 수치를 낮춰서 불안과 우울증을 경감해 줄 수 있을 것이다.

여러 연구들에 따르면 여성들은 우울증을 앓을 때 흔히 성욕 및 성적 흥분 감소 같은 성 활동상의 장애들에 직면한다. 2장에서 살펴보았듯이 많은 우울증 치료제가 성 활동 기능을 훼손한다. 그렇기 때문에 우울증 약을 복용하는 여성의 경우 성적인 문제가 우울증 때문인지, 우울증을 치료하려고 사용 중인 약물 때문인지를 알아내는 게 쉽지 않다. 메스턴 랩이 수행한 또 다른 연구에서는 성관계를 맺고 있는 100명 가까운 여대생이 성 활동 기능과 우울증을 측정하려는 목적으로 작성된 설문지에 응답했다. 익명 절차와 비밀 암호 설정으로 응답자의 신원을 누구도 알 수 없다는 사실을 고지했다. 설문지 응답자들이 질문에 숨김없이 솔직하게 답변할 가능성을 높이려는 시도였다. 연구에 참가한 여성 가운데서 항울제를 복용 중인 사람은 한 명도 없었다. 약간의 우울증을 앓는 여성들이 자신의 성 활동 기능과 관련해 작성한 답변 내용을 우울증이라고는 도통 모르는 여성들이 답변한 내용과 비교해 보았다. 우울증을 앓는 여성들은 우울증을 모르는 여성들보다 질의 윤활 작용이 처졌고, 섹스 중에 통증을 더 많이 느꼈으며, 오르가슴에 도달하는 게 더 어려웠고, 성적 만족과 즐거움을 전반적으로 덜 느꼈다. 이 연구로 새롭고, 놀라운 사실도 발견할 수 있었다. 우울증을 앓는 여성들은 우울증을 앓지 않는 여성들보다 자위를 훨씬 더 자주 했다.

우울증을 앓는 여성들은 왜 파트너와의 섹스보다 자위가 더 낫다고 생각했던 것일까? 우울증을 앓는 여성들이 자위를 "자가" 치료 수단으로 활용한다는 게 한 가지 설명 방법일 수 있다. 오르가슴을 느낌으로써 기분을 더 낫게 하려 시도하는 것이다. 오르가슴 중에 방출되는 엔도르핀은 일시적이나마 강렬한 행복감을 자아낸다. 우울증을 앓는 여성들이 일상의 삶에서 즐거움과 만족을 느끼기는 매우 힘들기 때문에 비록 짧을지라도 오르가슴으로 누리는 행복한 경험은 기분을 개선해 주는 중요한 탈출구가 된다. 대다수의 여성이 우울증을 앓지 않더라도 파트너보다는 자위로 오르가슴에 도달하는 게 더 쉽고 편하다고 생각한다. 그녀들은 기분이 최고조에 이르려면 어느 정도 압력으로 어디를 자극해야 하는지 안다. 사실 타인과 섹스하려면 어느 정도의 사회적 상호 작용이 필요한데 우울증에 걸린 사람들일수록 그런 사회적 상호 작용을 회피하려 든다. 섹스를 혼자 하면 "행동 불안 장애"를 불러일으킬 가능성이 줄어들며, 타인과 섹스할 때 종종 겪는, 평가당하는 두려움을 배제할 수 있다.

사랑의 묘약

때때로 자위가 파트너와 하는 섹스보다 더 이로울지도 모른다. 그러나 올버니 소재 뉴욕 주립 대학교의 심리학자 고든 갤럽이 수행한 연구는 파트너와 섹스를 하는 것에도 이득이 있을지 모른다고 제안한다. 아, 물론 남성 파트너 얘기이다. 293명의 여대생이 우울증 검사표와 성생활 관련 설문지에 응답했다. 성생활 관련 설문지는 다음과 같은 것들을 물었다. 얼마나 자주 성교를 하는지, 마지막으로 성행위를 한 게 언제였는지, 어떤 종류의 피임법을 사용하는지 등등. 콘돔 **없이**(하지만 경구 피임약을 복용했을지도 모른다.) 섹스를 하는 여성들은 통상의 피임법으로 콘돔을 사용하며 성교를 하는 여성들보다 우울증을 현저하게 덜 앓았다. 그녀들은 섹스를 전혀 하지 않는다고 응답한 여성들보다 더 행복하기까지 했다. 설문지에는 자살을 시도해 본 적이 있느냐는 질문도 들어 있었는데, 아마도 가장 충격적인 응답 내용은 이것일 듯하다. 항상 콘돔을 사용한다고 응답한 여성들의 13퍼센트 이상이 자살을 시도해 본 적이 있었다. 콘돔을 사용해 본 적이 없다고 응답한 여성들의 5퍼센트 응답률과 확연히 대조되는 수치이다.

이러한 조사 결과는 정액에 "우울감을 다스려 주는" 무언가가 있을지도 모른다는 것을 암시한다. 콘돔을 사용하거나 성교를 거부하는 여성들은 결코 얻을 수 없는 그 무엇 말이다. 정액에 영양 물질이 들어 있다는 사실은 오래전부터 알려져 있었다. 정자들은 그 영양 물질의 도움으로 나팔관을 가로지르는 장도에 올라, 탐나는 난자를 차지할 수 있다. 하지만 정액에 테스토스테론과 에스트로겐, 난포 자극 호르몬, 황체 형성 호르몬, 프로락틴, 몇 종류의 프로스타글란딘 등 각종 호르몬이 들어 있다는 사실을 아는 사람은 적다. 이런 온갖 호르몬들이 기분을 변화시키는 잠재적인 능력을 지니며 질벽을 통해 여성의 혈류에 흡수될 수도 있다. 정액에 노출되고 수 시간 이내에 검사를 해 본 결과 여성의 혈액에서 이 호르몬들의 일부가 검출되었다. 정액에 들어 있는 각종 호르몬 가운데서도 에스트로겐과 프로스타글란딘이 기분을 향상시켜 주는 가장 가능성 높은 후보자인 것 같다. 우울증을 앓는 사람들에서 이 두 호르몬이 모두 정상 수치보다 낮게 검출되었으며 폐경기를 경과한 여성들에서는 에스트로겐이 기분을 향상시켜 주는 효과를 발휘하는 것으로 나타났다. 더 젊은 여성들의 경우를 봐도 에스트로겐 기반의 피임약이 기분을 향상시켜 준다고 보고하는 논문들을 몇 개 찾을 수 있다.

같은 논문에서 연구진은 콘돔 없이 수시로 성교를 해 온 여성들의 경우 섹스를 중단하면 더 오랫동안 우울해 한다는 걸 발견했다. 그러나 콘돔을 사용한 여성들한테는 이 진술이 적용되지 않았다. 콘돔을 사용하지 않던 여성들이 질과 정액이 수시로 접촉되던 것이 중단되면서 일종의 "약물 금단" 증상을 겪는지도 모른다고 연구진은 제안했다. 우리는 2장에서 여성에게서 왜 오르가슴이 진화했는지 설명하는 진화적 가설들을 살펴보았는데 그중 하나가 섹스에 대한 보상으로서 즐거움이 제공된다는 것이었다. 생리학자 로이 레빈(Roy Levin)은 오르가슴을 느끼지 못할 때조차 섹스가 여성에게 보상적일 수 있도록 정액의 기분 개선 효과가 진화했는지 모른다고 제안했다.

정액이 여성의 기분을 개선시켜 준다는 것에 더해 이 흥미로운 연구 결과는 여성의 성애와 관련한 심대한 함의를 내포하고 있다. 앞에서 보았듯이 일부 여성들은 테스토스테론 수치가 낮으면 성욕도 낮았다. 테스토스테론은 피부보다는 질을 통해서 훨씬 더 빨리 흡수되는데 정액에 함유된 테스토스테론이 여성의 혈류로 침투할 수 있는 탓에 잠재적으로 여성의 성욕이 향상되는 효과를 얻을 수도 있을 것이다. 연구자들은 이중 초음파 검사를 통해 프로스타글란딘 E_I가 여성의 성기로 유입되는 혈액의 양을 크게 증가시킨다는 사실을 확인했다. 프로스타글란딘 E_I는 정액에 들어 있는 마법의 물질 가운데 하나이다. 더 최근의 연구에 따르면 성 흥분 기능 장애를 앓는 여성들이 프로스타글란딘 E_I가 함유된 크림을 성교 전에 외음부에 바르면 성적으로 훨씬 더 많이 흥분한다는 사실이 확인되었다. 프로스타글란딘 E_I가 아니라 위약 성분의 크림을 바른 여성들은 같은 혜택을 누리지 못했다. 정액에 함유된 프로스타글란딘 E_I가 여성의 혈액으로 들어가 성적 흥분을 개선시키는지도 모른다.

의사들이 정액이 담긴 약병을 신형 항울제라며 처방하기 위해서는 반드시 추가 연구가 수행되어야 할 것이다! 하지만 어쨌든 이러한 발견으로 왜 우리 연구에 참여한 많은 여성이 "우울증을 없애"고 "기분이 나아졌"으면 해서 섹스를 한다고 응답했는지가 생리적 차원에서 해명된 셈이다.

1은 가장 외로운 숫자

다른 사람이 위에서 나를 짓눌러 주기를 간절히 바라는 때가 있어요.

—주로 이성애를 하는 여성, 20세

외로움은 우울증의 흔한 원인이다. 사람들이 다른 사람들에게서 원하거나 필요로 하는 접촉의 양은 천차만별이다. 스펙트럼의 한쪽 끝에는 사회적 상호 작용을 통해 성공하는 사교적 유형이 있고, 반대쪽 극단에는 집을 좀체 나서지 않으려는 은둔자형이 있다. 그러나 대다수 사람들은 행복감과 유대감을 느끼기 위해 타인들과의 어느 정도 접촉을 갈구하고 심지어는 반드시 필요로 한다. 사회적 접촉이 없고, 더 깊은 수준에서 친밀함이 없으면 시간이 지나면서 외로움을 느끼게 된다. 외롭고, 친밀함이 없다는 것은 중장년층 이성애자 여성들에게는 매우 명백한 문제이다. 여자들은 대개 나이가 더 많은 남자들과 결혼을 하고, 남자들은 여자들보다 기대 수명이 더 짧기 때문에 일반적으로 아내들이 남편들보다 더 오래 산다. 그리고 중장년층의 독신 여성들이 중장년층 남성들보다 그 수가 더 많은 탓에 배우자를 찾기는 더 어렵다.

우리 연구에 참가한 온갖 연령대의 다양한 성적 취향을 가진 여성들이 외로움을 물리치려고 섹스한 얘기를 들려줬다.

외로우면 누군가랑 대화를 하고, 섹스까지 하는 일에 나설 가능성이 많죠. 정말이지 낭만적이고 성적인 관계는 결국 외로움 때문인 것 같아요. 다른 누군가와 친밀한 행동을 하는 유일한 이유는 인간적 유대감과 육체의 즐거움을 느끼기 위해서죠. 육체의 즐거움만을 찾을 수도 있어요. 섹스를 하는 가장 커다란 이유는 인간적 유대감 때문입니다. 인간적 유대감이 필요한 이유는 외로움 때문이고요.

—주로 이성애를 하는 여성, 27세

고독감 때문에 심신이 허약해질 수도 있다. 어떤 여성들은 그저 외로운 게 두려워서 무분별하게 관계를 맺기도 한다.

가장 최근에 만난 남자하고 섹스를 한 건 외롭고, 내게 귀여운 구석이 전혀 없다는 느낌을 떨쳐 버리기 위해서였어요. 어리석은 짓이었죠. 기분이 더 엉망으로 변하고 말았거든요. 한 달이나 만났을까요. 관계를 어떻게 맺어 나갈지 심각하다면 심각한 얘기를 한 번 한 다음 우리는 바로 부둥켜안고 뒹굴었죠. 그는 섹스하고 싶다고 말했고, 나는 응했습니다. 얼마간이라도 내 옆에 누군가가 있어 줬으면 해서였죠. 내 몸이 지방 덩어리에 불과하지 않다는 걸 느끼고도 싶었어요. 지금은 후회가 됩니다. 서로를 잘 알지도 못했고, 함께 앞으로 뭘 할 건지 확신도 없었으니까요. …… 사는 게 그렇더라고요.

—이성애자 여성, 31세

전 남편과의 관계를 생각해 보면, 그는 섹스를 얻을 수 있어서 내 곁에 있었던 것 같아요. 그에게는 섹스가 가장 중요했거든요. 행복했겠죠. 나는 너무 어려서 그 사실을 몰랐어요. 하지만 그는 섹스 기술이 형편없었고, 나를 만족시켜 주지 못했습니다. 사랑하는 마음, 공감, 나에 대한 관심도 없었어요. 그는 참말로 이기적인 사람이었습니다. 성행위를 하면서도 만족이나 희열을 느껴 본 적이 한 번도 없어요. 외로운 게 두려워서 항상 그를 쳐다봤고, 그를 즐겁게 해 주려고 노력했죠.

—주로 이성애를 하는 여성, 39세

　　우리 연구에 참가한 한 여성은 친밀한 파트너가 없는 게 두려워서 자포자기식의 불건전한 방법에 매달렸다고 실토했다.

　　나는 항상 "착한 여자"였고, 여러 남자와 동침하지도 않았어요. 어느 날 더 이상 데이트하지 않는 남자한테서 헤르페스가 옮았다는 걸 알게 됐습니다. 망연자실했죠. 70년대였으니까, 헤르페스면 여자가 달 수 있는 최악의 훈장이었습니다. 아이를 낳을 수 없는 줄 알았어요. 더 이상은 어떤 남자도 나를 원하지 않을 거라는 생각을 했습니다. 가리지 않고 무차별적으로 섹스를 하기 시작했죠. 남편감을 찾으려는 노력이었어요. 피가 날 때는 일부러 더 섹스를 했습니다. 헤르페스를 옮겨서 한 배를 탄 처지로 만들고 싶었거든요. 나에게 일어난 일을 앙갚음하려고 무차별 복수에 나선 건 아니에요. 그보다는 혼자라는 사실이 무서워서였습니다. 다른 사람도 나와 같은 질병을 앓으면 같은 처지로서 연결되고, 그 때문에라도 나를 떠나지 못할 거라고 생각한 거죠.

— 이성애자 여성, 49세

　　섹스는 깊은 정서적 유대감으로 이어지기도 한다. 그러나 이런 일은 사랑과 호의, 돌봄과 친절, 함께 해 온 경험, 적어도 미래를 공유하겠다는 희망이 동반될 때 일어난다. "하룻밤의 정사"가 일부 여성들에게 엄청나게 즐겁고, 짜릿한 경험이라는 사실을 부인하려는 게 아니다. 섹스를 하는 가장 주된 동기가 외로움을 달래려는 것일 때 가벼운 섹스가 실망스럽게 다가올 가능성이 많음을 얘기하고자 하는 것이다.

　　그때는 정말 외로웠습니다. 그 남자가 나와 섹스하고 싶어 한다는 걸 알았죠. …… 우리는 섹스를 했어요. 그 순간은 내가 사랑스럽다는 생각을 할 수 있었습니다. …… 하지만 그가 떠나자마자 나는 다시 깊은 고독에 빠져들었죠.

우리 연구에 참가한 한 여성이 달변으로 이렇게 말했다. 섹스가 필요한 건 친밀감과 유대감이 필요해서이다. 그러나 섹스만으로는 문제 상황이 해결되지 않는다.

3년간 사귄 남자와 헤어지고 나서 한 달에 한 번 정도 원 나이트 스탠드를 했습니다. 자유, 새로운 모험, 외로움, 친밀한 관계를 잃어버린 슬픔, 뭔가 더 좋은 것에 대한 기대가 복합적으로 작용한 행동이었죠. 하지만 외로움을 떨쳐 버린다는 견지에서는 원 나이트 스탠드가 그리 좋지 않았어요. 나와 같은 이유로 원 나이트 스탠드를 하는 사람은 없었습니다. 시간이 흐르면서 그동안 외면했던 부끄러움을 느꼈고, 걱정도 되기 시작했죠. 원 나이트 스탠드의 섹스는 당연히 좋을 수가 없었습니다. 상대방을 잘 알지도 못했을 뿐더러 술까지 많이 마셨기 때문이죠. 섹스가 외로움을 다스려 주지 못한다는 걸 배웠어요. 친밀해야 섹스를 하는 겁니다. 섹스로 친밀함이 생기지는 않아요.

그러나 우리 연구에서 외로움을 떨쳐 버리려고 섹스를 한 여성이 전부 다 자신들의 경험을 부정적인 것으로 회고하지는 않았다. 밤을 보낼 수 있었고, 자기 파괴적인 행동에 나서는 것을 자제할 수 있었으며, 자신감이 고양된 여성들도 일부 있었다.

섹스 다이어트

남자친구와 나는 다이어트 중이었어요. 우리는 둘 다 운동이 충분치 않다고 느껐고, 재미있는 방법으로 추가 열량을 태우자고 합의했죠. 하루에 두세 번씩 섹스를 하기로 한 겁니다. 재미있었어요. 정말이지 열량이 소모되고 있다는 걸 느낄 수 있었죠.

— 주로 이성애를 하는 여성, 25세

어떤 보고서를 읽느냐에 달려 있겠지만 섹스를 하면 100~250칼로리 정도의 열량을 태울 수 있다. 소모하는 열량이 섹스하면서 시도하는 육체 활동의 정도와 관계를 맺는다는 것은 분명한 사실이다. 발레 동작이나 손으로 바닥을 짚는 등의 고난도 섹스는 "편안하게 드러누워 여왕 같은 대접을 기다리는" 자세보다 더 많은 열량을 소모할 것이다. 한낮의 "속전속결형" 정사냐 아니면 밤이 새도록 관능적인 즐거움에 탐닉하는 섹스냐 여부도 중요하다. 이성애를 하는 152쌍의 캐나다인 부부를 조사한 바에 따르면 여성들이 성관계를 하는 평균 시간은 18.3분이었다. 이 18.3분은 전희 11.3분과 7분의 삽입 성교로 이루어졌다(이 조사에 참가한 나머지 절반인 남성들이 전희를 13.4분 동안 했다고 응답한 것이 흥미롭다. 상대방 여성들이 주장한 시간보다 훨씬 더 기니 말이다.).

여성들이 이상적일 거라고 기대하며 제시한 전희와 삽입 성교 시간은 실제의 현실과는 달리 꽤나 길었다. 그녀들은 19분의 전희와 14분의 삽입 성교를 원했다. 18세에서 59세에 걸친 여성 1,400명 이상을 조사한 한 연구에 따르면 미국 여성들은 한 달에 약 6.3회 섹스를 한다. 20~30세 여성들이 한 달 평균 약 7.5회로 약간 더 높았고, 50~60세 여성들이 한 달 평균 약 4회로 약간 낮았다.

지방 약 500그램이 3,500칼로리이므로 평균적인 미국 여성이라면 한 해 동안 섹스로 1.7킬로그램의 지방을 연소한다. 미국 여성들이 느닷없이 섹스를 중단하기로 결의하고 10년이 지나면 전부 17킬로그램씩 더 나가게 될 것이다. 다른 식으로도 보자. 여성들이 일주일에 두 번이 아니라 네 번씩 섹스를 하면, 혹은 회당 관계하는 시간을 18.3분에서 36.6분으로 두 배 늘리면 한 해 동안 추가로 지방을 1.8킬로그램 더 뺄 수 있다. 다시 말해 그 녀들은 한 해 동안 초콜릿 선데이 17잔, 설탕을 잔뜩 바른 도넛 23개, 샴페 인 트뤼플(champagne truffle) 14개를 추가로 먹으면서도 똑같은 체중을 유지 할 수 있는 셈이다. 확실히 깊이 생각해 볼 문제이다.

힘닿을 때까지 계속

"섹서사이즈(sexercise, sex(섹스)와 exercise(운동)을 결합한 급조어 ― 옮긴이)"는 심 혈관계를 가동시키는 다른 형태의 운동들처럼 열량을 연소할 뿐만 아니라 기타 건강상의 혜택이 아주 많다. 먼저 대사율이 증가한다. 근육들이 당겨 져 유연성이 커진다. 활기가 넘친다. 좋은 콜레스테롤과 나쁜 콜레스테롤 의 균형이 몸에 이로운 방향으로 조정된다. 뇌를 포함해 온갖 부위로의 혈 액 순환이 개선된다. 어쩌면 심장 마비의 위험성도 줄어드는 것 같고, 평균 수명이 늘어날지도 모른다. 25년 넘게 남녀를 지속적으로 설문 조사한 한 연구는 섹스가 장수의 중요한 예보자임을 확인했다. 그러나 거기에는 흥 미로운 성차도 존재했다. 남자들에게는 섹스의 횟수가 장수와 관계가 있 었다. 남자들은 섹스를 많이 할수록 그만큼 더 오래 살았다. 여자들에게는 섹스의 질이 중요했다. 여자들은 섹스를 충분히 즐겼을수록 더 오래 살았 다. 타이완인 중장년 남녀 약 2,500명을 조사한 최근의 한 연구는 14년 넘 게 한 달에 최소 한 번 이상 섹스를 해 온 남녀가 한 달에 섹스를 한 번 미만 내지 전혀 하지 않은 남녀보다 더 오래 살았음을 확인했다. 65세 이상으로 일주일에 한 번 이상 섹스를 한 여성들은 14년 후 여전히 살아 있을 확률 이 어쩌다 한 번씩 섹스를 하거나 전혀 하지 않은 여성들보다 두 배가량 높 았다. 한 연구는 섹스를 전혀 안 할 것으로 추정되는 수녀들이 미국 전체의 여성 인구와 비교해 유방암 발병률이 20퍼센트 더 크다는 걸 확인했다. 그러나 임신을 해 본 적이 없는 여성들의 유방암 발병률이 수녀 집단과 동일한 것으로 보아 수녀들이 섹스를 안 해서 유방암 발병률이 더 높은 것인지, 아니면 임신을 해 본 적이 없어서 유방암 발병률이 높은 것인지를 획정하기는 불가능하다.

섹스와 장수가 어떻게, 그리고 왜 연관을 맺고 있는지는 과학적으로 확실하게 밝혀지지 않았다. 섹스 말고도 오래 사는 것에 영향을 미칠 수 있는 생활 방식상의 요인들은 매우 많다. 예컨대, 식습관, 운동, 유전적 소질, 스트레스 따위가 그런 것들이다. 이런 원인 요소들을 따로 쪼개서 분석하는 것은 거의 불가능하다. 그러나 주기적인 성생활이 테스토스테론 및 에스트로겐 수치를 증가시킨다는 사실이 최소한 섹스와 장수를 연관 짓는 데 일정 역할을 하는 듯하다. 이 두 호르몬은 모두 심장병을 예방해 주는 것으로 알려져 있다. 폐경기 이전의 여성들은 관상 동맥 심장 질환을 앓을 확률이 남성의 절반 이하지만 폐경기를 경과하면서 난소의 각종 성 호르몬(에스트로겐, 프로게스테론, 테스토스테론) 생산 속도가 급격하게 떨어지면 그 확률이 남자만큼 커진다. 젊은 여성일지라도 암으로 난소를 두 개 다 제거하면 관상 동맥 심장 질환에 걸릴 위험이 커진다. 반면 엄청나게 많은 연구들이 에스트로겐 보충제를 사용하는 폐경기 이후 여성들은 관상 동맥 심장 질환에 걸릴 위험이 낮다는 걸 보여 주었다. 물론 인공 합성 에스트로겐이 유방암 발병 위험을 높이는 게 걱정스러워서 에스트로겐 대체 요법을 받지 않는 여성들도 있다. 호르몬 대체 요법이 여성들의 유방암 발병 위험에 정말로 어떤 영향을 미치는지는 아직 결론이 나지 않았다. 섹스가 인체로 하여금 천연 에스트로겐을 자체 생산하도록 촉진하기 때문에 주기적으로 섹스를 하면 유방암을 걱정하지 않고도 심장병 위험을 줄일 수 있다.

(당연한 얘기지만, 성적으로 건강한 파트너와) 적절한 수준의 섹스는 면역 체계의 기능을 향상시킴으로써 또 다른 방식으로 수명을 연장해 줄 수 있다. 이는 우리 연구에 참가한 여성들 중에서 "건강을 유지하고," "더 오래 살기 위해" 섹스를 한다고 응답한 사람들이 존재하는 이유를 설명해 줄지도 모른다. 면역 글로불린 항체 A(IgA)는 인체에 침입한 병원균에 눌어붙는 항체로 독감이나 보통의 감기 같은 질병들에 맞서 방벽을 치는 역할을 한다. 침과 점막에서 발견되는 IgA 수치를 점검해 보면 면역 체계가 얼마나 강건한지 알 수 있다. 즐거운 음악이나 애완동물에 노출되면 아주 짧은 시간, 곧 20~30분 안에 IgA 수치가 크게 증가한다는 보고들이 많다. 낭만적 연애 관계 또한 면역 기능에 엄청난 영향을 끼친다. 좋은 쪽과 나쁜 쪽 모두로 말이다. 전반적으로 기혼자들은 독신자들보다 질병에 덜 걸리고, 여러 질병을 진단받은 후에도 예후가 더 좋다. 그러나 남자고 여자고 간에 관계가 안 좋으면 면역 기능이 상당히 열악해진다.

심리학자 칼 차네츠키(Carl Charnetski)와 프랜시스 브레넌(Francis Brennan)은 섹스 횟수도 면역 체계의 기능에 영향을 미치는지 알아보고자 했다. 그들은 대부분이 여성인 112명의 대학생에게 지난 한 달 동안 섹스를 몇 번 했는지 묻고 IgA 수치를 확인하기 위해 타액 표본도 채취했다. 어쩌다가(일주일에 한 번 미만으로) 섹스를 한 학생들은 섹스를 전혀 하지 않은 학생들보다 IgA 수치가 약간 더 높았다. 그러나 주기적으로(일주일에 한 번 내지 두 번) 섹스를 한 학생들은 다른 모든 학생들에 비해 IgA 수치가 30퍼센트 더 높았다. 면역 체계의 기능이 더 왕성했던 것이다. 학생들은 빈번한 섹스를 통해 더 느긋한 가운데 행복감을 느꼈을 것이다. 느긋한 이완 상태와 행복감은 IgA 수치를 높인다고 알려져 있다. 오르가슴을 느끼면 오피오이드 펩티드 방출량이 증가하는데, 이것이 면역 체계의 기능 향상으로 이어졌을 수도 있다.

훨씬 더 빈번하게(일주일에 3번 이상) 섹스를 한 학생들이 모든 학생 가운데서 IgA 수치가 가장 낮았다는 사실은 설명하기가 쉽지 않다(심지어는 섹스를 전혀 하지 않은 학생들보다 더 낮았다.). 인체의 방어 체계를 튼튼하게 유지하는 데 필요한 최적의 성행위 빈도가 있는 것인지도 모른다. 여러 연구를 보면 오피오이드 펩티드가 적당한 수준으로 방출되어야 면역 체계가 강화된다는 걸 알 수 있다. 한 연구는 오피오이드 펩티드가 너무 많이 방출될 경우 면역 체계의 기능이 억눌린다고 보고했다.

우리 연구에 참가한 여성들은 건강상의 다른 혜택들 때문에 섹스를 한다고도 응답했다. 프로락틴은 수면을 유도하는 것 말고도 뇌 속의 후각 중추인 후신경구 안의 줄기 세포들이 새로운 뉴런을 만들어 내도록 한다. 엄밀히 따지면 섹스가 후각을 향상시키는 셈이다. 방광 제어 능력이 향상된다는 것도 주기적 섹스의 또 다른 부차적 이득이다. 배뇨 작용 중에 사용되는 것과 동일한 근육이 섹스할 때 동원되어 튼튼해지기 때문이다. 폐경기를 지난 여성들도 주기적으로 섹스를 하면 질이 위축되는 것을 막을 수 있다. 나이를 먹으면서 성 호르몬이 감소하면 흔히 질이 위축되는데 한 연구에 따르면 폐경기가 지났어도 한 달에 최소 3번 이상 삽입 성교를 하는 여성들은 1년에 10번 미만으로 성교를 하는 여성들보다 질이 덜 위축되었다. 섹스를 하면 에스트로겐과 테스토스테론이 늘어난다. 몸 자체에서 생산되는 테스토스테론은 뼈와 근육을 강화시켜 주는 것으로 여겨진다. 에스트로겐은 질 조직을 건강하게, 피부를 부드럽게, 머리칼을 눈부시게 만들어 준다. 영화배우 조운 크로포드의 말이 인용되는 것도 아마 이 때문일 것이다. "얼굴색이 더 맑아지려면 섹스가 필요해요."

별로 유명하지 않은 몇몇 남성 잡지와 웹사이트들이 "여자들이 섹스를 해야 하는" 훨씬 더 많은 이유들을 제시해 놓았는데, 상당히 재미있는 것들이 많다. 예컨대 키스를 하면 타액의 분비가 촉진되고, 이빨 사이에 낀

오물을 제거할 수 있다, 섹스를 하면 콧물이 잘 흘러서 나중에 코가 막히
는 일이 없다 등등. 이런 주장들을 뒷받침해 주는 증거가 어딘가에 있을지
도 모르겠다. 하지만 여자들이 성 행동에 나서도록 자극하는 좋은 지적 사
항들인 것 같지는 않다. 아무튼 더 중요한 것은 우리 연구에 참가한 여성들
가운데 이런 얘기를 한 사람은 한 명도 없었다는 사실이다.

여자들의 섹스는 복잡하다

여자가 섹스를 하는 이유는 인간의 동기를 규명하는 심리학이 직면한 가장 매혹적이고, 복잡하며, 불가사의한 물음들 가운데 하나임이 틀림없다. 우리는 이 책 전체에서 많은 동기를 살펴봤다. 퇴짜를 맞고서 자존감을 되찾고자 벌이는 필사적인 시도에서부터 진정한 사랑을 완성하겠다는 원대한 이상에 이르기까지, 파트너의 자부심을 북돋워 주겠다는 이타적인 동기에서부터 복수를 하겠다는 이기적인 동기에 이르기까지, 설레는 모험에서부터 기만이라는 어두운 면에 이르기까지, 두통을 완화하려는 평범한 동기에서부터 신과 더 가까워지려는 영적인 열망에 이르기까지, 그 동기는 참으로 폭넓고 다양했다.

비록 명료하게, 그리고 효과적으로 전달하기 위해 우리는 여자가 섹스를 하는 이유를 개별적인 동기들로 쪼개서 분석했지만 그녀들로 하여금 섹스를 찾아 나서게끔 만드는 이유가 대개는 다양한 동기들이 결합이 된, 보다 복잡하고 다면적이라는 사실을 인지하는 게 중요하다. 어떤 여성이 섹스를 하는 이유는 동배 집단에서 사회적 지위를 얻고, 몸 달아 하는 그 온갖 흥분의 정체가 궁금해서일지 모른다. 현행의 관계가 불행하고, 파트너에게서 기대되는 장차의 모습이 욕망에 불을 댕겨 섹스를 하는 여성도 있을 것이다. 어떤 여성은 자신의 스트레스를 완화하고, 상대방 연인의 자신감을 북돋워 주며, 파트너와 정서적으로 더 가까워지고 싶어서 섹스를 하기도 한다.

우리는 여성의 성행위 동기들이 간혹 서로 간에 충돌하기도 한다는 사실도 알아야 한다. 첫 데이트에서 옥시토신이 분출하는 짜릿한 오르가슴을 갈망하지만 "너무 쉬워" 보이면 안 된다는 판단에 섹스를 뒤로 미루기도 하는 것이다. 흥미진진한 새 연인과 섹스하고 싶은 욕망과 남편에게 정절로써 헌신하겠다는 맹세 사이에서 괴로워하는 여성도 있을 수 있다. 심지어 어떤 여성은 통제권을 모두 팽개치고 성적 복종의 쾌감을 느끼고 싶다는 열망과 주도권을 장악해 완벽한 형태로 성적 권력을 행사하고자 하는 바람 사이에서 갈등하기도 한다.

우리는 장대한 다양성을 선보이는 여성들의 성행위 동기를 몇 가지 이론 틀로 검토해 보았다. 여성의 성애를 진화의 관점으로 살펴보는 것도 그중 하나였다. 조상 여성들이 누대의 시간 동안 거듭해서 부닥친 혼란스러울 정도로 다양한 적응적 문제들의 맥락 속에서 여성의 성애를 분석하는 것이 진화의 관점이다. 두 번째로, 우리는 생리학의 연구 성과를 활용했다. 생리학은 호르몬과 뇌 화학 물질, 혈류, 해부학적 구조가 여성들이 선보이는 성애의 토대를 어떻게 구성하는지 해명해 줬다. 여성들이 성욕, 흥분, 오르가슴 등 여러 성적인 걱정의 해결책을 찾아 부심하고, 종종 푸는 데 성공하기도 하는 과정에서 맞닥뜨리는 어려움을 통찰할 수 있게 해 준 것이 임상례라는 세 번째 렌즈이다. 심리학이 네 번째 이론 틀이다. 여성들의 성애에 영향을 미치고, 성 경험에 의해 바뀌기도 하는 정신 상태에 관한 과학 지식이 급속하게 늘어났다. 우리는 이런 융합적 관점이 위력을 발휘해 여자들의 성행위 동기를 더 다양한 각도와 측면에서 밝히 드러냈기를 희망한다.

성 활동의 다양한 동기가 이런 이론적 분석의 틀을 뛰어넘어 우리 연구에 참가해 준 여성들의 솔직하고 풍부한 경험담을 통해 생명력을 갖게 되었으면 하는 것도 우리의 소망이다. 파트너와의 섹스를 "우리가 가꾸고 있는 사랑의 꽃이 만개하는 것"으로 이야기한 여성은 추상적인 삼위일체 사랑 이론보다 더 참된 경험을 포착한 것인지도 모른다. 성적으로 남자에게 기만당한 후 창피와 수모를 경험했다고 실토한 여성은 인류에게 성적 기만이 보편적인 이유를 분석한 우리의 이론보다 성적 착취의 실태를 더 생생하게 전달해 준다. 춤을 잘 추던 남자가 섹스를 하면서 말 그대로 춤을 췄을 때 황홀한 경험을 했다고 강조한 여성은 성적 끌림에서 생물 역학적 효율성과 운동 신경의 섬세한 작용이 중요하다는 설명을 생생하게 예증해 준다.

우리는 기꺼이 우리 연구에 참가해 준 여성들 덕택에 인간의 성애와 관련해 많은 것을 배울 수 있었다. 독자 여러분도 그랬기를 희망한다.

머리말

13쪽 예컨대, 음경의 발기를 감시하는 장치는: Rosen, R. C., and Beck, J. G. (1988). *Patterns of Sexual Arousal: Psychophysiological Processes and Clinical Applications* (New York: Guilford Press), 17-18.

14쪽 1970년대 초에는 의사 두 명이: Abrams, R. M., and Stolwijk, J. A. J. (1972). "Heat Flow Device for Vaginal Blood Flow Studies," *Journal of Applied Physiology* 33:143-46.

19쪽 해커들의 정보 도둑질을 막고: 소수의 여성은 온라인 설문에 응하는 대신으로 이메일이나 우편을 통해 자신들의 응답 내용을 우리에게 직접 보내 주었다.

1장

27쪽 1930년대의 한 연구는: Brossard, J. (1932). "Residential Propinquity as a Factor in Marriage Selection," *American Journal of Sociology* (September): 288-94.

28쪽 알파벳 순서로 좌석을 지정한 교실에서는: Segal, M. W. (1974). "Alphabet and Attraction: An Unobtrusive Measure of the Effect of Propinquity in a Field Setting," *Journal of Personality and Social Psychology* 30:654-57.

28쪽 한 연구에 따르면 일련의 짧은: Saegert, S., Swap, W., and Zajonc, R. (1973). "Exposure, Context, and Interpersonal Attraction," *Journal of Personality and Social Psychology* 25(2): 234-42.

28쪽 출석 횟수가 증가함에 따라 매력도도 커졌다: Moreland, R. L., and Beach, S. (1992). "Exposure Effects in the Classroom: The Development of Affinity Among Students," *Journal of Experimental Social Psychology* 28:255-76.

29쪽 낭만주의자로 타고난 남녀에게는: Williams, G. P., and Kleinke, C. L. (1993). "Effects of Mutual Gaze and Touch on Attraction, Mood, and Cardiovascular Activity," *Journal of Research in Personality* 27:170-83.

29쪽 참가자들이 연구에 참여한 상대방에게 강하게 끌렸다고: Houston, T. L., and Levinger, G. (1978). "Interpersonal Attraction and Relationships," *Annual Review of Psychology* 29:115-56.

30쪽 한 여성이 자신의 성생활 회고록에서 말했듯이: Slater, L. (2008). "Overcome," in P. Derrow (ed.), *Behind the Bedroom Door* (New York: Bantam Dell), 55.

30쪽 심리학자 대릴 벰(Daryl Bem)은 이렇게 요약 정리했다: Bem, D. J. (1996). "Exotic Becomes Erotic: A Developmental Theory of Sexual Orientation," *Psychological Review* 103:320-35.

30쪽 대학 강의실에서: Buss, D. M. (2009). Unpublished data.

31쪽 브라운 대학교 연구진은: Herz, R. S., and Cahill, E. D. (1997). "Differential Use of Sensory Information in Sexual Behavior as a Function of Gender," *Human Nature* 8:275-86.

31쪽 첫 번째 단서는: Doty, R. L., et al. (1981). "Endocrine, Cardio-vascular, and Psychological Correlates of Olfactory Sensitivity Changes During the Human Menstrual Cycle," *Journal of Comparative and Physiological Psychology* 95:45-60.

32쪽 이 대목에서 브라질의 연구자들이: Santos, P. S. C., et al. (2005). "New Evidence that the MHC Influences Odor Perception in Humans: A Study with 58 Southern Brazilian Students," *Hormones and Behavior* 47:384-88.

33쪽 뉴멕시코 대학교의 진화 심리학자: Garver-Apgar, C. E., Gangestad, S. W., et al. (2006). "MHC Alleles, Sexual Responsivity, and Unfaithfulness in Romantic Couples," *Psychological Science* 17:830-35.

34쪽 한 연구에서 남자들이 흰색 면 소재 티셔츠를: R., and Gangestad, S. W. (2008). *The Evolutionary Biology of Human Female Sexuality* (New York: Oxford University Press.)

35쪽 여자들이 혼외정사를 원할 때: Gangestad, S. W., and Thornhill, R. (1997). "The Evolutionary Psychology of Extra-Pair Sex: The Role of Fluctuating Asymmetry,"

Evolution and Human Behavior 18:69-88.

35쪽 한 연구에 따르면, 남자와 자주: Cutler, W. B., et al. (1980). "Sporadic Sexual Behavior and Menstrual Cycle Length in Women," *Hormones and Behavior* 14:463-72.

36쪽 다른 연구는 40일 동안: Veith, J. L., et al. (1983). "Exposure to Men Influences Occurrence of Ovulation in Women," *Physiology and Behavior* 31(3): 313-15.

36쪽 아테네 연구소(Athena Institute) 책임자인 위니프레드 커틀러(Winnifred Cutler) 박사가: Cutler, W. B., Friedmann, E., and McCoy, N. L. (1998). "Pheromonal Influences on the Sociosexual Behavior of Men," *Archives of Sexual Behavior* 27(1):629-34.

37쪽 개인 광고에서 키가 크다고 밝힌: Sugiyama, L. S. (2005). "Physical Attractiveness in Adaptationist Perspective," in D. M. Buss (ed.), *Evolutionary Psychology Handbook* (New York: Wiley), 292-343.

37쪽 여자들은 결혼 상대자로: Buss, D. M., and Schmitt, D. P. (1993). "Sexual Strategies Theory: An Evolutionary Perspective on Human Mating," *Psychological Review* 100:204-32; Greiling, H., and Buss, D. M., unpublished data.

37쪽 여자들은 정자 기증자를 고를 때조차: Scheib, J. E. (1997). "Female Choice in the Context of Donor Insemination," in P. A. Gowary (ed.), Feminism and Evolutionary Biology: Scheib, J. E., Kristiansen, A., and Wara, A. (1997). "A Norwegian Note on Sperm Donor Selection and the Psychology of Female Mate Choice," *Evolution and Human Behavior* 18:143-49.

38쪽 서양 사회를 보아도: For summaries of these studies, see Ellis, B. J. (1992). "The Evolution of Sexual Attraction: Evaluative Mechanisms in Women," in J. Barkow, L. Cosmides, and J. Tooby (eds.), *The Adapted Mind* (New York: Oxford University Press), 267-88; Buss, D. M. (2008). *Evolutionary Psychology: The New Science of the Mind*, 3rd ed. (Boston: Allyn & Bacon).

39쪽 대다수의 여성이 특정한: Hughes, S. M., and Gallup, G. G. (2003). "Sex Differences in Morphological Predictors of Sexual Behavior: Shoulder to Hip and Waist to Hip Ratios," *Evolution and Human Behavior* 24:173-78.

39쪽 어깨 대 엉덩이 비율이 큰 사람이: Dijkstra, P., and Buunk, B. P. (2001). "Sex Differences in the Jealousy-Evoking Nature of a Rival's Body Build," *Evolution and Human Behavior* 22 (5):335-41.

39쪽 한 연구는 독자의 89퍼센트가: Frederick, D. A., and Haselton, M. G. (2007). "Why Is Male Muscularity Sexy? Tests of the Fitness Indicator Hypothesis," *Personality and*

Social Psychology Bulletin 33:1167-83.

40쪽 남자들은 V자형 몸매를 되풀이해서: Olivardia, R. S. (2001). "Mirror, Mirror on the Wall
... Are Muscular Men the Best of All? The Hidden Turmoils of Muscle Dysmorphia,"
Harvard Review of Psychiatry 9:254-59.

40쪽 "(자기가) 클라크 켄트 같다고 생각하면서": Frederick, D. A., Buchanan, G. M., et al.
(2007). "Desiring the Muscular Indeal: Men's Body Satisfaction in the United States,
Ukraine, and Ghana," *Psychology of Men & Masculinity* 8:103-17.

42쪽 남성적임을 나타내는 테스토스테론 충만한: Penton-Voak, I. S., Perrett, D. I., et al. (1999).
"Female Preference for Male Faces Changes Cyclically," *Nature* 399: 741-42. Roney,
J. R., and Simmons, Z. L. (2008). "Women's Estradiol Predicts Preferences for Facial
Cues of Men's Testosterone," *Hormones and Behavior* 53:14-19.

42쪽 보다 남성적인 남자들은 전체 남성 인구 가운데서: Jonason, P. K., Li, N. P., et al. (2009).
"The Dark Triad: Facilitating Short-Term Mating in Men," *European Journal of
Personality* 23:5-18.

43쪽 그들은 문화에 따라서 이렇게 차이가: Penton-Voak, I. S., Jacobon, A., and Trivers, R.
(2004). "Population Differences in Attractiveness Judgments of Male and Female
Faces: Comparing British and Jamaican Samples," *Evolution and Human Behavior*
25:355-70.

44쪽 연구자들은 유아들이 매력적인 가면을 쓴 사람들과: Langlois, J. H., et al. (1990). "Infants'
Differential Social Responses to Attractive and Unattractive Faces," *Developmental
Psychology* 26:153-59; Langlois, J. H., et al. (1994). "What's Average and Not Average
About Attractive Faces?" *Physhological Science* 5:214-20.

45쪽 (성적) 매력은 인기, 양호한 대인 관계, 직업적 성공과 상당히 연결되고: Langlois, J. H.,
Kalakanis, L., et al. (2000). "Maxims or Myths of Beauty? A Meta-Analytic and
Theoretical Review," *Psychological Bulletin* 126:390-423.

46쪽 한 연구에서 여자들은 루치아노 파바로티처럼: Puts, D. A., Gaulin, S. J. C., and Verdolimi,
K. (2006). "Dominance and the Evolution of Sexual Dimorphism in Human Voice
Pitch," *Evolution and Human Behavior* 27:283-96.

46쪽 여성들은 배란 주기의 가임기에: Puts, D. A. (2005). "Mating Context and Menstrual Cycle
Phase Affect Women's Preferences for Male Voice Phich," *Evolution and Human
Behavior* 26:388-97.

46쪽 암컷 개구리를 연구한 보고서들에서: Trivers, R. (1985). *Social Evolution* (Menlo Park,

Calif.: Benjamin Cummings).

47쪽 심리학자 수전 휴스(Susan Hughes)는: Psychologist Susan Hughes: Hughes, S. M., Dispensa, F., and Gallup, G. G., Jr. (2004). "Ratings of Voice Attractiveness Predicts Sexual Behavior and Body Configuration," *Evolution and Human Behavior* 25:295-304.

47쪽 탄자니아에 사는 사냥-채집인들인: A second study, of the Hadza: Apicella, C. L., Feinberg, D. R., and Marlow, F. W. (2007). "Voice Pitch Predicts Reproductive Success in Male Hunter Gatherers," *Biology Letters* 3:682-84.

48쪽 한 연구는 여성 참가자들에게 춤추는 남자들의: Grammer, K., Fink, B., et al. (2002). "Female Faces and Bodies: N-dimensional Feature Space and Attractiveness," in G. Rhodes and L. A. Zebrowitz (eds.), *Facial Attractiveness: Evolutionary, Cognitive and Social Perspectives* (Westport, Conn.: Greenwood).

49쪽 심리학자 미건 프로보스트(Meghan Provost)와: Provost, M. P., Troje, N. F., and Quinsey, V. L. (2008). "Short Term Mating Strategies and Attraction to Masculinity in Point-light Walkers," *Evolution and Human Behavior* 29:65-69.

50쪽 진화 심리학자 칼 그래머(Karl Grammer)와: Grammer, K., Renninger, L., and Fischer, B. (2004). "Disco Clothing, Female Sexual Motivation, and Relationship Status: Is She Dressed to Impress?" *Journal of Sex Research* 41:66-74.

52쪽 버스 진화 심리학 랩의 연구 결과들도: Buss, D. M. (1988). "The Evolution of Human Intrasexual Competition: Tactics of Mate Attraction," *Journal of Personality and Social Psychology* 54:616-28.

53쪽 실제 연구들을 보더라도 낯선 사람들의: Comins, H., May, R. M., and Hamilton, W. D. (1980). "Evolutionarily Stable Dispersal Strategies," *Journal of Theoretical Biology* 82:205-30.

54쪽 "뭘 해야 하는지 아는 남자들이": Cloyd, J. W. (1976). "The Market-place Bar: The Interrelation Between Sex, Situation, and Strategies in the Pairing Ritual *Homo Ludens*," *Urban Life* 5(3):300.

55쪽 자신감이 큰 남자들은 자신감이 적은 남자들보다: Twenge, J. M. (2002). "Self-Esteem and Socioeconomic Status: A Meta-Analytic Review," *Personality and Social Psychology Review* 6:59-71.

55쪽 예컨대, 자신감이 높은 남자들만이: Kiesler, S. B., and Baral, R. L. (1970). "The Search for a Romantic Partner: The Effects of Self-Esteem and Physical Attractiveness on

Romantic Behavior," in K. H. Gergen and D. Marlow (eds.), *Personality and Social Behavior* (Reading: Addison-Wesley), 155-65.

56쪽 버스 진화 심리학 랩은: Hill, S. E., and Buss, D. M. (in prep.). "The Multiple Determinants of Self-esteem." Unpublished manuscript, Department of Psychology, University of Texas, Austin.

59쪽 사회 심리학자들은 감정적으로 즐거운 상태를 "(정서)안정(성)(balance)"이라고: Hummert, M. L., Crockett, W. H., and Kemper, S. (1990). "Processing Mechanisms Underlying the Use of the Balance Schema," *Journal of Personality and Social Psychology* 58:5-21.

60쪽 파우스가 이끄는 연구진은 완만하게: Coria-Avila, G. A., et al. (2005). "Olfactory Conditioned Partner Preference in the Female Rat," *Behavioral Neuroscience* 119:716-25.

2장

66쪽 메스턴 성 심리 생리학 랩이 수행한: Levin, R., and Meston, C. M. (2006). "Nipple/Breast Stimulation and Sexual Arousal in Young Men and Women," *Journal of Sexual Medicine* 3:450-54.

69쪽 에페드린: Meston, C. M., and Heiman, J. R. (1998). "Ephedrine-Activated Physiological Sexual Arousal in Women," *Archives of General Psychiatry* 55:652-56.

70쪽 요힘빈에 L-아르기닌 글루타민산염을 첨가한 것: Meston, C. M., and Worcel, M. (2002). "The Effects of Yohimbine plus L-Arginine Glutamate on Sexual Arousal in Post-menopausal Women with Sexual Arousal Disorder," *Archives of Sexual Behavior* 31:323-32.

70쪽 은행잎 추출물 같은 특정 약물도: Meston, C. M., Rellini, A. H., and Telch, M. (2008). "Short-term and Long-term Effects of Ginkgo Biloba Extract on Sexual Dysfunction in Women," *Archives of Sexual Behavior* 37:530-47.

70쪽 예컨대, 1980년대 후반에 수행된 한 연구는: Atwood, J. D., and Gagnon, J. (1987). "Masturbation Practices of Males and Females," *Journal of Sex Research* 10:293-307.

72쪽 이것은 앨프리드 킨제이와 동료들이: Kinsey, A. C., Pomeroy, W. D., and Martin, C. E. (1948). *Sexual Behavior in the Human Male* (Philadelphia: W. B. Saunders Company), 628; Kinsey, A. C., Pomeroy, W. D., Martin, C. E., and Gebhard P. H. (1953). *Sexual Behavior in the Human Female* (Philadelphia: W. B. Saunders

Company), 628.

70쪽 메스턴 성 심리 생리학 랩이 대학생을: Meston, C. M., Trapnell, P. D., and Gorzalka, B. B. (1996). "Ethnic and Gender Differences in Sexuality: Variations in Sexual Behavior between Asian and Non-Asian University Students," *Archives of Sexual Behavior* 25:33-72.

72쪽 그런데 최근 이탈리아의 아퀼라 대학교 연구자들이: Gravina, G. L., et al. (2008). "Measurement of the Thickness of the Urethrovaginal Space in Women With or Withour Vaginal Orgasm," *Journal of Sexual Medicine* 5:610-18.

74쪽 "흔히 극도의 긴장 속에서 격렬하게":Kinsey, A. C., et al. (1953). *Sexual Behavior in the Human Female.*

74쪽 "떠 있거나 멈춰 버린 느낌": Masters, W. H., and Johnson, V. (1966). *Human Sexual Response* (Boston: Little, Brown and Co.).

74쪽 2001년쯤에는 최소 26개의 정의가: Mah, K., and Binik, Y. M. (2001). "The Nature of Human Orgasm: A Critical Review of Major Trends," *Clinical Psychology Review* 21:823-56.

74쪽 인간 여성의 오르가슴은 강렬한: Meston, C. M., et al. (2004). "Women's Orgasm," in T. F. Lue et al. (eds.), *Sexual Medicine: Sexual Dysfunctions in Men and Women* (Paris, France: Health Publications), 783-850.

75쪽 매스터스와 존슨은 오르가슴이: Masters, W. H., and Johnson, V. (1966). *Human Sexual Response.*

76쪽 어떤 이론가들은 삽입 상태에서: Levin, R. J. "The Physiology and Pathophysiology of the Female Orgasm," in Goldstein, I., Meston, C. M., Davis, S. R., and Traish, A. M. (eds.) (2006). *Women's Sexual Function and Dysfunction* (London: Taylor & Francis Group), 231.

82쪽 18살에서 59살에 이르는 미국 여성: Laumann, E. O., et al. (1994). *The Social Organization of Sexuality: Sexual Practices in the United States* (Chicago: University of Chicago Press).

85쪽 자신의 상대방에게 오르가슴을: Mangaian men who fail: Marshall, D. S. (1971). "Sexual Behavior on Mangaia," in Marshall D. S., and Suggs, R.C. (eds.), *Human Sexual Behavior: Variations in the Ethnographic Spectrum* (New York: Basic Books), 103-32.

87쪽 그러나 같은 연구는 전문 치료사 없이: Heinrich, A. G. (1976). "The Effect of Group and

Self Directed Behavioral-Eductional Treatment of Primary Orgasmic Dysfunction in Females Treated Without Their Partners," Ph.D. dissertation, University of Colorado, Boulder, Colo.

87쪽 줄리아 하이먼(Julia Heiman)과 조제프 로피콜로(Joseph LoPiccolo)의: Heiman, J. R., LoPiccolo, L., and LoPiccolo, J. (1976). *Becoming Orgasmic: A Sexual Growth Program for Women* (Englewood Cliffs, N.J.: Prentice-Hall).

88쪽 초기 이론가들은 여성이: Laqueur, T. (1990). *Making Sex: Body and Gender from the Greeks to Freud* (Cambridge, Mass.: Harvard University Press).

88쪽 그러나 최근의 연구들에 따르면 여성이: Levin, R. J. (2002). "The Physiology of Sexual Arousal in the Human Female: A Recreational and Procreational Synthesis," *Archives of Sexual Behavior* 31:405-11.

88쪽 한 연구는 파트너의 몸이 비대칭적일 때: Thornhill, R., Gangestad, S. W., and Comer, R. (1995). "Human Female Orgasm and Mate Fluctuating Asymmetry," *Animal Behavior* 50:1601-15.

88쪽 여자들이 느끼는 오르가슴의: Baker, R. R., and Bellis, M. A. (1995). *Human Sperm Competition: Copulation, Masturbation and Infidelity* (London: Chapman and Hall).

89쪽 한 연구에 따르면 남자가 사정하기 60초: Ibid.

89쪽 결국 이 일련의 과정 속에서: Reyes, A., et al. (1979). "Effect of Prolaction on the Calcium Binding and/ or Transport of Ejaculated and Epididymal Human Spermatozoa," *Fertility and Sterility* 31:669-72.

3장

92쪽 낭만적 사랑은 잘은 몰라도: As cited in Hatfield, E., and Rapson, R. L. (2007). "Passionate Love and Sexual Desire: Multidisciplinary Perspectives," in J.P. Forgas (ed.), *Personal Relationships: Cognitive, Affective, and Motivational Processes*, 10th Sydney Symposium of Social Psychology, Sydney, Australia.

94쪽 예컨대, 인도 남부의 타밀 족 사회는: As cited in Hatfield, E., and Rapson, R. L. (2009). "The Neuropsychology of Passionate Love," in D. Marazziti (eds.), *Neuropsychology of Social Relationships*, Nova Science.

96쪽 스턴버그는 관계 속에서 친밀함, 열정, 헌신이 맺는: Sternberg, R. J. (1999). *Love Is a Story: A New Theory of Relationships* (New York: Oxford University Press).

97쪽 신경 과학자 닐스 비르바우머(Niels Birbaumer)와: Birbaumer, N., et al. (1993). "Imagery and Brain Processes," in N. Birbaumer and A. Öhman (eds.), *The Structure of Emotion* (Göttingen, Germany: Hogrefe & Huber Publishers).

98쪽 비르바우머의 발표가 있고 10년이 흐른: Bartels, A., and Zeki, S. (2000). "The Neural Basis of Romantic Love," *Neuroreport* 11 (November 27): 3829-34.

98쪽 뉴욕 주립 정신 병원의 정신과 의사: Liebowitz, M. R. (1983). *The Chemistry of Love* (Boston: Little, Brown).

99쪽 연구진은 자신들의 가설을 검증하기 위해: Marazziti, D., et al. (1999). "Alteration of the Platelet Serotonin Transporter in Romantic Love," *Psychological Medicine* 29(3):741-45.

101쪽 여자들은 첫 번째 혼례를 치른: Jankowiak, W. (1995). *Romantic Passion: A Universal Experience?* (New York: Columbia University Press).

102쪽 수전 스프레처(Susan Sprecher)와 동료들이: Sprecher, S., Aron, A., et al. (1994). "Love: American Style, Russian Style, and Japanese Style," *Personal Relationships* 1:349-69.

102쪽 다른 문화권들에서 사랑을 조사한 연구들에 의해서도: Jankowiak, W. R., and Fisher, E. F. (1992). "A Cross-Cultural Perspective on Romantic Love," *Ethnology* 31:149-55.

102쪽 배우자 선호와 관련해 지금까지 수행된: Buss, D. M., Abbott, M., et al. (1990). "International Preferences in Selecting Mates: A Study of 37 Cultures," *Journal of Cross Cultural Psychology* 21:5-47.

102쪽 심리학자 로버트 러바인(Robert Levine)과 동료들은: Levine, R., Sato, S., et al. (1995). "Love and Marriage in Eleven Cultures," *Journal of Cross-Cultural Psychology* 26:554-71.

102쪽 혼인 문제를 부모나 종교가 통제하는: As cited in Hatfield, E., and Rapson, R. L. (2007). "Passionate Love and Sexual Desire."

103쪽 사랑의 개념을 연구하는 심리학자들은: Ibid.

103쪽 1972년부터 1974년까지 데이트를 하는 231쌍의: Rubin, A., Peplau, L. A., and Hill, C. T. (1981). "Loving and Leaving: Sex Differences in Romantic Attachments," *Sex Roles* 8:821-35.

107쪽 역사학자들이 지금까지 발견된 것 가운데: Arsu, S. (2006). "The Oldest Line in the World," *New York Times*, February 14, 1.

108쪽 사랑이 없는 섹스에 가장 개방적인: Shaver, P. R., and Mikulincer, M. (2008). "A Behavioral Systems Approach to Romantic Love Relationships: Attachment,

Caregiving, and Sex," in R. Sternberg and K. Weis (eds.), *The New Psychology of Love* (New Haven, Conn.: Yale University Press).

108쪽 메스턴 성 심리 생리학 랩이 700명 이상의: Meston, C. M., Trapnell, P. D., and Gorazalka, B. B. (1998). "Ethnic, Gender, and Length of Residency Influences on Sexual Knowledge and Attitudes," *Journal of Sex Research* 35:176-88.

109쪽 심리학자 데이비드 슈미트(David Schmitt)와: Schmitt, D. (2008). Unpublished data.

109쪽 200명의 남녀는 그런 지인들을 염두에 두면서: Buss, D. M. (1988). "Love Acts: The Evolutionary Biology of Love," in R. Sternberg and M. Barnes (eds.), *The Psychology of Love* (New Haven, Conn.: Yale University Press).

112쪽 본질이 둘로 나뉜 각각의 반쪽은: Plato (1991). Trans. with comment by R. E. Allen. *The Symposium* (New Haven, Conn.: Yale University Press).

113쪽 우리는 메스턴 랩이 수행한 한 연구를 통해: McCall, K. M., and Meston, C. M. (2006). "Cues Resulting in Desire for sexual Activity in Women," *Journal of Sexual Medicine* 3:838-52.

115쪽 90퍼센트 이상의 문화에서 연애 상대방들과: Eibl-Eibesfeldt, I. (1970). *Love and Hate: On the Natural History of Behavior Patterns* (New York: Methuen).

115쪽 인간의 입술에는 감각 신경 세포가 가득 들어차: Walter, C. (2008). "Affairs of the Lips," *Scientific American* (February/March):24-29.

115쪽 한 연구를 보며 남성의 53퍼센트가: Hughes, S. M., Harrison, M. A., and Gallup, G. G. (2007). "Sex Differences in Romantic Kissing among College Students: An Evolutionary Perspective," *Evolutionary Psychology* 5:612-31.

116쪽 옥시토신이 인간의 감정에 미치는: Kosfeld, M., Heinrichs, M., et al. (2005). "Oxytocin Increases Trust in Humans," *Nature* 435:673-76.

119쪽 애착 지향의 충실한 초원들쥐는: Insel, T. R., and Shapiro, L. E. (1992). "Oxytocin Receptor Distribution Reflects Social Organization in Mongamous and Polygamous Voles," *Proceedings of the National Academy of Science* 89:5981-85.

119쪽 최근에는 초원들쥐의 경우 옥시토신과: Edwards, S., and Self, D. W. (2006). "Monogamy: Dopamine Ties the Knot." *Nature Neuroscience* 9:7-8.

120쪽 단지 뇌에서 유대감을 강화해 주는 감각 수용기를: Lim, M. M., and Young, L. J. (2004). "Vasopressin-Dependent Neural Circuits Underlying Pair Bonding in the Monogamous Prairie Vole," *Neuroscience* 125:35-45.

120쪽 무해한 바이러스를 활용해: Lim, M. M., Wang, Z., et al. (2004). "Enhanced Partner

Preference in a Promiscuous Species by Manipulating the Expression of a Single Gene," *Nature* 429:754-57.

121쪽 일부일처를 하지 않는 남자들의 뇌는: Meston, C. M., and Hamilton, L. D. (2009). Unpublished data.

125쪽 여자들은 자신의 짝이 다른 누군가와: Buss, D. M., Shackelford, T. K., et al. (1999). "Jealousy and Beliefs About Infidelity: Tests of Competing Hypotheses in the United States, Korea, and Japan," *Personal Relationships* 6:125-50.

126쪽 일부 과학자들은 어쩌면 배란 은폐가: 다른 연구자들은 배란 은폐가 다른 기능을 한다고 주장한다. 예컨대, 임신할 가능성이 가장 많을 때 남자들의 배우자 지키기 행동을 차단해 버릴 수 있고, 그것은 결국 혼외정사의 이득을 챙길 수 있는 방안이라는 것이다.

4장

128쪽 "자신을 하층 계급 출신의 여고생으로": Viewer comment from the Internet Movie Database: www.imdb.com/title/tt0313038/usercomments.

128쪽 배우자를 얻기 위해 벌이는 경쟁을: Lincoln, G. A. (1994). "Teeth, Horns, and Antles: The Weapons of Sex," in R. V. Short and E. Balaban, *The Differences Between the Sexes* (New York: Cambridge University Press), 241.

129쪽 "그는 으뜸 수컷(alpha male)이다": Somaiya, R. (2009). "It's the Economy, Girlfriend," *New York Times*, January 27, A21.

129쪽 실제로 남자들끼리의 경쟁이: Buss, D. M. (2003). *The Evolution of Desire: Strategies of Human Mating* (New York: Basic Books).

132쪽 남자들이 외모를 중시하는 것은: Buss, D. M. (1989). "Sex Differences in Human Mate Preferences: Evolutionary Hypotheses Testing in 37 Cultures," *Behavioral and Brain Sciences* 12:1-49.

132쪽 하버드 대학교의 심리학자 낸시 에트코프(Nancy Etcoff)는: Etcoff, N. (1999). *Survival of the Prettiest: The Science of Beauty* (New York: Doubleday).

134쪽 "많은 여성이 술집으로 직행하지 않고": Allon, N., and Fishel, D. (1979). "Singles Bars," in N. Allon (ed.), *Urban Life Styles* (Dubuque, Ia.: William C. Brown), 152.

135쪽 진화 심리학자 크리스티나 듀런트(Kristina Durante)와: Durante, K. M., Li, N. P., and Haselton, M. G. (2008). "Changes in Women's Choice of Dress Across the Ovulatory Cycle: Naturalistic and Laboratory Task-Based Evidence," *Personality and Social Psychology Bulletin* 34:1451-60.

135쪽 로스앤젤레스 소재 캘리포니아 대학교의: Haselton, M. G., Mortezair, M., et al. (2007). "Irrational Emotions or Emotional Wisdom? The Evolutionary Psychology of Emotions and Behavior," in J. P. Forgas (ed.), *Hearts and Minds: Affective Influences on Social Cognition and Behavior* (New York: Psychology Press), 21-40.

136쪽 연구자들은 온라인 쇼핑을 모의로: Durante, K. M., Li, N. P., and Haselton, M. G. (2008). "Changes in Women's Choice of Dress," *Personality and Social Psychology Bulletin*.

136쪽 여자들은 임신할 확률이 높은 날들에: Haselton, M. G., and Gangestad, S. W. (2006). "Conditional Expression of Women's Desires and Men's Mate Guarding Across the Ovulatory Cycle," *Hormones and Behavior* 49:509-18.

136쪽 심지어 배란 중인 다른 여자들을: Fisher, M. (2004). "Female Intrasexual Competition Decreases Female Facial Attractiveness," *Proceedings of the Royal Society of London, Series B* (Supplemental) 271:S283-85.

136쪽 짝짓기를 잘못하면 가장 혹독한 대가를: Buss, D. M., and Shackelford, T. K. (2008). "Attractive Women Want It All: Good Genes, Economic Investment, Parenting Proclivities, and Emotional Commitment," *Evolutionary Psychology* 6:134-46.

138쪽 "그 여자가 미식축구 선수단 전부랑": Buss, D. M., and Dedden, L. A. (1990). "Derogation of Competitors," *Journal of Social and Personal Relationships* 7:395-422.

139쪽 "목청을 가장 드높이면서 이 규범을": Campbell, A. (2002). *A Mind of Her Own: The Evolutionary Psychology of Women* (Oxford: Oxford University Press), 197.

139쪽 "가장 위험한 비밀은 성 행동 및 그에 관한 생각들이다": Lees, S. (1993). *Sugar and Spice: Sexuality and Adolescence* (London: Penguin Press), 80.

139쪽 경멸적으로 호명당하고: Campbell, A. (2002). *Mind of Her Own*, 198.

141쪽 싸게 먹히고, 위험도 적은 성적 만남을: Symons, D. (1979). *The Evolution of Human Sexuality* (New York: Oxford University Press); Buss, D. M. (2003). *Evolution of Desire*.

144쪽 "평정과 유대감 체계"의 일부를 구성한다: Moberg, K. U. (2003). *The Oxytocin Factor: Tapping the Hormone of Calm, Love, and Healing* (New York; Da Capo Press).

147쪽 그녀는 록 음악의 전설들인 도어스의 짐 모리슨: "Pamela Des Barres: Her Latest Book Celebrates the Outrageous, Unsung Exploits of Her Fellow 'Band-Aids,'" *The Independent*, September 23, 2007.

148쪽 배우자를 빼앗는 관습이: The phrase "mate poaching" was first coined in Buss, D.

M. (1994), *Evolution of Desire*; the first study of human mate poaching: Schmitt,
D.P., and Buss, D. M. (2001). "Human Mate Poaching: Tactics and Temptations
for Infiltrating Existing Mateships," *Journal of Personality and Social Psychology*
80:894-917.

149쪽 진화 심리학자 데이비드 슈미트도: Schmitt, D. P., et al. (2004). "Patterns and Universals
of Mate Poaching Across 53 Nations: The Effects of Sex, Culture, and Personality on
Romantically Attracting Another Person's Partner," *Journal of Personality & Social
Psychology* 86:560-84.

150쪽 "친구"가 짝짓기 경쟁자가 되는 경우가: Bleske, A. L., and Shackelford, T. K. (2001).
"Poaching, Promiscuity, and Deceit: Combating Mating Rivalry in Same-Sex
Friendships," *Personal Relationships* 8:407-24.

151쪽 특히나 간교한 배우자 빼앗기 형태로: Buss, D. M. (2003). *Evolution of Desire*.

152쪽 뜻하지 않은 곳에서 이 사실을 분명하게: Buss, D. M. (2005). *The Murderer Next Door:
Why the Mind Is Designed to Kill* (New York: Penguin Press).

152쪽 매력적인 여자들의 사진에 반복적으로 노출된: Kenrick, D. T., Gutierres, S. E., and
Goldberg, L. (1989). "Influence of Erotica on Ratings of Strangers and Mates,"
Journal of Experimental Social Psychology 25:159-67.

152쪽 포르노를 즐겨 보는 남자들은: Zillman, D., and Bryant, J. (1988). "Pornography's
Impact on Sexual Satisfaction," *Journal of Applied Social Psychology* 18:438-53.

153쪽 "여성지를 보지 마세요": Mary Schmich, "Wear Sunscreen," *Chicago Tribune*, June 1,
1997.

5장

158쪽 "질투는 얼마나 사랑하는지를 알려 주는 지표가": Mead, M. (1935). *Sex and
Temperament in Three Primitive Societies* (New York: Dell Publishing), as cited in
Hatfield, E., Rapson, R. L., and Marlet, L. D. (2007). "Passionate Love," in S. Kitayama
and D. Cohen (eds.), *Handbook of Cultural Psychology* (New York: Guilford Press).

158쪽 다른 연구자들도 질투는 손상된 자부심: Bringle, R. G., and Buunk, B. (1986).
"Examining the Causes and Consequences of Jealousy: Some Recent Findings
and Issus," in R. Gilmour and S. Duck (eds.), *The Emerging Field of Personal
Relationships* (Hillsdale, N.J.: Erlbaum), 225-40.

158쪽 스펙트럼의 다른 쪽 끝에서는 진화 심리학자들이: Symons, D. (1979). *The Evolution of*

Human Sexuality (New York: Oxford University Press); Daly, M., Wilson, M., and Weghorst, S. J. (1982). "Male Sexual Jealousy," *Ethology and Sociobiology* 3: 11-27; Buss, D. M. (2000). *The Dangerous Passion: Why Jealousy Is as Necessary as Love and Sex* (New York: Free Press).

159쪽 낭만적 연애 관계에서 위협은: Buss, D. M. (2003). *The Evolution of Desire: Strategies of Human Mating* (New York: Basic Books); Schmitt, D. P., and Buss, D. M. (2001). "Human Mate Poaching: Tactics and Temptations for Infiltrating Existing Mateships," *Journal of Personality and Social Psychology* 80:894-917.

159쪽 일반적으로 불안정한 사람일수록: Berscheid, E., and Fei, J. (1977). "Romantic Love and Sexual Jealousy," in G. Clanton and L. D. Smith (eds.), *Jealousy* (Englewood Cliffs, N.J.: Prentice-Hall).

160쪽 함께 조사된 다른 국가들과 비교할 때: Buunk, B., and Hupka, R. B. (1987). "Cross-cultural Differences in the Elicitation of Sexual Jealousy," *Journal of Sex Research* 23:12-22.

161쪽 여러 문화에 걸쳐 질투를 조사한 연구들은: Hupka, R. B., and Ryan, J. M. (1990). "The Cultural Contribution to Jealousy: Cross-cultural Aggression in Sexual Jealousy Situations," *Behavior Science Research* 24:51-71.

161쪽 심리학자 일레인 하트필드가 기술한 두 부족의: Hatfield, E., Rapson, R. L., and Marlet, L. D. (2007). "Passionate Love."

161쪽 그들은 사랑하는 사람이 다른 사람과 함께 하고 있다는: Salovey, P., and Rodin, J. (1985). "The Heart of Jealousy," *Psychology Today* 19:22-29.

162쪽 한 남자가 어느 크리스마스이브에: Buss, D. M. (2000). *The Dangerous Passion: Why Jealousy Is as Necessary as Love and Sex* (New York: Free Press).

162쪽 일부 심리학자는 질투가 감정의 지혜라고: Buss, D. M. (2003). *Evolution of Desire*.

163쪽 "오셀로의 착오는 데스데모나의 기분을": Ekman, P. (2003). *Emotions Revealed: Recognizing Faces and Feelings to Improve Communication and Emotional Life* (New York: Times Books).

163쪽 남자가 질투심에서 여자를 학대하거나: Daly, M., and Wilson, M. (1988). Homicide (Hawthorne, N.Y.: Aldine); Buss, D. M. (2005). *The Murderer Next Door: Why the Mind Is Designed to Kill* (New York: Penguin Press).

166쪽 실제로 여자들은 배우자의 질투를: Buss, D. M. (2000). *Dangerous Passion*, 73.

167쪽 여자가 관계에 더 헌신할 때는 무려 50퍼센트의: Ibid.

170쪽 버스 진화 심리학 랩의 연구 내용에 따르면: Buss, D. M., and Schmitt, D. P. (1993). "Sexual Strategies Theory: An Evolutionary Perspective on Human Mating," *Psychological Review* 100:204-32.

171쪽 배우자 지키기에는 경계를 강화하는: These have been discussed in detail in Buss, D. M. (2003). *Evolution of Desire.*

172쪽 "아내들은 남편이 고툴(ghotul)을 찾는 걸": Symons, D. (1979). *Evolution of Human Sexuality*, 117.

177쪽 진화 인류학자 로라 벳직(Laura Betzig)이 89개의 문화를: Betzig, L. (1989). "Causes of Conjugal Dissolution," *Current Anthropology* 30:654-76.

178쪽 한 연구에 따르면 대다수 남성이: Glass, S. P., and Wright, T. L. (1985). "Sex Differences in the Type of Extramarital Involvement and Marital Dissatisfaction," *Sex Roles* 12:1101-19; Glass, D. P., and Wright, T. L. (1992). "Justifications for Extramarital Relationships: The Association Between Attitudes, Behaviors, and Gender," *Journal of Sex Research* 29:361-87; Thompson, A. P. (1983). "Extramarital Sex: A Review of the Literature," *Journal of Sex Research* 19:1-22.

179쪽 버스 랩이 정사의 동기를 연구한 내용도: Buss, D. M. (2000). *Dangerous Passion.*

6장

181쪽 "식욕은 배고픈 사람을 제외하면": As cited in Impett, E. A., and Peplau, L. (2003). "Sexual Compliance: Gender, Motivational, and Relationship Perspectives," *Journal of Sex Research* 40:87-100.

184쪽 한 연구에 따르면 여대생은: Cohen, L. L., and Shotland, R. L. (1996). "Timing of First Sexual Intercourse in a Relationship: Expectations, Experiences, and Perceptions of Others," *Journal of Sex Research* 33:291-99.

187쪽 이는 대학생: Beck, J. G., Bozman, A. W., and Qualtrough, T. (1991). "The Experience of Sexual Desire: Psychological Correlates in a Colege Sample," *Journal of Sex Research* 28:443-56.

187쪽 중년: Pfeiffer, E., Verwoerdt, A., and Davis, G. (1972). "Sexual Behavior in Middle Life," *American Journal of Psychiatry* 128:1262-67.

187쪽 심지어 80대와 90대에도: Bretschneider, J. G., and McCoy, N. L. (1988). "Sexual Interest and Behavior in Healthy 80- to 102-Year-Olds," *Archives of Sexual Behavior* 17:109-30.

187쪽 이 또한 부부나: Julien, D., Bouchard, C., et al. (1992). "Insiders' Views of Marital Sex: A Dyadic Analysis," *Journal os Sex Research* 29:343-60.

187쪽 막 데이트를 시작한 남녀 모두에게: McCabe, M. P. (1987). "Desired and Experienced Levels of Premarital Affection and Sexual Intercourse During Dating," *Journal of Sex Research* 23:23-33.

187쪽 미국인 남성 1,410명과 여성 1,749명을 대상으로 한: Laumann, E. O., Gagnon, J. H., et al. (1994). *The Social Organization of Sexuality: Sexual Practices in the United States* (Chicago: University of Chicago Press).

187쪽 이는 남자들이 여자들보다 섹스를 더 많이: Symons, D. (1979). *The Evolution of Human Sexuality* (New York: Oxford).

189쪽 많은 연구가 여자들은 남자들에 비해:: Meston, C. M., Trapnell, P. D., and Gorzalka, B. B. (1996). "Ethnic and Gender Differences in Sexuality: Variations in Sexual Behavior Between Asian and Non-Asian University Students," *Archives of Sexual Behavior* 25:33-72. Cawood, E. H., and Bancroft, J. (1996). "Steroid Hormones, the Menopause, Sexuality and Well-being of Women," *Psychological Medicine* 26:925-36.

189쪽 성 활동에 강박적으로 집착하는 남자들에게: Berlin, F. S., and Meinecke, C. F. (1981). "Treatment of Sex Offenders with Anti-Androgenic Medication: Conceptualization, Review of Treatment Modalities and Preliminary Findings," *American Journal of Psychiagry* 138:601-7.

192쪽 테스토스테론이 부족한 여성은: Leiblum, S. R., and Sachs, J. (2002). *Getting the Sex You Want: A Woman's Guide to Becoming Proud, Passionate, and Pleased in Bed* (New York: Crown), 181.

192쪽 성 연구자이자 치료사이며 여성의 성애를 주제로: Ibid.

194쪽 에스트로겐 수치가 높아진 여성은: Leiblum, S. R., and Sachs, J. (2002). *Getting the Sex You Want*, 91.

195쪽 실제로도 전통 문화들을 살펴보면: Sugiyama, L. (2005). "Physical Attractiveness in Adptationist Perspective," in D. M. Buss (ed.), *Evolutionary Psychology Handbook* (New York; Wiley), 292-343.

197쪽 이와 관련해서는 활성 성분 데소게스트렐(desogestrel)이나: Leiblum, S. R., and Sachs, J. (2002). *Getting the Sex You Want*.

197쪽 SSRI를 복용하는 여성의 약 96퍼센트가: Clayton, A., Keller, A., and McGarvey, E. L.

(2006). "Burden of Phases-specific Sexual Dysfunction with SSRIs," *Journal of Affective Disorders* 91:27-32.

197쪽 성 관련 부작용을 경험하는 여성들의 절반 가까이는: Rosen, R. C., Lane, R. M., and Menza, M. (1999). "Effects of SSRIs on Sexual Function: A Critical Review," *Journal of Clinical Psychopharmacology* 19:67-85.

198쪽 발륨, 자낙스, 아티반, 부스파 같은 항불안제와: Leiblum, S. R., and Sachs, J. (2002). *Getting the Sex You Want*, 175-79.

199쪽 과체중의 배우자들은 짝짓기 시장에서: LoPiccolo, J., and Friedman, J. M. (1988). "Broadspectrum Treatment of Low Sexual Desire: Integration of Cognitive, Behavioral, and Systemic Therapy," in S. R. Leiblum and R. C. Rosen (eds.), *Sexual Desire Disorders* (New York: Guilford Press), 125-26.

199쪽 흥미로울 게 없는 평범한 세상의: Rubin, H. (1941). *Eugenics and Sex Harmony* (New York: Herald Publishing), 123-24.

202쪽 중년 여성을 대규모로 연구한 오스트레일리아 멜버른 대학교의: Dennerstein, L., Smith, A., Morse, C., et al. (1994). "Sexuality and the Menopause," *Journal of Psychosomatic Obstetrics and Gynaecology* 15:59-66.

203쪽 대개는 둘 다이다: LoPiccolo, J., and Friedman, J. M. (1988). "Broad-spectrum Treatment of Low Sexual Desire."

204쪽 이런 커플들은 서로에게 결부되려는 욕망이: Nichols, M. (1988). "Low Sexual Desire in Lesbian Couples," in S. R. Leiblum and R. C. Rosen (eds.), *Sexual Desire Disorders*, 398.

205쪽 부부를 조사한 한 연구에 따르면: Carlson, J. (1976). "The Sexual Role," in F. I. Nye (ed.), *Role Structure and Analysis of the Family* (Beverly Hills, Calif.: Sage Publications), 101-10.

205쪽 루시아 오설리번(Lucia O'Sullivan)은 2주 동안 벌어진: O'Sullivan, L. F., and Allgeier, E. R. (1998). "Feigning Sexual Desire: Consenting to Unwanted Sexual Activity in Hetero-sexual Dating Relationships," *Journal of Sex Research* 35:234-43.

207쪽 원하지 않는 섹스에 동의하는 것도: Impett, E. A., and Peplau, L. (2003). "Sexual Compliance: Gender, Motivational, and Relationship Perspectives," *Journal os Sex Research* 40:87-100.

207쪽 원하지 않는 섹스를 하는 것이: Wieselquist, J. Rusbult, C. E., et al. (1999). "Commitment, Pro-Relationship Behavior, and Trust in Close Relationships,"

Journal of Personality and Social Psychology 77:942-66.

208쪽 존재는 사람마다 다르다: Rainer, J., and Rainer, J. (1959). *Sexual Pleasure in Marriage* (New York: Julian Messner), 62-63.

209쪽 보살핌을 제공하는 사람들(어머니든, 아버지든, 보모든, 조부모든)은: Daniluk, J.C. (1998). *Women's Sexuality Across the Lifespan* (New York: Guilford Press).

213쪽 실제로 한 연구에 따르면 원하지 않지만: O'Sullivan, L. F., and Allgeier, E. R. (1998). "Feigning Sexual Desire."

7장

218쪽 한 연구는 미국인들이 1930년대부터: Buss, D. M., Shackelford, T. K., et al. (2001). "A Half Century of American Mate Preferences: The Cultural Evolution of Values," *Journal of Marriage and the Family* 63:491-503.

220쪽 여러 건의 연구 보고서는 1970년대에: Laumann, E. O., Gagnon, J. H., et al. (1994). *The Social Organization of Sexuality: Sexual Practices in the United States* (Chicago: University of Chicago Press), 368-74.

223쪽 메스턴 성 심리 생리학 랩이 캐나다 여대생 400명 이상을: Meston, C. M., Trapnell, P. D., and Gorzalka, B. B. (1996). "Ethnic and Gender Differences in Sexuality: Variations in Sexual Behavior Between Asian and Non-Asian University Students," *Archives of Sexual Behavior* 25:33-72.

223쪽 메스턴 랩은 최근 미국 여대생 900명 이상을: Meston, C. M., and Ahrold, T. (in press). "Ethnic, Gender, and Acculturation Influences on Sexual Behavior," *Archives of Sexual Behavior.*

223쪽 상하이에 살고 있는 중국 여성들도: http://english.peopledaily.com.cn/200311/08/eng20031108_127861.shtml.

223쪽 이런 연속적 스펙트럼의 다른 쪽 끝에는 스웨덴인들이: Buss, D. M. (1989). "Sex Differences in Human Mate Preferences: Evolutionary Hypotheses Tested in 37 Cultures," *Behavioral and Brain Science* 12:1-49.

228쪽 여자하고 섹스하는 여성은: Richters, J., Visser, R., et al. (2006). "Sexual Practices at Last Heterosexual Encounter and Occurrence of Orgasm in a National Survey," *Journal of Sex Research* 43:217-26.

229쪽 섹스 연구자들인 윌리엄 매스터스와: Masters, W. H., and Johnson, V. (1979). *Homosexuality in Perspective* (Boston: Little, Brown).

230쪽 에든버그 소재 텍사스 대학교의 심리학자 러셀 아이젠만(Russell Eisenman) 연구진
은: Eisenman, R. (2001). "Penis Size: Survey of Female Perceptions of Sexual
Satisfaction," *BMC Women's Health* 1:1.

235쪽 상이한 연령의 캐나다와 미국 여성 1,414명을 대상으로: Schmitt, D. P, Shackelford, T. K.,
et al. (2002). "Is There an Early-30's Peak in Female Sexual Desire? Cross-Sectional
Evidence from the United States and Canada," *Canadian Journal of Human
Sexuality* 11:1-18.

235쪽 한 연구에 따르면 30대 여성의 약 25퍼센트가: Laumann, E. O., Gagnon, J. H., et al.
(1994). *The Social Organization of Sexuality*, 178-79.

241쪽 남녀 모두를 대상으로 이 실험이 실시되었다, (여성의 경우): Laan, E., and Everaerd,
W. (1995). "Habituation of Female Sexual Arousal to Slides and Film," *Archives
of Sexual Behavior* 24:517-41. O'Donahue, W. T., and Geer, J. H. (1985). "The
Habituation of Sexual Arousal," *Archives of Sexual Behavior* 14:233-46.

241쪽 (남성의 경우): O'Donahue, W. T., and Geer, J. H. (1985). "The Habituation of Sexual
Arousal," *Archives of Sexual Behavior* 14:233-46.

242쪽 다양한 파트너와 섹스를 즐길지 말지를: Schmitt, D. P., and Shackelford, T. K. (2008).
"Big Five Traits Related to Short-Term Mating: From Personality to Promiscuity
Across 46 Nations," *Evolutionary Psychology* 6:246-82.

243쪽 그러나 자아도취(narcissism)적 성격 특성이야말로: Buss, D. M., and Shackelford, T. K.
(1997). "Susceptibility to Infidelity in the First Year of Marriage," *Journal of Research
in Personality* 31:193-221.

243쪽 메스턴 랩은 18세에서 47세에 이르는: Seal, B., and Meston, C. M. (Oct. 2004).
"Perfectionism and Emerging Patterns of Sexuality," paper presented to the Annual
Meeting of the International Society for the Study of Women's Sexual Health
(ISSWSH), Athlanta, Ga.

243쪽 슈미트도 자신의 비교 문화 연구에서: Schmitt, D. P. (2003). "Universal Sex Differences
in the Desire for Sexual Variety: Tests from 52 Nations, 6 Continents, and 13
Islands," *Journal of Personality and Social Psychology* 85:85-104.

244쪽 분분하게 토론되는 책: Levy, A. (2006). *Female Chauvinist Pigs: Women and the Rise of
Raunch Culture* (New York: Simon and Schuster).

8장

245쪽 "내 생각에는, 나는 물론이고": "Student Auctions Off Virginity for Offers of More than £2.5 Million," *The Telegraph* (London), January 12, 2009.

246쪽 스테파니 거숀은 브라질을 떠나: www.cnn.com/2008/LIVING/personal/08/25/sex.for. stuff.

246쪽 나탈리 딜런의 거래와: Kruger, D. J. (2008). "Young Adults Attempt Exchanges in Reproductively Relevant Currencies," *Evolutionary Psychology* 6:204-12.

247쪽 "모두가 200달러를 호가하는": www.cnn.com/2008/LIVING/personal/08/25/sex.for. stuff.

248쪽 선물은 다음 항목들로 분류되었다: Symons, D. (1979). *The Evolution of Human Sexuality* (New York: Oxford University Press), 257-58.

248쪽 남자는 모든 연애에서: Sahlins, M. (1985). *Islands of History* (Chicago: University of Chicago Press; Malinowski, B. (1929). *Sexual Savages in North-western Melanesia: An Ethnographic Account of Courtship, Marriage, and Family Life Among the Natives of the Trobriand Island, British New Guinea* (London: G. Routledge & Sons), 319.

249쪽 "남자들이 사냥을 통해 자신의 정력을 과시하고": Siskind, J. (1973). *To Hunt in the Morning* (New York: Oxford University Press), 234.

251쪽 남자들은 1,000명 이상의 파트너를: Ellis, B. J., and Symons, D. (1990). "Sex Differences in Sexual Fantasy: An Evolutionary Psychological Approach," *The Journal of Sex Research* 27:527-55.

251쪽 응답 과정에서 다소간의 편차가 발생했을: Buss, D. M. (2003). *The Evolution of Desire: Strategies of Human Mating* (New York: Basic Books); Ellis, B. J., and Symons, D. (1990). "Sex Differences in Sexual Fantasy,"

252쪽 남자들은 성적 과잉 인식의 편향(sexual overperception bias)이라는: Haselton, M. G., and Buss, D. M. (2000). "Error Management Theory: A New Perspective on Biases in Cross-sex Mind Reading," *Journal of Personality ans Social Psychology* 78:81-91.

252쪽 여자들은 남자들의 과잉 인식 편향을 이용해: Buss, D. M. (2003). *Evolution of Desire*.

252쪽 대다수의 남자들은 대다수의 여자들을: Symons, D. (1979). *Evolution of Human Sexuality*.

253쪽 이밖에 다른 성차를 바탕으로 여자들은: Ibid.

254쪽 남성이 매춘을 통해 여성을 정치적으로 지배한다고: Dworkin, A., and Levi, A. (2006).

Intercourse (New York: Basic Books).

255쪽 변호사로 일하는 여성이 법률 사무소에: French, D., and Lee, L. (1988). *Working: My Life as a Prostitute* (New York: W. W. Norton).

255쪽 "우리는 (창녀들이) 몸을 팔고 있다고": www.sexwork.com/coalition/ whatcountrieslegal.html.

256쪽 인신매매가 동반되는 성 노예화 문제는: Burley, N., and Symanski, R. (1981). "Women Without: An Evolutionary and Cross-cultural Perspective on Prostitution," in R. Symanski, *The Immoral Landscape: Female Prostitution in Western Societies* (Toronto: Butterworths), 239-74.

256쪽 일부 서양인 고객이 있기는 하지만: Brown, L. (2000). *Sex Slaves: The Trafficking of Women in Asia* (London: Virago Books).

256쪽 성 노예 밀매 실태는 여러 권의: Ibid.

257쪽 어떤 여성은 자신이 속한 문화권에서: Burley, N., and Symanski, R. (1981). "Women Without"

258쪽 경찰은 에스코트(escort)라고 하는 콜걸보다: Salmon, C. (2008). "Heroes and Hos: Reflections on Male and Female Sexual Natures," in C. Crawford and D. Krebs (eds.), *Foundations of Evolutionary Psychology* (New York: Erlbaum).

258쪽 노숙을 하는 소녀나 여자 들이: Tyler, K. A., and Johnson, K. A. (2006). "Trading Sex: Voluntary or Coerced? The Experiences of Homeless Youth," *Journal of Sex Research* 43:208-16.

258쪽 "나랑 남자친구는 한동안": Ibid, 212.

259쪽 "스트레스가 아주 많아요": www.salon.com/mwt/feature/2008/08/05/call_girls/.

260쪽 키수무 시에 사는 케냐인 1,000명 이상을: Luke, N. (2005). "Confronting the 'Sugar Daddy' Stereotype: Age and Economic Asymmetries and Risky Sexual Behavior in Urban Kenya," *International Family Planning Perspectives* 31:6-14.

260쪽 AP 통신이 전하는 한 슈가 베이비 기사는: www.associatedcontent.com/article/376288/ how_to_get_a_sugar_daddy_sugar_daddies.html?cat—41.

261쪽 또 다른 뉴스 기사는: www.articlepros.com/relationships/Relationship-Advice/ article-74309.html.

263쪽 남자들이 여자를 유혹하기 위해: Buss, D. M. (1988). "The Evolution of Human Intrasexual Competition: Tactics of Mate Attraction," *Journal of Personality and Social Psychology* 54:616-28.

263쪽 버스 랩은 여자들에게 유효한: Buss, D. M., and Schmitt, D. P. (1993). "Sexual Strategies Theory: An Evolutionary Perspective on Human Mating," *Psychological Review* 100:204-32.

263쪽 여자들은 싼 티 나는 복장을 한: Townsend, J. M. (1998). "Sexual Attractiveness Sex Differences in Assessment and Criteria," *Evolution and Human Behavior* 19(3)171-91.

264쪽 "쭈글탱이 노인네들": DiMaggio, J. (2006). *Marilyn, Joe, and Me* (New York: Penmarin Books).

264쪽 2006년에는 중국의 여배우: www.npr.org/templates/story/sotry. php?storyId—6924667.

265쪽 예컨대, 한 여성은 직장에서: Buss, D. M. (2003). *Evolution of Desire.*

265쪽 아마도 가장 노골적인 사례는: http://austriantimes.at/index.php?id—7935.

266쪽 "성관계를 대가로 선물을 주고": Gebhard, P. H. (1971). "The Anthropological Study of Sexual Behavior," in D. S. Marshall and R. C. Suggs (eds.), *Human Sexual Behavior* (New York: Basic Books), 257-58.

266쪽 "매춘과 연애 교제가 연속적 계열로": Burley, N., and Symanski, R. (1981). "Women Without."

266쪽 여자들은 문자 그대로의: Symons, D. (1979). *Evolution of Human Sexuality*, 258-59.

267쪽 조사 연구에 따르면 미국 대학생의 60퍼센트 정도는: Bisson, M. A., and Levine, T. R. (2007). "Negotiating a Friends with Benefits Relationship," *Archives of Sexual Behavior* 38:66-73.

267쪽 실제로 가벼운 섹스를 원하는: Welsh, D. P., Grello, C. M., and Harper, M. S. (2006). "No Strings Attached: The Nature of Casual Sex in College Students," *Journal of Sex Research* 43:255-67.

268쪽 "상대방이 내게서 단순한 섹스 이상을": Jonason, P. K., Li, N., and Cason, M. (2009). "The 'Booty Call': A Compromise between Men's and Women's Ideal Mating Strategies," *Journal of Sex Research* 46:1-11.

269쪽 이런 관계를 맺은 여성들이 지적한: Bisson, M. A., and Levine, T. R. (2007). "Negotiating a Friends with Benefits Relationship."

270쪽 섹스 친구 관계가 시간이 흐르면서: Ibid.

272쪽 혼외정사 상대를 꾈 수 있는 최상의 유혹물은: Holmberg, A. R. (1950). *Nomads of the Long-bow* (Washington, D.C.: Smithsonian Institution Press), 64.

273쪽 "대형 사냥감을 잡아 오는 데 서툰 남자는": Washburn, S. L., and Lancaster, C. (1968). "The Evolution of Hunting," in R. B. Lee and I. DeVore (eds.), *Man the Hunter* (Chicago: Aldine), 293-303.

273쪽 "그 놈은 남자도 아닙니다": Symons, D. (1979). *Evolution of Human Sexuality*, 162.

274쪽 여성들이 불륜을 저지르는 이유는:Greiling, H., and Buss, D. M. (2000). "Women's Sexual Strategies: The Hidden Dimension of Extra-Pair Mating," *Personality and Individual Differences* 28:929-63.

274쪽 경제적 자원이 없어서 재정적 부양을: Blumstein, P. and Schwartz, P. (1983). *American Couples: Money, Work, Sex* (New York: Morrow).

9장

278쪽 예컨대, 남성의 경우 조사 연구에 따르면: Althof, S. E., et al., (2003). "Treatment Responsiveness of the Self-Esteem and Relationship Questionnaire in Erectile Dysfunction," *Urology* 61(5):888-92.

278쪽 먼 과거를 거슬러 올라가 볼 때: Greiling, H., and Buss, D. M. (2000). "Women's Sexual Strategies: The Hidden Dimension of Extra-Pair Mating," *Personality and Individual Differences* 28:929-63.

278쪽 많은 미의 기준이 보편적이다: Sugiyama, L. S. (2005). "Physical Attractiveness in Adaptationist Perspective," in D. M. Buss (ed.), *Evolutionary Psychology Handbook* (New York: Wiley), 292-343.

278쪽 깨끗하고 매끄러운 살갗, 통통한 입술: Franzio, S. L., and Shields, S. A. (1984). "The Body Esteem Scale: Multidimensional Structure and Sex Differences in a College Population," *Journal of Personality Assessment* 48:173-78.

278쪽 이 모든 특징이 번식력과: Buss, D. M. (2003). *The Evolution of Desire: Strategies of Human Mating* (New York: Basic Books).

280쪽 3만 명의 여성을 조사한 전국적 연구에서: Cash, T. F., Winstead, B. A., and Janda, L. H. (1986). "The Great American Shape-up," *Psychology Today* 20:30-37.

281쪽 청소년기 소녀들의 경우: Jones, D. E., Vigfusdottir, T. H., and Lee, Y. (2004). "Body Image and the Appearance Culture Among Adolescent Girls and Boys: An Examination of Friend Conversations, Peer Criticism, Appearance Magazines, and the Internalization of Appearance Ideals," *Journal of Adolescent Research* 19:323-39.

281쪽 심지어 미국 내에서도 문화적 차이가: Cash, T. F., Morrow, J. A., et al. (2004). "How Has

Body Image Changed? A Cross-sectional Investigation of College Women and Men 1983-2001," *Journal of Consulting and Clinical Psychology* 72:1081-89.

283쪽 육체 이미지가 좋지 않은 여성들은: Seal, B., Bradford, A., and Meston, C. M. (under review). "The Association Between Body Image and Sexual Desire in College Women."

283쪽 펜실베이니아 주립 대학교의 패트리샤 바살로 코치(Patricia Barthalow Koch) 박사 연구 진은: Koch, P. B., Mansfield, P. K., et al. (2005). "'Feeling Frumpy': The Relationships Between Body Image and Sexual Response Changes in Midlife Women," *Journal of Sex Research* 42:215-23.

284쪽 31주 체중 감량 프로그램을 이수한: Werlinger, K., King, T. K., et al. (1997). "Perceived Changes in Sexual Functioning and Body Image Following Weight Loss in an Obese Female Population: A Pilot Study," *Journal of Sex and Marital Therapy* 23:74-78.

284쪽 가십 및 패션 주간지들을 도배하다시피 하는: http://shakespearessister.blogspot. com/2009/02/impossibly-beautiful.html.

286쪽 "인기 있는 패거리의 소녀는": Wiseman, R. (2003). *Queen Bees and Wannabes: Helping Your Daughter Survive Cliques, Gossip, Boyfriends, and Other Realities of Adolescence* (New York: Three Rivers Press).

289쪽 예컨대, 청소년 1만 6749명을 대상으로 수행된 한 연구는: Parker, J. S., and Benson, M. J. (2004). "Parent-adolescent Relations and Adolescent Functioning: Self-esteem, Substance Abuse, and Delinquency," *Adolescence* 39:519-30.

298쪽 본질적으로 남자 주인공은: Ellis, B. J., and Symons, D. (1990). "Sex Differences in Sexual Fantasy: An Evolutionary Psychological Approach," *Journal of Sex Research* 27:527-55.

298쪽 심리학자 패트리샤 홀리(Patricia Hawley)는: Hawley, P. H., and Hensley, W. A., IV. (in press, 2009). "Social Dominance and Forceful Submission Fantasies: Feminine Pathology or Power?" *Journal of Sex Research*.

298쪽 사회적으로 덜 유력한 여자들일수록: Salmon, C., and Symons, D. (2001). *Warrior Lovers: Erotic Fiction, Evolution and Female Sexuality* (London: Weidenfeld & Nicolson).

300쪽 141명의 기혼 여성을 대상으로 한 연구에 따르면: Leitenberg, H., and Henning, K. (1995). "Sexual Fantasy," *Psychological Bulletin* 117: 469-96.

10장

307쪽 성 간 갈등 이론을 통해 성적 기만과: Parker, G. A. (1979). "Sexual Selection and Sexual Conflict," in M. S. Blum and A. N. Blum (eds.), *Sexual Selection and Reproductive Competition among Insects* (London: Academic Press), 123-66; Parker, G. A. (2006). "Sexual Selection over Mating and Fertilization: An Overview," *Philosophical Transactions of the Royal Society* B, 361:235-59; Buss, D. M. (2001). "Cognitive Biases and Emotional Wisdom in the Evolution of Conflict between the Sexes," *Current Directions in Psychological Sciences* 10:219-53.

308쪽 가장 보편적인 성 활동 전략은 정직한 구애이다: Buss, D. M. (2003). *The Evolution of Desire: Strategies of Human Mating* (New York: Basic Books).

308쪽 한 연구는 미국인 1600만 명이: Madden, M., and Lenhart, A. (2006). "Online Dating: Americans Who Are Seeking Romance Use the Internet to Help Them in Their Search, but There Is Still Widespread Public Concern about the Safety of Online Dating," Pew Internet & American Life Project, www.pewinternet.org/pdfs/PIP_Online_Dating.pdf.

308쪽 연구자들은 남녀가 올린 키, 몸무게, 나이, 기타 특징 정보를: Toma, C. L. Hancock, J. T., and Ellison, N. B. (2008). "Separating Fact from Fiction: An Examination of Deceptive Self-Presentation in Online Dating Profiles," *Personality and Social Psychology Bulletin* 34(8):1023-36.

308쪽 한 연구에 따르면, 온라인으로 만난 파트너와 데이트하는 사람의 86퍼센트는: Gibbs, J. L., Ellison, N. B., and Heino, R. D. (2006). "Self-Presentation in Online Personals: The Role of Anticipated Future Interaction, Self-Disclosure, and Perceived Success in Internet Dating," *Communication Research* 33:1-26; Madden, M., and Lenhart, A. (2006). "Online Dating.)

310쪽 사랑은 남자로 하여금 한 여자와 그 자녀들에게: Buss, D. M. (2006). "The Evolution of Love," in R. J. Sternberg and K. Weis (eds.), *The New Psychology of Love* (New Haven, Conn,: Yale University Press), 65-86.

310쪽 여자에게 "사랑해"라고 말하면서: Cassell, C. (1984). *Swept Away: Why Women Confuse Love and Sex* (New York: Simon & Schuster), 155.

310쪽 우리는 여성 240명과 남성 239명에게: Haselton, M., Buss, D. M., Oubaid, V., and Angleitner, A. (2005). "Sex, Lies, and Strategic Interference: The Psychology of Deception between the Sexes," *Personality and Social Psychology Bulletin* 31:3-23.

310쪽 여자들은 남자들에게 다음처럼 기만당했다고: Buss, D. M., and Haselton, M. G. (2005). "The Evolution of Jealousy," *Trends in Cognitive Science* 9:506-7.

312쪽 "사생활이 드러나는 것을 꺼려 익명을 요구한 그 여성은":www.washingtonpost.com/wp-dyn/content/article/2005/06/30/AR2005063001734.html.

314쪽 진화 심리학자 마티 헤이즐턴은: Haselton, M. G., and Buss, D. M. (2000). "Error Management Theory: A New Perspective on Biases in Cross-sex Mind Reading, *Journal of Personality and Social Psychology* 78: 81-91.

317쪽 8,000명의 여성을 대상으로 수행된 전미 여성 폭력 실태 조사(National Violence Against Women)에 따르면: Tjaden, P., and Thoennes, N. (2000). *Full Report of the Prevalence, Incidence, and Consequences of Violence Against Women: Findings from the National Violence Against Women Survey* (Washington, D. C.: National Institute of Justice and Centers for Disease Control and Prevention).

317쪽 여고생의 3분의 1이 데이트 중에: Buzy, W. M., McDonald, R., et al. (2004). "Adolescent Girl's Alcohol Use as a Risk Factor for Relationship Violence," *Journal of Research on Adolescence* 14:449-70.

318쪽 어린 여성들이 당하는 성적 강요는: Craig, M. E. (1990). "Coercive Sexuality in Dating Relationships: A Situational Model," *Clinical Psychology Review* 10:395-423.

318쪽 한 연구에 따르면 미국 고등학생의 4분의 1에서 3분의 1 정도는: Davis, T. C., Peck, G. Q., and Storment, J. M. (1993). "Acquaintance Rape and the High School Student," *Journal of Adolescent Health* 14:220-23.

318쪽 그녀들이 어린 나이에 강압과 강제 속에서: Koss, M. P. (1985). "The Hidden Rape Victim: Personality, Attitudinal, and Situational Characteristics," *Psychology of Women Quarterly* 1:193-212.

319쪽 한 연구는 강간 피해를 당한 40명의 성인 여성을: Faravelli, G., et al. (2004). "Psychopathology after Rape," *American Journal of Psychiatry* 161:1483-85.

319쪽 일부 피해자는 술이나 마약에 기댔고: Russell, D. E. H. (1975). *The Politics of Rape: The Victim's Perspective* (New York: Stein and Day).

321쪽 한 연구에 따르면 어렸을 때 성 학대를 당한 여성들은: Messman-Moore, T. L., and Brown, A. L. (2004). "Child Maltreatment and Perceived Family Environment as Risk Factors for Adult Rape: Is Child Sexual Abuse the Most Salient Experience?" *Child Abuse and Neglect* 28:1019-34.

321쪽 최근의 한 연구에 따르면 성적 자부심이 낮고: Bruggen, L. K., Runtz, M. G., and

Kadlec, H. (2006). "Sexual Revictimization: The Role of Sexual Self-esteem and Dysfunctional Sexual Behaviors," *Child Maltreatment* 11:131-45.

323쪽 여러 연구를 보더라도 헌신적 관계에서 성 학대를 당하는 여성의 경우: Lloyd, S. A., and Emery, B. C. (1999). *The Darkside of Dating: Physical and Sexual Violence* (Thousand Oaks, Calif.: Sage Publications).

324쪽 남편에게 강간당한 여성들을 연구한: Finkelhor, D., and Yllo, K. (1985). *License to Rape: Sexual Abuse of Wives* (New York: Holt, Rinehart & Winston).

325쪽 응답자들은 가해자가 낯선 사람이기보다는: Monson, C. M., Byrd, G., and Langhinrichsen-Rohling, J. (1996). "To Have and To Hold: Perceptions of Marital Rape," *Journal of Interpersonal Violence* 11:410-24.

325쪽 실제로 아프가니스탄에서는 최근 결혼 내 강간을: See http://www.hydailynews.com/news/us_world/2009/04/17/2009-04-17_afghanistan_president_hamid_karzai_backpedals_on_afghan_marital_rape_law.html.

327쪽 그러나 PTSD 증상에 가장 지속적인 치료 효과를 보인 것은: Foa, E. B., Rothbaum, B. O., Riggs, D. S., and Murdock, T. B. (1991). "Treatment of Posttraumatic Stress Disorder in Rape Victims: A Comparison between Cognitive-behavioral Procedures and Counseling," *Journal of Consulting and Clinical Psychology* 59:715-23.

329쪽 인류학자 페기 샌데이(Peggy Sanday)는: Sanday, P. (1981). "The Sociocultural Context of Rape: A Cross-cultural Study," *Journal of Social Issues* 37:5-27.

329쪽 다른 연구들도 근처에 유전적 친족이 없을 때: Figueredo, A. J. (1995). *Preliminary Report: Family Deterrence of Domestic Violence in Spain*, Department of Psychology, University of Arizona.

330쪽 "귀족이 도시 한복판이나": Quoted in Scholz, S. (2005). "'Back Then It Was Legal': The Epistemological Imbalance in Readings of Biblical and Ancient Near Eastern Rape Legislation," *Bible and Critical Theory* 1(22):36.

330쪽 역사 기록을 통해 강간이 특히 전쟁 때: Symons, D. (1979). *The Evolution of Human Sexuality* (New York: Oxford University Press); Chagnon, N. A. (1983). *Yanomamö: The Fierce People* (New York: Holt, Rinehart and Winston); Ghiglieri, M. P. (1999). *The Dark Side of Man: Tracing the Origins of Male Violence* (Reading, Mass.: Perseus Books).

330쪽 "적을 정복하고, 그들을 추격하고": Quoted in Royle, T. (1989). *Dictionary of Military Quotations* (New York: Simon & Schuster).

330쪽 "소련 군인들은 독일 여성을": Beevor, A. (2002). *Berlin: The Downfall, 1945* (New York: Viking Press), 326-27.

331쪽 강간이 여성들에게 그토록 끔찍한 비용을: Buss, D. M. (2003). "Sexual Treachery," *Australian Journal of Psychology* 55:36.

333쪽 진화의 관점에서 보면 강간 판타지가: Critelli, J. W., and Bivona, J. M. (2008). "Women's Erotic Rape Fantasies: An Evaluation of Theory and Research," *Journal of Sex Research* 45:57-70.

334쪽 예컨대, 강간범이 여자를 와락 붙잡고: Kanin, E. J. (1982). "Female Rape Fantasies: A Victimization Study," *Victimology* 7:114-21., 117.

334쪽 여성들은 실제로 벌어지는 강간을 혐오스럽고: Buss, D. M. (1989). "Conflict Between the Sexes: Strategic Interference and the Evocation of Anger and Upset," *Journal of Personality and Social Psychology* 56:735-47.

335쪽 그가 나를 강간하고 싶어 한다고 생각했다: Duntley, J. D., and Buss, D. M., unpublished data.

335쪽 여자들이 강간에 대비할지도 모르는 세 번째 방법은: Buss, D. M. (2005). *The Murderer Next Door: Why the Mind Is Designed to Kill* (New York: Penguin Press).

11장

339쪽 성행위 중에 분비되는 엔도르핀은: Couch, J., and Bearss, C. (1990). "Relief of Migraine with Sexual Intercourse," *Headache* 30:302.

340쪽 일부 두통 연구자들은 뇌의 특정 부위에: Weiller, C., May, A., et al. (1995). "Brain Stem Activation in Spontaneous Human Migraine Attacks," *Natural Medicine* 1:658-60.

340쪽 오르가슴 중에 여성들은 무려 75퍼센트까지: Whipple, B., and Komisaruk, B. R. (1985). "Elevation of Pain Threshold by Vaginal Stimulation in Women," *Pain* 21:357-67.

342쪽 그들은 검경 장비를 사용해: Cited in Levin, R. (2007). "Sexual Activity, Health and Well-being—The Beneficial Roles of Coitus and Masturbation," *Sexual and Relationship Therapy* 22:135-48.

342쪽 예일 대학교 의과 대학 연구진은: Meaddough, E. L., Olive, D. L., et al. (2001). "Sexual Activity, Orgasm and Tampon Use Are Associated with a Decreased Risk for Endometriosis," *Gynecologic and Obstetric Investigation* 53:163-69.

343쪽 플리니우스는 생리혈과 접촉하면: Cited in O'Dowd, M. J., and Philipp, E. E. (2000). *The History of Obstetrics and Gynecology* (New York: Pantheon Group), 291-92.

343쪽 매스터스와 존슨은 이걸 "방관자 되기(spectatoring)"라고: Masters, W., and Johnson, V. E. (1970). *Human Sexual Inadequacy* (Boston: Little, Brown).

348쪽 흥미롭게도, 실험 결과 자위로 느끼는: Brody, S., and Kruger, T.H.C. (2006). "The Post-orgasmic Increase Following Intercourse Is Greater than Following Masturbation and Suggests Greater Satiety," *Biological Psychology* 71:312-15.

349쪽 한 연구에서는 여자들이 스트레스가 전혀 없는 여행 다큐멘터리를 시청했다: Palace, E. M., and Gorzalka, B. B. (1990). "The Enhancing Effects of Anxiety on Arousal in Sexually Dysfunctional and Functional Women," *Journal of Abnormal Psychology* 99:403-11.

349쪽 메스턴 성 심리 생리학 랩은 교감 신경계를: Meston, C. M., and Gorzalka, B. B. (1995). "The Effects of Sympathetic Activation on Physiological and Subjective Sexual Arousal in Women," *Behaviour Research and Therapy* 33:651-64.

351쪽 몇 년 전에 메스턴 랩 연구진은 텍사스에 있는: Meston, C. M., and Frohilich, P. F. (2003). "Love at First Fright: Partner Salience Moderates Roller Coaster-Induced Excitation Transfer," *Archives of Sexual Behavior* 32:537-44.

352쪽 자리에서 일어난 여자들이 주먹으로: Mannix, D. P. (1958). *Those About to Die* (New York: Ballantine Books), 91.

352쪽 평생에 걸쳐 여성은 약 20퍼센트: Weissman, M. M., and Olfson, M. (1995). "Depression in Women: Implications for Health Care Research," *Science* 269:799-801.

353쪽 국립 정신 건강 연구소(National Institute of Mental Health)의 토머스 웨어(Thomas Wehr) 박사 연구진은: Cited in Leibenluft, E. (1998). "Why Are So Many Women Depressed?" *Scientific American*, summer.

355쪽 성적 흥분과 오르가슴이 코르티솔 양 감소와 결부되어: Exton, M. S., Bindert, A., et al. (1999). "Cardiovascular and Endocrine Alterations after Masturbation-induced Orgasm in Women," *Psychosomatic Medicine* 61:280-89.

355쪽 메스턴 랩이 수행한 최근의 한 연구에서는: Hamilton, L. D., Rellini, A. H., and Meston, C. M. (2008). "Cortisol, Sexual Arousal, and Affect in Response to Sexual Stimuli," *Journal of Sexual Medicine* 5:2111-18.

355쪽 메스턴 랩이 수행한 또 다른 연구에서는: Frohlich, P. F., and Meston, C. M. (2002). "Sexual Functioning and Self-Reported Depressive Symptoms Among College Women," *Journal of Sex Research* 39:321-25.

356쪽 때때로 자위가 파트너와 하는 섹스보다: Gallup, G. G., Burch, R. L., and Platek, S. M.

(2002). "Does Semen Have Antidepressant Properties?" *Archives of Sexual Behavior* 31:289-93.

357쪽 정액에 노출되고 수 시간 이내에 검사를 해 본 결과: Benziger, D. P., and Edelson, J. (1983). "Absorption from the Vagina," *Drug Metabolism Reviews* 14:137-68.

357쪽 우울증을 앓는 사람들에서 이 두 호르몬이 모두: Abdullah, Y. H., and Hamadah, K. (1975). "Effect of ADP on PGE1 Formation in the Blood Platelets from Patients with Depression, Mania and Schizophrenia," *British Journal of Psychiatry* 127:591-95.

357쪽 폐경기를 경과한 여성들에서는 에스트로겐이: Coope, J. (1996). "Hormonal and Non-Hormonal Interventions for Menopausal Symptoms," *Maturitas* 23:159-68.

357쪽 더 젊은 여성들의 경우를 봐도: Roy-Byrne, P. P., Rubinow, D. R., Gold, P. W., and Post, R. M. (1984). "Possible Antidepressant Effects of Oral Contraceptives: Case Report," *Journal of Clinical Psychiatry* 45:350-52.

358쪽 앞에서 보았듯이 일부 여성들은 테스토스테론 수치가 낮으면: Wester, R. C., Noonan, P. K., and Maibach, H.I.(1980). "Variations in Percutaneous Absorption of Testosterone in the Rhesus Monkey Due to Anatomic Site of Application and Frequency of Application, *Archives of Dermatological Research* 267:229-35.

358쪽 연구자들은 이중 초음파 검사를 통해: Becher, E. F., Bechara, A., and Casabe, A. (2001). "Clitoral Hemodynamic Changes After a Topical Application oa Al-prostadil," *Journal of Sex and Marital Therapy* 27:405-10.

358쪽 더 최근의 연구에 따르면 성 흥분 기능 장애를 앓는 여성들이: Padma-Nathan, H., Brown, C., Fendl, J., Salem, S., Yeager, J., and Harning, R. (2003). "Efficacy and Safety of Topical Alprostadil Cream for the Treatment of Female Sexual Arousal Disorder (FSAD): A Double-blind, Multicenter, Randomized, and Placebo Controlled Clinical Trial," *Journal of Sex and Marital Therapy* 29:329-44.

363쪽 여성들이 이상적인 거라고 기대하며 제시한 전희와: Miller, S. A., and Byers, E. S. (2004). "Actual and Desired Duration of Foreplay and Intercourse: Discordance and Misperceptions Within Heterosexual Couples," *Journal of Sex Research* 41:301-9.

363쪽 20~30세 여성들이 한 달 평균 약7.5회로 약간 더 높았고: Laumann, E. O., Gagnon, J. H., et al. (1994). *The Social Organization of Sexuality: Sexual Practices in the United States* (Chicago: University of Chicago Press), 368-74.

364쪽 25년 넘게 남녀를 지속적으로 설문 조사한 한 연구는: Palmore, E. B. (1982). "Predictors of the Longevity Differences: A 25-Year Follow-up," *Gerontologist* 22:513-18.

364쪽 타이완인 중장년 남녀 약 2,500명을 조사한 최근의 한 연구는: Chen, H., Tseng, C., et al. (2007). "A Prospective Cohort Study on the Effect of Sexual Activity, Libido and Widowhood on Mortality Among the Elderly People: 14-Year Follow-up of 2453 Elderly Taiwanese," *International Journal of Epidemiology* 35:1136-42.

364쪽 한 연구는 섹스를 전혀 안 할 것으로 추정되는 수녀들이: Meurer, J., McDermott, R. J., and Malloy, M. J. (1990). "An Exploratory Study of the Health Practices of American Catholic Nuns," *Health Values* 14:9-17.

365쪽 폐경기 이전의 여성들은 관상 동맥 심장 질환을: U.S. Department of Health and Human Services (1988). *Vital Statistics of the United States 1986. Volume 11—Mortality. Part A.* (Hyattsville, Md.: Centers for Disease Control, National Center for Health Statistics).

365쪽 젊은 여성일지라도 암으로 난소를 두 개 다 제거하면: Stampler, M. J., Colditz, G. A., and Willett, W. C. (1990). "Menopause and Heart Disease: A Review," *Annals of the New York Academy of Science* 592:193-203.

365쪽 반면 엄청나게 많은 연구들이: Stampler, M. J., and Colditz, G. A. (2004). "Estrogen Replacement Therapy and Coronary Heart Disease: A Quantitative Assessment of the Epidemiologic Evidence," *International Journal of Epidemiology* 33:445-53.

366쪽 그러나 남자고 여자고 간에 관계가 안 좋으면: Kiecolt-Glaser, J. K., Glaser, R., et al. (1998). "Marital Stress: Immunologic, Neuroendocrine, and Autonomic Correlates," *Annals of the New York Academy of Science* 840:656-63.

366쪽 심리학자 칼 차네츠키(Carl Charnetski)와 프랜시스 브레넌(Francis Brennan)은: Charnetski, C. J., and Brennan, F. X. (2004). "Sexual Frequency and Salivary Immunoglobulin A (IgA)," *Psychological Reports* 94:839-44.

367쪽 한 연구는 오피오이드 펩티드가 너무 많이 방출될 경우: Van Epps, D. E., and Saland, L. (1984). "Beta-endorphin and Metenkephalin Stimulate Human Peripheral Blood Mononuclear Cell Chemotaxin," *Journal of Immunology* 132:3046-53.

367쪽 한 연구에 따르면 폐경기가 지났어도 한 달에 최소 3번 이상: Leiblum, S., Bachman, E., et al. (1983). "Vaginal Atrophy in the Post Menopausal Women: The Importance of Sexual Activity and Hormones," *Journal of the American Medical Association* 249:2195-98.

신디 메스턴

부모님은 나에 대한 기대가 많지 않으셨다. 어머니는 내가 세이프웨이 (Safeway) 매니저와 결혼하기를 바라셨다. 그러면 정육 코너에서 10퍼센트 할인을 받을 수 있었기 때문이다. 아버지는 내 차를 수리할 줄 아는 사람이면 사윗감으로 괜찮을 거라고 생각하셨다. 부모님은 고등 교육보다는 근면과 자기희생을 높이 사던 그런 시대 분들이었다. 고(故) 매러딘 포트와 나에게 항상 용기를 주는 클라우디아 맥닐에게 감사를 표한다. 두 사람은 내게 스스로 인생을 개척할 수 있다는 자신감을 심어 주었다. 셰리 렘플에게도 고맙다는 말을 하고 싶다. 우리는 펑크 선생님의 2학년 교실에서 처음 만났고, 내내 친구로 지내고 있다. 그녀는 나의 온갖 바보 같은 이야기를 비웃었고, 온갖 새로운 계획을 믿어 줬으며, 온갖 가슴 아픈 일들을 겪을 때 항상 내 곁에 있어 줬다(추신: 어렸을 때 항상 너를 못 살게 굴어서 미안해. 너를 크리스마스트리로 장식하고, 부모님의 저녁 파티에 데리고 가 전원까지 연결해 불을 켠 일은 특히 더.).

나의 학문과 연구에 지대한 영향을 미친 몇몇 분들을 소개하고, 감사를 드리는 것이 도리일 것이다. 석사 과정 지도 교수셨던 보리스 고잘카의 교수법은 언제나 나를 매혹했다. 재봉틀에서 심리학에 이르는 다양한 가르침은 놀라운 경험이었다. 박사 후 지도 교수인 줄리아 하이먼은 사려 깊은 조언으로 계속해서 나를 응원해 주었다. 어윈 골드스타인은 나의 연구에 열광했다. 샌드라 리블럼, 레이 로즌, 로레인 데너스타인은 항상 적절한 논평을 가해 주었다. 오스틴 소재 텍사스 대학교의 심리학과에 충심으로 사의를 표한다. 나는 11년 넘게 이 기관의 지원을 받고 있다. 교양 학부 학장 랜디 딜, 심리학과 학과장 제이미 페니베이커, 임상 분야를 이끌고 있는 캐린 칼슨의 지속적 지원과 안내로 많은 성과를 낼 수 있었다. 전현직 석사 과정 대학원생들이 지난 10년 동안 나의 연구실에 활기와 열정과 창조성과 지적 자극을 불어넣었다. 여기에 그들의 이름을 써 놓지 않을 수 없다. 페니 프롤리히, 알레산드라 렐리니, 케이티 맥콜, 애니 브래드포드, 브룩 실, 리사 돈 해밀턴, 크리스토퍼 하트, 티어니 아홀드, 야시스카 푸즐스, 카일 스티븐슨, 코리 앤 펠래토.

이 책에 실린 여자들의 목소리를 독자들에게 전달해 준 타임스 북스(Times Books)와 헨리 홀트 앤드 컴퍼니(Henry Holt and Company) 측에 심심한 감사를 드린다. 우리의 편집자 로빈 데니스도 빼 놓을 수 없다. 그의 뛰어난 통찰과 마법 같은 편집 능력이 매우 유용했다.

나한테는 인생에서 우정이 항상 가장 중요했다. 당연히 감사드려야 할 친구들이 많다. 내가 이 책을 쓰는 과정에서 도움을 받은 친구들을 소개한다. 샘 고슬링, 제인 스펜서, 데일 세브린, 로린 미키, 리사 타이머, 린다 에드워디, 루시아 오설리번. 탁월한 작가 메리 로치에게 초대형 감사의 말을 전한다. 그녀가 내내 어찌나 웃겼던지 나는 복부가 파열될 뻔했다. 그녀의 격려도 빼놓을 수 없을 것이다. 공저자 데이비드 버스에게 특별히 감사드린다. 그의 협력과 우정에 힘입어 이 책이 나올 수 있었고, 이 책이 기반하고 있는 연구도 가능했다. 사랑스러운 고양이 루디와 미미, 그리고 개 말티푸 찰리 덕택에 나는 걱정을 잊을 수 있었고, 잠을 잘 수 있었고, 강퍅해지지 않을 수 있었다. 마지막으로 톰, 당신이 없었다면 나는 결코 이 책을 쓰지 못했을 겁니다. 고마워요. 당신은 나의 정신적 지주예요.

데이비드 버스

20년 넘게 여자들의 복잡한 성 심리를 연구해 오면서 많은 뛰어난 여성 과학자들과 협력할 수 있었던 경험은 내게 커다란 축복이다. 실증적 연구를 함께 한 분들을 소개한다. 에이프릴 블레스키-레첵, 리사 키오도, 제임 콘퍼, 리사 데든, 주디스 이스턴, 메리앤 피셔, 다이애나 산토스 플라이시먼, 캐리 고츠, 메리 고메스, 알레트 그리어, 하이디 그레일링, 마리코 하세가와, 마티 헤이즐턴, 돌리 히긴스, 새라 힐, 사빈 호이어, 캐런 로터바흐, 마그리트 라발리, 캐스린 모스투이, 캐런 페릴룩스, 엘리자베스 필스워스, 제니퍼 세믈로스, 에밀리 스톤, 비비애너 위키스-새클포드, 마거릿 볼라스. 나는 이 분들과 작업하면서 정말이지 나의 별 볼 일 없는 남성적 두뇌에는 여자들의 지원과 협력이 반드시 필요하다는 걸 깨달았다. 여성의 성 심리를 과학적으로 탐구하는 일에서 그녀들의 기여는 사활적이었다.

함께 연구한 많은 남성 과학자에게도 감사를 드리고 싶다. 우리는 Y 염색체 때문에 비슷한 한계로 고통을 받았지만 그럼에도 불구하고 그들은 뛰어난 기여를 했다. 알로이스 앵글리트너, 마이크 반스, 케빈 베넷, 마이크 보트윈, 브램 붕크, 최재천, 션 콘란, 켄 크레이크, 토드 디케이, 조시 던틀리, 브루스 엘리스, 해럴드 율러, 스티브 갱지스태드, 아론 고츠, 전중환, 피터 조너슨, 더그 켄릭, 리 커크패트릭, 배리 쿨, 랜디 라슨, 그렉 르블랑, 데이비드 루이스, 놈 리, 닐 맬러무스, 윌 맥키븐, 리처드 미챌스키, 빅

터 오베이드, 제이 피터스, 컨 리브, 데이비드 슈미트, 토드 섀클포드, 빌 투크, 폴 베이시, 마틴 보라첵, 드류 웨스틴.

토론과 저술 등 여러 가지 방법으로 여자들의 성 심리에 관한 나의 지식을 심화해 준 다른 친구 및 동료 들도 소개하고 싶다. 리처드 알렉산더, 로잘린드 아든, 로빈 베이커, 제리 바코, 로라 벳직, 낸시 벌리, 앤 캠벨, 리즈 캐시던, 리다 코스미디스, 헬레나 크로닌, 마틴 데일리, 로라 데인, 리처드 도킨스, 마이크 돔잔, 크리스티나 듀레인, 브루스 엘리스, A. J. 피그레도, 헬렌 피셔, 마크 플린, 로빈 폭스, 로버트 프랭크, 데이비드 프레더릭, 셜리 글래스, 칼 그래머, 빌 해밀턴, 하이드 아일랜드, 더그 존스, 지기 칼루즈니, 보비 로, 재닛 맨, 린다 밀리, 제프리 밀러, 폴 멀린, 랜디 네스, 제프리 파커, 존 패튼, 스티브 핑커, 데이비드 래키슨, 캐서린 새먼, 데브 싱, 바브 스머츠, 베벌리 스파이서, 돈 시몬스, 델 티센, 앤디 톰슨, 낸시 손힐, 랜디 손힐, 라이오넬 타이거, 로버트 트리버스, 폴 터크, 빌 본 히플, 그레고리 화이트, 조지 윌리엄스, D. S. 윌슨, E. O. 윌슨, 마고 윌슨, 리처드 랭엄.

돈 시몬스는 한 번 더 거명해 감사를 드려야 할 것 같다. 그는 인간의 성애를 독창적으로 연구했으며, 여러 해에 걸쳐 수십 차례의 토론을 통해 탁월한 통찰을 제공해 주었다. 이 책이 가능성이 있다고 본 브록만 에이전시(Brockman, Inc.)의 우리 대리인 캐틴카 맷슨에게도 특별히 감사드린다. 모든 저자는 타의 추종을 불허하는 편집자 로빈 데니스의 축복을 받아야 한다. 그의 크고 작은 무수한 아이디어로 이 책의 품질이 크게 나아졌다. 나의 눈부신 친구이자 공저자인 신디 메스턴 박사에게 사의를 표한다. 그녀가 없었다면 이 책은 결코 나오지 못했을 것이다. 마지막으로 나의 오랜 격무를 인내해 주고, 저술 과정 내내 사랑과 지지와 격려와 지혜를 안겨 준 사람들에게 인사를 전하고 싶다. 신디 R.과 나의 딸 타라에게 말이다.

옮긴이   **정병선**

연세 대학교 신문 방송학과에서 글쓰기와 저널리즘을 공부했다. 영어로 된 책을 번역하
거나 가르치면서 생계를 꾸리고 있다. 옮긴 책으로는 『브레인 스토리』,
『렘브란트와 혁명』, 『타고난 반항아』, 『무기 Weapon: 돌도끼에서 기관총까지 무기
대백과사전』, 『우리는 왜 달리는가』, 『전쟁의 얼굴』, 『사라진 원고』, 『엔진의 시대』,
『수소 폭탄 만들기』, 『비행기 대백과사전』 등이 있다.
sumbolon@gmail.com

여자가 섹스를 하는 237가지 이유

1판 1쇄 펴냄 2010년 9월 3일
1판 14쇄 펴냄 2023년 9월 15일

지은이   신디 메스턴, 데이비드 버스
옮긴이   정병선
펴낸이   박상준
펴낸곳   (주)사이언스북스

출판등록 1997. 3. 24.(제16-1444호)
(06027) 서울특별시 강남구 도산대로1길 62
대표전화 515-2000, 팩시밀리 515-2007
편집부 517-4263, 팩시밀리 514-2329
www.sciencebooks.co.kr

ISBN 978-89-8371-244-8 03180